广东省地方立法研究高校联盟

国家社会科学基金一般项目［“地域视野中的法制转型”（09BFX007）］研究成果
广东省地方立法研究高校联盟资助出版

地方立法研究系列丛书

近代广东社会与地方法制发展

乔素玲　著

法律出版社
LAW PRESS·CHINA

目录

绪 论

一、问题之提出

孟德斯鸠曾经指出，由于受地理条件以及风俗习惯的影响，各国法律具有不同特点，“法律应该和国家的自然状态有关系；和寒、热、温的气候有关系；和土地的质量、形势与面积有关系；和农、猎、牧各种人民的生活方式有关系。法律应该与政制所能容忍的自由程度有关系；和居民的宗教、性癖、财富、人口、贸易、风俗、习惯相适应。最后，法律与法律之间也有关系，法律和它们的渊源，和立法者的目的，以及作为法律建立的基础的事务的秩序也有关系。应该从所有这些观点去考察法律。”[1]美国人类学家克利福德·吉尔兹也提出了“法律是地方性知识”的观点。[2] 我国自古疆域辽阔，各地地理条件差异明显，不同地区人民的生产生活方式、风俗习惯各有特点，经济文化发展水平

---

〔1〕 [法]孟德斯鸠：《论法的精神》(上册)，张雁深译，商务印书馆1961年版，第7页。

〔2〕 [美]克利福德·吉尔兹：《地方性知识：事实与法律的比较透视》，载梁治平编：《法律的文化解释》(增订本)，生活·读书·新知三联书店1998年版，第73~171页。

迥然有别。正所谓“江南饶薪,取火于木,江北饶煤,取火于土。西北山高,陆行而无舟楫,东南泽广,舟行而鲜车马。海南人食鱼虾,北人厌其腥,塞北人食乳酪,南人恶其羶,河北人食胡葱、蒜、薤,江南畏其辛辣。而身自不觉,此皆水土积习,不能强同。”[1]由于各地风俗人情不同,形成多彩纷呈的文化传统。在中国这样的超大型国家,法律的统一有其合理性,但同时也产生了法律如何因应地情等现实问题。王夫之曾言:“天下之大,田赋之多,人民之众,固不可以一切之法治之也。有王者起,酌腹里边方、山泽肥瘠、民人众寡、风俗淳顽,因其故俗之便,使民自陈之,邑之贤士大夫酌之,良有司裁之,公卿决之,天子制之,可以行之数百年而不敝。而不可合南北、齐山泽、均刚柔、一利钝,一概强天下以同而自谓均平。盖一切之法者,大利于此,则大害于彼者也。如之何其可行也!”[2]即使是同样的社会要素,基于地区之间存在差别,往往会呈现不同的表现形式。因此中国古代法律就呈现出“因时制宜,因地制宜”的特点。据清代《秋谳志略》记载:“秋审实缓(情实和缓决)有一定不易之成法,而又当合时地以相参。所谓惟齐非齐,并行不悖也。……如回民之案严于陕甘,抢夺之案严于蜖匪,械斗之案严于闽粤,牛马之案严于蒙古,斗杀之案严于新疆,近日江海盗案严于粤省,窝窃赎赃之案严于楚越,皆因地制宜,所以移风易俗,久则必变也。司谳者当深体此意,俾全局在胸,触目即是。不可执一而不二,亦不可推类以及余。”[3]

而地方法制的主要功能就在于根据地方实际需要制定规范,以便有效地调整社会矛盾、维持地方秩序。我国自古就有地方性法

---

〔1〕(明)王士性撰:《广志绎》(卷一)“方舆崖略”,吕景林点校,中华书局 1981 年版,第 3~4 页。

〔2〕(明)王夫之著:《船山全书》(第十册)《读通鉴论》(卷十六)《齐武帝》(四)《魏立党里邻三长》,船山全书编辑委员会编校,长沙岳麓书社 1996 年版,第 608 页。

〔3〕《秋谳志略》《比对条款·增拟第三条目》,转引寺田浩明:《权利与冤抑》,王亚新译,清华大学出版社 2012 年版,第 330 页。

规。《睡虎地秦墓竹简》中收录的《语书》就是秦国的南郡太守所发布的政令。[1] 它阐明了地方法制存在的理由及内在逻辑,揭示出法令和习俗之间的矛盾。习俗由各地不同的地理环境、气候条件、物产资源所决定,是自发生长的历史传承和社会秩序,具有内在的合理性。法制发展如何体现多彩纷呈的生活方式及特点,地情差异对法制发展产生什么样的作用与影响,地方法制何以形成,以及地方法制的内在机理如何,是法学研究不可回避的问题。

长期以来,国内的法律史研究取得了丰硕成果,但也存在观察视角比较平面和单一等问题,表现为主要关注中央立法层面的制度性整体认识,对法制形成的历史背景、内在机制、不同层次法制发展的脉络及其相互关系缺少应有研究与深度分析。受上述学术路径的限制,中国法律史的研究大多侧重于中央法制的视角,主要聚焦于中央立法史,关注全国法制的统一性,偏重对法律制度的宏观描述与分析,以笼统的"中国"作为法律的定语,对"中国"内部地域差异以及地方法制缺少应有关注,专门从地域视角探讨法制转型的研究极为有限。中央法制史是中国法律史的重要组成部分,研究中央法制的发展历史十分必要,是认识中国法制史不可或缺的重要方面。但仅对中央法制进行研究是远远不够的。法制史有多个层次结构,地方法制是其中的重要层面之一,缺少这一层面,整个法制史体系就会残缺不全。

地方法制发展史是法律史学界应该关注的研究课题。所谓地方法制,就是地方各级国家机关、社会公众及组织,为推动地方社会发展,维持社会秩序,根据法律赋予的职权及本地具体情况的需要,在应对地方实施法律所产生的各种具体法律问题的过程中所做出的制度性反应以及形成的规则与制度总和。地方法制史是法制史的重要构成部分,有着重要地位和独特作用。一方面,法律实践的

---

〔1〕 睡虎地秦墓竹简整理小组整理编:《睡虎地秦墓竹简》,文物出版社1978年版,第14～22页。

目标是解决具体问题,而具体问题只能在具体的场域中才能得到解决。地方法制不仅是中央法制的地方化和具体化,是中央法制实践的具体场域,还是中央法制发展的重要基础。地方法制在社会发展中具有哪些作用,其发展演变的规律如何,从传统到现代转型的过程中遇到过哪些困境,这些困境通过什么样的路径得到解决,都是法律史研究应予关注的问题。另一方面,地方法制史具有丰富的内涵。从古至今,国家治理必须依赖于分级管理的地方制度。地方作为国家的一级授权组织长期拥有地方立法权,并且通过自己制定的地方法管理当地社会事务,地方法的渊源与形式、具体立法内容、法律实施方式与途径,地方法与中央法的关系,以及地方政治经济状况对法制发展的影响,共同构成地方法制史研究的重要内容。

中国疆域辽阔,地情各异,法律制度呈现纷繁复杂的状态。在法制转型的过程中,国家制度与民间规范、传统观念与变革思想相互交织。特别是晚清以来,地区之间社会经济发展水平的差距不断拉大,受西方影响深浅不一,地区法律文化差异日趋明显,司法领域、民间法领域的差异尤其显著,实为笼统的"中国"概念所难以涵盖。因此,对于具有明显地方特色和代表性的地区进行个案研究显得非常必要,从地域视野对近代以来法制转型历程进行深入探讨,可以丰富法制史的内容,深化研究层次,推动法制史研究的不断深入和发展。

17 世纪以来,广东具有鲜明的地方特色和代表意义。因地理位置特殊,广东成为中国与外部世界交流的前沿与中心,受西方法律文化的浸润比较充分。与全国其他地区相比,广东法律体系比较复杂,地域特征鲜明,立法、司法屡有创新,在中国法制转型过程中位居前列,具有特殊地位。商品经济的发展促成了清代广东健讼之风的形成,当地官吏重视讼案审理,并采取变通措施适应民情之需。清代中葡围绕澳门所发生的司法冲突,促进了广东涉外法律的发展,初步开启了法制转型的历程。民国时期,广东是孙中山革命政权的基地,也是全国地方自治的典范,形成相对独立的地区性法律体系,对南京国民政府及革命根据地的法制产生了深远影响。发生在广东的许多法律事件,凸显了中央法与地方法之间错综复杂的关系,颇具示范意义。从清代到民国,虽然社会性质有异,但广东法制转型的进程具有内在一致性,体现了西方法律文化与中国固有传统的交互作用,以及中央与地方、国家与社会之间的不断交流与双向互动。

广东是近代中国法制转型的典型与缩影,以广东地区为中心,对法制转型进行深入研究,有助于探讨地区间法律文化的差异,客观认识国家法制的地位及其与地方法制的关系,认识地方因素对法制发展的作用与意义,不仅可以为各地结合当地实际、有针对性地推进法治建设提供历史借鉴,而且有助于拓宽法律史研究领域,深化对近代中国法制的整体认识。

二、相关研究成果与资料

近年来,国内已有学者对法制史学长期以来流行的单一研究方法与视角进行反思,从更为广阔的视野对中国法制史进行考察,并对相关的研究方法进行总结与探讨,其中最为引人瞩目的有梁治平《法律史的视界:方法、旨趣与范式》[1]、王志强《中国法律史学研究取向的回顾与前瞻》[2]、徐忠明《试说中国古代法律制度研究范式之转变》等[3]。学者逐渐认识到,法制史研究应该建立新的解释系统,"既是分层的又是系统的,既需要宏观把握又需要微观解析"。[4] 人类历史的发展并非只有一种模式,套用任何一种普适性

---

〔1〕 梁治平:《法律史的视界:旨趣、方法与范式》,载《新史学——多学科对话的图景》,中国人民大学出版社 2003 年版。

〔2〕 王志强:《中国法律史学研究取向的回顾与前瞻》,载《中西法律传统》(第 2 卷),中国政法大学出版社 2002 年版。

〔3〕 徐忠明:《试说中国古代法律制度研究范式之转变》,载《北大法律评论》(2001 年第 4 卷第 1 辑),法律出版社 2001 年版。

〔4〕 俞江:《关于古代中国有无民法问题的在思考》,载《现代法学》2001 年第 6 期。

的模式都可能造成对历史的严重扭曲和误解。[1] 在这些理论的引领下,地方法制史研究逐渐受到学界重视,并有学者发表了重要研究成果,代表性论著包括杨一凡、刘笃才等人对中国古代地方法制的研究作品[2],王立民等人对上海法制史的研究[3],方慧等人对云南法制史的研究[4],葛洪义等人对地方法制理论的探讨以及对广东当代地方法的研究[5]。徐忠明则指明了地方法制研究的方法与发展方向,认为除了国家法与民族法构成的法律体系的"多元统一"的特色之外,还有因为各地社会经济和文化传统的不同而形成的法律差异。当前有关地方法制的研究重点关注具有地方立法权力的地方政府制定的法律文本,进而与国家层面的相关法律对勘,进行微观比较,借此考察它们的独特内涵,这种工作确有必要,但也非常不够。因为这种研究只是分析地方法制在文本上"说了什么",而未能考察地方法制在实践中"做了什么"以及"怎么去做"的问题,难以有效解释在国家法治与地方法制双重治理下的社会经济秩序何以会有如此这般特色的问题。只有更多地考察和解读地方法制的实践活动,才能更好地观察国家法与地方法之间的互动,彰显地方社会秩序的特色,发现具有地方意义的法律问题,总结地方法制经验,推动地方法制的建设与发展。地方法制研究"不仅需要运用法律教义学和法律解释学的方法,而且需要引入法律社会学和法律人类学的方法";不仅关注具有立法权力的地方政府制定的各种法律文本,更要重视各级行政机构和各种经济组织在相关活动中渐次形成的具有制度意义的惯例,关注地方司法机关在审理新型社会经济

---

〔1〕 梁治平:《法律史的视界:方法、旨趣与范式》,载《新史学——多学科对话的图景》,中国人民大学出版社 2003 年版。

〔2〕 杨一凡:《中国古代法律文献·序》,载杨一凡、刘笃才编:《中国古代地方法律文献》,世界图书出版公司北京分公司 2006 年版;刘笃才:《中国古代地方法制的功能结构与发展》,载《北方法学》2012 年第 1 期。

〔3〕 王立民:《上海法制史》,上海人民出版社 1998 年版。

〔4〕 方慧主编:《云南法制史》,中国社会科学出版社 2005 年版。

〔5〕 葛洪义主编:《广东法制建设的探索与创新(1978—2008)》,华南理工大学出版社 2009 年版。

纠纷案件过程中逐步发展出来的审判先例;在重视地方法制与国家法制比较研究的同时,也应该对不同地区的法制进行比较。[1] 这些论断对于本研究的展开具有重要启示意义。

近代法制史是学界近年来研究的热点之一,越来越多的学者关注地方法制在近代的转型与发展。大陆学者王立民的《上海法制史》(上海人民出版社,1998 年)、方慧的《云南法制史》(中国社会科学出版社,2005 年),均有部分内容涉及地方法制转型问题;台湾学者朱浤源、张玉法分别著有《从变乱到军省:广西的初期现代化,1860—1937》(台北"中央研究院"近代史研究所印行,1995 年)、《中国现代化的区域研究:山东省,1860—1916》(台北:中央研究院近代史研究所印,1982 年),分别设有专相关章节,对广西、山东司法现代化进行研究。

近代广东地处中西文化冲突的前沿,其社会转型具有典型意义。20 世纪 80 年代以来,广东区域史成为令人瞩目的研究沃土,刘志伟和陈春声对明清广东赋役制度的研究、程美宝对晚清以来广东文化观的研究等均取得了丰硕成果。相对而言,广东地方法制史研究明显滞后,远不如对经济、政治、宗教等的研究那么深入。尚未看到有从地域视角对近代广东法制进行系统研究的学术成果,仅部分学者的论著有所涉及,主要有徐德志、庄有为、曾庆榴、刘景莲、张希坡、侯欣一以及国外的爱德华·罗兹、深町英夫等。这些成果主要对广东法制现代化过程中的某些具体问题进行探讨,集中于中外司法冲突、外贸管理制度、广州国民政府的法律及政治体制等方面。这些成果为本课题的展开奠定了基础,并且富有启迪意义,但其不足也显而易见,即缺乏对广东法制转型过程的系统而有深度的研究与分析,难以彰显地方法律发展的内在机理与具体路径。

毫无疑问,法律史研究应该以史料为基本依据。除研究时段内

---

[1] 徐忠明:《地方法制研究的视角与方法》,载《法治论坛》2010 年第 1 期。

各时代的全国性法律法规外,本书的研究资料依据主要来源于七个方面:

一是民国时期的司法例规,包括北京政府时期司法部编印的《改订司法例规》、司法例规编纂处编纂的《改订司法例规补编》(第一至第四次)。南京国民政府司法院编印的《增订国民政府司法例规》(上、中、下册)、《新订国民政府司法例规》(第一至四册)、南京国民政府司法院参事处编纂的《增订国民政府司法例规补编》(上、下册)等。

二是清朝至民国的广东地方法规,包括清代的《广东省例》《粤东省例》《粤东省例新纂》《粤东成案》《粤东例案》以及《清末奏底汇订》中广东官员的奏折、中央对广东下达的指令等。民国时期的《广东单行法令汇编》及其《续编》《改订广东单行法令汇编》《西南现行法令汇编》,广州市土地局编辑的《广州市土地局登记及征税法例汇集》等。

三是报刊资料,主要包括各类政府公报,如《中华民国军政府公报》第1—79号(1917年9月—1918年5月),《中华民国军政府公报》"修字"第1—213号(1918年8月—1920年9月),《中华民国军政府公报》"光字"第1—40号(1920年1月—1921年4月),《陆海军大元帅大本营公报》(1922年1月—1925年6月),《中华民国国民政府公报》第1—52号(1925年7月—1926年11月),《广东省政府公报》;司法机关的报刊,如《广东高等法院月报》《广东高等法院司法月刊》;综合性报刊,如《东方杂志》《申报》、广州《民国日报》、上海《民国日报》《广东年鉴》等。

四是地方志书与碑刻资料,包括清代至当代的广东地方志书,如《广东省·审判志》《广州市志·审判志》以及其他市县志书,以及《广东碑刻集》等收录的地方碑刻资料。

五是文史资料,包括全国政协、广东省政协、广州市政协文史资料委员会编辑的《文史资料》《广东文史资料》《广州文史资料》,以及广东其他市县编辑的地方文史资料等。

六是档案资料，包括中国第一、二历史档案馆馆藏的相关档案，广东省档案馆和广州市档案馆收藏的民国时期司法档案，以及部分市县档案馆相关档案等。

七是时人文集，主要是地方官员的笔记、案牍、回忆录等，如屈大均《广东新语》，杨文骏《公牍偶钞》，蓝鼎元《鹿洲公案》，聂亦峰《冈州公牍》，褚瑛《州县初仕小补》等。

三、研究思路与内容

从清代至民国，虽然各时期社会性质有异，但法律发展进程具有明显的内在一致性，是独立发展的中国传统法制逐渐与国际接轨的过程，共同的发展主题是以西方现代法制为参照，不断改造中国传统法律文化，协调与处理西方法制与中国固有传统的相互关系。广东是中国近代法制发展的典型与缩影，从地域视角研究法律发展，可以做到以点带面，见微知著，有助于认识近代中国法制现代化的必然性和复杂性。同时，以广东法制转型为研究对象，也是充分把握资料的需要。由于客观条件的限制，全面、深入地搜集全国各地的史料存在许多困难，而我们长期关注广东区域法制的发展，涉猎相关问题较多，在广东资料搜集方面具有明显的时间与地理优势。以广东作为切入点，集中精力研究地方法制的近代转型，是我们为全面把握研究资料、深化研究层次而做出的必要选择。

本书采用法学、历史学、社会学等多学科研究方法，展开交叉研究。既重视历史资料的搜集与分析，也注重对典型案例的研究与运用；采用社会学的研究视角与方法，不仅关注“书本上的法律”，也重视“行动中的法”，注意对法律实效的探讨。通过从地域性视角对中国法制转型历程进行微观实证分析，以弥补法史学宏大叙事的不足，对推动学科建设与发展具有积极意义。我们将法律视为社会的产物，而非一种孤立存在。法律只是社会规范之一，与风俗习惯、伦理道德以及意识形态密切相关。通过广泛采集地方文献资料,对中国近代法制转型进行深度透视,不仅关注制定法,还对"法律制度与准法律制度的整个复合结构"进行审视;[1]通过对近代广东地方法制转型的研究,管窥中国法制转型的成就与问题,揭示地方法制的地位、影响及其与中央法的关系,以及中国法文化差异互见而又不断融合的特征;通过将立法与法律实施相结合,将研究重点由文本的法转向具体的"活"法,寻找法律与社会生活的契合点;通过微观分析,弥补宏大叙事的不足,深化法律史研究层次,拓宽法律史研究领域。

区域性研究是人类学常用的研究方法。至于区域法制史研究的意义,可以借用历史人类学家陈春声的论述。正如其所言,区域社会集中了历史、社会、政治与文化的意义,分区域的微观研究能够更好地体现长时段和整体史。"这种小社区的研究实际上已带有解释'整体历史'的意义,而且这种在较深层次上对复杂社会关系的总体把握,也只有在小社区的研究中才有可能。"[2]"区域社会的历史脉络,蕴含于对国家制度和国家'话语'的深刻理解之中,""可视为国家意识形态在地域社会的各具特色的表达,同样地,国家的历史也可以在区域性的社会经济中'全息地'展现出来。"[3]讨论同一事物,可有不同的关注内容,不同的研究角度。从地方视角观察和理解中国法律的发展历程,可能会促使我们获得对问题的全新认识。我们试图借鉴人类学的研究方法,在吸收"自上而下"的研究成果的同时,采取"自下而上"的视角,从地方的角度与立场审视近代法制转型,分析法制发展与其他社会因素之间的关系,更加明确地反映出中国法制并非铁板一块,而是存在不同层次和多种向度。

---

〔1〕[英]S.斯普林科尔:《清代法制导论》,张守东译,中国政法大学出版社2000年版,引论部分。

〔2〕刘志伟、陈春声:《在历史学本位的传统中国乡村社会研究》,载《中国历史学年鉴》(1997),生活·读书·新知三联书店1998年版。

〔3〕陈春声:《历史的内在脉络与区域社会经济史研究》,载《史学月刊》2004年第8期。

本书通过对近百年广东法律变革中的主要问题进行分析,探讨法制转型的具体路径,再现社会转型时期法制建设面临的挑战与困境。在充分占有史料的基础上,考察国家法在广东的实施情况,体现法制转型的社会意义。评价广东地方法的地位、影响及其与中央法的关系,分析广东法制转型的主要特点,反映近代中国法制转型的必然趋势和地域差异,探讨法律条文与社会生活的互动关系,深化对社会经济与法制变革关系的认识。通过大一统背景下法律文化的地域性分析,考察法律文化的多样性,勾勒出更加具体、清晰的中国法制发展图景。为了避免陷入中西对立的立场,我们以法制转型替代学界常用的"现代化"研究模式,在关注西方法律文化渗透的同时,注重揭示中国固有文化对近代法制的影响,通过区域研究把握法制转型的复杂性。在研究过程中,我们力图实现历史实证与法学理论的结合,在法学理论的指导下分析解读历史资料,勾勒广东法制的转型历程,揭示广东法律文化的特征,展示中国法律文化的丰富多彩。

本书重点探讨晚清至民国广东法制的发展历程。以历史资料为基础,结合广东社会经济文化发展态势,以专题方式分析地方法制变迁的动力、过程及途径,探讨中央法与地方法、成文法与习惯法、政治及社会组织与法律发展之间的相互关系,力图将静态的法律文本与动态的实施过程有机结合。在展开法理分析的同时,尽可能进行历史感的体验;在注重法制统一性的同时,深化对法制地域性的认识。为了尽可能呈现立体性、多层面的法制转型场景,我们并未对广东法制转型进行全景式的论述,而是采用了专题研究的方式,主要围绕"清代至民国广东地方法的发展""近代广东社会与地方法院转型""地方习惯与近代广东法制发展""地方社会组织与广东法制发展"四个专题而展开。

在"清代至民国广东地方法的发展"部分,对广东地方法的发展沿革进行系统梳理,重点关注清代以来广东地方法的渊源及其在司法实践中的作用。广东地方法的具体形式因时不同,主要有清代的省例、例案以及民国时期的地方性法规,其内容涵盖社会经济的各个方面,以严惩盗匪、财产流转、商标保护以及社会管理等最具特色。本部分在此基础上,分析地方法对中央法的影响,特别是在推动法制转型方面的作用与地位。在"近代广东社会与地方法院转型"部分,从法院组织的机构设置、内部管理、各级地方法院的相互关系等方面,对民国广东高等法院进行个案分析,通过与传统司法机构进行比较,分析民国时期司法机构的现代性与传统性。在"地方习惯与近代广东法制发展"部分,通过对典型案例进行分析,讨论民国时期地方习惯在司法中的适用途径,探讨广东地方法院对待习惯的态度、方式以及在司法过程中解释论证习惯的主要方法,论证法制转型的连续性与变革性。在"地方社会组织与法制转型"部分,通过对清代花县建县过程的考察,分析地方力量对行政区划变革的影响;通过分析宗族与地方秩序的维护、宗族与械斗、商会与社会秩序维持、商会与商标法实施等问题,探讨宗族、商会等社会力量与秩序构建的关系,论证法制转型与社会组织发展的密切联系。在"结语"部分,则在专题讨论的基础上,对研究涉及的相关理论问题进行总结,重点讨论在法制转型的过程中,应该如何正确认识和协调中央法与地方法、成文法与习惯法的关系,以及正确引导和发挥社会组织在法治建设中的作用等问题,特别强调社会文化进化对于法律发展的重要意义。

第一章　清代至民国广东地方法的发展

地方法包括地方法规和地方特别法。地方法规是指由地方政府和官员制定的法律规范；地方特别法则是由中央专门针对某一地区事务所制定的、不同于通行性规定的法律。我们讨论的地方法主要是地方法规，但也涉及部分地方特别法的内容。

中国法制史研究长期以中央立法为重点，法律一元主义观念深入人心。随着法制史研究逐步由立法推展到司法实践领域，地方在法制活动中的作用及其与中央法的关系逐渐受到研究者的关注。已有学者注意到清代基层司法，特别是民事审判与中央法制不尽一致的特点，[1]也有学者强调地方司法审判与中央立法的一致性，[2]另有学者对清代地方立法进行专题研究[3]。但总体而

〔1〕［日］滋贺秀三：《清代诉讼制度之民事法源的概括性考察——情、理、法》，范愉译，载滋贺秀三等：《明清时期的民事审判与民间契约》，法律出版社1998年版。

〔2〕［美］黄宗智：《民事审判与民间调解：清代的表达与实践》第四章《处理纠纷的正式系统：大清律例与州县审判》，中国社会科学出版社1998年版。

〔3〕王志强：《论清代条例中的地区性特别法》、《论清代的地方法规》，载王志强：《法律多元视角下的清代国家法》，北京大学出版社2003年版。

言，对地方法的研究仍然不够全面系统，地方法与中央法之间的关系有待更为深入细致的探讨与分析。

地方立法在中国具有悠久的历史传统。秦代已有地方官府发布的告示《语书》[1]，唐代有地方性水利规范《唐沙州敦煌地区灌溉用水章程》，[2]宋代出现了援引地方官员所制定的"使州约束"作为审判依据的案例[3]，明代著名清官海瑞曾在出任知县期间颁布《兴革条例》、申文公告及地方则例，在出任巡抚期间制定有禁约和告示[4]。清代更形成了大量的省例，地方官员以告谕等形式颁布的地方法规也更为常见。民国时期，地方立法得到进一步发展，地方性法令和条例数量均十分可观。本章主要分析清代至民国法制转型过程中的广东地方法，探讨地方法的理论与现实基础，揭示地方法的地位与作用，梳理地方法与中央法的相互关系，深化对中国法制转型的方式、途径的理解与认识。

第一节　清代广东地方法

一、清代地方法的主要渊源

从具体法律渊源来看，地方法主要包括省级立法和基层立法两大部分。其中，省级立法主要是省例、例案以及督抚等省级政府部门发布的告示与谕令；基层立法则主要是州县官府发布的禁止性和告谕性文告。清代地方机构主要分为省、府与州县三级。各级地方政府管理部门经常通过告示、禁令等方式颁行地方管理条规，并以

〔1〕 睡虎地秦墓竹简整理小组整理编：《睡虎地秦墓竹简》，文物出版社 1978 年版，第 14 ~ 22 页。

〔2〕 唐耕耦主编：《敦煌法制文书》，载《中国珍稀法律典籍集成》（甲编第三册），科学出版社 1994 年版，第 638 ~ 651 页。

〔3〕 《袁明与袁安互诉田产》、《胡楠周春互争黄义方起立周通直田产》，载中国社会科学院历史研究所宋辽金元史研究室点校：《名公书判清明集》（卷之四），中华书局 1987 年版，第 111、113 页。

〔4〕 海瑞著：《海瑞集》，陈义钟编校，中华书局 1981 年版。

勒石方式树立其权威性，保证法令在民间社会的传播与实施。由于省级立法主要以省级及基层政府为规范对象，对于中央法令，省级政府多为直接转发而不必专门进行转述，省例等省级立法主要以中央法未明确规定而地方治理急需解决的事项作为核心内容。府州县等基层官府发布的禁止与告谕性地方法规，则主要以普通民众为发布对象，需要通过引述律典加强其权威性，其中有一部分内容是对中央与省级立法的重申与细化，并无太多实质性创新。与此同时，府州县发布的文告中有相当部分属于根据当地实际需要而因地制宜的产物，具有较强的地方针对性。

（一）省级立法：省例、成案与例案

清代省级立法形式主要有省例、成案以及督抚等省级政府部门的告示与谕令等。其中，省例是清代省级立法最为重要的形式。

清代的省例是以地方性事务为规范对象，以地方行政性法规为主体，同时包括少量地区性特别法的法规汇编，其地位显著，地方特色鲜明，在各地司法、行政活动中具有重要作用。就制定主体而论，省例的主要制定者是地方官员中地位最高的省级政府长官，是官方重要文件的集成。就形式而论，省例并非法规的零星罗列，而是具有比较完备、系统的载体与形式；就时间效力而论，与其他一般告谕的人存政举、人亡政息不同，省例具有相对稳定持久的效力；就空间效力而论，省例具有广泛的影响力，在本省范围内具有普遍的法律约束力；更为重要的是，作为补充律例的一种独立法律形式，省例的地位和效力得到人们的普遍承认。[1] 省例是地方政府所制定的各

---

〔1〕 清代省例的制定主体，当时存在两种不同见解。道光《粤东省例新纂·凡例》称："是书所辑，悉属本省外办章程及与成例稍有变通者，或经详明两院，或经咨准部覆，俾昭程式"；同治《江苏省例初编·凡例》则强调："《省例》一书，原为外办事件遵引而设，如已奏咨有案，概归条例，以清界限。"外办事宜，是指由地方官府处理或终审的事项。根据《江苏省例》的说法，省例仅限于省级地方官府制定者；而广东省例的编纂者则认为还应包括针对地方性事务、由地方官提出建议、经中央批准的法规。据王志强教授的研究，现存省例一般兼含两种立法主体，但除少数省例外，地方官府制定的法规都占绝大多数，可见大部分省例以地方官府为立法主体。参见王志强：《论清代的地方法规》，载《法律多元视角下的清代国家法》，北京大学出版社2003年版。

种规范中最为重要的形式,是清代地方立法最为典型、重要的成果。

现存省例包括《治浙成规》《成规拾遗》《晋政辑要》《西江政要》《福建省例》《广东省例》《粤东省例》《粤东省例新纂》《江苏省例》《四川通饬章程》和《湖南省例成案》等十余种。其中,《广东省例》《粤东省例》《粤东省例新纂》均为广东省地方立法成果。《广东省例》不分门,目录页题作"《粤东省例》",共一册,总计四十八条,以有关刑狱的内容为主。《粤东省例》为残本,现存两册,包括"铁炉"等五门七卷,抄成时间略早于道光二十六年编纂的《粤东省例新纂》。从具体内容来看,广东三部省例之间存在重见现象。同样条目之下,以《广东省例》所载内容最为完整,但从条目数量来看,以《广东省例》最少,由此可以推知其他两书不可能是以《广东省例》为蓝本修订而成。有学者认为,《广东省例》具有独立性,与《粤东省例》《粤东省例新纂》等并无相互因仍的关系,应该是地方官或刑名幕友私编自用之本。可以肯定的是,《粤东省例》在时间上早于《粤东省例新纂》,但因内容缺失过多,与《粤东省例新纂》内容可比者十分有限,以致至今难以确定二者关系。尽管广东巡抚黄恩彤为《粤东省例新纂》所作之《序》称广东"二百年来省例尚阙而未修",但实际上可能主要是指省级官修版本而言。在基层官吏和幕友手中,此前应该已经出现私编或基层官府所编的抄本省例。从"新纂"这一名称及其条目与《粤东省例》基本相似来推断,《粤东省例新纂》很可能是在已有的《粤东省例》基础上修订而成。[1]

关于编纂省例的目的,从"新纂"可以窥见一斑。两广总督耆英在为《粤东省例新纂》所作序文中称:"律一成而不易,例随时而变通。省例则尤因地制宜,助部例所不备。粤东政务繁剧,素为赤紧之区,独于省例,如非特散漫无稽,易滋舛错,且或胥吏高下其手,缘以为奸……石乐中丞慨思所以纂之,爰率属僚将旧牍新章详悉参

〔1〕 王志强:《论清代的地方法规》,载《法律多元视角下的清代国家法》,北京大学出版社2003年版。

定，两易寒暑而书始成。”[1]广东巡抚黄恩彤的《粤东省例新纂序》也明确指出：例“所以持情法之平，示吏民之准，犹方圆之有规矩，轻重之有权衡也”。虽然“六部各设则例馆，专派提调等负责修例。……颁发外省则定例之外又有季例，有通行……而各省吏治民风不免互异，官是土者不得不乘势利导，束以科条，于是有省例之设，以佐部例之所不及。粤东幅员辽阔，政务繁钜甲于他省，二百年来省例尚缺而未修”。正是基于补部例不足之目的，黄恩彤组织人员修纂省例，以便基层官吏遵行，并且明确指出了省例的地位与性质，即所谓“例者，法也”。[2]

此外，《粤东例案》《粤东成案》等也均收录了大量的清代广东省级立法。广东中山图书馆所藏《粤东例案》不分卷，清代佚名辑录，抄本，共4册，抄录了清乾隆至道光年间两广官吏惩治刑事犯罪、调整民事关系以及平粜、赈灾等社会事务管理的公文。《粤东成案》则收录了发生在广东且对案件审理具有参考价值的重要案件，其中包括中央各部院针对广东所呈案件所做出的指示与处理意见，如朱枟、云木所编的《粤东成案初编》第32卷《职官·婪赃骫法》收录“刑部咨广东司案呈内阁抄出两广总督阮等奏”，具体包括“库官描摹印信、假造领文冒领库银数逾万两，照监守盗仓库钱粮入己例拟斩监候，得受贿嘱并不知情之司书，计赃以枉法论”；“典史闻民间私和人命，借端差查受贿寝息，该典史之门役复私往吓诈，致酿人命，典史计所得之赃物以枉法论，遇赦不准援免。”第33卷《议处》收录的内容包括“疏脱罪囚”“文武失察”等，其中“疏脱罪囚”部分有“应拟流罪人犯二名俱错拟徒罪发配安置，迨经部驳，一犯已限满释回，查拿不获，原籍官毋庸查参；一已在配脱逃，仍照逃徒参处”等内容。[3]

---

〔1〕（清）耆英：《督粤使者耆英序》，载黄恩彤、宁立悌撰：《粤东省例新纂》，道光丙午年（1846年）刻本。

〔2〕（清）黄恩彤：《粤东省例新纂序》，载黄恩彤、宁立悌撰：《粤东省例新纂》，道光丙午年（1846年）刻本。

〔3〕（清）朱枟辑：《粤东成案初编》（第32卷、第33卷），道光八年（1828年）刻本。

（二）州县禁约与告示

除省例、成例和成案外，州县官员也根据本地治理的实际需要，发布各种告示或公牍，并有地方官对当地的主要法规进行汇编。与省例相比，这些形式多样的基层规范性文件，涉及内容十分广泛，涵盖政治、经济、社会管理等各个方面。就其与中央法的关系而言，大致可以分为三种类型。

一是对中央法精神的重申与强调。有关风俗教化的地方条规多属此类。风俗教化的条规具体又可分为两种。一种是综合性的，即从多个方面规范民众行为。例如，嘉庆年间，应生员李仁亨等人请求，龙门县知县基于“奉功令而遵宪典，除匪类而卫良善”的宗旨，“勒石示禁，以肃乡规而端风化”，“示谕该峒绅耆民人知悉：尔等务须训勉子弟，安分守法，共为良民。衿耆必须秉公持正，毋以亲疏强弱，稍为偏袒徇护。嗣后倘有违犯后开乡规者，许绅耆等禀赴本县，以凭严拘，按法究治，绝不姑宽。”所附乡规规定：

守王法以遵典则。

敦孝弟以明人伦。

禁奸淫以肃伦纪。

禁窝赃聚赌以清弊源。

禁男妇依烂服毒惫怼以儆刁风。

禁窃贼诬良为盗。

禁狡计唆摆以杜讼源。

禁人物毁耗五谷芋薯蔬菜等物。

禁逋租霸耕以重课税。

禁争端打架以听公论。

禁事主妄行滋事。

国课早完以急正供。

务本业以戒游手。

禁挟恨冒捏以存天良。

禁怀私徇情以归正道。

禁贼盗以除乡害。

禁恃强凌弱以众暴寡。

禁借命索讹贻累良民。

禁占葬祖坟以存阴骘。

禁强乞窥瞰疯疾入境。

禁火烧山林私砍竹木。[1]

乡规的内容十分丰富，涉及农业生产、赋税缴纳、纠纷解决、打击盗贼、丧葬习俗、环境保护、人口管理以及伦常教化等民众生活的主要方面。

另一种风俗教化的条规则是主要从某一方面规范民众行为。例如，光绪年间，澄海县知县曾专门发布告示，遏制地方奢侈之风。其告示称："我澄海虽海滨之区，夙称邹鲁，凡大小礼数，毫无奢华。迩因习俗相沿，风遂一变，无端浪费，谬为礼文。目前最甚者，莫如姻戚馈遣一事。考城厢内外，以致大小村落，无论富家贫户，一女嫁出，则父母首数年必破探正送礼等费，逐年又必以四季食物挑送婿家应酬，多则为荣，少则为辱；即或家贫无力，也得百计经营。礼岂如斯，徒耗财多事而已。今本城五社绅众，深痛此弊，公议停止，于本月廿四日演戏于此尊神庙前，声明告诫，并俾大小各村落有所传闻。"为了防止"代远年深，无知者或仍踵弊"，遂将约定刻于石碑。具体内容包括：

"自演戏议止之后，社内人众，无论嫁出娶入，均不得再有探正送节等事，年间不得挑送四季食物，如甘蔗、黄蕉、黄柑、薄饼、角黍包、菽桃、果豆粉、荔枝、龙眼、青红柿之类，违者议罚。

[1]《奉龙门县师准给示禁永禁碑记》，载谭棣华、曹腾飞、冼剑民编：《广东碑刻集》，广东高等教育出版社 2001 年版，第 59～60 页。

借庆祝飞升，遣送神惠，虽非无端浪费，究系近来奢风，自议止之后，毋得有此事，违者议罚。"[1]

道光年间，潮州府饶平等县出现强行收取婚轿费用现象，引起民众不满。"新妇所坐小轿，皆由县城东南门夫头定价扛抬，各乡村复有巨族棍徒，由东南门夫头，转纳夫价，自为一乡之夫头。其势愈横，多方厚勒。多者或三十银，少者或十余银，而又分外需索。童养在家，不用坐轿，及中寡再嫁，晚间步行者，亦必如数给还。不遂所勒，烂丐成群截路凌辱，拥门吵闹……直使佳期变为祸期，喜境作成愁境，风俗至此，殆不堪向。"潮州知府为此张贴告示，"凡遇婚嫁之家，自行择雇，不得拘定地方，勒令雇价，横索轿资。如有不法棍徒，仍敢统率多人勒雇强索，许被害之家，立即赴县指禀，严拿究办，尽法惩治"。[2]

另有一些告示主要是规范税费征收，目的在于杜绝衙役巧立名目、滥行征税的违法行为，其内容主要是对中央原有规定的重申与强调，但也不乏对中央立法进一步细化的内容。在此意义上，此类告示实际上构成了对中央法的发展。例如，康熙年间韶州府知府奉广东布政使司之命发布禁令，禁止仁化县胥吏滥征杂税。关于杂税征收项目与标准，中央本已颁行相关规定，"照得杂税一项，奉部颁行，令州县印官将应抽货物开明立榜，商民通知。如立榜之外，滥征苛索，收多报少，借公私抽，以致商民苦累者，督抚指名题参，从重治罪"。根据中央规定，仁化县应征税货物只有苎麻、粽木和青靛三种，共征税银五十八两。但该县胥役"将青靛易挑作斤，混行重收，更将不应征税之稻谷亦额外滥征"，遭到靛商的控告。为此，韶州府发布告示，严禁滥征。告示称："嗣后贩运货物务宜遵照部颁则例征收，其粽木每根税银一厘五毫，苎麻每百斤税银四分，大青靛每挑税银三分四厘，小青靛每挑税银二分八厘，不许易挑作斤，混行重收。

[1] 《遏制奢风告示碑》，载谭棣华、曹腾飞、冼剑民编：《广东碑刻集》，广东高等教育出版社2001年版，第296页。

[2] 《奉府县花轿碑记》，载谭棣华、曹腾飞、冼剑民编：《广东碑刻集》，广东高等教育出版社2001年版，第305～306页。

其一切谷米等项,例不征税,俱不得额外滥征。至上纳饷银,即给联票执照。不得私设白单、巡栏等役。如敢仍前不法,借称登号纸笔米饭名色,借端需索者,一经访实,或被告发,官则详请揭参,役则立拿重处,决不姑宽,慎之毋忽。"[1]另如嘉庆初年,两广总督觉罗发布命令,废除粤东沿海地区长期征收的陋规。"查得粤东沿海穷民,类多捕鱼为生,虽寄身风涛之中,而举网得鱼,本可借资度活。从前沿海州县以及该管巡检□□,借称给照稽查出入为名,生端需索。炮台弁兵亦复勒索陋规,运盐船户,更借称有碍水道,硬取其鱼以充蔬菜,因有种种滋扰。迨后洋面匪徒充斥,捕鱼之人,间有被盗掳掠,迫胁入伙。伊等固知从盗有干法纪,等第采捕,畏惧需索,竟有甘心为盗,不愿回籍,甚至失业投赴盗船者。此等被索失业穷蛋,实瞰悯恻。迩来沿海一切陋规,虽经本部堂严加革除,尚未能净尽。现复严饬文武,不许需索分文,谅官兵人役,断不敢再蹈故辙,以身试法。是在籍已无需索之虑,凡在渔户均可复安故业,永为良善。……为此,示谕各渔户知悉,尔等如果安分采捕,并无为匪者,固当照旧安业,即或曾经被盗掳捉,现在改过投回者,均属国家赤子,亦准照常采捕,不必稍存疑忌。查文武官员兵役,以及运盐船户,经此番严饬,如敢复向尔等需索陋规,白取鱼虾等事,许各渔户联名,而由一人赴辕,将何处何人需索扰累缘由,声叙呈控,以凭严拿。官则参奏,兵役提案究治,永杜后患。"[2]

光绪年间,高州府同知等勒碑示禁,规范州县差役行为。碑文称:州县设置差役,本为供州县官指派下乡捕捉盗贼、传讯人证及当事人。除要案之外,一般案件派出差役最多不过数人。但高州各州县的差役每遇下乡办案,"必常随从帮差多人,皆乘轿下乡,合之舆夫,凡百十人。种种需索滋扰,不异被盗,合村之鸡犬,并为之不宁。

[1] 《奉布政使司王大老爷禁革滥征价索告示并奉批准勒石碑记》,载谭棣华、曹腾飞、冼剑民编:《广东碑刻集》,广东高等教育出版社 2001 年版,第 110 ~ 112 页。

[2] 《两广总督海情告示碑》,载谭棣华、曹腾飞、冼剑民编:《广东碑刻集》,广东高等教育出版社 2001 年版,第 287 ~ 288 页。

被告之家,情皆可知,实为高、廉、钦属民害,难容泄视。具多违例,僭用纺丝绢绸、缎纱绫罗,及各样细皮,并称别号。种种僭妄,俨同缙绅,实属违悖功令,藐视王章,可恶已极"。为此,高州同知与广东分巡高廉兵备道等联名下令严禁,并发布告示晓谕所辖州县差役:"尔等须[知],朴乃积福之基,安分为立身之要,既已投充衙役,尤应遵守官常。自示之后,各该州县差役,奉票下乡办案,不准坐轿称号,不准私贷帮差。其衣穿照例准用绵紥葛芦,按布羊皮,以重流品,而严僭越。倘敢再违定式,一经访闻,或被告发,定提格究,决不姑息。各宜永远遵守,毋悔噬脐。"[1]

道光年间,广东罗定直隶州根据船户请求颁行章程,严禁盗贼。道光四年,该州李达佳等船户呈称,当地"风俗不古,习染浇薄。或三五成群,肆行抢劫;或借搭船为名,先行勾线;或有本江匪类,流出大海,充为大毒。遇船只上落,呼群引类,一遇有餐供应,大声小气,非要钱则要米,始肯登岸,名曰打秋风。倘拂其意,遂成大故。更有一种情弊,船主多方借贷,装成一船,但一人不能撑一船,须雇水手以帮护。而水手人等,倘有患病涉水,尸亲人等得以借命居奇。此二等恶习,实为船户之害。"为此,诸船户议定条规,请知州批准公布。知州随即批准加强河面巡查,并晓谕船户:"致各船水手遇有病故、溺毙等情,并报验立案,尸亲更无从索诈,不得违例匿报,自取扰累。"条规除规定一船遇盗、各船协同救援,以及拒绝行迹可疑者搭船外,还明确规定了雇佣水手的条件、水手毙命的赔偿标准,"本埠船只所雇水手,务要查其有住址,实平日并无过犯之人,方可雇请。如有因病身故,或涉水自毙,各安天命,无论在远近埠头,因病身死,船主务先捐铜钱二千文,就该处埠头备棺敛葬,得船回至本埠,再给花银四大元与尸亲,以为斋烛之资,尸亲人等不得借命讹诈。本埠无论船主水手,如被贼犯挟恨扳良为盗为窝,次及买赃等项,合众公

---

〔1〕《示禁碑》,载谭棣华、曹腾飞、冼剑民编:《广东碑刻集》,广东高等教育出版社 2001年版,第620页。

同查明，为善当保，为恶当攻，以免株累。"[1]此章程针对的是当地盗贼抢掠行船以及借命讹诈现象，所提出的措施具有较强的现实针对性，特别是明确规定毙命水手的具体赔偿标准，具有可操作性，弥补了中央及省级立法的空白与不足。

二是对中央法未明确规定的事项，根据地方实际需要发布告谕，构成对中央法的发展与补充。例如，对河面经营管理权的授予条件与保障措施，中央法并无明确的条文作出规定。广东地方官员根据当地河网密布、河面占有与使用权纷争不断的现实，通过具体案例，明确授权条件与保障措施。光绪年间，广西候补知府李甸清等人遣抱到南海县衙禀称，位于广州五仙门外的嘉应会馆，因为"会馆前河面，常有粪草等船湾泊，阻塞水道，有碍往来"。为了改善会馆环境，会馆报承馆前河面，并按照规定缴纳税费，河流管理部门发给示谕，派人督同钉木立界。但河头船埠长钟柏开等人控告会馆"瞒承占筑"。为了平息纷争，会馆决定在其所报承水面造一条板桥，拔出界木。为此，南海知县派人督建板桥，并应嘉应会馆的请求出示晓谕，对会馆的河面占有权加以保护。其晓谕称："示谕军民铺户船户人等知悉，尔等须知，嘉属会馆所承渔课界内，核与河头船平时湾泊处所相离甚远，毫无干涉，亦与河道并无干碍。兹在界内筑造板桥一条……即将杉桥拔去。尔等毋得听唆混控，致干拘究。至粪草船只，亦不得在该界内湾泊。倘敢抗违，一经访闻，或被指告，定即拘案究惩，决不姑宽。"[2]

曲江县是粤北重要的水运转站地，大量货物依靠码头工人搬运，脚夫运价事关当地经济发展。为此，早在乾隆年间当地商人就制定了箩夫脚价章程，而且得到长期沿用，"上下码头箩夫脚价，自乾隆年间至咸丰五年，迭奉各前宪按照远近轻重，明定章程，给示勒

〔1〕《奉州宪严禁盗贼水手病故章程》，载谭棣华、曹腾飞、冼剑民编：《广东碑刻集》，广东高等教育出版社 2001 年版，第 743～744 页。

〔2〕《南海县告示碑》，载谭棣华、曹腾飞、冼剑民编：《广东碑刻集》，广东高等教育出版社 2001 年版，第 27～28 页。

石,不得增减在案”。咸丰初年,湖南人廖石秀等人要求增加脚价,对从前章程未列入的货物,制定不同的脚价,引发商家与脚夫之间的争议。为此,曲江县知县召集双方代表到县衙商议,重新制定章程,适当增加脚价。新定章程规定:“由湘江门子城门至东北关等处,并上下码头各项货物脚价若干,逐一备列。其余别项杂货或未有列章程者,俱按照每百斤给脚价若干。至店中日逐买卖之货,力能自运,及衣箱等件,仍照旧章,店伴自行挑运,箩夫不得拦阻。伏查箩夫脚价,于乾隆年间旧章,每百斤计,一里给钱十文。迨道光年间,逐渐加增,今复酌量递加,比之旧章,实多数倍。自此次定议之后,永远遵照,箩夫等无得再行议增,客民等亦不得故为减少。”章程经县府批准勒石晓谕:“尔等各门箩夫起运上下码头货物,务宜遵照现经公议重定章程收取脚价,毋得借口议增,而于客民等亦遵行给发脚价,不得故为减少,致滋争端。”〔1〕

道光年间,潮州府海阳县知县鉴于经常有人在西湖山文昌楼自杀,发布告示加以禁止。其告示称:据西湖山老君岩住持等人禀告,西湖为潮州府旅游胜地,山中有文昌阁、武帝庙、北帝垣等,风景怡人,每日游人络绎不绝。但“每有无知短见之徒,借游览为名,常在文昌楼悬梁服毒,短见轻生,尸无主认,即被地保勒派验埋。更有匪徒借端索讹,种种扰害,难于枚举。禀谋各前宪,示无先案。兹经日久,诚恐若辈筏踏旧辄,贻累非轻,得叩乞恩准出示严禁等情到县。……为此,示谕兵民人共知悉:自示之后,毋得仍在该寺游手好闲,借端索讹,以及短见轻生;尸无主领,不得勒派掩埋,至滋事端。倘敢故违,许该住持僧人协同地保指名禀赴本县,以凭严究。”〔2〕此类告谕,主要由地方官根据各地实际情形进行自由裁量,具有较大的自主空间。

---

〔1〕《韶关码头碑》,载谭棣华、曹腾飞、冼剑民编:《广东碑刻集》,广东高等教育出版社2001年版,第89~90页。

〔2〕《潮州府海阳县正堂文告》,载谭棣华、曹腾飞、冼剑民编:《广东碑刻集》,广东高等教育出版社2001年版,第261页。

三是对于中央法已有规定的事项，地方官认为这些规定不符合当地实际需要，通过地方官府告谕的形式做出新的、与中央法不同的规定。

如道光年间，经肇庆府批准，恩平县知县颁行条款，禁止吏役勒索，规范各部门官吏的行为。具体内容包括：

1. 纳粮预发印串，各房收存，遇户丁赴柜纳粮，书吏立即将印串纳粮数目送内查核，即于是日发给□□丁收款。或遇征收稍旺之时，所填印串，次早发给，毋得片刻迟延。倘敢留前待后，定许户禀究。

2. 纳粮书吏延不发给印串，或私收单，希图侵用，又将已纳之粮兜售阻匿，□借未纳之户，妄指勒索，连及族人，横行拖累，甚至故意算错，以图勒索，狡通无赖图差，诬陷平民。倘有偶犯，即禀究。

3. 户婚田土等案，奉票到乡传唤，限承差二名，共支开票钱二百文。其饭食工钱，自十里至三十里，每名给二百文，四十里至六十里，每名给钱三百文，七十里至百里，每名给钱四百文。无论远近，俱不得索取轿钱船钱。

4. 户婚田土等案，两造人证应候讯断，当堂发落，差役不得私扣班房。其站堂饭食钱文一千三百九十文，原被各出一半。倘经审未结，后又复审，两造仅支散后钱一百九十文。□委系清贫，需依朝庭，毋得勒索。

5. 案审未结，当堂交差带候听审者，许保人认领，随审随到，该差不得勒索钱文，亦不得擅设囤房，私营酷诈。

6. 贼犯诬扳良民，如有保老赴案具结，讯明实系安分良民，立予择释，即当堂保老领回，承差不得勒索钱文。

7. 勘验夫价、程途、扛尸、诬陷等项，以及卯期递呈向供，并县早夜随便问话，均遵到县李台给定章程，不得勒索。

8. 发给供食钱文，毋须按照前项。倘差役书吏等抗不遵款奉行，或敢格外索取，许阖邑绅耆，联名禀究。

9. 捕衙原无案件审理，不得擅受文词，该弓役不得私设班房，羁押人证，亦不得取马草钱文。如奉县委勘，限大轿夫四名，小轿夫六名，正堂、帮办、书役人等，不得过二十五名，每名供食钱文，俱照正堂差之给，过索，定禀究。[1]

恩平县所定收费标准，有相当一部分突破了中央的原有规定。清代中央所制定的法律制度中并没有涉及当事人向衙门缴纳诉讼费用的正式规定。[2] 很多地方甚至禁止官府衙役向当事人索取费用，如光绪十四年(1888 年)五月"广西巡抚部院沈示碑"记载："据报命盗案件，勘验必须躬亲。照例轻骑速往，认真约束随人。伕马饭食自给，不染民间一尘。倘有需索扰累，苦主指实上呈。定必从严查办，尝思自愿考成。各属奉到此示，城乡布告分明。勒碑衙前树立，永远垂戒奉行。"[3] 光绪二十六年四月浙江省黄岩县衙的《永禁勒索碑》也规定："嗣后凡遇命盗等案，下乡勘验、获犯审定、解府解省提勘等费，皆由县捐廉给发，不准差役索取分文。……倘敢故违，一经访闻，或被告发，定而从严惩治，决不姑容。"[4] 但恩平县却明文规定衙役收取当事人各种费用的具体标准，实际上就是将中央禁止的行为合法化。

地方政府做出与中央立法相抵触的规定，有其迫不得已的原因。不顾中央三令五申，征收种类繁多的诉讼费用，主要是因为中央没有为基层司法机关设立专门财政预算，在国家法律制度中也没有涉及当事人向衙门缴纳诉讼费用的正式规定。如果不向当事人征收，大部分诉讼费用就只能由地方政府独自承担。为了维持行政机构正常运转，地方政府铤而走险，置上级禁令于不顾。中央也不得不默认地方政府办事人员向民众收取各种费用。从

---

〔1〕《奉宪严禁碑记》，载谭棣华、曹腾飞、冼剑民编：《广东碑刻集》，广东高等教育出版社 2001 年版，第 440～442 页。

〔2〕邓建鹏：《清代诉讼费用研究》，载《清华大学学报》(哲学社会科学版)2007 年第 3 期。

〔3〕《广西巡抚部院沈示碑》，载杨一凡、田涛主编：《中国珍稀法律典籍续编》(第 10 册)，张冠梓点校，黑龙江人民出版社 2002 年版，第 159 页。

〔4〕浙江黄岩县：《永禁勒索碑》，转印邓建鹏：《清代诉讼费用研究》，载《清华大学学报》(哲学社会科学版)2007 年第 3 期。

国家的角度,为衙门当差原本就是民众应负的徭役,当然不应计较薪酬的高低。基于这一逻辑,中央不仅不给差役发放财政补助,地方甚至还得自筹办案经费。既无财政支持,中央单靠发布禁令自然难以真正解决需索问题。虽然有务实的地方官员认识到向书役支付薪水的重要性,也试图采取举措解决需索问题,如光绪年间广东香山县知县杨文骏曾以"各家丁已由官按名月给工银五六两不等,门稿入息甚丰"为前提,规定"均不准再有需索。嗣后凡遇堂事以及和息具结销案,宅门内有向两造索取前项陋规者,准即扭禀究办"。[1] 但这只是地方的临时性举措,并未在全国范围内形成有效制度,难以从根本上解决书役需索问题。根据瞿同祖先生的研究,清代地方衙门设立的诉讼费用名目繁多,诸如传呈费,是递交诉状的费用;买批费,是原告求得州县官就受理或拒绝该案诉讼所作批示的费用;开单费,是书吏开列涉案人名单的费用;出票费,是开传票的费用;到案费,是针对原被告到衙门听审而收的费用;踏勘费,是州县官及书吏现场勘查的费用;结案费,是诉讼终结的费用;和息费,是两造达成和解协议时的撤案费。[2] 正是在地方立法的基础上,以清末改制为契机,中央政府始将讼费等纳入国家法制规范的对象,明确了政府机关办事费用的征收标准,实现了从陋规向法定收费的转变,最终走向诉讼等费用征收的法律化。[3]

二、清代地方法对中央法的影响

根据地方法与中央法的关系,清代地方法规,大致可以分为三大类:第一类是对中央法的简单重申;第二类是以中央法规为前提

---

〔1〕 (清)杨文骏:《禀整顿书差积弊并筹款津贴办法(香山县任)》,载杨文骏:《公牍偶钞》(卷上),光绪年间刊本。

〔2〕 瞿同祖:《清代地方政府》,范忠信、晏锋译,何鹏校,法律出版社2003年版,第82~83页。

〔3〕 邓建鹏:《从陋规现象到法定收费——清代讼费转型研究》,载《中国政法大学学报》2010年第4期。

制定的具有解释意义的实施细则;第三类是地方针对中央法律没有规定的事项而自定的处理办法。

(一)地方法细化或解释中央法

省级立法中的部分内容是地方官府在适用中央通行法的过程中,对其中的概念或适用方式等所作的解释性规定。例如,大清律例规定了军流安置制度,但并未对军流的期限如何计算等问题作出明确界定,广东是军流罪犯安置的主要地区之一,当地官府在安置军流犯人的过程中结合实际需要,对相关问题作出了界定与解释。道光十九年(1839 年),经广东提刑按察使司提议,广东规定"徒犯到配定有年限,应以发到巡典拘役之日为始,扣满年限详释,如有安置徒犯脱逃,其到配日期务须查照巡典收管日期详报,不得以到县之日为始,以免参差不齐"。[1]

与内陆省份不同,广东是明清以来中国商品经济最为发达的地区之一,当地民众对个人利益的追求强烈,"健讼"之风盛行。从地方志书到官员的上奏,不乏"粤东海疆辽阔,民俗犷悍,狱讼之繁,甲于他省"之类的直言,以及对民间缠讼手段多样的概叹。[2] 如广东普宁、潮阳等县在清代均被划为"繁""疲""难"地区,以难治而著称。所谓"繁"就是指政务繁杂,"疲"就是指"征税难度大","难"就是指"诉讼案件多。"[3] 雍乾时期在广东普宁、潮阳等地任职的蓝鼎元,在其所著《鹿洲初集》《鹿洲公案》中均曾描述当地的好讼现象。其《潮州风俗考》称:"潮郡依山附海,民有杂霸之风。性情劲悍,习尚纷嚣",已经由唐宋时期的"海滨邹鲁"演变为好讼之乡,"而刁讼之风,炽不可遏矣。鬻产告争,卖妻告夺,丐尸权为父命,砺

---

〔1〕《徒犯到配日期以巡典收管为准》,载(清)黄恩彤、宁立悌撰:《粤东省例新纂》(卷7)《刑例·到配》,道光丙午年(1846 年)刻本,第 16 页。

〔2〕(清)两广总督那彦成:《奏定高、廉、雷、潮四府秋审人犯由道勘办,琼州府属斩绞人犯向系留禁省监,仍照旧例办理》(嘉庆十一年正月),载《清末奏底汇订》(第 1 册),全国图书馆文献缩印中心出版 2004 年版,第 35~39 页。

〔3〕郭建:《中国讼师小史》,学习出版社 2011 年版,第 135~140 页。

跖举作宾贤。”“既不怀刑，遂轻宪网，而有包侵国赋，抗拒征输，积逋经年，妄希肆赦。负气喜争，好勇尚斗，睚眦小嫌，即率所亲而哄，至以刀兵相格，如临大敌。强者凌弱，重者暴寡，恶歃血拜盟之风，村村仿效。”[1]“余思潮人好讼，每三日一放告，收词状一二千楮，即当极少之日，亦一千二三百楮以上。”[2]据嘉庆年间出使广东的那彦成奏称：“粤东濒临海边，习俗有畏威而不怀德、见利而不顾身之语”。[3]曾任新会县令的聂亦峰亦称：“此间恶习，大都好勇恶生，动辄纠约多人，互相攻杀，一有伤毙，便作尸亲，兼有讼棍耸唆，一任纵情狂噬，株连罗致，起灭自由，并将指控正凶，随意屡为删改，官中一经传讯，乡间即便讲钱。若辈藉此为生，全待开花讹诈。甚至讼经数代，两造均已无人，而案外之人，犹复彼此捏名鸣冤催讯，但得签差一出，又可择噬多人。惟知迭控不休，却皆匿不赴审。盖一审即须结案，无从再肆诬讹。此粤中所以‘有告不图审’之说也。”[4]

20世纪初，作家吴研人根据广东民间故事“梁天来案”改编的小说《九命奇冤》，也十分生动地反映了广东人的健讼。雍正年间，广东南雄的豪强凌贵兴因听信风水师的指点，认为远亲梁天来家的一间石室挡住了他家的风水，强买不成，遂派人假扮强盗放火拆屋，烧死两家女眷七口八命。梁天来屡告屡败，挺身作证的一位邻居也刑讯而死。凌贵兴之所以能无理而赢得官司，关键在于讼师区爵兴的帮助。后来，梁天来在讼师施智伯、进士出身的东莱和尚等人的帮助下，从番禺县、广州府一直告到广东督抚，得到雍正皇帝的重视，指派专人彻查此案，终于将凌贵兴等人一网打尽。[5]广东民众

---

〔1〕（清）蓝鼎元：《潮州风俗考》，载蓝鼎元《鹿洲初集》，（台湾）文海出版社1977年版，第1043～1045页。

〔2〕（清）蓝鼎元：《偶纪上·五营兵食》，载蓝鼎元《鹿洲公案》，刘鹏云、陈方明译，群众出版社1985年版，第5页。

〔3〕（清）那彦成：《剿办会匪》（嘉庆七年十二月一日），载容安辑《那文毅公（彦成）奏议》卷6《那文毅公奉使粤东奏议》，道光十四年刻本，第2页。

〔4〕（清）聂亦峰：《赵莫两姓案禀》，载聂亦峰《冈州公牍》，致用文献丛书本1993年，第109～110页。

〔5〕（清）吴研人：《九命奇冤》，福建人民出版社1981年版。

之健讼,由此可见一斑。

清代广州、肇庆等府的地方志书多有关于“服毒兴讼”的记载。[1] 长期在广东州县任职的褚瑛曾专门记载“假命讹索”现象。“假命讹索之案,广东高廉各属为最,他处虽有,无如此之甚也。高廉之中,电茂为尤甚,广肇之阳江亦如之。有等不法之徒,名曰‘沙鱼贩’,专以借尸讹诈为务。不论远近,凡有路毙无名乞丐,或江海浮尸,或年老无依,孤贫无人埋葬者。甚至有穷苦不堪之人病将垂死者,卖与沙鱼贩,做假伤讹诈,百奇千怪,丧尽天良,实堪发指。一有死尸,即串通本地烂矜奸匪,买嘱无赖男子、无耻妇女,或为死者之父母伯叔兄弟,或作儿子媳妇子侄亲属。乞丐孤独,忽而见儿孙妇女俱全,男尸则哭父号爷,女尸则呼妈号母。一见官到即假号喊叫,诉说冤苦。问其情由,无不含糊支离,茫然莫对,且距尸体甚远,伫立遥望,不敢近前俯视,掩面假号,毫无悲伤。种种虚诬难以言喻。……皆烂棍串通卖嘱,希图讹诈也。诸如此类,当未经报案之前,奸匪烂矜人等开列各乡富户弱族姓名某某为正凶,择肥而噬,任意讹诈。乡愚以事关人命,隐忍赂和。一再搜求,四方延及数十里,人心惶惶,莫敢与较。有钱者除名,抗衡者指控,仍留案索诈,地步迟之,又久始递呈,内又故作支离含混之语,使官生疑,出票差查,则与差役狐假虎威,讹诈更甚。迨至囊满意足,无可择噬之人,则具和息,百姓受害深矣。”[2]

中央法虽然有惩治诬告的规定,但因缺乏具体、有力的惩治措施,实际效果并不理想。例如,广东“惠潮嘉各属民情刁诈,每因睚眦细故,动辄便服毒药,前往怨家撒赖恐吓,希图挟制。迨毒发身死,必以威迫毙命指控。又有民间妇女,不明大体,偶因家庭不睦,或因外人口角,抱忿轻生,于是母家夫家因而借尸混告。又有因病身故,而家属

---

〔1〕 乾隆《新兴县志》卷30《杂事》,第11页,中国地方志集成本。

〔2〕 (清)褚瑛:《假命讹索》,载褚瑛:《州县初仕小补》(卷上),光绪十年森宝阁排印本,第16~17页。

辄先敛埋,借以人命讹诈。又有外来游丐,病毙中途,视为奇货可居,冒认死者亲属,沿乡讹索,择肥而借噬。稍不遂欲,则指为殴毙,灭尸捏情呈控。种种不法,实属危害闾阎。尤可恶者,遇有真正命案,尸亲递呈,必将讹诈不遂之殷实良民,列控首名,指为喝令主谋。此外,正帮各凶,亦任意罗织百余名及数十名不等。地方官如不加察,率行照案差拘,即坠奸徒诡计之中,立贻善民破家之苦"。广东按察使司所受理的控告人命案件,按照法律规定程序要求报县、验明证据确凿者所占比例不足十分之一二,"显有讼棍刁徒从中生唆播弄,胜固可肥囊橐,输则越诉抗传,相习成风,几于恬不为怪。"[1]

为了制止诬告之风,广东出台了比较详细且具有可操作性的地方法规。光绪初年,广东按察使司通令各县随时拿办,督率各乡绅耆大力劝诫,并勒石晓谕民众:"尔等身为家长者,务先训饬服属子女、亲丁,各宜守分安居,保身惜命,勿因微嫌毒,希图恐吓,以及妇女轻生,借尸混告之案,均准被害之家据实呈诉。一面具保投到,听候提集质明,治以诬告之罪。其真正命案,限于三日内报县诣验,并指明正凶、见证姓名,以凭拘拿究办,不得多延时日,及混行辜累多人,致干严究。如人命重情,未经报官验明,辄将尸身私自殓埋者,概不准理。如敢饰词具控,除原呈立案不行外,并将具呈之人,照诬告人死罪例,按法惩办,以昭炯戒。仍严行根究唆讼棍徒,按名弋获,尽法处治,决不宽贷。"同时命令各乡保长约正,察看山林旷野,铲除毒草。[2] 其中规定对借命具控者按照诬告人死之例惩治,进一步明确了对诬告行为的处罚方式与处罚力度。

此外,清朝律例规定寡妇再嫁由夫家主婚,但对夫家主婚的具体条件等缺乏明确规定,导致现实生活中屡有纷争。如夫家为贪图钱财,将寡妇嫁给无性能力的男性,或将寡妇嫁到偏远地区,甚至将

---

〔1〕《严禁借命讹诈以肃法纪事碑》,载谭棣华、曹腾飞、冼剑民编:《广东碑刻集》,广东高等教育出版社 2001 年版,第 857 页。

〔2〕《严禁借命讹诈以肃法纪事碑》,载谭棣华、曹腾飞、冼剑民编:《广东碑刻集》,广东高等教育出版社 2001 年版,第 857 ~ 858 页。

其卖为婢妾,致使女方与家人骨肉分离、难以相见。女方家人则以拐卖致死等为由,向官府提出控告。为了减少纷争,乾隆年间,两广总督在广泛征求府州县意见的基础上,规定"嗣后如有夫亡再谯者,务须遵照定例听从翁姑及夫家之期亲尊长主婚受聘。仍一面通知女家。但不许女家之人干预阻挠,不许夫家止图财礼,将妇女混嫁痿人及遣嫁远方,或卖为婢妾。如夫家并无翁姑及期亲尊长者,听本妇自行择配,财礼留为伊夫祭奠之资。"通过对夫家主婚设置限定性条件,实现了对律例的补充与变通。变通的目的在于既体现中央的立法精神,维护传统的伦理道德,又能适度反映女性生存的物质、生理与精神需要,实现法律与情理的兼顾,即所谓"如此则与定例无悖,而情理亦属相安,讼端自可杜绝。"[1]

(二)地方法补充或发展中央法

省级立法中的部分内容,属于中央立法中没有相关规范可供援引或比照时省级官员根据具体需要而制定的地方性办法。此类地方性规定是省级立法的重要组成部分。从具体内容来看,此类内容主要是针对具体行政事务、民事纠纷处理以及风俗教化等事宜而作的规定。其中有关具体行政事项的规定主要是官吏行为规范和地方兴革事宜,涉及面十分广泛,包括各种地方性行政举措以及行政办事细则,可谓无所不包。正如《粤东省例新纂》"凡例"所言:省例所辑录的内容,悉属"本省外办章程及于成例稍有变通者,或经详明两院或经咨准部覆,俾昭呈式,如定例已有专条及各省通行事件概不纂入"。"凡一州一县议详事件,未经通行各属及虽经通行而系一时一事,并非永为定例者,或其事足为呈式,或有关日后稽查,均一并采录以备参考。"[2]就广东而言,此类地方立法以轮渡管理、水利兴修、火灾防治等方面的规定最为典型。

---

〔1〕《夫亡再嫁由夫家主婚仍通知女家,若夫家并无期亲尊长,听本妇自家》,载(清)佚名辑:《粤东例案》(第三册)"婚姻",道光手抄本。

〔2〕《凡例》,载黄恩彤、宁立悌撰:《粤东省例新纂》,道光丙午年(1846年)刻本。

广东河网密布,水上交通极为重要。为了保证水上交通的安全与畅顺,官府对渡船设立条件、渡户资格、渡船标准等均有详细规定。如果一地应设渡船,须“先由该管州县勘明该地方实在情形,通详侯奉准示,召年力壮健、熟识风色水性之人承充渡户,一面取具甘结并铺户渡邻保结,由州县加结申府,转缴藩司详院,饬府给帖开摆。不准一人兼承数只,网收渔利,及霸埠批租,私顶私摆。渡户年过六十即令告退,其子侄内如有熟谙之人,准报明地方官,取结详请换帖接顶。如果无人,另召详充。凡有大村巨镇渡船不敷应需添设者,许民报承,由地方官查勘,随时添设,照例详办,不许邻渡阻挠,胥吏等如有借端需索,查出究治”。对于渡船的尺寸、桅帆规格、船上设施、载人数量、收费标准等,省例也有明确规定。为了便于官府监督管理,明确规定每船必须“置大白粉牌一面,将渡夫姓名、往来埠步、船身梁头丈尺、水程里数、载人收钱各数目及归何处捕巡河泊所等管理逐一开载,并于船尾两旁用粉字一体照式书明,以便查察。其一处有数渡者,按照先后载足人数,挨次开行,如违究革”。[1]

为了确保轮渡安全,省例规定对违禁行为严加惩处。“渡船如有违式仍用高桅尖桯板篷以及贪利多载者,即将该渡户革除,于河枷号一个月,满日重责三十板。因而覆溺致毙人命者,枷号两个月,满日重责四十板,仍追埋葬银二两,给属收领。如淹毙多命,按名追给,本船水手各枷号一个月,重责四十板。如系驾驶不慎致遭覆溺,渡户照前枷号追埋,水手等照不应重律杖八十,折责发落。船只均变价入官,地方官不认真办理并有开脱回护情事,分别揭参。”省例明确规定地方官员对渡船的管理责任,一旦渡船发生事故,地方官员及驻军必须全力救助。“渡船往来之处,先由州县移行经过各汛地知照,如遇暴风猛雨,不拘昼夜,立即驾艇赶令湾泊,风定放行。如该渡户不遵,即拿送就近巡司等衙门究处。……如风雨不行阻

[1] 《各属渡饷》,载黄恩彤、宁立悌撰:《粤东省例新纂》(第3卷)《户例下·税饷》,道光丙午年(1846年)刻本,第51~52页。

止,覆溺玩视不救,该管州县即据实详请革究。”[1]

广东地处水乡,水利兴修事关社会安全与经济发展。中央与广东制定了一系列法规,规范广东水利工程的兴建与维护。例如,珠江三角洲的南海、番禺、顺德、三水、东莞、香山、新会、清远、高要、高明、四会、鹤山等县均有围基分布。根据广东省例的规定,除南海所属的桑园围设有维修专款外,其余皆为民间筹捐办理。如果围基破坏严重,民力难以修复,则可禀请借款兴修,再由本围按粮摊征还款,由府道州县查勘办理。[2] 因为南海县桑园围最为重要,广东省例设“南海县桑园围”专条,规定基围管理规范。[3] 广东省例还专门对省城广州的河渠修护做出规定。根据《粤东省例新纂》卷8“工例”《疏浚督工经办章程》的规定,六脉渠、玉带河等六条省城的河渠必须定期疏浚,在老城内六脉渠的两旁设立警示标志,警告居民无论渠道本来在屋内,还是后来搭建房屋跨压水渠,均须在屋内依照原有渠道开挖深通,上铺石板,不准以在屋外另开水道塞责敷衍。如果渠道本在门前屋后,必须照旧例挨户疏通。如果铺屋基址堵塞渠道,则应及时修理。如房屋出租,责令业主雇工挑挖。如果业主不在广州,则由租住者直接在房租内扣除疏浚工费。贫弱之家因搭建寮屋跨占渠道且无力开挖者,由政府按户发给工银,迅速疏通。根据省例规定,广州城内衙署、仓库、公所及街巷空地的阴沟由番禺、南海两县官府按照界限雇工挑挖,其他地区的阴沟则由铺户根据其铺屋的基址负责清挖。不遵令挑挖者,枷号示众,疏浚完毕方可释放。如经地保查明确系无力之家,则由官府出资修整。为了保证玉带河水流畅通,船只安全行驶,省例规定番禺、南海县政府应派

---

〔1〕《各属渡饷》,载黄恩彤、宁立悌撰:《粤东省例新纂》(第3卷)《户例下·税饷》,道光丙午年(1846年)刻本,第53~54页。

〔2〕《各县基围》,载黄恩彤、宁立悌撰:《粤东省例新纂》(第8卷)《工例·水利》,道光丙午年(1846年)刻本,第13~14页。

〔3〕《南海县桑园围》,载黄恩彤、宁立悌撰:《粤东省例新纂》(第8卷)《工例·水利》,道光丙午年(1846年)刻本,第14页。

专人负责疏浚事宜，责令沿岸民众开挖河道，拆除搭建的铺屋，或由各户自行雇工按址挑挖，或由官府筹集经费，统一治理。如有居民擅自占越，妨碍水道流通，应立即责令拆除。有力之家费用自理，无力小民则由官府酌量给付，严禁胥役借端滋扰。[1]

鉴于省城广州多次发生火灾，道光十三年广东省专门出台防火救火章程，规定防治火灾的措施。一是开挖水井，完善救火设施，每家每户设太平水缸、水桶，平时贮水，广备防护；南海、番禺两县制造并发放汲水筒、水龙头、水枪、挠钩、蜈蚣梯等救火工具。二是改造易燃设施，包括将街道的竹木篷改建为布篷，凡演戏、建醮，有纸扎篷台者，必须设置水龙、汲桶；城外戏班禁放鞭炮，台旁必须置放水龙、汲桶，如有违犯，惩处负责之人。三是组建救火队伍。救火队伍由南海、番禺二县各派 30 名年轻力壮者组成；另派 40 名专门负责查拿抢火匪徒。四是配备防火军事武装。在广协左右营挑选兵丁，驻扎城区，按期操练，专制大锄、铁斧、云梯、大小水桶、铁钩、号衣，遇火立即扑救，同时负责巡拿抢劫匪徒。[2]

广东省例专门对沙田的权利归属进行规范，为沙田纠纷解决提供法律依据。沙田，一般指沿海濒江淤积而成的田土，沙田遍布沿海及沿江各地，因易受水流影响，四至难以确定，成为引发社会纷争的重要因素。广东根据沙田的特点，通过省例的方式，规定承垦沙田制度，明定确权的条件。主要包括：(1)刚积的浮沙称为白坦，淤积日久杂草滋生者称为草坦，由草坦用工筑成基，称为熟坦。凡沙田成熟不久，潮汐漫溢不定，不能种植水稻者，不论报垦、首垦，均按照香山等地的斥卤税则，根据年限征收。如基址已经稳固，不怕潮汐漫溢，就属于年久成熟税坦，应照番禺县上则民田标准征税。(2)如果有沿海私垦沙坦匿不报税，应于每五年清丈之时，查明是否

---

〔1〕《修理渠河》，载黄恩彤宁、立悌撰：《粤东省例新纂》（第 8 卷）《工例·水利》，道光丙午年（1846 年）刻本，第 5～9 页。

〔2〕《本省防火事宜》，载黄恩、宁立悌撰：《粤东省例新纂》（第 8 卷）《工例·救火》，道光丙午年（1846 年）刻本，第 15～17 页。

成熟,酌情追征花息。(3)承垦沿海新生沙坦,凡有微露坦形,民人详报地方官,即令插明四至,并出示晓谕,定期一月亲诣沙所传同地保等公同查丈。如有冒名承占,勘丈时据实禀报,当场讯明办理。确无冒承侵占,即时竖立地界,取具册结详报,给照业户收执工筑,按限题报升科,永为己业。勘丈后借端混争者,照侵占他人田亩律治罪。(4)凡本身田地原有10顷以上者,虽田界相连,不得再种沙坦,其小民圈筑沙坦,也不得超过5顷。如有奸民诡捏户名,影射强占,依律治罪。愿出工本资助贫民圈筑者,听其资助,但只许酌收租息,田权仍归贫民。[1]

这些规定主要以政府行政措施为规范对象,以义务性规范的形式出现,体现了地方官府作为管理者的特定角色,有效补充了中央立法的盲点。

(三)地方法变通中央法

广东地方法对中央法的变通,涵盖面比较广泛,涉及民事、行政甚至刑事法规。其中以民事与行政法规的变通较为常见。例如,关于民屯粮米的征运,广东与中央法的规定存在明显不同。按照中央规定,"民屯粮米,例应官为征收,解赴所拨营分兵食,原无令民代为征解之例"。但广东的实际执行情况却与国家规定迥异。例如,和平县的龙安屯米即是"勒派屯甲代缴解营,系属违例"。按照中央法的规定,自然应该改为官征官解。但广东省在发现长期违规运作的情况后,并未进行彻底改正,而是在中央规定与地方实际运行规则之间进行变通,《粤东省例新纂》明确规定:"二十八家屯甲,递年轮派十名经营,引催三年。自嘉庆五年为始,每年五月九月间,值年屯甲,先在东水地方向各户催齐米石,静候官征支纳,毋许稍有拖欠迟误"。"其书役人等崔传征收米石,所需船只,按照时值,公平发价催觅,毋得短价滥封,扰累民人。上纳米石,随到随即平斛兑收,决不

[1] 《承垦沙坦章程》,载黄恩彤、宁立悌撰:《粤东省例新纂》(第2卷)《户例上·田赋》,道光丙午年(1846年)刻本,第22~25页。

得借端留难需索。倘有滥封船只，额外浮收，违例勒派代征等弊，一经访闻，立即从严究办，绝不姑贷”。广东承宣布政使等联名将该规定勒石公布，同时再次重申原定征收章程的七条规定，列明征收的具体要求与标准，与中央规定明显不同。[1]

根据清朝律例，严禁寡妇坐产招夫。但广东却在乾隆年间出台了变通性的规定。广东省下发的《严禁坐产招夫，如暮年子死寡妇招夫以养余年，仍从民便》公文称：“粤东薄俗，有坐拥前夫之遗产，遽招后夫以共享，巧其名以养翁姑、抚子女，而实肆其心之不守贞怀妇道，诚宜照例查禁。”但因担心严格按照律例查禁，可能会造成社会动荡，于是决定通令州县“随时随事，广为化道”，在重申严禁坐产招夫、改姓为嗣的同时，对特殊情况作特殊处理，“穷民则原无财产，而暮年子死，欲将寡媳招夫，养其余年，则主持在于翁姑，仍应听从民便，无庸置议”。[2]

刑事方面，广东对中央法的变通以严惩盗贼、惩治械斗等最具典型性。广东地处岭南，距离京城遥远。清朝中期以后，政府控制力下降，盗贼横行，社会治安形势严峻。为了维护社会秩序，广东督抚屡次上奏，要求采取特殊措施，加大对盗贼的惩罚力度。嘉庆十六年(1811年)，两广总督上奏，要求对广东内河盗贼处以枭首之刑。奏折称：“律载：强盗已行而但得财者，皆斩。定例声明，将法无可贷者正法，可原者发遣。粤东办理盗案向俱照例审拟具题，其有罪应斩决盗犯脱逃二三年始行就获者，即恭请王命先行正法办理。”嘉庆十八年广东巡抚韩崶请求将行劫三次以上者先行就地正法，获得批准。嘉庆十九年，广东督抚再次上奏中央，建议进行变通。刑部经讨论认为“系属因地随时惩创，应如该督等所奏”，“将伙众四十人以上，及虽不及四十人而有拜会、夺犯、拒捕、假官各项情节，暨

[1] 《宪示碑》，载谭棣华、曹腾飞、冼剑民：《广东碑刻集》，广东高等教育出版社2001年版，第822～823页。

[2] 《严禁坐产招夫，如暮年子死，寡妇招夫，以养余年仍从民便》，载(清)佚名辑：《粤东例案》(第三册)，道光抄本。

经前奏定脱逃二三年后就获并行劫三次以上者，均奏加以枭示，恭请王命就地正法”。[1] 投诚后脱逃的盗贼也是广东严厉打击的对象。《大清律例》规定：“凡官军从军征讨，私逃还家，及逃往他处所者，初犯，杖一百，仍发出征。”但鉴于广东盗贼猖獗，投诚被官府收编后往往脱逃叛乱的实际状况，清政府专门制定条例加重处罚。条例规定：“广东省盗贼投抚分发入伍壮丁初犯脱逃，如原犯之罪在军流以上，俱面刺‘逃丁’字样，酌发云、贵、川、广极边地方足四千里，交地方官严行管束。若在徒杖以下者，照流犯在配脱逃例，枷号两个月，责四十板，加徒三年。其邻族、保甲知情容隐者，照犯人原犯罪减一等治罪。”[2]

广东还通过扩大就地正法的适用范围以严惩盗匪。同治二年，经两广总督毛鸿宾奏准，“广东省除广州府及佛冈同知拿获逆匪盗犯仍行解省勘审外，其距省较远之各府厅州县所获拜会从匪、拒敌官兵及迭次行劫伙众、持械拒捕伤人、罪应斩枭斩决各犯，由各该州县审实后，即解送该管道府复审录供，具详该督抚，核明情节确实，即行饬令就地正法”，“寻常命盗案件仍著照例解勘。”晚清时期，就地正法的范围扩大，导致地方刑杀权力泛滥。因此，光绪八年刑部限制就地正法的适用范围，规定只有“土匪、马贼、会匪游勇，案情重大并形同叛逆之犯”方可就地正法，其余寻常盗案限一年之内归复旧制。鉴于广东盗患日炽，光绪十一年，两广总督张之洞“体察地方情形”，奏请扩大就地正法在广东的适用范围，“嗣后拿获持械伙劫凶暴众著之各项盗匪，无论水陆，不分首从，凡有案情重大，罪干斩枭、斩决者，一体照土匪、马贼、会匪、游勇章程，先行惩办。其距省较远者，由该厅州县审实后，酌核道路远近，如有道府同城者，解由该管巡道督府复审；不同城者，即分别解由最

---

〔1〕 广东巡抚韩葑：《奏定粤东内河盗犯分别请令枭示》（嘉庆十六年八月二十七日），载《清末奏底汇订》（第1册），全国图书馆文献缩印中心出版2004年版，第11～17页。

〔2〕 《从征守御官军逃》，载《大清律例》22卷《兵律》，高潮主编：《中华律令集成·清卷》，吉林人民出版社1991年版，第1087页。

近之该管或道或府州复审；如犯多路远者，即由道府州亲赴所属复审。均录供通禀督抚，核明情节确实，批饬就地正法。案情重大者仍传首犯事地方悬杆示众。"[1]广东督抚实际上得以继续行使一定的死刑终审权。

清代广东械斗成风，"粤东风俗强悍，好斗轻生，动辄纠聚数百人，互相械斗，每用大炮轰击，不顾性命存亡，俟至斗罢之时，彼此再行核算。譬如两姓争斗，两边均有杀伤。若皆伤毙数百人，即便均无异议。若多伤毙一二，即当按数赔钱，然亦不过十余金，即可抵除无事。而好为负气者，又多不肯出银，以致结讼连年，不甘休息。"[2]械斗严重危害民众的生命财产安全，是清代法律严惩的犯罪行为。《大清律例》"斗殴"条规定："斗殴，相争为斗，相打为殴。……凶徒因事忿争，执持刀枪、弓箭、铜铁、锏、剑、鞭、斧、扒头、流星、骨朵、麦穗秤锤凶器，但伤人及误伤旁人，与凡剜瞎人眼睛、折跌人肢体、全抉人耳鼻口唇、断人舌、毁败人阴阳者，俱发边充军。若聚众执持凶器伤人，及围绕房屋抢检家财、弃毁器物、奸淫妇女，除实犯死罪外，徒罪以上不分首从，发边充军。虽执凶器而未伤人者，杖一百。……沿江滨海有持抢执棍，混行斗殴，将两造为首及鸣锣聚众之犯杖一百、流三千里，伤人之犯，杖一百、徒三年。其附和未伤人者，各枷号一个月，责四十板"。[3]

但因《大清律例》将械斗放在"斗殴"条内，致使有关官员重视斗殴的结果而忽视组织斗殴的行为，不利于有效防治械斗的发生。为此，广东督抚积极寻求变通之道。雍正九年（1731 年），广东巡抚王传泰奏准定例，加重对广东乡族械斗的处罚力度，按律在本罪之上加一等定拟。乾隆五年（1740 年），该专条因朝廷重订律例而废

---

[1] （清）张之洞：《请定盗案就地正法章程折》（光绪十一年十二月一日），载王树枏编：《张文襄公（之洞）全集》（卷 13，奏议 13），台湾文海出版社 1970 年影印本，第 34 页。

[2] （清）聂亦峰：《赵祖勋诬控莫之云抢割毙命一案禀》，载聂亦峰：《冈州公牍》所附清折，致用文献从书本 1993 年，第 247 页。

[3] 高潮主编：《中华律令集成·清卷》，吉林人民出版社 1991 年版，第 52～53 页。

止。嘉道年间,广东的械斗不断升级,原有中央法规已难以满足实际需要。在广东官员的不断呼吁下,中央制定特别法,加大对广东械斗的惩治力度。道光二年(1822年)刑部奏准定例:“广东、福建、江西、湖南、浙江等六省纠众互殴之案,除寻常共殴谋殴,虽人数众多,并非械斗,及台湾械斗之案外,如审系预先敛费约期械斗仇杀,纠众至一二十人以上,致毙命彼造四命以上,主谋纠斗之首犯拟绞立决;三十人以上,致毙彼造四命以上,或不及三十人而致毙彼造十命以上,首犯拟斩立决;四十人以上,致毙彼造十命以上,或不及四十人,而致毙彼造二十命以上,首犯斩立决,枭示。……若致毙彼造一家二三命,主谋纠斗之首犯,例应分别问拟斩、绞立决者,各从其重者论。其随从下手伤重致死应行拟抵者,均各依本律例拟抵。”“广东、福建二省械斗案内,如有将宗祠田谷贿买顶凶构衅械斗者,于审明后,除主谋买凶之犯严究定拟外,查明该族祠产,酌留祀田数十亩,以资祭费,其余田亩及所存银钱,按族支分散。若族长乡约不能指出敛财买凶之人者,族长照共殴原谋例,拟以杖流,按致死人数每一人加一等,罪止发遣新疆为奴。乡约于杖六十、徒一年上,每一人加一等,罪止杖一百、徒三年。”[1]光绪年间,广东按察使于荫霖再次吁请根据现实需要,变通相关法律规定:“惟今昔情形实多不同,变通之道因时而宜,重典之刑因地而用。近年广东械斗,联村聚众,杀害无辜,焚毁抢掳,抗官拒敌,伤及兵差,形同叛逆。……相应详请奏明另立专条,从严办理,宽免州县处分,责令实禀实办,以儆凶匪而遏乱萌。”[2]

根据清朝法律规定,对“失察”官员必须重惩。例载“凶徒聚众械斗,如衅起一时,并非预谋聚众者,失察之地方官有心故纵者,革职;失于觉察,不行查拿者,降一级留任;如能将在场首从各犯严拿

〔1〕 (清)薛允升:《读例存疑》(卷33)《刑律之九·人命之二》,胡星桥、邓又天点注,中国人民公安大学出版社1994年版,中册,第588~589页。

〔2〕 (清)张之洞:《请严定械斗专条折》(光绪十一年十二月二十七日),载王树枏编:《张文襄公(之洞)全集》(卷14,奏议14),台湾文海出版社1970年影印本,第8~13页。

全获者,免其处分;若获犯到案不行惩治、代为开脱者,照故出入人罪例议处。又失察私藏鸟枪及私造鸟枪发卖者,罚俸一年。其业经严查之州县,一年内有失察私藏一次者,降一级留任;二次者降一级调用”。为了避免处分,官员在处理械斗时往往避重就轻,“兹粤东械斗命案,州县虑及处分綦严,遂致多方掩饰,分案详报,案情失实,奸民愈为得计,百姓习于战斗,酿祸益深。”[1]州县官员担心被参处分,捕役畏惧械斗各方势力强盛,均不愿前往缉拿械斗凶犯。为了解决这些问题,广东各级官员一再吁求改变相关规定,中央最终同意进行变通,简化审办程序,保证军队快速出击。除涉案百人以上的械斗大案需由巡抚及按察使奏明皇帝、亲自前往查办外,其他文职官员无力擒捕的械斗命案,应通知军队协助擒拿。军队接到令文后,应一面向上级禀报,一面督兵前往追捕。如果拘泥前例,因等候批令而延误缉拿凶犯,或有兵丁借端滋扰,则参报处分有关文武官员。如能将要犯迅速获解,有关官员则可随案声请议叙。为减少往返解审之累,罪止流徒的帮凶应由府县拟判,就近解赴巡道覆讯,如无冤抑顶替等情,即将该犯发回监禁,免去解省审办环节。拟死罪的正凶则应解送按察使司,经按察使覆讯后转送督抚,由巡抚亲自审讯,题奏中央。即使犯人狡辩翻供,也只需挑选二三名主要证人进行讯质,以免因长途押送犯人造成沿途拥挤或案犯逃脱,拖延案件审理时间。[2]

贩卖私盐属于明清时期被官府严厉禁止的行为。《大清律例·户律·课程·盐法》规定:“凡犯私盐(律注:凡有确货即是,不必赃之多少)者,杖一百、徒三年。”由于该规定过于严苛,顺治十七年

---

〔1〕(清)那彦成、百龄:《请变通失察械斗处分》(嘉庆十年六月六日),载容安辑:《那文毅公(彦成)奏议》(卷10)《那文毅公两广总督奏议》,道光十四年(1834年)刻本,第49页。

〔2〕(清)韩葑:《为械斗酌定凶犯章程以杜延顽而免疏虞》(嘉庆十六年十二月十一日),载《清末奏底汇订》(第1册),全国图书馆文献缩印中心2004年版,第29~33页;《办理潮属械斗重案》,载黄恩彤、宁立悌撰:《粤东省例新纂》(第7卷)《刑例·审断》,道光丙午年(1846年)刻本,第41页。

(1660年)曾变通为“贫民食盐四十斤以下者,免税;四十斤以上者,仍令纳课”。[1] 乾隆元年(1736年)又专门制定条例,“其贫难小民年六十以上、十五岁以下及年虽少壮身有残疾,并妇女年老孤独无依者,于本州县报明验实注册,每日赴场买盐四十斤挑卖,止许陆路,不许船装,并越至别处地方及一日数次出入。如有违犯,仍分别治罪。”[2]但实际上私贩四十斤的额度仍嫌过小,不少省份实际上都暗中各有自己的一套做法,并且相互效法,欺瞒中央。雍正年间,安徽凤阳道建议“私盐四十斤以上、百斤以内者,分别多寡定拟章程,俾得画一遵循”,得到安徽巡抚的首肯,并制定实施细则,对这类案犯仅分别情况处以枷、杖,而不依照中央法规定判处徒刑。这一做法先后为江苏、浙江等省仿行。[3] 乾隆四十年,中央制定新例,要求各地督抚将徒刑案件逐季上报刑部查核。[4] 面对新例,江、浙等省不但未取消与中央立法不相一致的规定,反而继续采用欺瞒中央的做法,将应上报刑部的案件中应照《省例》分别枷责的犯人摘出外结。[5] 广东也采用了江浙等省的做法。嘉庆十七年(1812年),清远县建议仿效《治浙成规》中对贩卖私盐犯罪的处理规定,终经总督认可,由按察司拟定新章。《广东省例·详定拿获私贩人犯,数在百斤以内分别枷杖,百斤以外即照律满徒》条规定:“贩私人犯,如讯系无业贫民,偶尔贩卖糊口者,五十斤以下量予笞责发放,五十斤以上枷号二十日,杖六十;六十斤以上,枷号三十日,杖七十;七十斤以

---

〔1〕(清)昆冈、李鸿章纂:《钦定大清会典事例》(第231卷)《户部》八〇,《盐法·禁例》,“顺治十七年”条,光绪二十五年(1899年)石印本。

〔2〕(清)昆冈、李鸿章等纂:《钦定大清会典事例》(第762卷)《刑部》四,《户律·课程·盐法一》,“乾隆元年”条,光绪二十五年(1899年)石印本。

〔3〕《治浙成规》卷七《私盐案件如应题咨内有百斤以下应拟枷责之犯摘出另结》的具体规定为:“请嗣后凡有肩挑背负及车船夹带私盐,如系四十斤以上至六十斤者,枷号二十日,责二十板;……过九十斤至一百斤者,枷号四十日,责四十板”,并提出了根据具体情况对协同参与者进行处理的办法。《治浙成规》卷七,道光十七年(1837年)刊本。

〔4〕《治浙成规》第6卷《办理盐案章程》,道光十七年(1837年)刊本。

〔5〕《治浙成规》第7卷《私盐案件如应题咨内有百斤以下应拟枷责之犯摘出另结》,道光十七年(1837年)刊本。

上,枷号四十日,杖八十;八十斤以上,枷号五十日,杖九十;递加至九十斤以上,枷号两个月,杖一百;其百斤以上者即照律拟徒,不得宽纵。”这是《粤东省例新纂》中《兴贩私盐外办治罪章程》的原议。该规定被编入《粤东省例新纂》,说明至少到编定该书的道光二十六年,该条例仍然具有法律效力。[1]

广东还对盗犯枭首案件的执行程序进行了变通。按照《大清律例》的规定,“盗犯例应枭首之案,向于本犯正法数日后,臬司始行委员领解”。如此程序设计,给法律的实施造成不利后果,常常是“恰至委员至县领取,首级业已无存,以致无从解往悬示,殊属有名无实”。为此,广东督抚在道光二十五年(1845 年)以抚院通饬的形式,对枭首执行程序实行变通,“嗣后应枭首人犯,臬司务必先派委员,正法后该委员立即领取。责令地方官首级解到,立即悬杆示众。如有不及时领取及匿不悬示者,空禀搪塞者,查实参详”。[2]

科举考试犯罪是清代法律惩治的重点之一,《大清律例》设有专条进行规范与惩治。但因作弊行为花样百出,不仅各地严重程度存在差异,实际防治措施也有不同。例如,光绪年间,广东布政司就曾发布告示,严厉禁止“贿卖案首事”。布告称:“地方官忝居民上,有培植人才之责,又转移风化之权,乃积习相沿,几同常例,甚至本官纳贿,而同城之教职、巡典、武弁,以至本署之朋友、家丁,有挟而求,卖得前十名者,卖得前二十名三十名者。以国家求贤之典,为若辈渔利之方”。为此,广东布政司在各地贡院勒碑,永远禁止,同时“示仰阖省文武童生知悉:尔等家世相承,预当父诏其子,师勉其弟,文专业诗书,武娴习弓马,莫存□进之心,常懔怀刑之戒,为之上者。尤其临时无苟见利,必思勤校阅,以拔真才,厉廉隅以端士习。倘敢寡廉鲜耻,贿赂公行,一经访闻,或被禀讦,定将主考官从重参办,该

〔1〕 王志强:《清代的地方法规》,载王志强:《多元视角下的清代国家法》,北京大学出版社 2003 年版,第 19 ~ 49 页。

〔2〕 (清)黄恩彤、宁立悌撰:《粤东省例新纂》(第 7 卷),道光丙午年(1846 年)刻本,第 13 页。

童等治以同科之罪。仍后咨请学院，嗣后遇有文理不符之案首，立予扣除，发交有司官严行查讯，分别究办，以昭核实。"[1]

上述分析表明，无论民事、行政还是刑事，广东地方法规中均存在与中央立法不尽一致的内容，或为对中央法的变通，或为对中央法的细化与补充。

三、地方法的立法基础

（一）以中央法基本框架为前提

从总体内容来看，地方法的制定确实以中央法基本框架为前提，但同时又是对中央法的补充和发展。广东省例曾如此表述清代省级地方法规与中央通行立法之间的关系："律一成而不易，例随时而变通，省例则尤因地制宜，助部例所不备。"[2]清人王有孚对此也有经典论述："条例是国家令典，天下通行，一律遵办。省例是外省申详事件酌定章程，各就一省而言。"[3]由此可知，省例的作用在于补充律例的空缺与不足，其立法宗旨自然应当与中央法保持一致。就效力而论，地方法当然应该处于辅助性地位。同为地方法的成案、例案以及州县告示，其性质与省例并无根本差异。

地方立法与中央立法保持一致，是二者关系的主导方面。一方面，制定省例等地方法的官员由中央任命，其权力来源于中央，升迁受制于中央，其根本利益也与中央基本一致。在中央集权的体制框架中，他们不可能有明显的独立自主意识，也不可能公然与中央分庭抗礼。另一方面，中央通过建构立法制度对地方立法权限进行制约。中央虽赋予地方一定的立法权，但这些地方立法权的

---

〔1〕《示勒碑》，载谭棣华、曹腾飞、冼剑民：《广东碑刻集》，广东高等教育出版社2001年版，第619~620页。

〔2〕（清）耆英：《督粤使者耆英序》，载黄恩彤、宁立悌撰：《粤东省例新纂》，道光丙午年（1846年）刻本。

〔3〕（清）王有孚：《一得偶谈》，载徐栋编：《牧令书》（第17卷），道光二十八年（1848年）刊本，第5页。

下放均有层次限制。制定省例的权力,掌握在督抚等地方高级官员之手。一般情况下,县、府、道和藩臬二司等各级官府仅有对上级提出建议的权力。虽然藩臬二司的权力较大,掌握了大部分省例的起草权,但其提出的草案一般要经督、抚两级批准,如果是针对特别事项的立法,还需督学、盐运等官员签署才能生效。从理论上来看,由于官员之间存在法定的互相牵制关系,省级立法的基本精神一般不会与中央立法产生重大偏离。在诉讼制度上,清代实行重要案件逐级审转复核制度,地方督抚监督属下,中央刑部监督各省,不仅限制了地方的司法专断,而且使地方单行立法也不可能完全独立自主地进行。

通过对清代广东地方立法的分析也可发现,从实践层面来看,地方在立法上拥有一定的自主性。虽然清朝政府极力巩固中央集权,千方百计羁縻和限制地方权力,但在中央的默许之下,各级地方官府还是享有不同程度的立法权。地方的立法权在客观上具有现实合理性,因为中央法律具有明显的有限性,而地方政务却纷繁复杂,二者之间存在明显矛盾。从法理上来看,任何法律适用于具体的对象,都需要经过解释的过程。虽然中央力图将重大事件、重要案件的处理均纳入自己的立法权力之下,甚至不惜大量制定地区性特别法,[1]但各类法律的具体操作和适用均需依靠地方官员,通过地方官将法律规定与具体案情相结合,由地方官针对纷繁复杂的具体情势对法律进行解释和适用。由于立法技术本身所存在的问题,以及法律解释的客观必要性,由地方官员结合执法过程中所遇到的实际情况,根据中央法的精神,制定地方法规,以注释、补充中央法,也就成为不可或缺的环节。同时,在中国传统社会,中央政府实现社会管理的手段主要是刑罚镇压,民事和程序立法十分薄弱。但在现实生活中,民事纠纷和程序问题却客观存在,在中

〔1〕 王志强:《论清代条例中的地区性特别法》,载《法律多元视角下的清代国家法》,北京大学出版社2003年版,第50~67页。

央立法模糊或阙如的情况下,这些纠纷的解决只能仰赖于地方官员的处断。中央立法在民事、程序等领域存在的空白,通过地方立法加以填补,由地方法规加以规范,也就成为顺理成章的事情。清代地方立法权特别是省级立法权日渐成熟和趋于完善,成为政治权力的重要组成部分。

地方立法中除直接重申中央法的告谕性立法外,施行细则以及禁止性、解释性立法均不同程度上构成对中央法的发展与补充。对中央法的解释虽然并不直接动摇中央立法的权威性,但在法律解释的意义上,省例的该部分内容往往在某些程度上构成对中央法内容的实质性再创造。在现代法律解释学的意义上,法律文本的本意,往往很难为解读者准确地加以把握和复原。[1] 地方官员在司法和行政过程中对中央法的重新阐释和解说,往往会偏离原有表达,在一定程度上是一个对实质法律规范的再创造过程。地方法规对中央法所作的补充和发展,有助于增进法律体系的完整性,保障政治体制的有效运作。其对中央法的变通或规避,则体现出地方立法的相对独立和对中央的离心倾向。

通过考察地方立法的具体内容,确实可以发现地方法规变通中央法的现象,而且一些地方法的变通程度和影响范围相当可观。前述诸多事例表明,地方政府并非只是中央的传声筒。由于地方的现实情况和利益驱动,地方法规也可能会背离中央立法。如果执行中央法律可能出现地方官认为不合理的现象,或给地方带来不便,他们往往会进行适度调整,酌定相应对策。如嘉庆年间对私自贩盐案件的处理。由于贩私现象普遍存在,而律典的规定过于严厉,如果根据律例规定逐一“报明验实注册”,或作为徒刑甚至更加严重的刑案严格办理,必然给各级官府带来沉重负担。根据清朝法律的规定,徒刑案件先是由省级终审,后来又要

---

〔1〕 朱苏力:《解释的难题:对几种法律文本解释方法的追问》,载梁治平编:《法律解释问题》,法律出版社 1998 年版,第 30~64 页。

求按季报中央备案，流刑以上案件则由中央终审，不仅地方权力受到极大限制，而且案件需要逐级核转，程序极为复杂，司法成本十分高昂。于是，广东按察使便以“恤刑”作为理由，重新解释相关律例，认为其打击重点在于大伙私贩，零星贩卖情有可原，应该有所区别。这样一来，大部分私贩案件的处理结果就可改为枷杖，县级官府就可作为自理词讼终审并执行，不仅可以随时惩戒罪犯，并可迅速结案。[1] 既不用惊动上司，又可免除因处理不当遭到中央批驳处分的风险。就此而论，地方法规在客观上确实存在偏离中央法律的现实动力，法制领域的实际情况并非通常理解的那种中央法一统天下的状态。

当然，地方法规客观上对中央法的变通或偏离并非绝对，不能以此推论清代已普遍形成了地方公然对抗中央的格局，或者说地方享有完全独立的立法权甚至存在自治的倾向。在法制领域，中央集权长期占据主导地位，地方立法尚不足以构成对中央立法权的挑战，难以动摇中央立法至上的基本格局。在中央集权的政治体制下，地方只享有有限的立法权。即使是地方的变通性规定，也多与中央法的精神保持一致，只有小部分变通性的地方法规与中央集权的精神存在抵触。此类地方法规除非得到中央正式认可，否则其效力就会始终处于不稳定状态，一旦语境发生变化，极易失去存在空间。值得注意的是，从广东地方法的发展可以看出，中央对地方的控制关系，绝非静止的命令与被命令，而是一个长期的此消彼长的动态发展过程，呈现出一种“动态平衡”的格局。

(二)因地制宜

地方法作为中央法律的实施细则和补充规范，总体上与中央通行法保持一致。但在不悖于中央基本精神的前提下，不同省区之间的地方法规也会存在一定差异。

---

〔1〕 王志强：《论清代的地方法规》，载王志强：《法律多元视角下的清代国家法》，北京大学出版社2003年版，第19～49页。

一方面,地方法规应当是地方社会风习的反映。广东巡抚黄恩彤为《粤东省例新纂》所作序文曾称:“各省吏治民风不免互异,官是土者不得不乘势利导,束以科条,于是有省例之设,以佐部例之所不及。”清代名吏陆陇其也曾以“民情土俗,万有不齐;立法更制,随方便宜,随时润泽可矣”为理由,反对各种全国统一性规范,力证地方立法的必要性与合理性。[1] 考察清代广东地方法制的发展历程,确实也能发现根据当地实际需要进行立法的实例。

地方法中有部分内容是对当地特有事项的规定。例如,广东作为沿海省份,根据本省特有管理事务,对轮渡管理、基围兴修、沙田归属等做出规定,此类事务在内地省份并不存在,自然也无须制定专门规范。广东省内少数民族众多,地方立法中有关于苗族、瑶族等少数民族管理的专门规定,而其他并无少数民族的省区则无制定此类规定的需要,如《粤东例案》“户役”部分专门设置“猺”篇,收录有大量关于瑶族管理的规条,其中包括《承袭猺目准给执照》《猺人过境截留资送回籍》《稽查猺人举充猺长》等。[2] 乾隆年间,广东根据当地气候炎热潮湿、当铺保管典当衣物所付成本高于他省的实际情况,出台了棉衣当物加息的规定,“绒褐皮衣等当物,因粤东地土潮湿,必须高柜收藏,不时烘晒,以免虫蛀霉烂,各当商另有一番工费,每(疑为“与”——抄者注)他省不同者,照常例收息必致不肯收当,转多不便于民。应如广南等府县所议,于常例三分之外,加息一分,偿其烘晒等费,仍以三年为满,不许当户短期勒指”。[3] 正是考虑到广东气候潮湿,皮衣等当物保管费用明显高于其他省份,所以广东省规定相应提高当利标准,以与实际经营成本相符,体现了因地制宜立法的精神。

另一方面,即使各省普遍存在的一般性地方事务,各省的具体

---

〔1〕(清)陆陇其:《莅政摘要》(卷下)《治人治法》,光绪八年(1882年)刻本。

〔2〕(清)佚名辑:《户役·猺》,载《粤东例案》(第三册),道光抄本。

〔3〕《典当绒褐皮衣等物加息一分》,(清)佚名辑:《粤东例案》(第三册)《典当·当项》,道光抄本。

规定也存在一定差异。如对于邮驿递送公文责任的规定,广东即与他省规定不同。关于铺役责任,乾隆时期的广东规定:“常行公文,迟一时责十五板;三四时廿板;五六时府提责廿五板;七八时卅板;九十时道提卅五板;十时以上,道提责四十板,枷号一月,革役”。乾隆五十一年(1786年)的河南则规定:“五百里公文迟延一日以上、六百里公文迟延一时以上,马夫、号头责四十板、革役;五百里公文迟延二日以上、六百里迟延二时以上,马夫、号头枷号一月。”关于管官责任,广东规定:“月底出具查过并无迟延印记各结申缴,倘出结后查出迟延三时,记过一次,□(每?)三时记过一(次)。每记过二次作记大过一次;大过三次咨斥。”乾隆二十四年,河南省规定:“紧要公文迟九时以上,州县记过一次;尤其紧要公文,迟四时以上,记大过一次;记过五次以上、大过三次以上,揭参。”乾隆五十一年,河南省又修改为“州县分别记过一次、两次。”[1]再如各级地方官回籍路费的标准,广东与其他省区也有不同。关于丞倅(府级同知为丞,通判为倅)州县等,如遇病故,广东省的规定是:路费每千里给银十两,扶榇每棺一具给银二十两(另带亲属棺柩者同);丞倅另给周恤银一百二十两,州县分到任三年、二年、一年分别给二百两或三分之二、三分之一;崖陵昌感四州县不论年限给二百两;府、直隶州、运同等同给路费;府、直隶州到任不及半年,给周恤银二百两。嘉庆二十一年(1816年)规定:丞倅任职三年者不给周恤银。道光二十四年改为:直隶州州同、州判周恤银照丞倅减半,仍分到任一、二、三年,三年以上不给;实系艰苦给五十两。[2] 浙江省则是在乾隆三十八年规定到任不满二年给二百两,嘉庆九年停给,嘉庆十六年又规定到任不及半年给二百两。嘉庆十九年改为按远近分四等,分别给五

---

〔1〕《接递公文限期》《请严驿递公文迟延分别出结稽查记过提责咨参由》,载(清)佚名辑:《粤东省例》(卷16)《邮驿》,清道光抄本;《豫省成例·驿马·马递铺递公文迟误分别等差惩究章程》,转见王志强:《法律多元视角下的清代国家法》,北京大学出版社2003年版,第150页。

〔2〕《文员正杂各官周恤路费》,载(清)黄恩彤、宁立悌撰:《粤东省例新纂》(第2卷)《户·蠲恤》,道光丙午年(1846年)刻本。

十至二百两。对于丞倅州县等丁忧及其他事项，广东规定丁忧、告病、休致、因公窒误照病故减半给路费，而浙江省则是嘉庆十六年前规定不给，嘉庆十六年规定到任不及半年给一百两，嘉庆十九年又改为丁忧较病故减半。[1]

再如前述恩平县通过明文规定衙役收取当事人各种诉讼费的具体标准，将中央禁止的行为合法化，与四川、广西等省具有相似性。清末诉讼习惯调查结果显示，四川省的诉讼费用名目繁多，仅差费就达10种之多，包括双方当事人均要给付的票钱、路费、草鞋费、下马饭钱、烟茶钱、带案钱，败诉者给付的看押钱、开锁钱、口食钱，胜诉者给付的喜钱。房费又有8种，包括伤单钱、勘案钱、开单钱、站堂录供钱、具结钱、抄录呈稿钱、抄批钱、抄判钱。各州县收费标准不一，如纸状费少者60钱、多者800钱，代书费从100至1000钱不等，传呈费则从720至2100钱不等。[2] 另据清末《广西诉讼习惯调查报告》，广西诉讼有呈状费、传提费、审判费、抄卷费等，且“名称各地不一，数额各地互异，甚或一县之中，有费用出于无名，纳数逾于定额者，种种流弊，不可名状”。如呈状费包括状纸、代书、盖戳、挂号以及其他杂费，各府州县均有明确的征收标准，或征收铜钱，或征收大洋，少则钱数百文，多者千余文，而且形成了书差、家丁等的分配额度。例如，梧州府容县的呈状费征收标准为钱1040文，其中，官收250文，家丁收120文，挂号150文，盖戳200文，收发100文，誊写100文，誊批30文，收纸90文。审判费又称“铺堂费”，“无论已结未结，原被双方均须缴费，由房书、差役、家丁之在堂者摊分”。另有牌示审期时所交的“挂牌费”，开单承审时所交的“呈单费”等。光绪三十一年（1905年），两广总督岑春煊改订新规，每结一案两造共交钱3200文，六成给房书，四

[1] 参见王志强：《法律多元视角下的清代国家法》，北京大学出版社2003年版，第151页。

[2] （清）未名编辑：《调查川省诉讼习惯报告书》，张松：《关于清末诉讼习惯资料的初步整理与研究》附录，载《法律文献信息与研究》2012年第1期。

成给差役作津贴；审而未结者不需缴纳，同时取消铺堂、挂号、呈单等费。但新规只在少数州县得到遵行，大部分地区仍沿袭旧例，也有部分州县在遵照新章收费的同时，另外收取其他规费，如抄卷费又可分为抄批费、抄案费、抄判费三种，“此费各属或有或无，数额多少全视案件之关系为标准，关系重者多至十千余，轻者一二百文而止。”〔1〕由此可见，广东、广西及四川三省均采用了将书役需索合法化的办法，但在具体标准方面，不同省区和州县之间存在明显差异，说明清代的各地方法规之间呈现异同并存的格局。

不同省区在相同事项上的异同并存表明，民间风俗并非地方法规的唯一基础。地方法具有浓厚的行政色彩，在大部分地方规范中，政府是法律关系的一方，是主导性的管理者。相当一部分地方法出台的直接动因是解决政府管理中的疑难问题，或者是遵从中央的要求，由地方官员提出的建议。这样的立法机制，决定了地方官员必然从有利于官府管理的角度进行立法。〔2〕但值得注意的是，地方法确实在一定程度上体现了当地的实际情况。换言之，地方风俗确实是地方法产生的重要依据。官府管理的现实需要，往往与地方风俗存在密切联系。例如，《粤东省例新纂》对崖州、陵水、文昌、感恩4州县的官员病故不论年限发给较多周恤银的规定，属于对官员任职该地的鼓励措施。但之所以需要制定此项特殊措施，最为直接的原因就是此地的民情风俗具有独特性。这些州县地处海南岛，不仅地理位置偏远，交通不便，而且少数民族集中，语言难懂，加上气候炎热，素称瘴疠之地，内地官员到此任职，多感语言交流困难，水土不服，甚至会有生命危险，提高官员职务津贴标准也就成为鼓励官员到该地任职的重要举措。

（三）回应民众吁求

回应当地民众诉求，是地方立法的出发点之一。也许因为地方

---

〔1〕（清）广西调查局石孟涵编辑：《广西诉讼习惯报告书》，宣统二年铅印本，第28～35页，国家图书馆北海分馆藏。

〔2〕王志强：《论清代的地方法规》，载王志强：《法律多元视角下的清代国家法》，北京大学出版社2003年版，第19～46页。

政府与民众接触更为直接,对民间诉求的态度比中央更为积极。地方政府颁行的禁规与告示,往往是对民众吁求的直接回应。据统计,谭棣华等人编辑的《广东碑刻集》共收录清代地方官府禁谕性告示 124 件,其中 89 件均有回应民众诉求的明文记载,另有 10 件系针对民众讼争案件而发布,两项共计 99 件,约占告示总件数的 71%。[1]

日本学者寺田浩明通过对清代的研究认为,"民众的行为很少限于民间或只是在'民'的空间里就得到完成和确认,一旦有机会他们总要向地方官申诉,主张其正当性并要求据此重新确定惯例,发布告示碑文。"[2]如顺治十四年(1655 年),应东莞石龙等地商贩的请求,广东督抚指令广东提刑按察使司发布禁约,规定官府"嗣后不许擅票行取石龙墟绸绢杂货等物,及包封价间,或现价票取,亦须填簿缴查。其驻扎马兵,亦不得强压亏商等项。敢有再犯,一经告发,或别有访闻,定行□□,决不姑恕。"[3]乾隆四十二年(1777 年),肇庆知府根据两广总督的命令,对高要县铺户张良义等人的要求作出回应,勒碑禁止官府吏役擅自向铺户签差借取器物。据张良义等人禀告,他们在高要县东门街开铺售卖瓦缸、瓷器、铁锅,"向因公务纷繁,派累借取,深为铺害"。乾隆十四年,奉前知府饬令禁止,此后各衙门需用货物均用现银购买,二十多年来得以和谐相处。"近因日久禁弛,来□差事,各衙门所用缸瓦、磁器、铁锅、铁钉各物,俱系签差人役到取,不无借端滋扰。虽地方官长亦加申禁,无如视为具文。"为此,张良文等人将乾隆十四年禁令抄送两广总督,请求禁革签差之风。根据两广总督命令,肇庆府随即勒碑禁止,"嗣后如有各衙门需用缸瓦、磁器、铁锅、铁钉等项器皿,俱系照依时价现

---

〔1〕 上述数据是笔者根据谭棣华、曹腾飞、冼剑民编:《广东碑刻集》(广东高等教育出版社 2001 年版)统计的结果。

〔2〕 [日]寺田浩明:《清代土地法秩序"惯例"的结构》,载寺田浩明:《权利与冤抑——寺田浩明中国法律史论集》,王亚新译,清华大学出版社 2012 年版,第 107~108 页。

〔3〕 《奉两院禁约》,载谭棣华、曹腾飞、冼剑民编:《广东碑刻集》,广东高等教育出版社 2000 年版,第 787~788 页。

银置买，不得借有公务签差，擅向铺户借取租赁，致滋扰累。倘有假手胥役家人，借端借取租赁，及恃势短价，许该铺户立即扭禀赴府，以凭究治。"[1] 此项禁令的出台，是铺户抗争的结果，禁令内容虽由肇庆知府订立，但其中起关键作用的是两广总督的批示。就此而言，禁令应该是地方政府对民众诉求的回应与支持。

咸丰年间雷州府发布禁止佐杂擅受民词的告示的直接动因，就是遂溪县绅耆的强烈吁求。据《奉府宪示碑》记载，咸丰十九年(1859年)，遂溪县绅民易泰亨等44人联名呈称：县衙佐杂的本职职责是"巡缉盗贼，稽查奸宄，于词讼并不以摄理"，广东督抚衙门也曾多次"行文严禁，不准擅受民词，而干政令"，但实际上杂役擅受词讼的现象一直难以根除。为此，士绅们被迫联名陈请，恳请官府刻碑禁止。为此，雷州知府批示："佐杂擅受民词，本属大干例禁，该教职等联名具呈，候查明该县丞差役，有借端索扰情弊，定为严行饬禁，以肃官方而安闾阎。如敢抗违，即行拟参，并提差役究办不贷"。"遇有控告，一切事件必须赴地方官衙门控理，不得赴佐杂衙门具诉。该县丞亦应恪遵功令，循分供职，不得多添差役，借案滋扰，以肃法纪而安闾阎。倘敢故违例禁，擅受民词，任役滋扰，一经查访的实，定行拟参，并提差役，照例究办。"[2]

由此可以看出，基层官员并非如有学者所言完全漠视民众的要求[3]，而是比较及时地对民间社会的利益诉求做出回应。从广东的情况来看，清代地方官府所发布的相当一部分告示的内容就是对民间诉求的直接认可。通过地方长官的批准，民间约定得以以官府告示的形式公之于众，强制力与权威性均得到一定提升。官府通过

---

〔1〕《磁器铁锅缸瓦铺永禁碑记》，载谭棣华、曹腾飞、冼剑民编：《广东碑刻集》，广东高等教育出版社2001年版，第632～633页。

〔2〕《奉府宪示碑》，载谭棣华、曹腾飞、冼剑民编：《广东碑刻集》，广东高等教育出版社2001年版，第577～578页。

〔3〕王志强：《论清代的地方法规》，载王志强：《法律多元视角下的清代国家法》，北京大学出版社2003年版，第19～46页。

批准民间规约的方式建立自己的权威,并以碑刻的形式彰显其坚不可摧之意。

当然,民间吁求多种多样,哪些吁求能够得到回应,官员的认知水平与管理需要具有决定性作用。如果民间的立法建议与官府的利益存在抵触,或者不利官府管理,要得到官府的采纳,就会存在较大难度。乾隆年间,广东渔民出海的期限原为5天。经归善、海丰二县渔民请求,广东按察使司呈请根据当地渔汛的特点适当延长,结果被广东巡抚驳回;后来广东臬司再度力争,要求出海将期限改为半月,才暂时获得批准。[1] 但在乾隆《粤东省例》和道光《粤东省例新纂》中,又改为以船只大小为标准确定出海期限,最长不过十日[2]。也就是说,虽然官府已经听到民间声音,知悉渔业生产确实需要延长出海期限,但因为这些需求与国家禁海的基本国策存在矛盾,与隔绝内地民众与外商之间交往、维护统治秩序相比,渔业发展属于小事,延长出海期限的吁求自然也就难以转化为地方立法的内容。

四、清代地方法的作用与地位

(一)地方官府实现统治的基本方式

中央不可能事无巨细地介入社会生活。在中国这样幅员辽阔的大国,中央集权统治的触角不可能直接深入到每一个村落,对于广东这样的边远地区,尤其显得鞭长莫及。另外,中央制定有关法律,但同时又必然在立法中留下大量空白,这就为地方法制的发展留下了空间。社会秩序需要地方法、中央法、民间习惯的共同维系。地方法在地方关系调整和社会管理等领域发挥作用,是中央法的重要补充。地方政府介于中央与民间社会之间,对于沟通中央与民间

---

[1] 《归海等县渔船出海宽限半月归港如违照例按日治罪其食米盐斤按日酌增》,载(清)佚名辑:《粤东省例》(第20卷)《海防》,清道光抄本。

[2] 《稽查出海船只条款并携带盐斤定数》,载(清)佚名辑:《粤东省例》(第20卷)《海防》,道光抄本;黄恩彤、宁立悌撰:《粤东省例新纂》(第6卷)《渔船分别带盐》,道光丙午年(1846年)刻本。

的关系具有举足轻重的作用。地方政府通过发布示谕性告示，做到上情下达与下情上达，一方面向地方民众传达中央和地方官府的法令，另一方面根据实际治理的需要，有选择性地回应地方民众的诉求，反映出地方政府在地方秩序建构中的重要作用。

地方法的实际作用在于表达官方的要求与立场，同时也为民众提供具体行为规范。地方官府的告示在形式上属于居上位者向民众或属下官吏宣示的规范，大部分内容是对民众吁求的回应，或者是平息地方纷争的现实需要。当然，其中也有一部分与国法的内容相重合，或者直接以国法作为依据。这些告示因借助于官府的权威而得以“三令五申”，有些还得到了上级官府的批准，具有明显的正统性。

（二）解纷止争的重要依据

古代中国，地方法长期存在，并且一直是处理社会纷争的重要依据。清代的省例、成案以及官府告示，在相应的行政管辖范围内具有法律效力。广东省例在广东行政区域内具有法律效力，发挥着调整社会秩序的重要作用。从现存司法档案中，可以发现根据省例断案的案例。

清嘉庆年间，广东始兴县发生何元泰与邱西斗受等争占山场案。何元泰是始兴县人，与邱西斗受等人邻村居住。何姓有祖遗土名铁坑税山二亩七分，从明朝开始，何姓即对该处大小二坑山场影射管业。清朝康熙六十年（1722 年），邱井生等人砍伐树林，经何元泰族人何文已等人呈控，县府经派人勘查，判归何姓，并勒碑示禁。雍正九年（1731 年），邱井生等再次到县府控争，县府经过审讯，再次断令归何姓管业，并再次给示饬禁。嘉庆十年（1805 年），聂东陇欲购买铁炉坑大小二山的树木以砍伐售卖，邱西斗受即控称二山是其祖先遗留产业，并与聂东陇等商定树林的价格为番银九十五元，先交定银二元，后又以两头猪抵价十四元。聂东陇砍伐树木时，被何元泰等人发现，何元泰声明该山是何姓祖留产业。聂东陇闻知，向邱西斗受索要已交银两,遭到邱西斗受拒绝。聂东陇又向何姓族众议价购买,邱西斗受与何元泰等为此发生争论。后来聂东陇将砍伐的木材扎成木排放出售卖,经过邱姓村前,遭到邱西斗受阻拦。何元泰赶到,对邱西斗受进行斥责,并帮助聂东陇放出木排。因为恼恨邱西斗受争占山场,且担心其冒认盗卖山上所剩木材,何元泰决定设法惩治邱西斗受。随即假冒聂东陇等人名义,赴县府呈控,捏称向何姓买得的树木被邱西斗受盗窃,邱姓挟嫌复仇,纠集族人抢夺树木、衣服及家禽。邱西斗受欲与何元泰控争,但苦于没有凭据,经与族人邱林松商议,用旧存白契伪造成祖先邱传古于明朝年间买受何兴泉铁炉坑山林的契约,赴县府控告,捏称该山场为其祖先遗留,却被何元泰冒占,聂东陇等人批买树木欠钱不还。何元泰等人又捏告邱姓族人殴伤并关押何土石勒赎等情节,邱西斗受则假冒邱钟氏等名义,捏告何玉亭等人抢夺衣物及家畜。此后双方多次吵闹、争斗,架词混控。何元泰甚至假冒族人何亨扬等人名义,多次到广东按察使司以及两广总督府等衙门呈控;邱西斗受也赴省城控告。广东督抚先后多次批令广州、南雄等知府提讯。但因人证不齐,一直未能审讯。嘉庆十六年,何元泰赴京呈控,捏造邱万里等不遵审判,带领族众烧屋、拆陂、毁坟以及贿赂官府、拖延审判等情节,企图怂恿官府听讼,拖累邱西斗受,发泄愤恨之情。

该案中,双方当事人均捏造案件情节,运用了架词耸听即“小事闹大”的诉讼策略。例如,何元泰将邱久保等人推倒李拔名草寮木柱说成是焚烧房屋,将河水涨发冲坏陂塘与坟冢说成是邱万里拆毁荫田、陂塘、坟茔,将双方因牧牛越界争闹说成是抢夺耕牛。邱西斗受等人也运用了类似的夸大案情、捏造情节等诉讼策略,试图夸大案件的危害程度,引起官府的高度重视。

最后,两广总督对该案的判决既引用了大清律例,也援引了广东的地方性法规,特别是广东省例。其中,对刑事犯罪行为的惩处,主要依据《大清律例》,所引律例包括:抢夺人财物,杖一百徒三年;

诬告人死罪未决,杖一百流三千里;被诬之人诈冒不实反诬犯人者,亦抵所诬之罪,犯人止反坐本罪;诬轻为重至死罪未决,止杖一百流三千里,不加役;窃盗赃一两以下,杖六十等。所引例文包括:伪造印信诓骗财物罪止杖一百;苗人伏草捉人,勒银取赎,诸犯为首者斩监候;强割田禾依抢夺科之;蓦越赴京告重事不实并全诬十人以上,发边远充军等。根据以上律例规定,因何元泰与邱西斗受等人伪造印契,并有捏造抢夺、焚掳等严重犯罪情节,应该反坐所诬告的罪名,分别判处何元泰发边远充军,至配所杖一百折责四十板,邱西斗受杖一百流三千里,至配所折责四十板,其他各犯分别判处笞杖之刑。至于民事部分,双方争讼的核心是山地的归属,实质是利益如何分配问题。关于这一问题的解决,在中央立法中难以找到明确的法律规范,案件审判者只能根据广东省制定的相关规定进行处理。据勘测丈量,争议山场共有山地 85.9 亩,何元泰持有的明朝隆庆二年(1658 年)的印照载有"铁炉坑田山粮米二石",而且文字模糊难辨;据查证,始兴县山税有银无米;审判者据此认定该契据所载不足为凭。但鉴于何元泰所交雍正九年(1731 年)始兴县署所给告示载明"何姓铁炉山额税二亩七分",判决丈出 2.7 亩山地归何姓管业。因邱姓在该山树有墓碑,判决按照《粤东省例》的规定,划出穿心四丈地段归邱姓使用。其余山场全部收归官有,只准附近民人樵采,不准砍伐烧炭,以求斩断纠葛,杜绝衅端。同时涂销所有印照、碑摹及县署告示,由始兴县派人查出该山石碑并全部销毁,以断讼源。[1]

广东沙田数量庞大、种类繁多,形成过程复杂,是广东田土纠纷的重要导火索,常因沙田纷争导致人命重案。此类案件的解决,不仅涉及刑事惩治,而且需要对争议的田土作出妥善处理。但问题在

---

〔1〕(清)两广总督蒋攸铦、广东巡抚韩崶:《奏为遵旨审明始兴县何元泰京控与邱西斗受等争占山场一案定拟事》(嘉庆十八年二月十六日),载《宫中档·朱批奏折》,中国第一历史档案馆藏,缩微号:04-01-08-002-0433。

于,清朝的中央立法根本不存在有关沙田升科、产权保障的具体规范,广东官员在处理相关案件的过程中,只能在广东本地的相关法律规定中寻找判决依据。在此我们以嘉庆年间的许得新京控刘燮霸占地亩殴毙十人案为例,对广东地方法规在纠纷解决中的地位与作用进行具体分析。

许得新京控刘燮案发生于嘉庆年间的广东阳江县,涉案当事人均为阳江县人。许得新有祖先遗留土名海环坑沟口洼沙坦税米2.2斗,在嘉庆三年(1798年)被水冲压,垦照被窃。另有祖先遗留土名沟口洼沙坦税米1斗,以及契买土名港口溢横洼沙坦税米3.9斗。冯克基有祖先遗留土名蟹石洼上中下三截沙坦,税米57.1斗,虽已陆续卖给刘、梁等姓,但存有废照。刘燮承垦土名海环坑屋背洼的一块田地,税米0.4斗;梁建章有土名四眉角的荒田一块,税米0.5斗;刘渲常有土名丹蕉土地一块,税米0.5斗。嘉庆十八年,刘燮、梁建章看到长沙村后土名独石新沟海边涨出沙坦一片,分别与其屋背洼、四眉角的沙坦毗连,随即各自投入工本分段建筑基围,私行开垦土地。许得新因自己在海环坑沟口洼沙坦被水冲压,而沟口洼就在刘燮私垦官坦的西边,二者相距不远,产生了抢占刘燮私垦官坦的企图,遂于嘉庆十九年到县控争,刘燮则以原垦土名屋背洼沙坦借词争讼。时任知县吴自求吊照勘讯,但未能查出刘燮私垦实情,认为刘燮照内四至相符,将所争沙坦断归刘燮管业。同年,刘宪常因独石新沟新涨出的沙坦与其拥有的丹蕉荒沙坦相毗连,也投入工本筑围私垦。嘉庆二十二年,许得新、冯克基等人又将刘宪常私垦官坦指为许得新港口溢横洼及冯克基蟹石洼沙坦,分别赴县府控争,刘宪常也借契买丹蕉荒地影射呈诉。时任知县李应均经传集两造,吊齐契照,并亲自赴现场实地勘察,裁决刘燮等人按照土地执照内所载税额照旧管业,其他多出的各处官坦,因刘燮等人已经投入工本并开垦成熟,遵照广东嘉庆十六年奏准章程,断令照例升科。但裁决并未能够平息争讼各方当事人内心的怨恨。嘉庆二十二年五月十五日，许得新族人许得馨前往海边拾螺，从梁亚斋所居村前经过。适逢梁亚斋等人坐在地上谈话，许得馨踢到梁亚斋脚面，二人发生争吵。梁亚保、梁光柱上前劝解，许得馨捡起地上的石块掷打梁亚保，梁亚保用石头回击后逃离，许得馨追击，被梁亚斋踢伤倒地，经抢救无效死亡。嘉庆二十三年九月二十日，许得新因控争沙坦不遂，怂恿冯克基、许亚孔等人驾艇到刘燮等垦种的官坦抢割禾稻、拆毁寮房。刘燮等所雇族人刘允吉等人正在附近耕作，随即加入争斗，许姓见刘姓人多势众，落荒而逃。因艇小人多，小艇倾覆，许秉蝴等 13 人溺水死亡。同年九月二十五日，官府缉获刘允吉等人到案，经肇庆知府督率阳江县知县李应均等人复勘，发现此前判令刘燮管业的田地并未办理报垦升科手续，而刘宪常又在判决之后增筑围基 18 丈。极度悲愤的许得新捏控刘燮等人乘其土地契照被窃而霸占田土、指使梁亚斋等人殴毙许得馨等 10 人以及事后贿嘱顶凶等罪，并捏造钟洪与阳江县前任知县李应均胞弟交结、刘法西到钟洪家钻营沟通、阳江县县丞董璠偏勘以及钟洪、梁维钧等主谋纠众斗杀等情节，派族弟许得贵赴京抱告。嘉庆二十四年三月，许得贵到步军统领衙门控告，皇帝谕令咨解回粤，由雷琼道等到阳江现场勘察。雷琼道最终查明双方控争田地土名独石新沟共税 17.27 顷，属于已经开垦成熟的海滨沙坦，除去刘燮海环坑屋洼、刘宪常丹蕉荒等已经升科的沙坦，新增沙坦 15 顷 48.22 亩，另有梁建章四眉角一带土地 56.425 亩，除去梁建章已经升科的土地，新增土地 55.23 亩。随即绘图禀复，提解尸亲人证赴省，委广州知府等审办。经广州知府、肇庆知府等督同南海、番禺两县知县审拟，两广总督审定该案“实系衅起一时，并非预谋纠殴，亦无受贿顶认”，根据《大清律例》“斗殴杀人者，不问手足他物金刃，并绞监候。……其殴人伤皆致命，过后身死，究明何伤致死，以伤重者坐罪”等规定，以及嘉庆十六年八月广东巡抚韩葑、两广总督松筠具奏“农民开垦沙坦，耕种有年，应分别成熟久暂，酌交花利银两，给照承耕，依例升科”的地方法规进行处理。此案中,刘燮等所种土地是占垦官荒,并非许、冯两姓应得产业,许冯两姓割毁刘燮等人禾稻和田寮的行为构成犯罪。最后判处参与斗殴伤人致死的刘沅瑾等15人绞监候,因刘沅瑾等11人在取供及解省后先后病故,“毋庸议”。梁亚裔拟绞监候,秋后处决。许得新因“蓦越赴京告重事不实并诬十人以上”发边远充军,因在取供后病故,“亦毋庸议”。冯克基、许得贵等均已病故,毋庸议。至于该案双方当事人争夺的土地,因刘燮、刘宪常在阳江县断令升科后并未遵照规定报承升科,又在县府判决后增筑围基18丈,属于私垦官坦,应按照广东督抚奏准章程,免其欺隐之罪。但该处田地多次引发控争,以致酿成人命案件,不再因刘燮等人投入工本而令其升科,而是判令查明契照内所载田亩数量与四至,勘立界址,给还各原主管业,其余占垦官坦,全部归官府招农户承耕升科,以免再次引发争斗。按照广东督抚奏定章程的规定,本应追缴刘燮等占垦官坦所得花利。但章程规定追缴花利的前提条件是将占垦沙坦归其承耕升科,考虑到其已投入工本并将沙坦开垦成熟,不再向其追缴花利。[1]

通过该案可以看出,此案起初是因占垦沙坦引发的民事纷争,最后发展为人命案件。在该案的处理过程中,对刑事责任的追究与惩罚,主要依据的是《大清律例》中的相关条款;但对于系争土地的处理,则以广东省奏准的沙田升科章程作为主要依据,基本上承认了刘燮等人占垦官坦的事实,也承认了其因开垦沙坦投入的工本。之所以最后并未确认其对占垦官坦的所有权,并非推翻县府此前做出的准其报承升科的裁断,而是因为在县府断令报承升科后,刘燮等人不仅未及时履行报承手续,反而增筑基围18丈,构成对官府的严重欺瞒,并最终酿成人命重案。也是根据《广东沙田升科章程》的

---

〔1〕(清)两广总督阮元、巡抚康绍镛:《奏为遵旨审明阳江县民许得新京控刘燮等霸占地亩殴毙十命一案按律定拟事》(嘉庆二十四年十二月二十四日),载《宫中档·朱批奏折》,中国第一历史档案馆藏,缩微号:04-01-002-1218。

规定，没有追缴刘燮等人多年占垦官坦所获花利，说明《广东沙坦升科章程》是处理沙田争端的基本依据。

上述案例表明，官员在审理田土纷争案件中，十分尊重管业来历。土地买卖的各种契据构成最基本、最重要的判决依据。一旦田土纷争升级为人命案件，地方官必须确定刑事责任的承担者及承担方式，在刑事判决部分，一般需要据引律例。至于刑事案件附带的民事诉讼，由于中国古代民事立法滞后，在中央法部分很难找到相应的法律条文，审判官往往需要翻检地方法规，从中寻找相关规定，并据此对民事权利义务进行合理分配。

对于有些案件，由于当事人双方所争执的事项在中央法和省例中均无明文规定，地方官府发布的告示也会成为诉讼依据。据蓝鼎元《鹿洲公案》记载，清代潮州府潮阳县曾发生吴云凤状告郑氏兄弟"霸占官溪"案。雍正年间，潮阳县下垄乡吴云凤等人因欠租与地主郑之凤兄弟发生纷争。在讼师林炯璧的唆使下，吴云凤、吴阿万等人到县、府、省各级衙门控告郑之凤兄弟霸占官溪，凡是在溪中捕捉蚶苗的小船，每人必须向郑家交钱30文，名为"花红"，吴云凤因为交钱稍晚，被郑之凤率仆人痛打，并砸碎他的小船。郑之凤等人在呈递状纸的同时，还专门附上两广总督颁行的"严禁缙绅势豪冒称海主"告示，恳请对吴云凤等人依法惩治。潮阳知县蓝鼎元经审讯查明讼师林炯璧唆使当事人捏造事实诬告的案情，并将林炯璧捉拿归案。[1] 由此可以看出，作为地方法的渊源之一，督抚发布的告示，也被人们作为诉讼的重要依据，从而对地方秩序产生实际影响。

（三）为中央立法奠定基础

法律发展的动力在于不断探索与实践，而地方是法制实践的重要舞台，地方法是中央法发展的重要源泉。清代许多中央立法

〔1〕（清）蓝鼎元：《偶纪下·林军师》，载蓝鼎元：《鹿洲公案》，刘鹏云、陈方明点校，群众出版社1985年版，第239~251页。

的内容均是对地方法制实践不断进行总结的结果。在染店、当铺被抢的情况下,其所承染、当存的财物是否应由店户赔偿,大清律例并无明文规定。但在现实生活中,此类案件屡有发生,如何处理赔偿纠纷成为地方官府不可回避的问题。为此,浙江、广东等省率先在立法上进行了探索。例如,广东合浦、归善等县经过实践探索,在乾隆年间确定了议赔规则。乾隆三十四年(1769 年),广东的瑞丰当铺失火,当物被毁。广东巡抚明确指出,"盖当本不论售物之贵贱,皆照半价当给。若被焚被窃,赔以半价,则物价本利无亏,而历过月日乃当铺应得之项,在于虚赔半价,扣除找给,事属两平。历过年月,计算票内利银已足当本一倍之数,则毋庸找给",认为浙江等省的理赔规则比合浦、归善的议赔规则更为合理,决定按照江南、浙江两省"当铺货物被焚,皆照当本数目除利赔还"的规定理赔,"如当一两,历过月利二钱,则扣除月利之外,找银八钱,给与物主收领。按照当本多寡、年月远近,分别扣除找赔"。[1] 嘉庆二年(1791 年),蔡章饶在博罗县七女湖开办的万裕饷当铺因强盗抢劫损失一千多两。虽经该县知县拿获盗贼,但只追回极少赃物,典当者强烈要求赎回典物,知县令蔡章饶比照乾隆五十年罗定州泗兴当铺被劫案,按自行失火赔垫。蔡章饶不服,上控于广东巡抚,认为自己被强盗抢劫,血本已空,根本无力赔偿;被窃与自行失火均属防范不周,而被抢劫属于意外之灾,与被窃、失火明显不同,而且历来当户窃案均无赔偿,要求官府一视同仁,禁止回赎当物,待追回赃物后再让当主认领。广东巡抚对此作出批示,鉴于当物被窃令而当商先行赔偿的做法"有成案而无定例,"要求按察、布政两司查明实情,商议处理办法。两司转令惠州府核议。惠州知府建议免除当商先行赔偿的责任,等博罗县拿获盗窃犯人、追回赃物后分别给领。两司认为,按照定例,"当商失火及邻火延烧,分别

---

〔1〕《当商被窃被焚一律赔偿》,载《清末奏底汇订》(第 1 册),全国图书馆文献缩印中心 2004 年版,第 199 页。

赔偿。又查从前办理罗定州李永生等行窃泗兴当铺衣物案照失火之例饬商酌赔,推原例意,盖缘当商失火与失窃均由不谨慎提防之故,责令赔偿示惩。至匪徒集聚多人,执持器械,公然入室搜取赃物,当商不能抵御,致被劫去,与失火失窃情形迥不相同,是以例内并无赔偿明文"。在万裕饷当铺被抢一案中,匪犯黄亚二等纠集二十多人,持械劈门,入当铺抢劫,蔡章饶和工人喊叫阻止,遭到劫匪暴力恐吓,劫匪势力强大,非一般人所能抵御,而且被劫当物共值银一千七百多两,赃物尚未追回,当商无力赔垫,认为应该如惠州知府所请,等到赃物追回以后分别给领,以示平允。[1] 不久,归善县的樊德源染店被抢。在染店被抢的情况下,其所承染各物是否应由店户赔偿,例无明文规定,当地官府不知应该如何处理。后奉两广总督批示,当店与染店都属于暂时保存衣物,而被劫与被抢均属突遭外力胁迫,"樊德源染店布物被贼持械入室抢夺,贼势之强横非人力所能抵御,该铺户挟本贸易,其所染布匹工料均已被抢,如果再令其赔偿,未免力由不继,准情酌理,自应援照当铺被劫之案,一律免其捐赔",同时明确规定此后的当铺染店被劫案均援照蔡章饶案作免赔处理。[2]

正是在总结实践经验的基础上,《粤东省例新纂》明确规定:"当铺染店被盗劫或纠众持械抢夺,实非人力所能抵御者,所失各主赃物应免其赔偿。若系寻常抢窃不得纷纷援引,至被强被劫衣物必须起有单记簿据,查明确凿数目,方准免赔。如有未经被失衣物应归各主,不得借口侵吞。倘有以窃报强、以少报多,装点图侵情弊查出,将该奸商从重究治。一面仍由地方官勘讯,分别着落赔补还主"。道光二十四年(1844 年)广东省又对原有规定进行修改,规定

〔1〕《当铺被劫请议免赔》,载《清末奏底汇订》(第 1 册),全国图书馆文献缩印中心 2004 年版,第 195~198 页。

〔2〕《染店承染各物被抢比照当店被劫章程免赔》,载《清末奏底汇订》(第 1 册),全国图书馆文献缩印中心 2004 年版,第 201~203 页。

凡典铺染店被盗窃抢劫,均"按本分别着赔"。[1] 地方关于染店、当铺被盗窃抢劫及失火后赔偿方法及标准所进行的立法探索,实际上为中央立法奠定了基础。正是在这些地方立法成果的基础上,道光二十四年,上述处理原则被中央立法采纳,正式修入条例。[2] 据《粤东例案》记载:"查例载:凡典当自行失火者,以值十当五,照原典价值计算。如邻火延烧,得减十分之二,按月扣除利息,照数赔偿。"[3]

地方立法广泛存在的客观事实,应该引起我们对传统立法体制的反思。仅从形式上看,清朝立法权高度集中于中央,中央政府是最为主要的立法机构,中央法通行全国,具有最高效力。全国各地对各种事务的处理都应该遵循中央法的规定,毫无疑问是各级政府必须坚持的基本原则。但从上述对广东地方法制实践的具体考察可以发现,严格的法律一元主义只存在于理论之中。大一统的法制只是中央政府追求的目标,而非现实存在。实际上,地方政府不仅在地方立法方面享有一定自主权,甚至还在一些具体事务的立法方面偏离中央法的精神。地方司法虽然以遵循中央法为基本原则,但在执行中央立法、处理地方事务的过程中,各级地方官员也在不断发挥地方自主性。在具体司法过程中,尤其是民事案件审理过程中,地方官员可以依据"情理"进行定夺,享有相当大的自由裁量权。[4] 地方自主的动力具有多样性,既有地方官员自身的权力和利益要求,也有"因地制宜"的现实需要。当然,在立法过程中,民间风俗要转化为地方法规,必须经过地方官员的裁量与选择。由于现

---

〔1〕《当铺染店抢劫分别应否赔偿》,载黄恩彤、宁立悌等编:《粤东省例新纂》(第7卷),道光丙午年(1846年)刻本,第14页。

〔2〕《费用受寄财产》,载(清)昆冈、李鸿章纂:《钦定大清会典事例》(第746卷)《刑部·户律·钱债》,清光绪二十五年(1899年)石印本。

〔3〕《当铺被窃被焚及邻火延烧》,载(清)佚名辑:《粤东例案》(第三册)"户役·当项",道光抄本。

〔4〕[日]滋贺秀三:《清代诉讼制度之民事法源的概括性考察——情、理、法》,载滋贺秀三:《明清的民事审判与民间契约》,法律出版社1998年版,第19~53页。

实利益的客观存在，地方法规的制定过程也是地方官员的主观选择过程，方便地方官府管理目标的实现无疑构成其中的关键要素。

即使在中央集权体制下，中央法也难以做到涵盖一切事务。这一客观现实的存在，为地方法的发展留下了一定的空间。在中央法框架之下，地方官府得以在一定层次、一定范围内制定实施细则或自主规范，形成对法律更为细致、多样的解释，以及对同类案件的不同处理方式。在某些情况下，地方政府甚至在立法上公然突破中央法的限制范围。由此可以看出，全国法制的统一并非稳定静止和绝对统一，而是一种不断调整的动态平衡和相对统一。省例、成案以及各级官府的告示在清朝各个阶段不断出现，表明中央法与地方法的共存与互动长期存在，体现了法制发展的复杂与多样性。

从清代广东地方法规的内容来看，地方官员的利益和权力要求介于中央和民众之间，既与中央有别，又与民间不同。正是这一原因，促成了地方法制与中央立法和民间诉求的差异。一方面，由于中央集权政治体制的制约，地方对中央的离心倾向被控制在有限程度内；另一方面，由于行政体制及信息等条件的限制，官府对于民间社会的要求也不可能全然了解，更不可能照单全收，只能根据方便管理的需要做出选择性回应。就此而言，政府与民间确实存在区别与对立，在某种意义上证实了国家—社会二元对立分析模式的理论意义。[1] 但同时也对这一理论提出了新的问题，与“社会”相对应的“国家”具体所指到底为何？是中央还是地方官府，抑或是中央与地方官府的综合体？即使黄宗智的“第三领域”理论，在此也遇到了新的问题。第三领域到底是位于中央与民间社会之间，还是地方政府与民间社会之间？从地方法与中央法的关系可以看出，权力具有多个层次，中央权力与地方权力之间存在明显差别，而不同层级的

---

〔1〕 关于国家—社会二元对立理论的讨论与应用，参见马长山：《国家、市民社会与法治》，商务印书馆2001年版；梁治平：《清代习惯法：社会与国家》，中国政法大学出版社1996年版；黄宗智：《清代的法律、社会与文化：民法的表达与实践》，上海书店出版社2007年版。

地方，比如各省督抚与州县官府的权力之间也有不同，这些差别既包括与中央保持一致的程度的不同，也包括对民间社会的回应程度的差异。一般情况下，越是基层政府越了解地方社会，其对民间的回应程度也就越高。因此，我们应该不断深化地方法领域的研究，重点加强对地方法制运行实践的探讨，而不应停留在笼统的法律条文及抽象的概念分析层面。通过对清代地方法制实践的研究，探析地方法与中央法、地方法与民间社会的联系与区别，有助于我们认识法制发展的深层结构与内在动力，为当代法治发展提供理论支持。

第二节　民国时期的广东地方法

一、南方政府时期广东地方法的发展

通过革命推翻满族统治，通过议会政治自上而下地实现法治，创建富强的新中国，是孙中山终生坚持的政治主张。为了与北洋政府对抗，在1917—1926年期间，孙中山曾以大元帅、大总统等名义多次在广东组建革命政府，包括护法军政府、广州军政府、陆海军大元帅大本营、广州国民政府等，[1]统称为南方政府。南方政府是孙中山亲手建立的革命政权，也是其政治主张的实践基地。由于南方政府长期以广东为其主要管辖区域，广东成为革命政权的法治实验中心。在南方政府存续期间，广东在法制建设方面努力探索，取得了颇具特色的立法成果。

（一）南方政府时期的立法内容

南方政府坚持以孙中山的三民主义为立法指导思想，后期则深受苏联法律思想及以党治国思想的影响。由于处于特殊的军事时

〔1〕 护法军政府的存续期间是1917年9月—1918年10月，广州军政府的存续期间是1921年1月—1922年6月，陆海军大元帅大本营的存续期间是1923年3月—1925年6月，广州国民政府存续期间是1925年7月—1926年11月。

期，受到多种因素的制约，南方政府并未设立专门立法机构，只设立了负责法律起草与审议的专门机关，如广州国民政府时期设立的法典编纂委员会、法制委员会、法制编审委员会、中央法律委员会等。这些机构没有独立的立法权，只是秉承国民党中央执行委员会和国民党中央政治会议及国民政府的旨意，负责有关法律的具体起草和审议。国民党"一大"前夕，孙中山开始重视俄国的革命经验，强调党的领导作用，国民党的最高中央机关中央执行委员会及其下属机关中央政治委员会，无论在理论上还是事实上都是国民政府的最高立法机构。根据孙中山的指示，国民政府法制改革的重点有三个方面：一是对现有组织条例进行审查，使之符合"以党治国"的需要；二是对现行法律进行审定，凡与民国建国精神相违背者，必须进行修改，务必使其适应国家和人民的需要；三是进行司法改革，目标在于除弊与便民。[1]

在立法方面，南方政府立法数量不多，但却特色鲜明，其立法重点在于特别法的制定，主要集中于行政、刑事、社会立法等方面。

1. 行政法

行政立法成果主要有《中华民国国民政府组织法》《省政府组织法》等。1925 年 7 月广州国民政府颁布《中华民国国民政府组织法》，其主要特点有二：一是放弃了国民党此前坚持的议会制、多党制等政治主张，实行一党专政和以党治国。规定国民政府受国民党的指导与监督，国民政府的成员由国民党中央执行委员会任免，国民政府向国民党中央执行委员会负责并报告工作，未经国民党中央执行委员会议决的重要政务，国民政府无权执行。实际上确定了国民党全国代表大会及其中央执行委员会为国家最高权力机关的地位。二是采取集体领导和议行合一制度。[2]

---

〔1〕《法制改革之帅座政见》，载《广州民国日报》1924 年 4 月 19 日。

〔2〕《中华民国国民政府组织法》，载蔡鸿源等编：《南方政府公报》1925 年 7 月第 1 号"法规"，河北人民出版社 1987 年版。

1925年7月,《省政府组织法》公布。当时广州国民政府仅辖有广东一省,因而这部组织法颁行之初主要在广东实行。《省政府组织法》是革命政权初创时期第一个关于地方制度的法律,体现了党治与合议制两项重要原则。根据党治原则,省政府也是国民党领导下的政权机构。该组织法第1条规定:"省政府于中国国民党指导监督之下,受国民政府之命令,处理全省政务"。[1] 据此建立的广东省政府与北洋政府下的省政府有着根本区别。根据合议制原则,《省政府组织法》规定省政府的组织形式和决定政务的方法均采用合议制,从而否决了长期实行的长官制。为了适应革命形势的变化,1926年11月对《省政府组织法》进行修订,将省务会议改为省政府委员会。在1925年7月和1925年11月的《省政府组织法》中,对于省政府委员如何产生均未作出明文规定。从实际情况看,省政府委员大多由国民政府任命,没有任期的具体规定,必要时由国民政府下令免职,或主席被免职时委员连带辞免。

1926年10月,国民党中央正式通过《省党部与省政府之关系决议案》,规定党政关系视不同情况分为三种:(1)省政府在省党部指导之下;(2)省政府在中央特别政治委员会及省党部指导之下;(3)省政府与省党部合作。[2] 1926年11月修改后的《省政府组织法》,将原来的"中国国民党指导监督"省政府,进一步具体化为"中国国民党中央执行委员会与省执行委员会指导监督"。[3] 至此,省级党政关系体制得以正式确立,即省党部指导、监督省政府,党政关系为统属关系,"对于省政府之措施,省党部均能居指导地位","凡关重大问题,省党部有所决议,省政府即予执行;省政府有所疑难,

---

〔1〕《省政府组织法》,载《南方政府公报》1925年7月第1号"法规"。

〔2〕《省党部与省政府之关系决议案》,载中国第二历史档案馆编:《国民党政府政治制度档案史料选编》(下),安徽教育出版社1994年版,第546页。

〔3〕《省政府组织法》,载广东省档案馆编印:《民国时期广东省政府档案史料选编》(第1册),1987年内部出版,第376页。

亦必函请省党部决议”。[1]

2. 社会法

社会法是南方政府立法的一大亮点。尤其是广州国民政府注重通过立法对工农运动进行支持和保护。此类法规主要包括《农民协会章程》《暂行工会条例》《劳工仲裁条例》等。1922 年,香港海员大罢工取得胜利,极大地推动了全国工人运动的发展,也使孙中山认识到工人罢工和组织工会的重要意义,南方政府随即颁布了中国第一个工会法——《暂行工会条例》。《暂行工会条例》共 20 条,被当时舆论评价为“我国破天荒之条例”,[2] 促进了广东各地工会组织的建立与发展,奠定了我国工会法的历史基础。1924 年大元帅府颁布《工会条例》,共 21 条,承认工会的合法地位,并赋予工会一定的自主权利,成为我国革命劳工立法的标志性成果。在《关于本党最近政纲决议案》中也提出要制定劳工法和劳动保险法等。[3]

《农民协会章程》颁行于 1924 年 7 月,共 15 章 83 条,对农民协会的宗旨、组织、会员资格与权利义务等做出详细规定;规定“农民协会为本三民主义解放劳动者意志,合全国受压迫之贫苦农民而组织之,其目的在谋农民之自卫,并实现改良农村组织,增进人民生活”。公开承认广州国民政府以维护农民利益为宗旨,组织农民形成乡、县、省三级农会。[4] 与民国初年制定的旨在振兴实业、改良农业的《农会暂行规程》相比,“它突出地把在中国建立近代农村产业组织的任务,让位于解决农村中存在的尖锐矛盾冲突及相关的社会问题”。[5]

---

〔1〕 蒋永敬:《北伐时期的政治史料》,台湾正中书局 1981 年版,第 332 ~ 334 页。

〔2〕 《罢工处刑当然废止》,载上海《民国日报》1922 年 3 月 6 日第 6 版。

〔3〕 荣孟源:《中国国民党历次代表大会及中央全会资料》(上),光明日报出版社 1985 年版,第 286 页。

〔4〕 《农民协会章程》,载中国第二历史档案馆编:《中华民国史档案资料汇编》(第 4 辑)(上),江苏古籍出版社 1986 年版,第 453 页。

〔5〕 张静如:《中国现代社会史》(上),湖南人民出版社 2004 年版,第 284 页。

3. 刑事法

鉴于政治局势不稳、治安环境恶化的现实，南方政府力图在制度上寻求突破，利用刑法威慑不法分子，保障人民生命财产安全。南方政府的刑律是在结合自身实际的情况下，通过对北洋政府的刑律进行损益补充而成。

南方政府的刑事实体法基本沿用北京政府《暂行新刑律》。1912 年，袁世凯发布《暂准援用前清法律及新刑律令》，令法部对《大清新刑律》进行删减并改名为《暂行新刑律》。1914 年 12 月北京政府公布《暂行新刑律补充条例》，共 15 条。其总的特点是加重刑罚和恢复封建伦理纲常，增加死刑条款。南方政府基本沿用了《暂行新刑律》，并对其中的部分内容进行删订：一是废除《暂行新刑律补充条例》。1922 年 2 月 17 日，孙中山发布大总统令，宣布“暂行刑律补充条例应即废除”。[1] 二是废止《暂行新刑律》限制工人罢工的条例。1922 年 3 月 14 日，非常会议议决通过“废止新刑律第二百念（即廿——作者注）四条罢工处罪律”。[2] 三是宣布《暂行新刑律》与三民主义不相抵触者均得适用。

南方政府“从严治党”的立法成果，为后来的中央立法奠定了重要基础。为了加强对党员的约束，中国国民党中央执行委员会于 1926 年 9 月颁行《党员背誓罪条例》。条例共 8 条，全面体现从严治党的宗旨，规定国民党党员因违背誓言，或虽未宣誓但任有官职而从事违法犯罪所应当判处的刑罚，以法律的形式严惩背叛革命誓言的行为，将对国民党党员的党性义务上升为法律责任。值得关注的是，条例规定国民党党员犯死罪者，需由国民党中央执行委员会组织临时法庭进行审判，同时规定党员犯罪加重处罚，“党员违背誓言而为不法行为者，分别情形按刑律加一等以上处罚之”；“党员反

〔1〕《命废除暂行刑律补充条例令》，载广东省社科院等编：《孙中山全集》（第 6 卷），中华书局 1985 年版，第 87 页。

〔2〕《公布废除刑律补充条例》，载上海《民国日报》1922 年 2 月 26 日。

革命图谋内乱者,不分既遂未遂,一律处死刑";"党员以职权操纵图利自己或他人者,处死刑并没收其财产";"党员舞弊侵吞库款满一千元者,处死刑并没收其财产。但因公挪移未及弥补者不适用本条"。条例规定对背誓行实行多种处罚,包括生命刑、财产刑以及剥夺政治权利等,"在职党员违背党义而犯罪者,永远除名党籍"。为了防止党员背誓行为的发生,条例还规定国民党党员之间有相互监督和揭发犯罪的义务,"知党员犯罪而不举发者,常人依违警罪处罚,党员以从犯论"。[1] 既确保了国民党在革命中的领导地位,更明确了国民党的革命使命,是孙中山"以党建国,以党治国"理论在法律中的具体体现。

此外,针对广东赌博成风的现实,广东省制定禁赌法规。1920年颁行《广东赌博治罪暂行章程》及其《施行细则》,严厉打击赌博犯罪。章程规定,以赌博为常业者,处死刑、无期徒刑或一等有期徒刑;聚众开设赌场者,处死刑、无期徒刑或一等有期徒刑;包庇开设赌场以营利者,处死刑、无期徒刑或一等有期徒刑;赌博财物者,处三等至五等有期徒刑或科二千元以下罚金;发行彩票者处二等或三等有期徒刑,并科三千元以下罚金,为买彩票之媒介者,作共犯论;购买彩票者,处三等至五等有期徒刑,或科一千元以下罚金;当成赌博器具及犯人所有金钱以供犯罪之物论,房主知情者房屋没收;买卖、贩运赌具各科一千元以下罚金。同时颁行的《广东赌博治罪暂行章程施行细则》规定:犯章程所规定的各条罪行者,分别军民由宪兵警察专任检查;缉获罪犯后,省城附近地区送交军法处办理,其他各县送县知事办理,并交军事机关核审;章程未规定者,照普通刑事法规定办理。[2]

在刑事诉讼法方面,1921 年 3 月,广州军政府"临时参议院议

---

[1] 《党员背誓罪条例》,载蔡鸿源主编:《民国法规集成》(第 5 册),黄山书社 1999 年版,第 328 页。

[2] 《广东赌博治罪暂行章程》及其《实施细则》,载蔡鸿源主编:《民国法规集成》(第 3 册),黄山书社 1999 年版,第 51 ~52 页。

决修正前清《刑事诉讼律草案》,暂行适用为民国法律”,只对个别文字略作修改。[1] 1925 年 9 月,国民党中央政治会议通过《特别刑事诉讼条例》《特别刑事审判所条例》等刑事诉讼法规。《特别刑事审判所条例》规定:“凡《统一广东军民财政及惩办盗匪奸宄特别刑事条例》所揭各罪,由特别刑事审判所审定之;军人犯《统一广东军民财政及惩办盗匪奸宄特别刑事条例》所揭各罪,亦由特别刑事审判所审判”,并对特别刑事审判所人员的职责及任免条件等做出规定,“法院编制法与本条例不相抵触者,于特别刑事审判所准用之”。[2] 《特别刑事诉讼条例》规定:“一人犯数罪,其中有不属于特别刑事审判所之管辖者,应将无管辖权之事件移送有管辖权之审判机关受理。”特别刑事审判所以政府所辖地为管辖区域,各地行政长官也有相应的审判权,“驻各地之军队长官发现犯特别刑事条例所揭各罪时,应送由县长办理”。[3]

4. 民事法与经济法

在民事法律方面,南方政府基本沿用清末的立法成果,具有创造性的立法主要是地方特别法。1921 年 3 月,广州军政府公布《民律草案修正案各条》和《民事诉讼律修正案各条》,对《大清民律草案》和《大清民事诉讼律草案》中与约法、现行法令、一般事实相抵触之处进行删改,如删除有关“皇族”的条款,将“审判衙门”改为“法院”等,同时颁行了一系列的特别法规。因南方政府实际控制区域主要限于广东,为了解决财政困难,政府采取各种手段增加财政收入,投变官产公产,清理铺底顶手以及民产保证登记,征收土地税。因此,有关财产登记与保证的立法成果比较丰富。

---

[1] 蔡鸿源等编:《南方政府公报》(第 2 辑),1921 年 3 月第 24 号“法规”,河北人民出版社 1987 年版。

[2] 蔡鸿源等编:《南方政府公报》(第 3 辑),1925 年 7 月第 2 号“公文”,河北人民出版社 1987 年版。

[3] 大本营秘书处发行:《陆海军大元帅大本营公报》1925 年 4 月第 14 号,“法规”,台湾文海出版社 1990 年影印本。

铺底权立法是广东先行先试的立法领域之一。“铺底权”长期在广州民间社会流行，是地方重要商业习惯。为了有效解决商业纠纷，广东不断通过地方立法，弥补中央法的空缺。民国初年，广东主要是通过在司法环节引入习惯解决铺底争端。[1] 南方政府时期，在积累丰富判例的基础上，开始通过立法规范铺底权利。1922年，广东省高等审判厅、财政厅和广州市政厅联合制订《广州市清理铺底顶手办法》（以下简称“《办法》”），规定“全无铺底者此后不得发生铺底顶手，现有铺底者依本办法办理”。有铺底顶手的铺业，自《办法》公布之日起一个月之内，其铺客须携带声请书、声明铺底顶手的价额，向财政厅申领执照。执照颁发后，再由财政局移送登记局，铺客再向登记局递交申请书，申请假设登记。执照费为铺底顶手总价的4%，登记费按照不动产保证登记条例征收。如果铺客不能按照上述规定办理登记手续，该铺业即视同全无铺底顶手。《办法》设定了三个月的异议期，假设登记公布后，铺客与铺主之间若有争议，应在三个月之内向法庭提出起诉，有无铺底顶手以及价额多少均依法院判决确定。异议期限届满后，登记局向铺客颁发登记证及产业执照。正式登记后，不得再增加铺底顶手的价额。因自然灾害导致铺业上盖完全灭失，如果批约对复建问题无明确规定，应由铺主在三个月内开始复建，按照出资数额，以周息一分计算，增加租金。如果铺主不在三个月内复建，则由铺客在三个月内出资复建，按照出资数额，扣除租金，直至租金额满为止。如果租期已满而出资金额仍未扣除完毕，铺主应当返还所剩余额。如果铺客不能在规定期限内开始复建，又不让他人复建，铺主有权自由处分该铺业。铺业出现其他需要大修的情况，双方按照租约的规定办理。如租约无明确规定，则依照上述规定办理。铺客欠租三个月以上，铺主有权请求投变其铺底家私折抵租金；欠租总额超过铺底顶手时，铺底

〔1〕 详见本书第三章“地方习惯与近代广东法制发展”部分的相关论述。

顶手因而消灭,铺客应在一个月之内将铺内家私取走,否则视为已经放弃,不论租约是否期满,该铺业均由铺主自由处分。铺客招顶铺底顶手时,铺主有权偿还其铺底顶手价额,换取铺底顶手登记证书,声请登记,消灭其铺底顶手。如果铺主不能在铺客招顶后三个月的规定期限内按照上述规定办理消灭铺底顶手手续,铺客可以另召他人顶手。[1] 该办法具有优先适用的效力,成为广州处理铺底纠纷的重要依据,而且对广东其他地区的铺底纠纷处理产生了直接影响。

1923 年,大元帅大本营颁行《广东都市土地税条例》,规定征税土地的范围为"城市、商埠、乡镇其人口在五万人以上者","教育慈善使用之土地,寺庙、庵观、福音堂,公立免费之游戏公园,公共墓地,公立劝业场"等用地可以免税;"土地增价在百分之一者,农地或旷地每亩地价二百元以下者,宅地全段地价在五百元以下者"可免增价税。该条例"是广东第一部较为完善的土地立法,也是广东真正意义上最早的土地立法"。[2] 1923 年,广东田土业佃保证总局成立,规定租赁本省各种土地皆须报领执照。同时颁布《广东田土业佃保证章程》,规范业主和佃户的关系,佃户不得拖交霸佃,业主不得在租期届满前易佃加租。[3] 但由于缺乏保障措施,田主为免缴证照费而假托自耕,政府收费困难。1924 年制定的《广东全省民产保证条例》规定,拥有不动产者均须到民产保证局交纳保证金,领取产权证书。领取保证的产业权具有对抗一切的效力,任何机关不得再行投变。后来又对田土保证章程进行修改,规定自耕业户必须将田地的土名、面积及地段报各县田土保证分局注册,发给凭证。广州市民产保证局实行逐户强制办理,如业主故意拖延,就从租户应

---

〔1〕 广东省高等审判厅、广东省财政厅、广州市政厅:《广州市清理铺底顶手办法》,载广州市土地局编印:《广州土地局登记及征税法例汇集》,1926 年版。

〔2〕 广东省地方史编纂委员会:《广东省志 · 国土志》,广东人民出版社 2004 年版,第 138 页。

〔3〕 《指令第 581 号》,载大本营秘书处发行:《陆海军大元帅大本营公报》1923 年 11 月第 38 号,台湾文海出版社 1990 年影印本。

纳租项中扣缴。1924年年初颁布的《广东沙田验领部照章程》规定，沙田及税坦业户必须限期到广东沙田验领部照处查验领照。新执照每张以一百亩为限，超过者必须分领。如业户无力交费，由按押契照的债权人代为验领，否则一切后果由债权人承担。未验领新照者一律不得按押。[1] 1926年，国民政府制定《广东都市土地登记征收条例》，颁发广州等地试行。为了增加政府收入，陆海军大元帅大本营制定《国有荒地承垦条例》，鼓励民众开垦荒地。根据该条例规定，国有荒地"指江海，山林、新涨及旧废无主未经开垦"的土地；"凡国有荒地，除政府认为有特别使用之目的外，均准人民按照本条例承垦"；"凡未经该管官属之核准私垦荒地者，除将所垦地收回外，每地一亩处以三元之罚金"。[2] 此外，南方政府还颁行了一系列有关知识产权保护的法令。

这些法规虽然有加强财产管理、增强财产保障的作用，但其颁行的直接目的主要是增加政府财政收入，因而遭到民众的消极抵制，加之当时政局不稳，政府的实际控制力有限，执行效果并不理想。

（二）南方政府时期广东法制的主要特点

无论与此前的法律制度还是同时期北京政府的法律制度相比较，南方政府立法均体现出鲜明特色，既有上承晚清、下启后世的过渡性，又深受苏联法的影响，开启了中国法制转型的新里程。

1. 具有承前启后的过渡性

南方政府时期的广东法制具有明显的承前启后特征。南方政府对清末和北洋政府时期制定的法律并未全盘否定，对于不与国民党党纲及南方政府颁布的法令相冲突的内容或直接予以继承，或稍作修改后适用。而南方政府颁行的一些法律又被南京国民政府所

---

〔1〕《广东沙田验领部照章程》，载广州《民国日报》1924年1月4日。

〔2〕《指令第660号》，载大本营秘书处发行：《陆海军大元帅大本营公报》1923年11月第39号，台湾文海出版社1990年影印本。

沿用。1927年8月，南京国民政府规定："凡从前施行之各种实体法、诉讼法及其他一切法令，除与党纲、主义或国家政府法令抵触各条外，一律暂准援用"。[1] 另如司法党化制度渊源于南方政府时期，后为南京政府所继承。正如王用宾所言，民国"十五年广州举行首次法官考试、录取五十人，党化司法，肇基于此。及国民政府奠都南京，继承遗志，十八年一月筹备法官训练所……计自广州国民政府以迄今兹，法官之受其考试训练而出身者，已一千余人矣"。[2]

南方政府适用北洋法律的程序较为简单，经有关机构呈请政府最高首脑同意后，相关法律就可在其辖区内实行。比如，经大理院长兼理司法行政事务的吕志伊呈请，1923年4月，大元帅"批准采用北京司法官官等官俸暨法院书记官官等官俸各条例"。[3] 有些法律则是结合现实需要稍作修改后适用，1924年广州国民政府法制委员会曾称"粤省各机关官制，多系根据民二、民六北京各部订定制度及参酌增减办理"。[4] 南京国民政府成立之初，则沿用了广州国民政府的刑事诉讼法和民事诉讼法。1927年，南京国民政府第二十九次会议决定，最高法院及原适用广州军政府1921年3月2日公布的《民事诉讼律》和《刑事诉讼律》的南方各省，继续援用；原北洋政府统治下各省则仍援用北洋政府颁布的《民事诉讼条例》和《刑事诉讼条例》，形成两种民事诉讼制度并存的局面，直到1928年新《刑事诉讼法》和《民事诉讼法》颁行，才实现了全国诉讼法的统一。

2. 注重借鉴苏联立法经验

南方政府立法深受苏联的影响，尤其是广州国民政府更是直接借鉴苏联立法经验。在苏联的影响下，广州国民政府确立了"以党

---

〔1〕 谢振民：《中华民国立法史》，中国政法大学出版社2000年版，第606页。

〔2〕 王用宾：《近年司法行政之革新运动》，载《中华法学会杂志》新编第1卷第5、6号合刊，第250～251页。

〔3〕 《训令第63号》，载大本营秘书处发行：《陆海军大元帅大本营公报》1923年4月第7号，台湾文海出版社1990年影印本。

〔4〕 《法制委员会拟定新官制》，载广州《民国日报》1924年5月10日第3版。

治国"的法制原则。《中华民国国民政府组织法》第1条规定:"国民政府受中国国民党指导和监督,掌握全国政务"。在实际活动中则表现为国民党全国代表大会及其中央执行委员会实际上代行了国家最高权力机关的职权,国民政府是从属于国民党的国家政务的最高执行机关。该法第2条、第5条规定国民政府以"委员会议"的形式对国家政务实行集体领导,是仿效苏联政权体制的结果。在苏俄的影响下,这部政府组织法没有采用三权分立或五权分立的形式,而是采用了议行合一、集体负责的原则,规定国民政府由若干委员组成,国务由委员会议执行。国民政府委员会设主席1人及常委、委员若干人,以下分设各部委,国民政府委员由国民政府中央执行委员会任免。国民政府向国民党中央执行委员会负责并报告工作。广州国民政府的婚姻家庭立法也有明显的苏联(俄)法烙印。全俄中央执行委员会和人民委员会1917年通过的《关于公民婚姻、关于儿童与户籍的办理》及《关于离婚》的法令确定了婚姻家庭关系中男女平等以及婚姻关系存续的自愿原则。在苏联婚姻家庭法的影响下,国民党"一大"宣称"于法律上、经济上、教育上、社会上确认男女平等之原则,助进女权之发展"。[1] 1926年1月,国民党第二次代表大会通过《妇女运动决议案》,确定了改革婚姻制度的基本原则,反对买卖婚姻、多妻制和童养媳,实行男女平等、一夫一妻、结婚离婚自由、允许寡妇再婚和保护母性的新型婚姻家庭制度,规定"女子应有财产权和继承权"。[2] 该决议案将男女享有平等婚姻权和继承权正式写入法律文献,成为婚姻家庭案件的重要裁判依据,是中国法制史上的重大创举。

在孙中山三民主义的指导下,南方政府借鉴国内外立法经验,在以广东为中心的管辖区域内颁行了一系列特色鲜明的法律法规,

---

[1] 《中国国民党第一次全国代表大会宣言》,载广东省社科院等编:《孙中山全集》(第9卷),中华书局1986年版,第124页。

[2] 《妇女运动决议案》,载中国第二历史档案馆编:《中华民国史档案资料汇编》(第4辑)(上),江苏古籍出版社1986年版,第471~473页。

对中国现代法制产生了重大影响，推动了中国法制的现代化进程。

二、西南时期广东法规体系的相对独立

南京国民政府时期，是中国近代历史上最为稳定的阶段，法制统一是其基本发展趋势。时任司法院院长的居正曾说："中国自设置新式法院以来，一切用人行政，无不受成于中央，绝少省自为政者，故所受政治上之影响最少。"[1]但实际上地方一直拥有一定的自主立法权。根据《训政时期约法》第60条规定，"各地方于其事权范围内，得制定地方法规，但与中央法规抵触者无效"。[2] 1931年国民政府修订公布的《省政府组织法》第2条规定："省政府于不抵触中央法令范围内，对于省行政事项得发省令，并得制定省单行条例及规程；但关于限制人身自由、增加人民负担者，非经国民政府核准，不得执行。"[3]根据司法院命令，即使未经呈准中央政府备案的省单行条例，只要不与中央法令相抵触，亦可在裁判中适用。[4]其中的"事权""行政事项""不抵触中央法令"等较为模糊，实际上给地方立法留下一定空间。特别是由于各省政治与历史基础不同，法制统一进程也参差不齐，不同省区实际享有的立法自主权存在差异。作为南方政府的基地，广东在政治上具有较强的独立性，特别是西南政务委员会存续期间（1931—1936年，以下简称西南时期），广东形成了相对独立的法规体系，对国民政府时期的法制发展产生直接影响。

（一）西南政府的立法权限

1932—1936年间的"西南"通常是一个政治概念而非地理概

〔1〕 居正：《十年来的中国司法界》，载中国文化建设协会编：《抗战十年前之中国（1927—1936）》，台湾文海出版社1974年影印本，第92页。

〔2〕 《训政时期约法》，载孔庆泰主编：《国民党政府政治制度档案史料选编》（上），安徽教育出版社1994年版，第605页。

〔3〕 《省政府组织法》，载孔庆泰主编：《国民党政府政治制度档案史料选编》（下），安徽教育出版社1994年版，第325页。

〔4〕 《不抵触中央法令之省单行条例得在裁判上适用又公函非合法书状令》（司法院训令训字第152号，1936年1月25日），载《广州律师公会月刊》第6期，第284～285页。

念。它有时专指广东与广西这两个“华南”省份,而非云南、贵州、四川等在地理上真正处于中国西南的省份;有时又是一个更大的概念,除了上述省份外,还包括福建与湖南。这个概念与“西南政权”——西南执行部、西南政务委员会的合法权限与实际权限间的差别密切相关。1931 年年初,蒋介石因“约法之争”扣押立法院长胡汉民。以此为契机,国民党内的反蒋派聚集广州,在 5 月底成立“国民党中央执监委员会非常会议”和“国民政府”两个党政组织,以“推翻蒋介石之独裁,完成国民革命”为号召,与南京政府相对抗,即所谓“宁粤之争”。“九一八”事变发生后,双方休兵议和,宁粤双方各自召开了国民党第四次全国代表大会。在广州的“四全大会”上通过议案:为修明政治,防止独裁,在若干省府之上设政务委员会,在国民政府指导下监督各省行政;在中央执行委员会下设执行部于重要地点,监督各省市党部。提案为国民党四届一中全会接受,成为西南两机关的法源依据。1932 年元旦,统一国民政府在南京成立,广州方面宣布取消“非常会议中央党部”与“国民政府”,同时在广州分别建立“国民党中央执行委员会西南执行部”“国民政府西南政务委员会”,一般合称为“西南两机关”。其中前者简称为“西南执委会”,后者简称为“西南政委会”。西南两机关从党政两方面继承了“非常会议”与“国民政府”的基本职责,是国民党内派系斗争的产物,是权力分配的结果。但事实上西南两机关并未按制度设计而凌驾于西南各省之上,它接受胡汉民指导,由国民党元老派控制,受到广东实力派的资助与制约,实际权力掌握在广东地方实力派陈济棠等人手中。按照设计,西南两机关管辖权限覆盖广东、广西、云南、贵州、福建五省,但实际上只有广西、广东两省服从其领导,尤以广东实力派与西南政委会的关系最为密切。广东在国民党的历史上具有特殊地位,既是孙中山的故乡,又是国民革命的发源地,国民党就是经过在广东的长期经营,取得了北伐的胜利,进而取得了全国政权。西南政权主要由广东实力派控制,具有相对独立的立法与司法权限，基本上介于中央政府与省政府之间，其所制定的政策法令可以在一定程度上突破中央法的规定，这些法令的实施区域以广东为主，对广西、湖南、云南、贵州、福建也有一定的辐射作用。[1]

西南时期，广东在政治上处于半独立状态，在法制方面则表现为拥有相对独立的法规体系。一方面，相对于南京政府，广东更加注重对广州国民政府所颁行的法律法规的继承与沿用。1932 年 2 月，西南政委会第六次政务会议议决，“自民国二十年五月二十八日起，广州国民政府成立期间内，按南京国民政府所颁发之法规，如为广州国民政府公布之法规所未订定或无抵触者，仍应一律适用。”“所有前广州国民政府公布法规，在未经明令废止以前，仍暂适用。”[2]另一方面，西南政委会具有立法权，而且负责对其议决的相关法令进行解释。西南政委会根据广东等地的实际需要，推进刑事、民事等方面的立法工作，形成了比较系统的地区性法规。根据《广东单行法令汇纂》及其续编、《西南现行法令汇编》《广东单行法令汇编》《改订广东单行法令汇编》，西南时期的广东地方性立法成果非常丰富，代表性的立法成果包括《广东严惩械斗暂行办法》《惩治官吏贪污暂行条例》《特别法庭组织条例》《广东惩治盗匪暂行条例》《修正广东省禁止红丸办法》《关于死刑、无期徒刑送西南政委会核定办法》以及《广东善堂法》等地方性法规，涵盖了刑事、民事、诉讼以及社会立法等领域。

（二）西南时期广东地方法的主要渊源

从渊源来看，西南时期的广东地方法主要有条例、办法、通则，西南政委会发布的命令及其对法令所作的解释等也具有法律效力。西南时期，广东省制定的法规主要由西南政委会审核批准，在广东

---

〔1〕 陈红民：《胡汉民·西南政权与广东实力派（1932—1936）》，载《浙江大学学报》（人文社会科学版）2007 年第 1 期。

〔2〕 《国民政府西南政务委员会令知本会第六次政务会议决议适用之法规文》，载《广东高等法院司法月刊》1932 年第 1 卷第 3 期。

省管辖的行政区域内具有拘束力。广东也根据社会治理的需要，制定了一系列条例与办法，其中以惩治械斗、禁赌禁毒、惩治盗匪等方面最为典型。

1.条例与办法

南京国民政府建立后，政治局势趋于稳定，开始加大治理械斗的力度。基于近代械斗的特点，政府努力更新治理方式，减轻械斗的危害。其中最具代表性的立法成果当属1928年中央政治会议广州政治分会颁布的《惩办广东械斗办法》。民国时期，曾有一些省份提议通过专门立法惩治械斗，但真正得到落实者寥寥无几。例如，浙江在1932年曾拟定惩办械斗条例并呈请中央，但最终并未得到批准。江西、湖北、湖南、云南、贵州等省虽然也有斗案发生，但并未制定相关条例。官府每当遇到此类案件皆感到无所适从，有的援引刑法，有的援引惩治盗匪条例，处理方式极为混乱。广东因为械斗问题突出，而且政治地位特殊，在1928年即得以颁行治理械斗的专门立法——《惩办广东械斗办法》。西南时期，广东省政府对《惩办广东械斗办法》进行修订，改名为《广东严惩械斗暂行办法》，具体内容与《惩办广东械斗办法》基本相同，只对个别字眼进行了改动。修订后的《广东严惩械斗暂行办法》共12条，其中第二条明确规定了办法适用的地域范围，“凡于广东省政府管辖区域内，犯本办法之罪者，除有特别规定外，无论何人适用之。”第三条规定了对械斗的严厉惩罚措施，凡乡村族姓间，聚众持械互斗，或肆行焚杀，损伤生命财产，发展为械斗时，必须进行严惩。械斗首领处死刑或无期徒刑；在械斗中负责重要事务或领导部分事务者，处死刑、无期徒刑或十年以上有期徒刑；持械参与械斗或提供武器者，除没收其枪械外，处十年以下三年以上有期徒刑，并科一千元以下罚金。第四条规定，前述犯罪行为要受到刑法和地方法规的双重制裁，凡因持械互斗损伤他人生命财产，除依照办法的规定论罪外，还要依照刑法相关规定从重处罚。该办法试图通过切断械斗资金和枪械来源，从根本上消除械斗。第五条规定“各乡村族姓之公款枪械管理人,以保管之款械提供械斗,或供人暗行接助械斗者,除没收款械外,其管理人并应依本办法第三条各款论罪。但确受胁迫,而于事前呈报官署有案者,不在此限。”第六条规定,“凡以联村、联宗或亲睦会名义,帮助他人械斗,或以人夫款械暗行帮助接济者,除将该组织解散外,并依照第三条及第五条规定,分别处断。”办法注重发挥基层社会组织在治理械斗中的作用,明确了宗族缉拿罪犯的责任,其中第七条规定参与械斗的各宗族负责悬赏缉拿在逃斗犯,并按律严惩;同时责成各地基层组织缉拿组织械斗者、参与械斗的帮匪及其他助斗人员。第八条规定,各区乡内的法定人民团体机关,包括各区乡委员会、治安委员会各委员、团局长、保甲长以及族长绅耆等,遇到该乡或相邻乡村发生或酝酿械斗,应立即切实调处,并呈报地方官府处理,如果违背此项规定,应根据实际情况依法论罪。第九条规定,地方官吏得知当地正在酝酿械斗而不先行消弭而导致酿成械斗者,以失职论处。办法明确了执行机关。第十条规定,械斗案件一般由各县政府依照本办法规定判处刑罚,县政府应附具全案事实和理由,呈送所在区善后委员核明,然后转呈省政府及第八路军总指挥部核办。由各区善后委员直接办理的械斗案件,也应依照前项规定呈送省政府及第八路军总指挥部核复办理。关于惩办械斗所得罚金的用途,办法第十一条规定,根据本办法规定没收的财产及罚金,全部拨为本县的教育经费和建设经费,以及用于办理地方其他公益事业,具体用途由省政府决定。[1] 该办法属于惩治械斗的特别规定,因此其效力高于一般刑法;只有本办法没有规定的事项,才能适用刑法或其他特别规定。

广东长期以赌毒闻名。针对毒品更新换代、不断泛滥的现实,广东颁行《广东省查禁红丸办法》,并于1934年进行修订,试图通过

〔1〕《广东严惩械斗暂行办法》,载广东省政府秘书处编印:《改订广东单行法令汇编》,1934年,第40~42页。

立法严厉制裁制造、贩卖及吸食毒品的行为。红丸是当时广东出现的一种作为鸦片代用品的毒品。《修订广东省查禁红丸办法》第二至四条规定:制造、贩卖,或意图贩卖而持有或运输红丸者,处死刑,或无期徒刑;吸食红丸者,处五年以下有期徒刑,并科三千元以下罚金,成瘾者限令戒绝;为营利而以馆舍供人吸食者,处五年以上十二年以下有期徒刑,并科五千元以下罚金;公务员犯上述各罪者,处死刑或无期徒刑。公务员庇护他人犯上述罪行者,处死刑或无期徒刑,有要求期约或收受贿赂情形者处死刑;负责查禁红丸的公务员,有要求期约或收受贿赂纵容他人犯第二至四条罪行者,处死刑。负责查禁红丸的公务员,应当在其管辖区域内的重要关口或车站商埠进行严密检查,查获私运红丸者应当立即扣留,连同人犯送交所在地县政府依法办理。各市县长及负责查禁红丸的公务员,应随时派人或亲赴各乡村镇,宣传有关法令,讲解吸毒的危害。该办法规定根据查禁情况对相关公务员进行惩戒与奖励,并规定了对查禁、告发人的奖励标准。红丸犯罪案由县政府负责审理,县政府判处死刑或无期徒刑者,先送区绥靖公署核明,再呈省政府及第一集团军总司令核准执行。如判处有期徒刑,则应在办结后送呈备案。[1]

为了严惩暴力犯罪,维护社会秩序,1934 年西南政务委员会颁行《广东惩办盗匪暂行条例》,并于 1935 年进行修订。根据条例规定,其适用的地域范围是广东省政府所辖地区;有下列行为之一者处死刑:掳人勒赎者;拦途截抢者;纠集众多匪徒抢劫者;勒收行水者;意图诈取不法利益而施放或留置爆炸物,或致恐吓信者;意图扰害公安而制造、贩运、收藏枪械,或其他危险物者;聚众掠夺政府机构的兵器、弹药、船舰、钱粮以及其他公物,或公然占据地方者;聚众抗拒官军者;意图扰害公安而造谣、煽动他人暴动者;聚众械斗的首

---

〔1〕《修正广东省查禁红丸办法》,载《广州律师公会月刊》1935 年第 2 期,第 129 ~ 131 页。

魁,或执行重要事务者;持械劫囚者;聚众以强暴手段脱逃的囚犯首领或教唆者;接济或窝藏庇纵匪徒而有实据者;私枭聚众持械拒捕者;溃兵游勇结伙抢劫,或扰害公安者;在海洋江河行劫者;在盗所强奸或掠夺妇女者;在盗所放火或决水者;为抢劫而故意杀人,或伤人致死或笃疾,或伤二人以上者。犯上述各罪未遂以及犯罪情节较轻者,得减为无期徒刑或十年以上十五年以下有期徒刑。各地军警抓获前述罪犯,应立即解送县长或驻防高级军官讯办。县长及驻防高级军官认为应处死刑或无期徒刑者,应呈送总司令部核准执行。[1] 西南政务委员会后来又颁行《修正广东惩办盗匪暂行条例补充条例》,将以诈术等方法煽动军警叛乱、在人烟稠密的建筑物放火、侵入有人看守的住宅、船舰等抢劫财物以及掳人营利等行为列为死罪,而且规定补充条例具有溯及既往的效力。[2] 1935 年新刑事诉讼法颁布实施,国民政府宣布废止惩治盗匪条例。但西南政务委员会一再延长《修正广东惩办盗匪暂行条例》及其补充条例在广东的适用时间,直到 1936 年该条例还在广东施行。[3]

2. 通则

通则也是广东地方法的渊源之一。为了加强对劳资关系的调整,1935 年广东颁行《劳资条例暂行通则》。该通则规定雇主有权自由雇佣工人,设定工会会员轮雇办法、工会介绍工人权以及限定雇佣工会会员等劳资条件一律无效;对于工会现任职员的雇佣,须按照现任职员人数与各厂店工人人数为比例,由劳资双方代表协商分派雇佣办法;雇主雇佣工人不得以不参与工会事务为雇佣条件。通则还对雇佣艺徒的数量限制、保证工人休假时间及加班待遇、工

---

〔1〕《修正广东惩办盗匪暂行条例》,载《广州律师公会月刊》1935 年第 2 期,第 131 ~ 132 页。

〔2〕《修正广东惩办盗匪暂行条例补充条例》,载《广州律师公会月刊》1935 年第 2 期,第 132 ~ 133 页,第 2 册,第 616 ~ 617 页。

〔3〕《惩治盗匪条例由民国 24 年 8 月 18 日至 25 年 2 月 17 日再展限 6 个月》,载《广州律师公会月刊》1935 年第 4 期,第 305 页。

人因工伤亡的医疗、赔偿等事项做出明确规定，还明确规定了女工、童工的保护措施。[1]

3. 命令

命令或训令也是地方法的重要渊源。如根据惩治贪污贿赂法实施的实际需要，西南政务委员会发布了一系列训令，完善相关配套制度。1936年，西南政委会训令各机关，遇有公务员犯罪，相关机关应迅速搜集证据，为案件审理创造条件。“查刑罚主义在乎发见真实，以惩治有罪。认定犯罪事实，应以证据为凭。而证据搜集，尤须敏捷周密，否则物证湮没，人证逃匿，甚而弥缝事供，将使真实难于发见”。经调查发现，各机关发现公务人员犯罪案件后，多未及时检证，而是送到特别法庭后才开始启动调查取证程序，往往导致关键罪证无从检发，给案件审判造成困难。特别法庭受理的案件多属重案，务求审慎周详，勿枉勿纵。此后如有应属特别法庭管辖的公务员犯罪案件发生，“各该主管机关务须注重首要人犯，并立即搜集证据”，再由西南政委会转发特别法庭，“免使证据消失，贪污漏网。以期发见真实，刑当其罪，用昭平允，而彰法效”。[2]

4. 法律解释

西南政委会还通过对其议决的法令进行解释行使其立法职能。例如，1935年广东高等法院刑一庭推事梁立渠就被告羁押期间问题呈请西南政委会进行解释。梁立渠在其呈文中称，案件经上诉而被告羁押期间已逾原审判决的刑期，按照《刑事诉讼法》第一百零九条的规定，除检察官为被告利益而上诉外，应撤销押票，将被告释放。但关于释放问题，应该由检察官还是法院执行，并无明文规定。而西南政务委员会公布的《民刑军事收押被告办法》第七条规定，“凡判决未确定之被告，除最重本刑为死刑、无期徒刑之案件，如经

[1] 广东《劳资条例暂行通则》，载《广州律师公会月刊》1935年第2期，第138～141页。
[2] 《公务员犯罪须迅速搜集证据令》，载《广州律师公会月刊》1936年第7期，第496页。

宣告七年以下徒刑而羁押日数已满宣告刑期者,应命具保,停止羁押”。二者相互抵触,为此产生以下疑问:(1)刑诉法既已实行,处理办法即应失效。惟案件在第三审之上诉中,被告刑期届满,究竟应由检察官还是第二审法院执行释放?(2)处理办法并未明令废止,自属继续有效,依照特别法优于普通法之原则,当然仍应适用。惟现在押之被告,其羁押期间已满者多已具状引用刑诉法之规定,请求无条件释放,非有相当解释,如遽以裁定令其具保,固不足以昭折服。若被告所犯之罪其最重本刑为死刑或无期徒刑,而宣告刑又在七年以上者,又在不准停止羁押之列,办理存在困难。为此,西南政委会发出指令,做出解释:(1)案件经上诉第三审时,被告羁押期间如果已经超过原审判决的刑期,符合《刑事诉讼法》第一百零九条所规定的撤销羁押、释放被告的条件,应由第二审法院释放。司法行政部在本年7月16日指字第1399号指令山东高等法院有案,可查照办理。(2)本会公布的《处理民刑军事收押被告办法》,属于特别刑事法规。根据本会第一百五十九次政务会议通过的原审查意见,有永远适用的性质。在未明令废止以前,依照特别法优于普通法的原则,自然应该继续有效。如果在押被告羁押期间已逾原判刑期,符合处理办法第7条规定,自然应该责令具保、停止羁押。在释放满期羁押人犯的执行机构方面,西南政委会保持与司法行政部指令的一致性,同样选择由第二审法院执行。但对于释放的具体程序与条件,则坚持特别法优于普通法的原则,坚持按照西南政委会制定的《处理民刑军事被告收押办法》规定,增加“责令具保”环节,明显增加了犯人获释的难度。[1] 指令以特别法优于普通法为由,确认了在中央法与西南政委会颁行的法令相互矛盾的情况下,后者具有更高效力、优先适用的原则。

---

〔1〕《广东高等法院训令奉国民政府西南政务委员会指令本院呈据梁立渠签呈适用刑事诉讼法第一零九条及处理民刑军事收押被告办法疑义两点仰知照文》,载《广东高等法院司法月刊》1935年第4卷第9期。

(三)民国时期广东地方法制的特点

与清代及同时期的国民政府立法相比较,西南时期的广东法制具有相对独立、重刑主义以及军政掌管司法等特点。

1. 地方法制相对独立

虽然西南政委会在军政、财经等统治核心问题上严拒中央干预,维持着较强的独立性,而且拥有较大的立法自主权,但在法制方面并未与中央政府完全决裂。一方面,大部分中央政府颁行的法令经过西南政委会的议决程序得到批准,并得以在广东境内通行。例如,1935 年,中央政府制定的《修正共产党人自首法》《保险业法》等,经广东高等法院和省政府转呈西南政务委员会核示,西南政务委员会一百八十六次会议议决,遂得以在广东"照行"。[1] 另一方面,西南政委会经常就法律问题向南京政府进行咨询,特别是"遇到有关法令解释和省际问题的事,常用咨或公函行文南京司法院、外交部、交通部、铁道部、内政部等洽商"。[2] 说明西南法制的独立性受到明显的限制。相对于南方政府时期北洋政府法令在广东原则上无效、必经援引方为有效,在西南体制下,南京政府的法规在广东则是原则上有效,须经否定或修正方为无效。因此,司法院和司法行政部颁布的法令,广东实行有选择地执行政策,广东与中央之间只存在一定限度的对抗关系。这种有限的独立突出表现在,一旦广东地方性法规产生争议,往往需要司法院统一解释法令会议议决并进行解释说明。1931 年,广东省政府颁布实施《广东惩办械斗暂行办法》,在实施过程中各方对有关内容发生争议。1932 年,西南政委会根据广东省政府呈文,咨请司法院对暂行办法的相关条文进行解释。广东省政府的呈文提出:《广东惩办械斗暂行办法》"第三条凡乡村族姓间聚众持械互斗或肆行焚杀,是否以有持械情形始能依

---

〔1〕《广东高等法院准国民政府西南政务委员会秘书处函知修正共产党人自首法经决议照行仰知照文》,载《广东高等法院司法月刊》1935 年第 4 卷第 9 期。

〔2〕邱平:《"国民政府西南政务委员会"见闻》,载政协广州文史资料委员会:《广州文史资料》(第十五辑),1965 年内部出版,第 97 页。

照下列各项处断,如有并无持械而于械斗时有放火行为,应如何办理? 又该法第八条载,各该区乡法定人民团体机关(如区乡事委员会、治安委员会各委员及团局长、保甲长)及族长绅耆,于该乡或毗连乡村族姓间发生械斗之酝酿时,应即切实调处并呈报地方官署,该办法同条第二项内载,违背前项规定者,可分别情形依法论罪。但违背第八条第一项规定依何法论罪,未明示。如发现有此情形,应援用何种法规办理,似亦有明白规定的必要,事关法令发生疑义,理合备文呈请钧府转呈核示,使办理有据"。西南政委会认为,"查《广东惩办械斗暂行办法》第三条所谓私相焚杀系以足以损伤生命财产成为械斗要件,如于械斗时有放火之行为而并无持械者,实际上已足为损伤生命财产,成为械斗之实施,即与要件相合,似应构成前项犯罪",所谓"发生械斗酝酿""似以足为杀人实施之准备,但对于违背第八条第一项规定者,是否应依刑法第一百六十二条第五款规定论罪"等问题难以决断,遂呈文司法院,请求对相关疑义予以解释。根据司法院统一解释法令会议议决,司法院在回复西南政务委员会的咨文中主要强调两点:一是"《广东惩办械斗暂行办法》第三条所谓焚杀,系以聚众械斗为要件。若仅于他人械斗之时为放火行为,而未加入械斗,只成立刑法上普通放火罪"。二是"该办法第八条所载'各该区乡内法定人民团体机关及族长绅耆,于该乡或毗连乡村族姓间发生械斗酝酿,即应切实调处,并呈报地方官署核办'等语,系属训示规定,违背此项规定者,除具备刑法第一百六十二条要件,应依该条处断外,别无处罚明文,应不论罪"。[1]

1936年,广东归政中央政府,西南政委会颁行的法规有一部分得以继续沿用,另有部分法规则被中央通令废止。1936年10月,广东高院奉司法行政部命令,立即废止《广东惩治盗匪暂行条例》,广

〔1〕《广东惩办械斗暂行办法第三条所谓焚杀系以聚众持械为要件》(司法院咨院字第1225号,1934年3月4日),载《广州律师公会月刊》1935年第2期,第57~85页。

东与全国其他省区同样适用《惩治盗匪暂行办法》。[1] 1936 年 11 月,广东高等法院根据司法行政部命令,宣布废止西南政委会公布实施的《广州市不动产抵押暂行办法》《公营事业人员妨害业务治罪暂行条例》《处理民刑军事收押被告办法》等地方性法规。[2] 而西南法院的司法判决则基本得到了中央政府的追认。同月,中央政治委员会发布命令宣称:1932 年 8 月国民政府批准西南政务委员会设置最高法院西南分院,受理广东等省终审案件。虽然司法院"以其于法无据,迭经驳复在案",但这一组织事实上确实存在。现在广东统一,应该立即撤销西南分院。根据司法行政部指令,西南分院已于 7 月 22 日停止办案,所有已结案卷均已移送最高法院接收。考虑到对西南分院"已经判决各案件若不予追认,于人民权利之确定、社会交易之安全大有影响",经中央政治委员会第二十五次会议批准,"将该分院在本年 7 月 21 日以前受理民刑案件之裁判一律追认为有效,以资救济"。[3] 1936 年 8 月,被广东特别法庭判刑的犯人家属卢戴氏等人呈文国民政府,称"前西南政务委员会非法组织之特别法庭草菅人命",恳请国民政府下令将特别法庭已判各案撤销。司法行政部随即命令广东高等法院查复,并抄送《特别法庭组织条例》及《惩治贪官污吏暂行条例》到部,以供鉴核。经中央政治委员会第二十六次会议议决,除将该特别法庭撤销外,为兼顾法律与事实起见,参照 1929 年撤销江西惩治"共匪"委员会成案,采取以下办法进行处理:一是废止《惩治贪官污吏暂行条例》及《特别法庭组织条例》;二是该特别法庭在西南政务委员会撤销以前所为判决已确定者,追认为有效;三是特别法庭在西南政委会撤销以前做出

---

〔1〕《广东高等法院奉司法行政部令广东惩治盗匪暂行条例应即废止惩治盗匪暂行办法该省一律适用仰遵照文》,载《广东高等法院司法月刊》1936 年第 5 卷第 9 期。

〔2〕《广东高等法院训令奉司法行政部令广州市区不动产抵押暂行办法等六种单行法令应一律予以废止令仰遵照文》,载《广东高等法院司法月刊》1936 年第 5 卷第 9 期。

〔3〕《最高法院西南分院撤销前受理民刑案件之裁判一律追认有效令》(1936 年 11 月 4 日国民政府训令司法院第 847 号),载司法院秘书处编:《新订国民政府司法例规》(第 2 册),1940 年内部出版,第 609 页。

的判决如果符合《刑事诉讼法》第四百一十三条、第四百一十四条或第四百三十四条规定的情形,可以依通常程序分别声请再审或提起非常上诉;四是声请再审者概由第一审法院管辖,依《刑事诉讼法》第四百一十四条申请再审之法定期限,从广东省奉到本办法命令之日起算。[1] 通过上述判例,再次明确了追认西南政务委员会设立的司法机构所作判决的法律效力的指导精神,并且提出了具体的处理方法,有利于保持司法审判的连续性和确定性,促进社会稳定,维护法律权威。

此外,广东根据西南时期的法令所颁发的商标证书以及各种执照也得到有条件的承认。1936 年 8 月,司法行政部训令广东高等法院,为了整齐划一管理制度,原来向西南政委会领取的律师执业证书,必须在一个月之内向司法行政部换领,逾期不缴费换领者,即停止其执业资格。[2] 1936 年 9 月,南京国民政府实业部为了统一广东经办公司、商标特许、渔业、会计师、技师等案件处理标准,颁行《实业部处理广东经办案件暂行办法》。该办法规定,凡经广东地方政府核准发给注册执照的公司,应将所领执照连同原申报登记文件、印花税呈交广东实业部验换公司执照;凡 1929 年 11 月之后所获广东地方政府颁发的商标证书,应将原证书连同商标图样、印板及印花税凭证呈送实业部商标局,依法进行免费审查;未曾领取注册证的商标,无论正在呈请还是公告过程中,已经完成的程序一概无效,申请人应重新依法向实业部商标局呈请注册。广东政府所办商标异议或评定各案概不生效,不依本办法领取实业部商标局注册证书者,其原来所领广东地方政府商标局注册证书无商标专用效力。凡经广东地方政府核准发给特许渔业执照的渔业经营者,应将

---

〔1〕《前西南政务委员会设置之特别法庭判决确定各案不究办法令》(1936 年 11 月 28 日国民政府训令行政、司法院第 903 号),载司法院秘书处编:《新订国民政府司法例规》(第 2 册),1940 年内部出版,第 609 ~610 页。

〔2〕《广东高等法院训令令知未经换领部发律师证书各律师遵照部令办理》,载《广东高等法院司法月刊》1936 年第 5 卷第 7 期。

所领执照连同原申报登记文件呈交广东建设厅转送实业部免费查验更换执照。凡广东地方政府核准开采的矿业案,应由各矿商依照矿业法的规定,补具应缴各项文件,呈送广东建设厅转请换给部照。凡经广东地方政府核准开采但未领部照的小矿,矿商应依照矿业法内有关小矿业权的各项规定,补具应缴文件,呈送广东建设厅核明,换领实业部的小矿业执照。建设厅应即将执照单登记事项、矿图及其他应备文件转实业部备案。凡领有广东地方政府会计师、技师等登记证者,应开具履历并详细声叙学历及服务经验,连同证明文件及原领证书或登记证,呈送实业部查验换证。经查验申请人资格与现行会计师条例、技师登记法等登记暂行规则规定不符者,其原领证书或登记证无效。如有其他经办案件,其职权不属于地方政府者,应由广东建设厅呈送实业部核办。《实业部处理广东经办案件暂行办法》附则规定,上述执照证书以及登记证验换工作至 1936 年 12 月 31 日截止,逾期一律按照新案办理。[1]

2. 具有明显的重刑主义倾向

与同期国民政府有关犯罪与刑罚的规定相比,广东地方性法规中的有关规定普遍偏重。例如,《广东严惩械斗暂行办法》对械斗者施加的刑罚极为严厉,凡械斗的领导者,分别判处死刑、无期徒刑或十年以上有期徒刑。《广东省查禁红丸办法》对制造、贩卖红丸,意图贩卖而持有或运输红丸者,处死刑,或无期徒刑,并且对包庇毒品犯罪的公务员也处以极刑。《广东惩办盗匪暂行条例》更是将多达 19 种的行为列为死罪,在其补充条例中甚至将这 19 种犯罪未遂以及情节较轻者也列入死刑的范围。就此而言,西南时期的广东刑事立法呈现出十分显著的重刑主义倾向。

3. 司法体制具有军政混合的特点

根据上述刑事特别法的规定,惩治械斗、查禁红丸以及严惩盗

〔1〕《实业部处理广东经办案件暂行办法》(1936 年 9 月 5 日),载蔡鸿源主编:《民国法规集成》(第 41 册),黄山书社 1999 年版,第 161 ~163 页。

匪等刑事案件均由县政府、绥靖委员以及军事长官负责办理,第一集团军司令更成为最高责任人。这些刑事法规由县政府负责实施与执行,人犯由县政府判处刑罚后,呈送各区绥靖委员审核,再转呈省政府及第一集团军总司令部核办,反映了西南时期广东军政混合、军人主导的特征。

4. 重视地方社会组织在社会治理中的作用

《广东严惩械斗暂行办法》明确规定各区乡委员会、治安委员会各委员、团局长、保甲长以及族长绅耆对惩治械斗的责任,规定一旦发现有械斗的苗头,必须立即调处,并及时呈报官府,体现了军、政、民综合治理的宗旨。

5. 社会立法兼顾传统性与现代性

注重平衡劳资双方利益,既限制工会的权力,又保护工人的合法利益。例如,规定工人每周最少休假时间,"雇主对于未满十六岁的艺徒,每天须在工作时间外抽出两小时,以送其入学";"女工分娩给假不得少于四十天,不多于六十天,并照给工资";机器业工人每天工作时间不得少于八小时,亦不得超过十二小时;机器业的童工和女工每日工作时间不得超过十小时。同时体现出尊重习惯的立法精神。例如,规定"因婚丧疾病需要替工,其办法可在劳资条件中依照习惯协定";"雇主须于每月月底前发清工资,但有特别情形或习惯者,不在此限";"商店工人及手工业工人每天工作时间,依照习惯办理"。[1]

综上所述,西南时期的广东地方法制具有明显的政治性,尤其是地区性刑事特别法,过于突出军政混同、军人主导,削弱了司法的独立性;试图通过严刑重罚,维持社会秩序,一定程度上偏离了法制现代化基本方向。当然,广东特别刑法中也有值得肯定的地方,比如其所规定的处罚方式趋于多样化,除生命刑、自由刑等刑罚之外,还有罚金、强制戒毒等处罚措施,体现出一定的现代刑法特征。在

〔1〕《劳资条例暂行通则》,载《广州律师公会月刊》1935年第2期。

劳资关系立法方面,试图通过制度建设实现传统与现代兼容,平衡劳方与资方的利益,对现代法制建设不乏启示意义。

三、民国时期广东地方法对中央法的影响

从中央法与地方法的关系看,二者均为国家法的重要构成部分,立法宗旨相同,存在高度一致性。但二者属于国家法的不同层级,各有其作用与功能。法律本身是一个开放的体系,法律的制定充满复杂的利益博弈,是一个各方政治力量不断斗争和妥协的过程,法律条文是多重力量博弈的结果。地方法与中央法的关系并非单一的决定与被决定、影响与被影响,而是双向互动、互相影响的关系。一方面,由于法制统一性的要求,中央法必然会对地方法产生巨大影响。中央站在全局的立场,根据国家的整体需要制定法律,以建立稳定而统一的社会秩序;中央法所确立的是全国性的行为规范,从根本上决定地方法的发展框架与作用空间。中央法确定法制基本框架,地方立法在框架之内进行,遵守中央法的精神,保持与中央法的一致;地方法的发展离不开中央的指导,符合国家需要的地方法会得到中央的认可与支持,而偏离国家发展方向的地方法则会受到中央的矫正。无论是清代的广东督抚,还是民国时期的广东主政者,基本上固守服从中央法的基本立场。民国时期的广东省政府主席陈铭枢对此曾有精辟论述,其在1930年为《广东单行法令汇编》所作序文中即明确指出:"以地广事繁之我国,中央与地方维系交错于其间。制度之立也,或不能曲因一时一地之便,而变其整齐划一之性,于是各地方于不抵触中央法令之范围内,因宜立制,以增加行政之效率,固其所也。"此后话锋一转,对仰慕欧美联邦制的观点进行批判,"认为联邦制之各自为政,足以救过,兹论之误,固屡经总理辞而辟之,其谬悠之见,迄于今日犹时或腾播于人口,而不知数千年一统之局,根深蒂固","兹之各省单行法令,其颁布施行,绝非有违于全国立法之蕲向,其为曲成细规,以补中央法令体制上所不容纤举者,义固甚明”,最后还告诫读者“毋以侧重各地方畸形行政之观察混为一谈。”[1]

另一方面,地方法也对中央法产生多重作用。中央法的框架内留有大量空隙,需要由地方法进行填充。中央立法的发展需以地方法的实验作为基础,发展成熟且具有全国意义的地方法不乏上升为中央法的可能性。就此而言,地方法是中央法的试验田,可以为中央立法积累经验,对中央法具有基础性作用。同时也不乏地方法与中央法相互矛盾冲突的现象,地方法的存在与发展,实际上削弱了中央法的权威,限制中央法的效力。鉴于学界关于中央法对地方法的作用论述较多,而且基本上已经取得共识,我们在此重点探讨地方法对中央法的作用与影响。

从民国时期广东地方法的发展历程来看,其对中央法的影响具有多面性。无论是地方立法还是地方司法,均有可能影响中央法的发展,或变通中央法的规定,或填补中央法的空缺,或促成中央法的细化,或为中央立法积累经验。正如时人所言:“夫一省自有特别情形,省政府因地方之特别情形颁布单行法令,苟不与中央法令抵触,自有规范人民之效力。故地方人民除应遵守中央法律外,其于省政府之法令,尤有密切之关系也。”[2]以下我们从立法与司法两个方面具体分析地方法对中央法的影响。

(一)地方立法对中央法的影响

1.填补中央法的空缺:以惩治贪污与铺底立法为例

填补中央法的空缺是地方立法的重要功能之一。近代广东立法在这一方面屡有表现。我们在此仅以惩治贪污、保障铺底权等方面的立法成果为例进行实证分析。

近代广东商品经济发育程度较高,贪污贿赂现象比较突出,地

---

〔1〕 广东省政府主席陈铭枢:《广东省单行法令汇编序》,载广东省政府秘书处编印:《广东省单行法令汇编》,1930年版。

〔2〕 赵灼:《广东单行法令汇纂序》,载赵灼编辑:《广东单行法令汇纂》,广州光东书局1921年版,第1页。

方政府比较重视惩治贪污贿赂立法。1931 年 10 月,西南政委会出台专门的反贪污刑事单行条例——《惩治贪官污吏暂行条例》,以示整肃吏治之决心。该暂行条例规定了对贪污、受贿扰乱金融图利等罪行的严厉处罚措施,是国内较早出台的地方性惩治贪污腐败专门立法。根据《惩治贪官污吏暂行条例》规定,凡公务员犯收受贿赂、操纵或投机买卖纸币为自身谋利以及扰乱金融秩序等罪,判处死刑;根据本条例判处死刑的,必须经西南政务委员会核准后才能执行;如西南政务委员会认为死刑案件有疑义,可令法院复审;如认为情节较轻,可送交司法机构根据普通刑法进行审判。条例还对贪污案件的审判机关做出专门规定,公务员犯贪污贿赂等罪,由西南政委会或者委托地方最高机关组织特别法庭进行审判。特别法庭的组织办法,通过另行立法进行规定。关于普通刑法与该单行条例的关系,条例明确规定:"除本条例有特别规定外,现行刑法仍得适用。"[1] 也就是说,该条例作为单行条例,属于刑事特别法,比普通刑法具有更高的效力,与刑法相比,具有优先适用的法律地位;条例未明确规定的事项,则可按照普通刑法办理。当时南京国民政府并未制定专门的惩治贪污贿赂法律法规,只是在刑法中设立了部分惩治贪污犯罪的条款,对相关犯罪做出概括性规定,难以满足惩治贪腐的现实需要。西南政委会颁行的专门条例,在一定程度上弥补了中央立法的空缺与不足,细化了相关法律规定,丰富了国家法的内容。

"铺底权"是广州地区长期流行的习惯,由于中央法并未对铺底权做出相应的规定,导致广州地区铺底权纠纷裁判依据不足。为了解决商民纷争,广东不断通过地方立法,弥补中央法的空缺。民国初年,广东通过在司法环节引入习惯解决铺底争端。[2] 1922 年,广

---

〔1〕《惩治贪官污吏暂行条例》,载蔡鸿源主编:《民国法规集成》(第 66 册),黄山书社 1991 年影印本,第 5 页。

〔2〕详见本书第三章"地方习惯与近代广东法制发展"部分的相关论述。

东省高等审判厅、财政厅和广州市政厅联合制定《广州市清理铺底顶手办法》,[1]该办法的出台,具有重要现实意义,不仅在一定程度上填补了中央法的空缺,而且为铺底纷争的解决提供了具体法律依据。在此以发生在广州的同安号与曾有恒堂因修缮加租诉讼案为例,分析《广州市清理铺底顶手办法》在司法实践中的作用与意义。

案例:同安号与曾有恒堂因修缮加租事件第三审上诉案

(24 年上字第 490 号)

上诉人:同安号　李彦生

被上诉人:曾有恒堂　曾陈氏

案情:同安号承租曾有恒堂铺业,双方所签订的批约只订明遇有意外墙壁倾倒的修缮办法,并未明确约定因建筑日久、墙壁歪斜需要大修时应该由铺主还是铺客出资。后因铺业老旧,业主曾有恒堂进行了修缮。修缮之后,业主要求承租方同安号根据修缮出资数额增加租金,同安号提出异议,双方为此向法院提起诉讼。案件经过二审,广州地方法院判令承租人加租。承租人不服,向广东高等法院提起上诉。广东高院判决"上诉驳回"。其判决理由强调,"租赁物有必要大修缮时,双方依批约实行负担义务。如批约无明了之订定,由铺主于三个月内建复,按出资数以周息一分算增加租值,在《广州市清理铺底顶手办法》第八、九条有明文规定。"该案双方当事人所订租赁契约并未对年久大修的出资责任做出明确约定,应该按照《广州市清理铺底顶手办法》的规定分配修缮费用。上诉人提出,根据民法规定,出租人应于租赁关系存续期间保持其出租物业符合约定的使用收益状态,修缮属于被上诉人应该承担的责任,不能以修缮为由,强迫上诉人按照修缮出资数额加租;而且被上诉人在言辞辩论阶段不出庭,就是表示同意上诉人的上诉请求。二审法

[1] 广东省高等审判厅、广东省财政厅、广州市政厅:《广州市清理铺底顶手办法》,载广州市土地局编印:《广州土地局登记及征税法例汇集》,1926 年版。

院维持一审判决结果，判决上诉人败诉，违背了《民事诉讼法》第385条的规定。广东高等法院强调："《广州市清理铺底顶手办法》为广州市单行法令，其效力优于普通民法。况修缮与加租系截然二事，其修缮义务依民法第四百三十条虽应由业主负担，而应否加租及予所有权以重大限制之铺底权，在民法尚无明确规定。上诉人承租被上诉人之铺业，其铺底权既系于该条例而存在，则原审据业主之请求，依照该条例以定其应加租值数额，不得谓违法。"原审"判令上诉人于系争铺修缮完竣后，按照修缮出资数，依周息一分计算加租与被上诉人收领，其法律上之见解亦无不协"。[1] 在该案审理过程中，广东高等法院明确宣称《广州市清理铺底顶手办法》作为地方单行法，具有优先于民法的法律效力。在现实生活中，该地方条例对于弥补民法的不足，调整民事关系具有十分重要的意义，在广州等地广泛存在的铺底权就是建立在长期流行的习惯以及地方法令的基础上，有关铺底纠纷的解决也主要依照地方条例作为裁判依据，地方法不仅是权利成立的基础，而且也是权利义务配置的重要准则。

2. 为中央立法积累经验：以商标和官员惩戒法为例

从法的起源与发展来看，中央法来源于地方社会，相当一部分中央法系在地方法的基础上发展而成。在此意义上，地方法无疑是中央法的重要渊源，是中央立法的材料与基础。有的地方法是国家立法在地方的先行先试，对中央立法具有先导作用。在此我们主要以商标法、官吏惩戒法为例进行分析论证。

明清以来，广东的工商业发展一直走在全国前列，也成为较早使用商标的地区，与此相适应，广东也是政府最早对商标进行管理的地区之一。19世纪80年代，荷兰皇家公司将其下属的亚细亚火油有限公司生产的煤油产品贩运到广东沿海，其煤油的牌号是"龙

〔1〕《同安号与曾有恒堂因修缮加租事件第三审上诉案》，载《广东司法月刊》1935年第4卷第11期。

唛”(DRAGON)[1]。清末民初,广州第一家华人西药房——泰安药房所生产的药品使用“花塔牌”商标,并且得到当地政府的保护。[2] 20 世纪初,广东巡按使公署曾批文查禁个别企业非法假冒同行业火柴商标的行为。1912 年 12 月,广东巡按公署“批冯达之禀,启源堂行内工厂仿造六吉商标火柴,请予饬禁由”,有关人员根据批文对广州假冒“六吉牌”“三喜牌”等火柴商标的工厂进行了处理。[3] 1920 年,广州的合群玻璃厂以“环球牌”商标呈请政府注册,寻求政府保护。[4] 国民政府时期的商标管理起始于广东,南方政府所制定的商标法规,对于南京国民政府制定全国性的商标法律规范具有重大影响。但囿于资料有限,相关研究对南方政府时期,尤其是 1925 年之前商标法的内容及实施状况的认识十分有限,即使是目前最权威、最翔实的商标法律史著作——左旭初所著《中国商标法律史》(近现代部分)也只是在“国民政府商标法律史”一章中提到国民政府的前身——陆海军大元帅大本营“曾于 1924 年制定《商标条例》,并对商民使用商标进行监管”。该书对国民政府商标法的研究主要从 1925 年开始,对此前的商标法并未涉及。[5] 我们试图在充分发掘整理资料的基础上,分析近代广东有关商标立法和监管的具体情况,弥补近代法制史研究的不足,全面认识地方法对中央法的奠基作用。

广东是我国最早颁布地方性商标法规的地区之一。1912 年,广东省实业司颁布《商标法法规》,规定厂商呈请商标注册使用的商标图样的禁止性条件,主要包括:不得使用国家专用的印信字样如

---

[1] 胡毓芬:《广州亚细亚火油公司忆述》,载政协广东省委员会文史资料委员会:《广东文史资料》(第 33 辑),广东人民出版社 1981 年版,第 221 页。

[2] 叶能成:《记广州新药业及安亚制药厂》,载政协广东省委员会文史资料委员会:《广东文史资料》(第 30 辑),广东人民出版社 1981 年版。

[3] 《批冯达之禀启源堂行内仿造六吉商标火柴请予饬禁由》,载《广东公报》第 1037 号,1915 年版,第 15 页。

[4] 叶能成:《记广州新药业及安亚制药厂》,载政协广东省委员会文史资料委员会:《广东文史资料》(第 30 辑),广东人民出版社 1981 年版。

[5] 左旭初:《中国商标法律史》(近现代部分),知识产权出版社 2005 年版,第 239 页。

国玺、衙门关防、钤印以及用国旗、勋章摹绘而成的文字图画；不得使用与政府颁发的奖章以及博览会或劝业会制作的奖牌、奖状等相同或相似的文字与图画。[1]

中国历史上第一部得到实施的国家级商标法是北京政府于1923年颁行的《商标法》。在此之前，广东、湖南、四川等省区已颁布了地方性商标法规。[2] 广东是国民政府初期开展商标法立法及司法实践的主要地区，享有国民政府商标法发源地之美誉。[3] 但学界对南方政府商标立法启动的具体时间及进程认识不一。如民国时期商标法研究的权威陆桐生认为开始于1925年。1925年7月，国民政府在广州成立，同年9月正式对外颁布《商标条例》（共40条）、《商标条例施行细则》（共32条），随后以此为依据开展商标注册管理工作。[4] 当代商标法律史研究权威左旭初虽然转引广东省政府秘书处编印《广东省政府周报》第57期（1928年10月15日）所载《建设厅请示关于商标注册案》中有关"粤省现行商标条例，系于民国十三年，由前大本营建设部规定，呈准公布"的记载，确认南方政府在1924年已经进行商标立法，但并未对其具体内容进行分析。[5]

通过梳理相关资料，我们认为南方政府的商标立法正式开始于1924年2月。该月出版的《陆海军大元帅府大本营公报》第2号公布了大本营建设部制定、大元帅孙中山批准的《商标条例》。大本营建设部所订本为"商标法"，但因未经议会议决，为求名实相符，改称为条例，并于2月27日公布实施。关于《商标条例》的立法目的，建设部部长林森曾在呈文中指出："默察国内工商大势，统筹应兴应革

---

〔1〕 广东省地方志编纂委员会：《广东省志·工商行政管理志》，广东人民出版社1997年版，第168页。

〔2〕 赵宁渌：《中华民国商业档案资料汇编》（第一卷）（1912—1928）（下册），中国商业出版社1991年版，第436页。

〔3〕 左旭初：《中国商标法律史》（近现代部分），知识产权出版社2005年版，第247页。

〔4〕 陆桐生：《商标法及其判解》，大东书局1948年版，第25～31页。

〔5〕 左旭初：《中国商标法律史》（近现代部分），知识产权出版社2005年版，第247～248页。

事宜，当以编订法规为入手办法，前经呈奉帅座核准施行《暂行工艺品奖励章程》，以资激劝。查商标专用所以表彰工商业品物商标注册，所以保障商人私权，文明国家莫不定有专例，其通商各国方且缔结互相保护商标之条约。民国建造十有三年，关于商标法则尚未见诸实行，殊不足以振兴实业、保障私权。兹拟采仿商标专用主义，规定注册，严禁假冒。"[1]

大元帅府公布的《商标条例》共 40 条，另有施行细则 32 条。《商标条例》第一条规定了商标注册的作用与目的，第二条列举了不得作为商标进行注册的情况，主要包括：相同或近似于中华民国国旗、国徽、国玺、军旗、官印及勋章；相同或近似于红十字会会章或外国国旗；有妨害风俗秩序或欺瞒公正之嫌；相同或近似于同一商标习惯上所通用的标章；相同或近似于世所共知他人的标章，并且使用于同一种商品之上；相同或近似于政府颁发的奖章和博览会、劝业会颁发的奖牌奖状，但以自己所获奖励作为商标构成部分者不受此限；使用他人的肖像、姓名、商号或法人及其他团体名称，如得到对方许可者不受此限；相同或近似于他人注册商标，且他人注册商标失效后未满 1 年。第三条规定了两人以上就同一种商品、以相同或相近商标呈请注册的处理方式，以实际使用时间先后为标准，准许"实际最先使用者注册"。如果在呈请注册前均未使用，或者无从确定谁使用在先，准许最先呈请者注册。第五条对联合商标作出规定，"同一商人于同一商品使用类似之商标，得作为联合商标呈请注册。"第七条规定在中国境内无住所或营业所者，须委托中国境内有住所或营业所者作为代理人，才能进行商标注册，否则不得主张商标专用权或其他商标权。第十五条规定商标专用期间为 20 年，从注册之日开始计算。第十六条规定了注册商标所产生的权利和转让条件。第十七条规定了撤销商标专用权的条件，除由注册人呈请

[1] 《大元帅指令第 140 号，令大本营建设部部长林森附林森原呈》，载大本营秘书处发行：《陆海军大元帅大本营公报》1924 年第 5 号，第 88 页。

撤销外，如有下列情形，商标注册所可根据职权或利害关系人的申请撤销商标专用权。这些情形主要包括：擅自变换注册商标或附记，企图影射使用；注册后无正当理由不使用已满1年或停止使用已满2年，但联合商标中有一部分使用，或兼在外国注册的商标仍在注册国使用者除外；商标权转让满1年而未呈请注册，因继承原因而致者除外。第二十四条规定了4个月的异议期，即商标注册所初审合格的商标注册及续期申请应在公报上公开发布，满4个月后，无利害关系人提出异议，或虽有异议但经过辨明后，才可核准。第二十六至三十二条则规定了商标评定制度，在商标注册无效以及对商标专用权的适用范围有异议的情况下，有关利害关系人等可以申请评定。关于商标评定与民刑诉讼的关系，条例实行行政程序优先原则，规定与商标权有关的诉讼必须在商标评定的基础上才能启动。条例第三十五至三十九条列举了构成侵犯商标权的行为，并对侵犯商标权的惩罚措施做出规定，包括处一年以下有期徒刑或五百元以下罚金，并没收相关物品，以及赔偿受害人损失等。[1]

《商标条例施行细则》则对商标注册的具体程序与条件做出规定，包括申请者需要根据商标分类撰写申请书，提供证明符合注册要求的材料，附送商标样板的材料与尺寸，代理注册的条件及程序，以及注册商标使用商品的类别等。[2] 另有《商标注册所暂行章程》共11条，对注册所的机构及人员设置、管理等做出规定。[3] 注册所在1924年3月28日发布第一号布告，宣布正式成立。[4] 在广东等地开展商标注册管理工作，包括函聘顾问，向广东省有关部门、海关

---

〔1〕 大元帅府《商标条例》，载陆海军大元帅大本营秘书处：《陆海军大元帅大本营公报》第6号，1924年版，第69～80页。

〔2〕 大元帅府《商标条例施行细则》，载陆海军大元帅大本营秘书处：《陆海军大元帅大本营公报》第6号，1924年版，第81～90页。

〔3〕《商标注册所暂行章程》，载大本营秘书处：《陆海军大元帅大本营公报》第7号，1924年3月10日，第74～76页。

〔4〕 大元帅府《大本营建设部商标注册所布告第一号》，载陆海军大元帅大本营秘书处：《陆海军大元帅大本营公报》第21号附商标专载第一次，1924年版，第1页。

等调取商标案卷,审定及注册商标等。[1]

大本营建设部还明确规定了外国人申请商标专利权的具体程序与条件要求。1924 年 7 月,广州美国领事申请为美国荣发牛奶公司的孔雀、牡丹等商标注册,建设部复文广东省长,要求美商按照规定呈报证明材料。"查外国人关于商标注册之呈请,依照商标条例及施行细则之规定,应检呈国籍证明书及在中国境内现有工商营业所之证明书,如为法人,应附呈其为法人之证明字据。在中国境内无住所或营业所者,应委任在中国境内有住所或营业所者为代理人,并附呈其代理凭证。其商标如在呈请前曾经使用者,应呈足资证明之字据。"所呈证据如原系外文,应将其翻译成中文送呈;每份商标应送商标式样、商标印版,同时按照商标条例及细则规定,缴纳注册及公告等费用。[2]

从实际情况来看,广东的商标注册并不踊跃。根据商标条例第四条规定,条例施行以前善意使用 5 年以上的商标须于条例施行后 6 个月内注册。条例在 1924 年 2 月 27 日公布施行,至 8 月 27 日已满 6 个月。期限届满后,因注册者寥寥无几,注册商标所只得一再延长注册期限。[3] 据不完全统计,1924 年 7 月至 1925 年 3 月,建设部商标注册所共审定商标 23 种。[4] 1925 年 9 月,根据商标法的实施情况,广州国民政府指示广东省商务厅对原大本营建设部制定

---

〔1〕《建设部咨广东省长第 44 号《调商标旧案由》,《函聘刘伯瀛、江道沂、伍大光为商标注册所顾问》,载陆海军大元帅大本营秘书处:《陆海军大元帅大本营公报》第 21 号附《商标专载第一次》,1924 年版,第 13、18 页。

〔2〕《建设部咨广东省长第 601 号复广州美领事函送美商荣发牛奶公司用孔雀牡丹等商标请查核注册由》,载陆海军大元帅大本营秘书处:《陆海军大元帅大本营公报》第 21 号,1924 年版,附《商标专载第一次》,第 13 ~ 15 页。

〔3〕《注册商标所布告第三号》《大本营建设部指令第 167 号》,载陆海军大元帅大本营秘书处:《陆海军大元帅大本营公报》1924 年第 27 号附《商标专载第二次》第 1 ~ 2、19 ~ 20 页;《商标注册所布告第四号》,载《商标专载第三次》,陆海军大元帅大本营秘书处:《陆海军大元帅大本营公报》第 35 号,1924 年版,第 1 ~ 2 页;《大本营建设部商标注册所布告》,载陆海军大元帅大本营秘书处:《陆海军大元帅大本营公报》第 7 号,1925 年版,第 31 页。

〔4〕《商标专载第二次》,载大本营秘书处:《陆海军大元帅大本营公报》第 27 号公报,1924 年版。

的《商标条例》进行修订，形成《商标条例》（40 条）和《商标条例实施细则》（32 条），经国民政府核准实施。[1] 作为广州国民政府时期的第一部商标法规，《商标条例》在国民政府商标法制发展的历史进程中具有里程碑意义，其中部分内容被南京国民政府直接继承，为民国后期商标法的发展与完善奠定了历史基础。

广东的官吏惩戒立法也对后世产生了重要影响。1926 年广州国民政府颁行《惩治官吏法》（19 条），规定文官、司法官及其他公务员，有违背誓辞，违背或废弃职务之行为者，均交付惩吏院进行惩戒。惩戒处分包括褫职、降等、减俸、停职、记过、申诫。该法还对惩戒官吏的主要程序做出了详细规定，监察院或各监督长官对于所属官吏，认为应付惩戒者，由监察院或请监察院“备文声叙事由，连同证据咨送惩吏院惩戒”。惩吏院接受惩戒处分案件后，将原送文件抄交被惩戒人，并指定日期，令其提出申辩书，或到院当面询问。如被惩戒人在指定日期不到会，而且不委任代理人，或不按期提交申辩书，惩吏院可以直接做出裁决。惩吏院应当制作惩戒议决书，并呈报国民政府。议决书除咨送监察院并传知被惩戒人外，并应将其主文或全文登载于政府公报进行公示。国民政府或主管长官可以直接对所属官吏施加记过、申诫处分。[2] 该法的颁布实施，为南京国民政府时期公务员惩戒法的制定积累了经验。在此基础上，1931 年南京国民政府颁行《官吏惩戒委员会组织法》《公务员惩戒法》等官吏惩戒法规。[3]

3. 削弱与限制中央法：以商标法为例

近代广东形成了地区性商标法制传统，对中央法产生了“双刃

---

〔1〕《修正商标条例》《修正商标条例施行细则》，载国民政府文官处印铸局编印：《中华民国国民政府公报》第 9 号，1925 年版，第 5～10 页。

〔2〕广州国民政府《惩治官吏法》，载蔡鸿源主编：《民国法规集成》（第 3 册），黄山书社 1991 年版，第 155～157 页。

〔3〕谢振民编著：《中华民国立法史》（上册），张知本校订，中国政法大学出版社 2000 年版，第 497～498 页。

剑”的作用,既为后来的中央商标立法积累了经验,同时也在一定程度上削弱了中央商标法在广东的权威,限制了中央法在广东的施行。广州国民政府1925年颁行的《商标条例》在广东施行期间,北洋政府《商标法》未能在广东地区得到贯彻。南京政府成立之初,广东仍然坚持自身传统,沿用广州国民政府《商标条例》,开展有别于南京政府的商标法实践活动。1927年南京政府颁布《全国注册局注册条例》等法规,开始受理全国性的商标注册,但广东并未遵行。

1929年,南京国民政府工商部曾正式通知广东省建设厅,要求该厅停止办理商标地方性注册工作,并决定于是年夏天派员前往广东接收原大本营建设部和广东实业厅、建设厅办理的各种商标注册案卷。[1] 但商标注册管理机构的变化,面临着急需解决的新旧制度衔接问题,其中最为突出的就是妥善处理原由大本营和广东省建设厅等受理的商标。为了保障商民的利益,工商部制定了《工商部商标局继续办理广东建设厅移交商标案件暂行办法》,为处理广东地区商标遗留问题提供了法律依据。该暂行办法规定,凡是广东建设厅移交的尚未核办或已核办但未审定的商标注册案,商标局应按照商标法及其施行细则继续审核;凡经广东省受理注册的商标,一律改由工商部商标局继续办理;广东建设厅已经公告但尚未期满的商标,利害关系人可在法定期间内向商标局提出异议,期满无异议者,由商标局核发商标注册证。经广东省建设厅审定、公告期满而无异议的商标,由商标局立即依法注册发证。凡经前大本营、广东商务厅、实业厅、建设厅注册而颁发的商标注册证,均由商标局收回,换发新证,并在《商标公报》上进行公告。存在异议的广东注册商标,由商标局根据商标法有关规定进行异议评定。广东注册的商标如曾向全国注册局或商标局呈请注册,因相同或类似而被驳回者,如仍以其所领取的广东原证呈请换证,经商标局批示后,呈请人

---

〔1〕 国民政府实业部商标局:《商标公报百期纪念特刊》,1935年版,专载第6页。

可根据《商标法》第二十八条第一、三项的规定，请求对该商标进行评议。既经广东又经全国注册局或商标局注册的商标，注册产生的权利及专用年限应以全国注册局或商标局注册者为准。[1]

但暂行办法颁布之初并未得到认真执行。一方面，广东工商业者对暂行办法普遍持观望态度，并不主动办理商标换证及相关手续。1929 年年底，工商部商标局发布第 18 号《商标局布告》，强调中外商人均应依照《暂行办法》前往广东建设厅呈请商标注册。[2]直到 1930 年 3 月，才有"香兰"号的郭赞生正式向商标局提出为其使用于香烟上的"爱国牌"商标换证，是为第一家申请换证的广东企业。[3] 另一方面，广东建设厅并未完全将所有注册案卷移交给工商部商标局集中管理，妨碍了换证工作的开展。为了方便商民办理商标换证等业务，商标局在《商标公报》上专门设置《广东注册商标换证表》公告栏，刊登《核准广东大本营建设部、实业厅、建设厅注册商标换证公告表》，先后登载了"美人牌"花露水商标、"双箭牌"肥料商标以及"三水牌""钟玲牌"等商标换证公告。[4] 这些举措推动了广东商标换证工作的展开，对于促进全国商标的统一注册与管理具有积极意义。

1930 年《商标法》及其施行细则颁行后，广东仍继续按照 1925 年《商标条例》的规定进行商标注册管理，1931 年 10 月出版的《广东省政府公报》还刊登了《广东省政府建设厅商标公告第一期》[5]。工商部商标局换证工作先后持续达 6 年之久。直到 1940 年，广东

---

〔1〕《工商部商标局继续办理广东建设厅移交商标案件暂行办法》，载工商部：《工商公报》1930 年第 19 期"法规"，第 4～5 页。

〔2〕《商标局布告》（第 18 号），载国民政府工商部商标局编：《商标公报》1929 年第 27 期。

〔3〕《商标注册证验讫公告表》，载国民政府工商部商标局编：《商标公报》1930 年第 34 期，第 20 页。

〔4〕《商标注册证验讫公告表》《广东注册商标换证公告表》，载工商部商标局编：《商标公报》1930 年第 34 期第 20 页，第 37 期第 1～2 页、第 40 期第 18 页。

〔5〕《广东省政府建设厅商标公告第一期》，载广东省政府秘书处编印：《广东省政府公报》1931 年第 167 期"附录"，第 86 页。

一直以《商标条例》及其施行细则作为商标注册管理的主要法律依据。此外，南方政府时期，广东省贯彻执行商标法规的商标管理机构曾多次发生变更。先是由大本营建设部负责商标注册管理，1925年3月转由广东省商务厅负责。1926年4月，国民政府再次改令实业厅管理。1928年6月，广东省实业厅被裁撤，商标注册管理事务转由建设厅分管。[1]

南京国民政府在1928年已经基本实现了全国统一，但广东长期坚持原有的商标法传统，无论是商标执法机构还是裁判依据均与其他省区明显不同，无疑削弱了中央法的权威性，而且极大地限制了中央商标法规在广东的施行。

除商标法之外，广东还有其他一些法令与中央法存在矛盾与冲突，西南时期尤其突出。在西南时期，广东颁行了许多地方法规，如《广州市区不动产抵押暂行办法》，虽未经中央正式认可，但却得以在广州施行。为了保障法制的统一，1936年南京国民政府司行政部发布第6013号训令，正式宣布废除这些地方法令。其训令称："查《广州市区不动产抵押暂行办法》、《公营事业人员妨害业务暂行治罪条例》、《惩治山匪暂行条例》，及《处理民刑收押被告办法》，其内容或与中央法令抵触，或为中央法令已经规定，该省均无另定单行法规之必要，且以前均未呈经核准，自应一律废止，以免纷歧。"[2]

4. 变通中央法的内容：以禁赌法令为例

根据国民政府《省政府组织法》的规定，非经国民政府核准，各省不得制定限制人身自由、增加人民负担的条例与规程，但广东因为得到西南政务委员会的核准，先后制定《广东严惩械斗暂行办法》《广东省查禁红丸办法》《广东惩办盗匪暂行条例》《惩治贪官污吏

---

〔1〕 广东省地方志编纂委员会：《广东省志·工商行政管理志》，广东人民出版社1997年版，第48页。

〔2〕 《广东高等法院训令奉司法行政部令广州市区不动产抵押暂行办法等六种单行法令应一律予以废止令仰遵照文》，载《广东高等法院司法月刊》1936年第5卷第9期"公牍"，第34～35页。

暂行条例》以及《赌博治罪章程》等刑事单行法，明显突破相关法律的限制，规定了大量涉及无期徒刑甚至死刑的内容。在此主要以禁赌法为例，分析广东立法对中央法的变通问题。

明清以来，广东赌风甚炽，严重影响社会秩序。不同历史时期，广东地方政府对赌博的态度不一，但均注重相关管理措施的制定。民国时期，广东省相继出台了一系列单行法令，严惩赌博犯罪，立法的总体发展趋势是不断加强禁赌力度。1922 年广东省长公署颁行《广东赌博治罪暂行章程》及其《施行细则》，还公布了《新定缉获赌案赏格》。根据暂行章程的规定，以赌博为常业、为营利而聚众开设赌场者，以及为营利而包庇开设赌场者，均处死刑、无期徒刑或一等有期徒刑；赌博财物者处三等至五等有期徒刑，或科处 2000 元以下罚金；发行彩票者处二等至三等有期徒刑，并科 2000 元以下罚金，介绍他人买买彩票者以共犯论；购买彩票者处三等至五等有期徒刑，或科 1000 元以下罚金；赌博器具及犯人所有金钱以犯罪工具论处，房主知情者，没收房屋；买卖、贩运赌具者科 1000 元以下罚金。[1] 施行细则规定，对军民赌博的检查分别由宪兵队和警察负责，在省城附近缉获赌博后送交军法处办理，其他地区缉获后由县知事详请军法处核准办理。[2] 而《新定缉获赌博赏格》则规定，缉获赌犯后，将根据暂行章程第四至八条规定所科罚金提取一部分作为奖金，军警或人民缉获者可提取奖金的比例分别达到罚金的两成和五成，由人民报告、官府缉获的，奖金比例为两成。如果缉获的案件无罚金、房屋及其他财产性收入可以作为奖金，县知事可以在其他赌博充公款项内酌量提充奖金。[3] 这些由省政府公布实施的法

---

〔1〕《广东赌博治罪暂行章程》，载赵灼辑录：《广东单行法令汇纂》（第 1 册），广州光东书局 1921 年版，第 229 页。

〔2〕《广东赌博治罪暂行章程施行细则》，载赵灼辑录：《广东单行法令汇纂》（第 1 册），广州光东书局 1921 年版，第 229～230 页。

〔3〕《新定缉获赌博赏格》，载赵灼辑录：《广东单行法令汇纂》（第 1 册），广州光东书局 1921 年版，第 230～232 页。

令，不仅涉及自由刑、财产刑，而且包含大量的生命刑条款，在一定程度上突破了中央法与地方法的基本关系框架。

（二）地方司法对中央法的影响

美国法律现实主义理论认为，“法律只是一组事实而不是一种规则体系，亦即一种活的制度，而不是一套规范”，“法官、律师、警察、监狱官实际上在法律事务中的所作所为，实质上就是法律本身”。[1] 因为中央立法只能对基本制度与规范做出规定，不可能预想到所有社会现实生活细节，立法机构制定的法律只是基本框架，大量的具体内容需要司法官或行政官员在审判或执法的过程中进行填充。在近代中国法制转型时期，由于法律体系尚不完善，地方立法以及司法者创制法律的作用尤其明显。虽然中国近现代法制发展的趋势是不断加强法制统一，但由于法律自身的限制，不仅需要地方法规填补中央法的空缺，而且也需要司法机关对法律进行解释。即使在六法体系正式确立后，执法与司法实践中也会遇到法律并未明文规定的问题，这就需要行政及司法官员结合法理、习惯以及具体案情提出解决方案。一般情况下，具体办案人员会通过所在行政官署、法院逐层向上级机关请示，由上级机关向司法院、最高法院等请求解释，办案律师也会通过所在地的律师公会向广东省司法厅、直至中央司法机构请求解释。层层请求解释的过程，实际上也是对相关法律规定或问题进行思考和讨论的过程，是不断创制、完善和细化法律法规的过程。实际上，民国时期中央政府对地方司法机构在发展与完善法律方面的作用也相当重视。1936 年，司法院曾发布训令：“司法法规的运用，以各级法院司法官体味最为亲切，各省幅员广袤，风俗不齐，宜如何使用推行尽利，以期沟通隔阂，应就平日经验，抒发意见，依照规程，建议本院，以备采择。”司法院为此专门制定《司法院法规研究委员会规程》，将“由各级法院建议，

〔1〕［美］博登海默：《法理学：法律哲学与法律方法》，邓正来译，中国政法大学出版社 1999 年版，第 153 页。

经司法院院长认为应付研究者”列为法规研究会的重要研究内容。[1]

在近现代法制转型的过程中，地方司法机关以中央制定法作为案件裁判的主要依据，以地方法规作为补充。同时，地方司法机关及其工作人员也对国家法律法规的丰富和发展起到了重要推动作用。就广东而言，地方司法对中央法的影响主要集中于以下几个方面：

1. 变通中央法

主要表现为经中央批准，在坚持中央立法精神的前提下，地方司法机构根据当地实际需要，对中央已有法律规定进行变通。如根据南京国民政府的法律规定，“反革命”案件应以高等法院为第一审法院。广东省辖下的琼崖、潮州等边远地区因与高等法院所在地广州相距遥远，远隔海洋，解押犯人必须绕道香港，需要克服诸多艰难险阻；而且由于各县的“反革命”案件积压严重，各县纷纷致电广东高院请示具体处理方案。针对存在的实际问题，1928 年广东高等法院致电司法行政部，建议由高等法院委托就近地方法院代行第一审职务。司法行政部将广东高院的意见转呈司法院，经司法院讨论决定，在高等分院未成立以前，这些地区的“反革命”案件应先由高等法院派员到案发地审理，再由高等法院做出判决。[2] 虽然司法院仍然坚持由高等法院审检人员承担“反革命”案件的一审任务，但无须再将人犯押解广州，而是由省高等法院派出人员到地方开展审理业务。通过变通性规定，既解决了地方法院辗转押解犯人所造成的犯人逃窜、经费开支浩繁等实际问题，又坚持了中央重视“反革命”案件审理的精神。通过地方建议、中央批准，双方共同创建了一

---

〔1〕 司法行政部：《各级法院法官应依法规研究委员会规程建议法规运用令》（司法行政部训令训字 794 号），载《广州律师公会月刊》1936 年第 7 期，第 251 页。

〔2〕《广东琼潮反革命案件在高等分院未成立前准暂由高等法院派员莅审令（附原呈）》（1928 年 9 月 3 日司法院指令司法行政部第 230 号），载司法院编：《增订国民政府司法例规》（上册），1931 年版，第 627 ~ 628 页。

种新型的审理模式。广东高院的此种变通模式具有示范性意义，对国内其他省区同类案件的审理产生了直接影响。1929 年，浙江省鄞县地方法院院长呈文省高等法院，反映该县距省城遥远，不通火车，且“反革命”案件数量繁多，要押解犯人到省高等法院受审，须经海路绕道上海，周折颇多，不仅沿途人犯易于逃脱，而且所需费用浩繁，请求以该县法院院长兼充浙江高等法院庭长，负责审理“反革命”案件。浙江高等法院认为地方法院院长兼高等法院庭长的做法缺少法律依据，而且与司法院核准广东省琼、潮地区暂由高等法院派员莅审、仍由高等法院判决之变通办法不符。为了及时审理“反革命”案件，减少远程解送人犯的困难，浙江高等法院暂定变通办法，派高等法院推检人员到鄞县审理，并以鄞县地方法院院长兼任浙江高等法院庭长、以鄞县首席检察官兼任浙江高等法院检察官，在鄞县组织刑事审判庭，依鄞县地方法院原管辖第二审刑事上诉案件区域，以高等法院的名义就近受理“反革命”一审案件。[1]

2. 促进中央法的细化

地方法院通过将实践中遇到的问题提请上级司法机关解释，细化中央法的规定，丰富中央法的内容。1928 年，汕头地方法院呈文广东省司法厅，请求对有关土地纠纷案件的疑问进行解释。其呈文称，汕头某会馆将其拥有的一块土地进行分割，除一段预留为公共通行街地外，其余部分划分为 10 段竞价拍卖，甲、乙两人各出价投得数段。后因市政厅将甲投得的土地全部用于开辟马路，甲以损失太大为由，请求市政厅将会馆预留街地拨补，得到批准并颁发执照。甲将拨补之地转卖给丙，丙向登记局声请登记，乙向法院提出异议，认为将街地变为私人产业将会影响公共交通及空气流通。法院因不知是应该告诉当事人向行政官厅提出诉讼还是应该直接受理向

---

〔1〕《核准浙江高等法院派员莅鄞县组织刑庭受理反革命案件令(附原呈)》(1929 年 11 月 8 日司法院指令司法行政部第 333 号)，载司法院编:《增订国民政府司法例规》(上册)，1931 年版，第 628 ~629 页。

广东司法厅请示应当如何办理。广东司法厅随即转呈最高法院广东分院,广东分院又转呈最高法院请求解释。最高法院以解字第39号回函:“查市政厅拨补街地系属行政处分,无论该处分是否违法,并有无侵害人民权利,只准受害人向该管上级行政官厅诉愿,以资救济。司法机关不得认为民事诉讼受理。……若当事人一方声请假扣押、假处分、假执行,应由系属法院斟酌情形办理,未便为具体之解释。”[1]该案承办律师随后再向澄海律师公会提出质疑,澄海律师公会会长马宗杰以律师公会公函的形式,引用1917年大理院判例,对最高法院39号解释提出异议,并通过广东高等法院转请最高法院对案件管辖权问题作出进一步解释。最高法院复函解释称,本院解字第39号解释“原指该官厅本于职权所为,并无私人之侵权行为而言,当事人以私人资格假行政官厅之处分侵害他人权利之手段者,其被害人除得向该管行政官厅请求撤销其处分,或向该管上级行政官厅诉愿以资救济外,得对于加害人向司法机关提起民事诉讼,请求回复原状,或为损害赔偿”。[2] 由此可以看出,正是广东办案律师通过律师公会、广东高院向最高法院提出质疑,促使最高法院对行政处分权与司法审判权的划分做出了更为清晰的解释。

1929年,广东高院因澄海律师公会转请解释租赁房屋契约疑义案致函最高院,请求对相关法律进行解释。澄海律师公会会长马宗杰在电文中称,该会会员在承办案件的过程中产生疑问,请求解答。具体问题是,甲将自己的铺屋租给乙商号,双方订明“栈租清楚,任凭租栈人永远开张”。租赁30余年后,乙商号倒闭,由乙商号东主的子侄丙改用别号在该铺居住营业,甲将铺转卖于丁,丁向丙

---

〔1〕《解释市政厅拨补街地系属行政处分,法院不得受理,未结卷宗被兵散失应布告当事人搜集证据重为审理函(附原函)》(1928年3月1日最高法院函最高法院广东分院解字第39号),载司法院编:《增订国民政府司法例规》(上册),1931年版,第630页。

〔2〕《解释私人借行政官厅之处分为侵权行为被害人除对于官厅处分得提起诉愿外并得对于私人向法院提起民事诉讼函(附原函及电)》(1928年5月10日最高法院函广东最高法院分院解字第85号),载司法院编:《增订国民政府司法例规》(上册),1931年版,第630~631页。

提出取铺要求,双方为此提起诉讼。在诉讼过程中,丙将铺屋的一部分出租给戊。丙认为租约内所订"栈租清楚,任凭租栈人永远开张"就是设定了永租物权契约,不因所有权转移而丧失永租权利,拒绝交铺。丁则认为租赁房屋属于债权契约,不能发生永租物权,依照最高院解字第190号解释,丙仅能向甲要求赔偿,不能对抗新业主,也不能拒绝交铺。针对该案,律师提出以下疑问,请广东高院进行解释:(1)租赁房屋契约法律上可否设定永租物权;(2)租赁房屋契约有"租资清楚,任凭永远开张"字样者,原租商号倒闭后,可否改开别项商号,或分赁别人仍不丧失永租权利;(3)在第二种情况下,房屋所有权转移时,是否不属于最高院解字第190号解释范围,租客得以租约对抗新业主、拒绝交铺。广东高等法院将上述疑问转呈最高院,提请最高法院予以解释。经司法院审核批准,最高院拟定以下解答意见:来函所称永租物权,法无明文。甲以铺屋租于乙商号,订明永远开张,乙商号倒闭后由丙改开,属于商号与承租人主体变更,未经出租人承诺,不发生效力,不属于前解字第190号解释范围,也不得以从前租约对抗新业主。[1] 通过此案可以看出,地方律师公会就司法实践中出现的问题,请求法院进行解释,成为中央司法机关细化相关法律规定的重要推动力量。正是在地方律师公会和法院的推动下,最高法院进一步明确了解字第190号解释的适用范围,明确了法律并无"永租物权"的规定,订约主体发生变更后,不得以原约定对抗新业主,并且进一步阐明了房屋租赁契约中"永远开张"的含义与性质。

1933年,广东省政府结合商标注册管理中遇到的疑难问题呈请司法院对商标法进行解释。其呈文称:广州东山合记火柴公司向广东省建设厅呈称,1931年公布的《商标法》第二条第五款规定,

---

〔1〕《解释租赁铺屋契约若商号与承租人主体变更未经出租人承诺为无效,不得以之对抗新业主令(附原呈)》(1932年1月6日司法院训令广东高等法院字第393号),载司法院编:《增订国民政府司法例规》[中册(上)],1931年版,第812~813页。

"相同或近似于同一商品,习惯上所通用之标章者"均不得作为商标呈请注册,假如全国同一商品的商店有一百多间以"国货"二字为商标,可谓为习惯上通用。但"习惯"二字该如何解释?是以全数的三分之一还是二分之一通用为标准?商标法第六条"相同或近似于世所共知他人之标章,使用于同一商品者",其中的"世"字是包含中外各国,还是仅指中国领土。1933 年年底,司法院咨文国民政府西南政务委员会,对"习惯上通用""世所共知"进行解释,认为只须在事实上可以认定有普遍使用的习惯即为"习惯上通用",无须以具体的数目为标准。至于"标章",包括"标"和"章"两种;"世所共知"是指在呈请注册的区域为一般人所共知。[1]

1934 年,应中山县、广东省政府以及西南政委会的请求,司法院对《工会法》有关条款作出解释。广东中山县因经营石料的商家众多,专门成立了石匠工会,会员之间的有关事务均按照该会章程办理。1933 年,江门合盛隆店司理邓赐带领外地工人承建中山县二区安堂乡临星池祖祠的石料工程。中山石匠工会于 1933 年 12 月 4 日带领失业会员数十名来到县公安局办事处,要求公安局派人至安堂乡制止外带工人施工。公安局批令二区分局出面制止,失业会员随即返回。但直到 12 月 31 日,邓赐到公安局打探办理结果,二区分局局长仅以"侯查"二字进行敷衍,答应一星期内再次召集调处。期限届满后,仍无调处消息。中山县石匠工会唯恐双方工人发生冲突,为维持失业工人生活,以免后患,请党部执委会指令公安局迅速处理,同时令合盛隆店司理邓赐按照石匠工会章程规定缴费并雇佣石匠工会会员。党部执委会认为,"该工会会章早有规定,既属同职工人,自应保守原约,维持向章,以不相侵犯为原则,怎能各怀意见,以启争议"。经执委会常务会议议决,命令第二区公安分局将有关材料提交县公安局办理。公安局则称曾传争议双方到公安局

---

[1] 国民政府《商标公报》1936 年第 118 期,"专载"第 6～7 页。

调处，中山石匠工会认为承建石店必须雇佣本会会员工作，而且必须缴纳会费；合盛隆代表则认为该工程所雇皆为江门石匠工会会员，且已向江门石匠工会缴纳会费和行费，不应再向中山石匠工会交费。双方各执一词，公安局无从判断，只能等候广东石行会馆的答复。广东石行会馆指出，本行工友各埠一视同仁，无分畛域，本行从未收到中山县石匠工会任何条例。公安局再次传集双方进行调处，但双方仍然坚持己见，不肯让步。公安局认为：此案争执焦点在于甲地工会会员在已设同业公会的乙地能否自由工作，但《工会法》及其施行细则对此均无明文规定，县党部来文则引用《工会总章》以不相侵犯为原则。查《工会法》第二十条及原则第七条规定，工会不得妨碍未入工会工人做工，其意确在不相侵犯。但并非指工会与工会之间的侵犯，该案究竟应该如何处断，因涉及法律问题，本局不便擅自做主，建议呈请上级进行解释。中山县政府认为，此案关系到不同工会之间的争议，工会法对此并无明文规定，随即向广东省民政厅请求解释。后经广东省政府转呈西南政委会，再由西南政委会转请司法院进行解释。经司法院统一解释法令会议讨论，形成最终决议："工会组织，依工会法第一条，系以增进知识技能，发达生产，维持改善劳动条件及生活为目的，并不含有划分工作区域之意义。但依同法第二十条第三项所谓'工会不得妨害未入工会工人之工作'之立法精神，甲地工会会员，在有同一职业工会之乙地，自可自由工作。"[1]正是中山县的工会纠纷，促使西南政委会、司法院等相关部门结合工会法的立法精神，进一步明确了工会会员自由工作的权利。

同年，应广东省政府和西南政委会等部门的请求，司法院对《工商业同业工会法》有关条款进行解释。广东省政府呈文西南政委会称："《工商业同业公会法》第四条第七项规定，关于违背会章者，除除名外其他之处分方法，惟其方法如何，则无明文规定。又同法修

[1] 《司法院咨，院字第1160号解释工会会员承建工程发生争执疑义》附《西南政委会原呈》(1934年12月19日)，载《广州律师公会月刊》1935年第1期，第69～71页。

正案第七条有‘同业之公司行号，均应为同业公会之会员’等语，则同业之公司行号有强迫为同业公会会员之意义，惟对于不肯入会者如何办法，又无明文规定，究应如何办理，请核示。”西南政委会转呈司法院，请求对上述法律疑义进行解释。后经司法院统一解释法令会议议决：“工商业同业公会法第四条第七款所谓其他之处分方法，并无明文限制，自应以该公会章程所载明者为准。至同法第七条原文‘得为’二字，既经修正为“应为”二字，则同业公会之公司行号，均应强制入会”。[1] 是年，应广州特别市民众运动委员会和中央民众指导委员会的请求，司法院对同业公会委员资格问题作出解释。广州特别市民众运动委员会呈文中央民众指导委员会称：“以同业公会现任委员，如因原代表商店发生歇业等五种情况，其委员资格是否继续有效，请求解释。”中央民众指导委员会转请司法院对同业公会委员资格疑义进行解释。最后经司法院统一解释法令会议议决：工商同业公会委员系从会员代表中选任，如果原来推派代表的商店已经歇业，或者代表本身已完全脱离该行业，根据《修正指导民众运动方案》第二项第四款“人民团体之构成分子以禁止非现在从事于本业者参加为原则”的规定，其委员资格自然丧失。至于代表本人离开其原来的推举商店，则已失去其推派依据，其原有代表资格也就不能继续存在。另外，代表人离开原推举商店之后，重新到其他已入会的商店工作，即使经过后任职商店推为代表，但其旧的代表资格也已丧失。如果未经后任职商店推派为代表，更谈不上具有委员资格。[2] 由此可知，地方管理部门从实际出发，提请上级机构对同业工会管理制度、代表资格取得条件等问题进行解释，进一步明确了《工商业同业公会法》相关条款的具体含义，促进了法规的细化与发展。

---

〔1〕《司法院公函院字第1161号解释工商业同业公会法第四条第七条疑义》(1934年12月19日)，载《广州律师公会月刊》1935年第1期，第71~72页。

〔2〕《司法院公函院字第1162号解释同业公会委员资格疑义》(1934年12月19日)，载《广州律师公会月刊》1935年第1期，第72~73页。

1935 年,广东省建设厅根据汕头市长呈文,请求西南政委会对以下问题进行解释:(1)《商会法施行细则》第十一条有“商店会员,应以在本区域内设有商店、曾经依法注册者为准”的规定,工商同业公会会员资格能否以该细则的规定作为标准,又商店有商业注册及营业注册,应以何种为标准;(2)《工商同业公会法》第七条有“同业之公司行号,均应为同业公会之会员,推派代表出席于公会。但受除名之处分者,不在此限”之规定,如遇有一人,同时在本区域内开设两个以上之同业商号,其所开设之几个商号,推派代表时,可否同由一人担任。如同由一人担任,当开会时,是否有两个表决选举权。《工商同业公会法》对此并无明文规定,以致办理各业公会选举、审查会员资格缺乏具体依据。是年 8 月,西南政委会将上述问题转呈司法院,经司法院统一解释法令会议议决,对工商同业公会会员资格的疑义作出如下解释:(1)组织工商同业公会之公司行号,并无准用商会法施行细则第十一条规定之明文,自不以注册者为限;(2)一人同时在本区域内开设两个以上之同业商号,得以一人为代表,但只能行使一个选举权或表决权。[1]

地方司法机构也通过法律实践发现法律存在的实际问题,并呈请法律解释机关进行解释,细化法律内容。如 1936 年,广州地方法院请求广东高等法院解释“出名合伙”与“隐名合伙”的不同。广东高等法院转请最高法院进行解释,最高法院转呈司法院。后经司法院统一解释法令会议议决,“以自己之名或堂名,附入股于合伙内者,与附股于他合伙人之股内而隐名合伙者不同,不问其有无执行合伙事务,均为出名合伙人。”[2]

同年年底,广东高等法院请求司法院对民事诉讼法有关条款进行解释。其呈文指出:司法院第 1507 号解释称,“第二审裁判既在

---

[1] 《司法院公函》(1936 年 2 月 18 日),载《广州律师公会月刊》1936 年第 7 期。

[2] 《广东高等法院训令奉司法院令据本院呈请解释出名合伙与隐名合伙疑义仰知照由》,载《广东高等法院司法月刊》1936 年第 5 卷第 10 期,“公牍”第 15 页。

民事诉讼法施行后，则当事人因上诉所得之利益虽逾三百元，仍应受该法第四百六十三条之限制"，"所谓民刑诉讼法施行后，是否指与法院组织法同时施行而言？"目前对此有两种说法，一是积极说。认为民诉法因适用法院组织法三级三审制，所以在第四百六十三条规定因上诉所得之利益必就民诉法第四百三十三条规定为原则；新民诉法虽已施行而法院组织法尚未施行者，仍不适用新民诉法第四百六十三条的规定。二是消极说。认为三级三审是指管辖而言，与第三审上诉的限制无连带管辖，所以新民诉法施行后法院组织法虽未施行，仍适用新民诉法第四百六十三条的规定。不知两种说法哪种正确，现有以下问题请解释。在新民诉法及刑诉法施行后、法院组织法施行前已经适用新民诉法第四百六十三条及新刑诉法第三百六十八条办理的民刑案件，如果仍应适用旧法，则此类案件是否无效？应如何救济？根据广东高院的请求，司法院对上述疑问进行解释：第一问及第二问关于民诉法的问题，根据民事诉讼法施行法第十一条第一项及司法院第 1507 号解释，应该以呈文中的第二种观点为准。至于民刑上诉第三审案件适用新旧法的问题，广东省"在本年十一月一日施行法院组织法以前，如适用新法裁判，自属违法，但尚非无效"。[1] 地方法院对法律适用产生异议的症结是不同法律之间的衔接存在问题，包括新法与旧法如何衔接，法院组织法与民刑诉讼法如何统一适用等。通过广东地方法院，最高法院得以发现司法实践中新旧法衔接存在的问题，及时进行解释和指导，保证法律得到合理适用，取得应有效果。地方行政与司法机构通过实践不断发现法律法规存在的歧义、漏洞与空白，并就这些问题提请上级司法部门进行解释，不断深化对相关法律法规的认识，细化并丰富中央法的具体内容，推动法制发展。

---

〔1〕《广东高等法院训令奉司法行政部令转奉司法院令据本院呈请解释民刑上诉适用新旧法疑义一案令仰遵照由》，载《广东高等法院司法月刊》1936 年第 5 卷第 10 期，"代电"第 1～2 页。

四、民国时期广东地方法与中央法的互动

法制是一种以理解为核心的阐释性实践活动，其发展的根本动力蕴藏在社会之中。虽然地方在我国的政治结构上是区域性概念，但它同时也是政权组织的重要构成部分。法律是一个规则体系，法治建设既需要“自上而下”的推进，又需要“自下而上”的行动。各级国家机关、基层民众从不同角度参与法制建设，发挥各自的重要作用。尤其是地方直接面对社会基层，是法律实践的重要场域，地方法是法制体系不可或缺的构成部分。从上述广东地方法与中央法的关系分析可以看出，地方法与中央法长期并存，始终处于互动发展的过程之中。从理论上来看，二者的理想关系状态应该是地方法的制定与实施在中央法基本精神和原则的指导下进行，相互保持价值目标的一致性。但在现实生活中，由于各种政治、社会、文化因素的作用，中央法与地方法之间的关系十分复杂，不仅互动方式多样，而且充满变数。一方面，中央法确定地方法的立法精神与范围，纠正地方法的偏失，通过中央机关解释法律法规、复核或覆审案件等指导地方法制；另一方面，地方法具有丰富和发展中央法的功能，通过地方立法细化中央法，填补中央法的空缺。地方司法及行政官员通过实践发现中央法存在的问题与不足，对中央法提出意见或建议，促进中央法的完善与发展。地方行政或司法机关还可通过将法律实施过程中遇到的问题呈请中央解释或解决，促进中央法的发展，丰富中央法的内容。就此而言，地方法的发展有助于克服中央法推行的困难，减少中央法施行的成本，促成中央法的贯彻与实施。此外，地立法与司法实践可以为中央立法积累经验，一旦时机成熟，地方法还可能上升为中央法。

当然，由于地方法与中央法之间在立法基础、具体目标等方面存在差异，中央法的过度控制也会对地方社会经济的发展产生不良影响。例如，中央不顾地区之间客观存在的明显差异，一味强调法

制统一，就会给地方问题的解决造成困难，阻碍地方社会经济的发展。有些地方法也会对中央法产生消极影响，或者是地方法的内容与中央法相抵触，或者导致中央法的实际作用发生变异，阻碍中央法预期目标的实现，甚至出现与立法预期目的背道而驰的结果，损害法制的权威性与统一性。由以上分析可以看出，如何根据实际需要，合理兼顾法制的统一性与特殊性，平衡地方法与中央法之间的关系，合理解决二者的矛盾与冲突，实现中央法主导下的良性互动，不仅是近代法制发展过程中长期存在的难题，也是当代中国法治建设不可回避的问题。

第二章 近代广东社会与地方法院转型

法制转型是一个国家伴随社会转型由传统法制向现代法制转化的历史过程。在这一动态过程中,无论是法律制度还是法制运行机制均随之发生质的变化,其标志是法制更加适应社会的各种价值目标和价值需求。[1] 法制现代化具有诸多具体目标,主要包括法律规则的现代化、法律观念的现代化、法律运行的现代化和法律组织的现代化。在法制现代化的进程中,四大目标密切相关,共同形成有机共进的结构体系,其中任何一个目标被忽视,都会直接影响其他目标的实现。法院作为法律组织的构成部分,在法制现代化进程中扮演着重要角色,可以视为法制现代化的缩影。对司法机构的个案研究,可以深刻反映中国法制现代化的历程,是近年来中国法学研究的最新尝试。在借鉴已有成果的基础上,我们选择南京国民政府前期的广东高等法院作为研究对象,考察民国

[1] 刘作翔:《法制现代化概念、释义及实现目标》,载《宁夏社会科学》1999年第2期。

时期司法机构的转型进程,评估中国法制现代化的水平,主要是基于以下四个方面的考虑:一是民国时期广东的政治地位比较独立;二是民国时期广东法院组织体系比较发达,对该时期的广东高院进行个案研究,具有类型学意义;三是广东社会经济相对发达,对广东高院的研究,有助于认识社会经济发展与法制现代化之间的内在联系;四是为了资料搜集与分析的便利,该时期的广东高等法院曾经连续出版了法院月报和司法月刊,系统而连续的资料基础为我们全面认识司法机构的发展与变化规律提供了重要保证。当然,出于研究转型历程的需要,我们首先必须对清代地方司法进行基础性的考察。

第一节　清代地方司法

一、清代地方司法机构

清代地方司法机构常设于县、府、省三级,实行行政长官兼理司法。省级司法机构主要有督抚、司道、提督学政等。清代加强中央集权,实行督抚体制,省的最高行政长官是总督和巡抚。督抚并设的目的在于相互牵制,二者在法律上并无固定的处分权,“大致以军事归总督,以民事归巡抚”。[1] 清代设有两广总督,是广东、广西两省的最高行政长官,同时设有广东巡抚。督抚除具有地方最高行政决策权、司法审结权之外,还拥有重要的监察和军事职责。督抚对地方有无所不包、无所不统之权,但却又不以处理琐碎、繁杂的地方日常事务为己任,只是负责对地方事务的决策与控制。督抚拥有地方最高司法权,主要体现在监控所属司机构完成刑案在地方的审理。但督抚拥有司法职能的真正意义并非通过刑案的覆审查明所

---

[1] 《广东巡抚郭嵩焘同治五年奏折》,载刘锦藻撰:《清朝续文献通考》(第132卷)《职官十八》,浙江古籍出版社2000年版,第8916页。

有刑案的案情、重新定罪量刑,而是监控全省的司法机构有无徇私枉法、出入人罪等行为,以及从司法行政管理上对刑案做出地方的最后审理。清朝法律规定,徒刑以上的刑案均须经督抚审结或覆审具题,才能结束在地方的审理程序。其中,地方的徒刑案件经臬司复核后,由督抚判决即可发生法律效力。不涉及人命的徒罪案件,督抚批结即可结案,但涉及人命的徒刑案犯,则需像军流犯人一样,由督抚专案咨送刑部复核。一般军流案件,经臬司覆审后,案犯无须解司,只将卷宗报督抚复核。督抚复核无疑,即可咨报刑部。军流、遣案虽然由督抚结束在地方的审理,但督抚实际上并无最终裁决权。军、流、遣案的审结权属于刑部,刑部批结后即发生法律效力,咨复督抚执行。涉及人命、反逆、留养的军、流、遣案则需要由刑部或皇帝决断。此外,督抚还负责参革质审官犯、秋审汇题、统管地方已决及待决人犯等事务。

司道包括提刑按察使司、布政使司及其辅佐官守巡道,也是省级政府中具有司法功能的机构。提刑按察使司与承宣布政使司合称"二司",是清代省级两大职能部门。提刑按察使司属于省级专门机关,主管社会治安、审理自理案件、覆审全省刑案、主办全省秋审和狱政等事务,一般称为"臬司"。其长官为提刑按察使,主要职能是"掌全省刑名按劾之事,振扬风纪,澄清吏治"。[1] 但省的司法决定权并不掌握在按察使手中,而是属于督抚。布政使司则主管全省教化、社会治安,一般称为"藩司"。其长官为布政使,职能主要是参与户婚、田土、钱粮、重大人命案件和官吏贪污大案的审理,参加每年的秋审。

道并非一级政府,而是布、按二司的辅佐官,其长官为道员。道单独建衙,分驻一地,分掌布、按二司的职能。守巡道的职能十分广泛,所有地方应行应兴之政,无不关乎守巡道的职责。但其主要职

---

〔1〕《提刑按察使司按察使》,载(清)乾隆朝官修:《清朝通典》(卷34)《职官十二》,浙江古籍出版社2000年版,第2209页。

能则在刑名司法,重点是监督、考察、考核所属吏治。守巡道的具体职能包括:对所属府州县的教化实施、社会治安、缉捕逃犯以及狱政、用刑、递解人犯等司法行政管理进行监督查核;查核所属府州县的自理词讼;审转直隶州及瀉远府州县的招解、秋审案件。

提督学政简称为"学政",是省政府重要组成衙门的主官,地位仅次于督抚。广东学政主管全省的教育、科举事务和贡监生的功名兴革,虽然不能直接受理词讼、审理案件,但也具有辅助的司法功能,有权参与贡监生品行不端、违法犯罪等案件的处理,具体包括查核、责扑行为不端的贡监生员,黜革徒罪以上的贡监生员的功名,纠参擅责贡监生员的地方官和纵容贡监生员违法、举报不实的学官,凡是不在任的贡监生、生员犯罪,地方官须详报学政,由学政褫夺功名后,才能进行审理。

府(直隶州、直隶厅)是地方三级政府中的中间一级,具有承上率下的地位。府的长官为知府,直隶州、直隶厅的长官分别为同知和通判。知府对一府的政务拥有全权,其司法职能主要包括:督促所属州县实施教化,维护社会治安;审理直辖民词,复查所属州县的自理词讼;审转所属州县徒刑以上刑事案件;检查所属州县的司法行政。

州县是指县和与县平行的属州,长官分别是知县与知州。清代州县政府主管官员拥有治理全权,在司法审判方面,长官负有专权,《刑部处分则例》规定:"佐杂人员不许准理词讼,遇有控诉到案,即呈送印官查办。"[1]知州和知县亲理民政,职重事广,所以在州县设有书吏、差役等具体办事人员,另有知州和知县私人聘请的幕友、长随等顾问与帮手。知州和知县既是行政长官,又是首席法官、检察长和警察局长,其中治安和司法刑名是州县的主要职责。州县作为第一审级,在司法体系中占有重要地位。所谓"政事之端,纠纷万绪,不离乎吏、户、礼、兵、刑、工。六曹之所掌,其所以布教施令,达

[1] 《稽察佐杂》,载《六部处分则例》(卷47)《刑部·审断上》。

上行下之文,一代自有程度。……而考其事之所由起,则莫不肇端于州县。故有司百职,惟州县为可为,以其近民而得行其志也。亦州县为难为,以其事杂而弊窦易滋也。"[1]州县政府的司法职能主要包括:实施教化,对民众进行法制教育;维护社会治安;全权处理民事诉讼,包括轻微的刑事与治安案件;拟律、上报刑事案件;监禁与递解人犯,以及管束在配人犯。

二、清代地方司法的主要特点

(一)司法行政合一

在中国传统社会,司法从属于行政。清代是封建专制空前加强的时期,在地方司法体系中主要表现为司法机构与行政机构的高度合一。清代在地方实行省、府、州县三级行政管理体制,司法职能的行使也以三级政府为依托。司法只是行政的主要职能之一,而非独立行事。在地方各级政府中,无论是督抚、知府,还是知州与知县,只要是官员,都具有一定的司法职责。其司法职能的行使均属行政管理所需,同时也是对其进行考核的内容之一。

(二)司法权集中于地方长官

传统社会的基层政府缺乏分权机制,各级政府承担着综合性的职能,立法、司法、行政等职能全部由地方长官一人承担。清代省级司法权集中于督抚,府级司法权集中于知府和直隶州的知州,州县司法权则集中于知州、知县。就司法而言,府、县特别是州县的辅佐官员几乎形同虚设,有的甚至不设。除了来自上级政府的监督外,在同级政府机构内部,地方长官的司法权力不受任何机构的监督与制约。正如瞿同祖所言:"州县官听理其辖区内所有案件,既有民事,也有刑事。他不只是一个审判者。他不仅主持庭审和作出判决,还主持调查并且讯问和侦缉罪犯。……这包括了最广义上的与

---

[1] 《序》,载刚毅:《牧令须知》,光绪十八年京师刊本,第1页。

司法相关的一切事务。”[1]

(三)地方司法是社会治理的基础与重点

清人曾曰:“今夫狱治于州县,定于府厅,覆于司道,成于抚按,而后闻之于上,覆之法司,而狱治决”,[2]地方司法在整个司法系统中具有基础性的地位。法律的贯彻执行必须依靠地方政府,特别是州县政府,州县是地方乃至国家治理与司法优劣的关键所系。天下之治,始于州县,司法亦自州县始。地方司法审判是国家整个司法审判活动的基础,直接关乎社会秩序的建立与维护。

(四)司法官员的非专业化

中国传统社会的官员选拔方式是科举取士,科举考试的内容主要是以儒家学说为主导的人文知识和诗文写作技巧。为了参加科举,应试者必须对古代的经典著作和历代大儒对经典著作的注释了然于胸,准备科举考试的过程实际上就是士人完成儒家化的过程。官员们的此种知识基础,极大地妨碍了知识的分化。正如韦伯所言:“从教育手段来看,官方把持的科举考试是一种普遍教育意义上的所谓‘文化’资格证明,类似西方传统的人文主义的教育考核,但更专门化。……中国的科举根本不像我们近代考法官、医生、技术人员等等的理性官僚制的考试制度,根本不确认专业是否合格……中国的考试要确认的是:你是否满腹经纶,是否具有一个高雅的人所应具有的思维方式。”[3]由于从事司法裁判的官员们的知识背景高度单一,司法过程无法促成独立的专业化法律知识体系的形成和发展。虽然州县官们在审理案件的过程中通常可以得到幕友的辅佐,但幕友的训练是技术性的,难以培养法律家阶层所追求的法律的内在逻辑,比如案件处理所依据准则的一致性,法律思考与道德思考的适度区分等。虽然幕友对案件处理具有重要作用,但其责任

---

〔1〕 瞿同祖:《瞿同祖法学论著集》,中国政法大学出版社 1998 年版,第 443 页。
〔2〕 《〈洗冤录〉合刻序》,载《皇朝经世文编》(卷 93)。
〔3〕 [德]马克斯·韦伯:《儒教与道教》,王容芬译,商务印书馆 1995 年版,第 173 页。

主要在于维护主官的地位,而不是保障法律的准确适用,是否严格适用法律主要取决于是否有利于主官。由于主审官并非法律专家,通常对法律知识缺乏专门研究,其对纠纷和案件的处理,特别是对州县自理案件的处理,所适用的是情、理、法等混合体,而且缺乏严格的程序要求,诉讼结果难以预期。清代州县官员对案件的处理,不可能像现代法官那样,按照不同的法律渊源的效力位阶来确定法律适用的选择顺序。同时,由于受到州县官自身知识背景的限制,在其做出的判决中,作为判决理由所援引的资源经常是诸子学说以及缺乏法律意义的史实或传说。州县官可以根据每个具体案件的不同情势而做出不同的判决,而无须顾及法律规则和法律逻辑的一致性。[1]

(五)父母官审判方式

在中国古代社会,司法官员在诉讼中占据着优越地位。无论是民事诉讼还是刑事诉讼,官员均凌驾于诉讼双方当事人之上。案件的审判者与当事人之间的关系,就像父母与子女的关系,官员拥有训导民众的权力与责任,而且因其本身具有的权力强势地位而使诉讼当事人不得不服从。在这种关系中,司法官虽然在形式上是纠纷的裁判者,但实质上却难以保持中立的身份,而是与双方当事人形成对立的关系。在公堂之上,无论是原告还是被告,都必须长时间跪在州县官的面前。常见的审判程序是,"把'犯人'拖上堂,先各打屁股若干大板,然后一方面大呼冤枉。父母官用他'看相'式的眼光,分出那个'獐头鼠脑',必非好人,重加苛责,逼出供状,结果好恶分辨,冤也伸了,大呼青天"。[2] 这种诉讼方式属于比较典型的压制型司法。正如美国法学家诺内特、塞尔兹尼克所说,"如果统治政权倾向于不顾被统治者的利益或者否认它们的正统性,那么它就是

---

〔1〕 贺卫方:《中国的古典司法传统》,载陈金全、汪世荣主编:《中国传统司法与司法传统》(上),山西师范大学出版社 2009 年版,第 20~22 页。

〔2〕 费孝通:《差序格局》,载费孝通:《乡土中国 · 生育制度》,北京大学出版社 1998 年版,第 55 页。

压制性的”。[1] 近代思想家严复也曾指出，中国传统司法“以贵治贱，故仁可以为民父母，而暴亦可为豺狼”。[2]

州县官对案件的审理以“无讼”为最高理想与最终目标，其最为关切的问题是消弭纠纷与诉讼。而消弭诉讼最为有效、直接的手段就是压制，实现无讼的根本性手段则是教化。教化的预设前提是审案者的道德与智识水平均高于诉讼双方当事人，诉讼当事人必须通过受教育而得以开化，成为遵守礼教之人，认同统治者所维护的礼制秩序，放弃自己对权利的要求。无论是民事案件中的教化还是刑事案件中的刑讯，均体现出司法官员如同父母般高高在上的地位。在中国传统司法模式中，官员和诉讼当事人之间缺少平等性，司法官决定着百姓的一切，处于绝对的支配地位。

第二节　南京国民政府前期广东的司法环境

司法机构是人类回应社会复杂生活的制度性选择，既有其自身的内在形成机制，也受制于国家与社会的关系情景，与特定的文化、历史和政治制度相联系。法院的变迁与历史传承、知识系统、制度预设、程序规范、国家治理及意识形态等因素密切相关。近代广东地区的政治、经济及文化教育水平，共同构成广东高等法院运作的社会背景。

一、经济水平位居全国前列

一般而言，司法经费来源主要有二，政府拨款和司法收入。民国年间，由于中央政府缺乏权威，地方本应解送中央的款项常遭到

---

〔1〕［美］诺内特、塞尔兹尼克：《转变中的法律与社会——迈向回应型法》，张志铭译，中国政法大学出版社 1994 年版，第 29 页。

〔2〕［法］孟德斯鸠：《孟德斯鸠法意》（上册），严复译，商务印书馆 1981 年版，第 221 页。

截留,即使在统一时期也不例外。地方的截留导致中央政府主导的全国法院建设计划屡遭破局。各地司法机构的设立不能依靠拨款,只能以司法收入为主要经费来源。在此历史背景下,地区经济发展和税收水平直接影响着司法经费的保证程度。近代广东地区经济发展水平位居全国前列,为广东司法机构的发展提供了有力物质保障。

明清时期,广东因地处东南沿海,开风气之先,商品经济发展跃居全国前列。清朝末年,广东创办了广州机器局、广东官银钱局,以及造纸厂、水泥厂、制革厂、电力厂、自来水厂等,奠定了近代工业发展的基础。1912—1929 年,广东政权经历多次更替,军阀混战,社会动荡,经济发展缓慢。但 1930—1937 年陈济棠主粤期间,省内政局相对稳定,为经济发展创造了有利条件。广东省政府采取措施发展实业,整理本省税收,清理土地,开征临时地税。1932 年,《广东省三年施政计划提议书》经西南政务委员会审议通过。第二年,该计划得到实施,有力地推动了广东经济水平的全面提升。特别是省营工业得到飞跃性发展,水泥、化学、肥料、纺织、造纸、制糖等行业生产规模扩张,技术水平不断提高。据调查,抗战前广州有新式民营工业 350 家,资本额达 1000 多万元,约占全省省营工业资本的三分之一。[1]

随着工商业的发展,广东的财政收入达到新的历史水平。1912—1929 年,全省财政总收入 95510. 9 万元(不分国税与地方税),剔除债务收入 24274. 6 万元,为 71236. 3 万元,其中田赋收入 5566. 7 万元,占 7. 8%;工商税收 44280. 3 万元,占 62. 16%;其他收入 21389. 1 万元,占 30. 03%。1929 年,宋子文赴广东整理财政,划分中央与地方税收范围。根据整理结果,广东每年国税收入在 2000 万元(国币)以上,省税收入约 4000 多万元。[2]

---

〔1〕《社会劳动局广州区厂矿调查报告》,1947 年手抄本,广东档案馆藏。

〔2〕广东省地方志编纂委员会:《广东省志 · 经济综述》,广东人民出版社 2004 年版,第 133 页。

陈济棠统治时期,广东政局趋于稳定,国家财政与省财政有了比较明确的划分,省库收入比较平稳。1930—1935 年,省库年均收入 4212 万元,约与过去国库和省库合计数额相当,若加上国库收入,年均达到 6000 万元。广东县级财政年收入在各省名列前茅,1936 年以 1323 万元的年收入预算而位居全国第三,仅次于江浙两省。作为华南经济中心,广州特别市人烟稠密,商业繁盛,财政规模更非其他都市可比。抗日战争前夕,我国财政年收入超过 1000 万元的城市只有上海、广州和南京 3 市。1936 年广州财政收入年度预算为 1196 万元,仅次于上海,约与一个中下省区的收入相埒。[1] 广东经济发展,财政税收增加,为司法经费的筹措创造了有利条件。

另外,广东诉讼案件数量长期居全国之首,审结案件数量也远远超过全国平均水平。特别是广东民事案件数量居多,收费数额较高,广东司法收入总数也就相对较为可观。除诉讼收费外,广东高院还开设一些自营项目,如出版《广东高等法院月报》《广东司法月刊》及《司法日刊》等,其经营所得也充作司法收入。特别是在西南体制下,广东司法收入无须汇解南京,而是全部留作本省自用。总体而言,广东司法收入相对比较充裕。

1935 年,时任广东高院院长的谢瀛洲在向司法行政部呈交的报告,对广东司法建设的成绩进行了总结,其中的一项成绩就是司法经费较有保障。根据谢瀛洲报告,1935 年"全省司法经费总共 216 万元,其中经常费 203 万元,临时费 13 万元,均由广东省财政厅拨给。高等法院与地方法院经费尚无拖欠。惟各县地方分院经费近来稍有困难。因广东施行三年施政计划,将田赋完全取消,改征地税,以地税替代田赋。关于地税之征收,一般人民尚未十分明了,所以收入甚少。而田赋已经取消,各县司法经费是由财政厅指定由田赋拨付,因此感觉困难(甚至有数县积欠五六个月)。但此种困难

---

〔1〕 张晓辉:《民国时期广东社会经济史》,广东人民出版社 2005 年版,第 295 页。

仅属暂时,将来地税推行之后,一定征收顺利,比较田赋且可略增。目前对于此困难问题,亦有补救方法。因广东司法收入约有六十余万,已与财政厅商妥,暂在司法收入项下借用,俟各县司法经费充裕再行归垫。"[1] 1936 年全省司法经费预算为毫券 200 万元,司法补助费预算 48.8324 万元,司法收入实收 60 余万元。1937 年全省司法经费预算核定为国币 138.9 万元,司法补助费预算 49.5872 万元,另追加 7 万元,共 56.5872 万元。[2] 与全国大多数地区的司法经费紧张状况不同,广东基本上做到了司法经费充足。相对有力的财政支持,为法院转型奠定了良好的经济基础。

二、司法体制相对独立

广东是近代中国民主革命的策源地,曾多次独立于中央政府,为地区性司法的发展创立了比较特殊的政治条件。在政治相对独立的背景下,广东的政府机构可以比较自主地支配各种资源,制定适合本地实际的法制发展规划,推进当地的司法建设。

虽然清末广东司法发展进程与全国其他地区基本一致,法院建设进程缓慢,但辛亥革命后广东的司法体系得到明显发展。民国南北分裂时期,广东地区政治优势突出,独立的政治环境为广东法院提供了比较广阔的发展空间。广东的司法体制与其他省份有别,法院建设发展快速,构建了相对完整的司法体系。

南京国民政府前期,广东继续保持独立的政治环境。随着蒋介石集团在新一轮军阀混战中取得决定性胜利,反蒋军事集团相继溃败,南京国民政府内部的军事强人蒋介石和以"总理遗教"代言人自居的胡汉民之间的"约法之争"日趋激烈,直到 1931 年 2 月,以胡汉民被囚而告一段落。1931 年 5 月 27 日,反蒋各派在广州召开国民

---

〔1〕（民国）司法院秘书处编印:《各省司法概况》(广东部分),1935 年版,第 35 页。

〔2〕因受中日战争影响,1937 年法院经费七折、监狱经费八折缩减。广东省政府秘书处编译室编印:《广东年鉴》(第四编),1941 年版,第 21 页。

党中央执监委非常会议,次日在广州成立“国民政府”。“九·一八”事变后宁粤议和,胡汉民获释,蒋介石下野。1932 年元旦,广州非常会议和国民政府取消,设立国民党中央西南执行部和国民政府西南政务委员会,西南体制正式形成。

在西南体制下,广东对南京政府采取半独立姿态。与此相适应,广东的司法体制也相对独立。1932 年 8 月,西南政务委员会公布《最高法院西南分院组织暂行条例》,规定最高法院西南分院设立于西南政务委员会所在地,为广东、广西、福建、云南、贵州 5 省的终审审判机关。[1] 广东案件的终审权不到南京,司法收入无须解送南京,人事任免权也不由南京决定,最高司法权主要由最高法院西南分院掌握。广东的司法体制也发生变更,先后由广东高院拟定、经西南政务委员会核准颁行了《广东高等法院组织条例》《广东地方各级法院分院暂行组织条例》《考校推检成绩施行细则》《规定法官考绩标准令》,以及各级法院及检察处处务规则,建构起地区性的司法体系。1933 年,广东高等法院制定《广东省三年司法计划书》,进一步完善司法组织体系,根据各地实际调整法院设置格局。例如,1935 年 2 月 18 日,根据龙门县参议会的呈请,西南政务委员会将原属东莞地方法院管辖的龙门分院改归广州地方法院管辖。龙门县参议会在呈文中指出,政府改良司法,原为便利人民上诉,减轻讼累起见。龙门县在未改巡回制以前,县分庭一直归广州地方法院管辖,后因政府施行巡回推检制度,将龙门分院改属东莞地方法院,给民众诉讼造成困难。民众强烈要求将龙门改归广州地方法院管辖,并最终得到西南政务委员会的批准。[2] 经过一系列改革,广东法院体系趋于完备,居于全国各省区前列。在 1935 年召开的全国司法会议上,司法部长王用宾曾经公开赞扬广东在司法体制建设方

---

[1] 《最高法院西南分院组织暂行条例》,载廖廷谓、余庆华主编:《西南现行法令汇编》,广州广智书局 1935 年版,第 16 页。

[2] 《龙门法院决改由广州地方法院管辖由》,载《广州律师公会月刊》1935 年第 1 期,第 232~233 页。

面取得的显著成绩，正所谓“各省司法组织，以广东最为完备”。[1]

1935年，司法行政部发布通令指出，“以我国幅员之广，各省法务情形及经济能力，极不一致，进行步骤之未能调协，势所难免，设因少数省份之落后，遂使通案蒙其影响，全局为之牵动，殆非得计”。适合于三级三审制的刑法及民刑诉讼法已经修正公布，并定于7月1日施行。经第一次司法会议议决，确立三级三审制的法院组织法同时实施，基础良好的省份应该着手适用，“其余省份，分期渐进，庶于推行新法之中，仍寓顾全事实之意”。司法行政部认为，广东高院原定计划大致已经核定，而且“就该省所处之地位，及已具之基础论，自应在第一期施行该组织法之省”，命令广东高等法院“应以统筹全局之责任，将该省应行准备事宜，于本年七月一日前，一切布置就绪”。但司法行政部的通令并未得到广东高院的遵从。接到司法行政部的命令后，广东高等法院院长谢瀛洲召集该院各庭庭长、首席检察官及广州地方法院院长、首席检察官等开会，会议形成决议，“以本年度司法经费预算，业已拟定，呈送西南政委会审核有案，关于施行三级三审制，于预算方面，不无影响，爰决定呈请司法行政部，将施行三级三审制期间，准予展限一年，俾资准备，而利进行”。[2]

当然，西南时期广东法制上的独立具有明显的相对性。相对于南方政府时期北洋政府法令在广东原则上无效、必经援引方为有效，在西南体制下，南京政府的法规在广东则是原则上有效，须经否定或修正方为无效。因此，司法院和司法行政部颁布的法令，广东实行有选择地执行，广东与中央之间只存在一定限度的对抗关系。一旦对广东地方性法规产生争议，往往需要司法院统一解释法令会议议决并进行解释说明。例如，1931年，广东省政府颁布实施《广东惩办械斗暂行办法》。但在具体实施过程中，各方对有关内容发

〔1〕 陈恩成：《广东司法现状》，载《法学杂志》1936年第9期。

〔2〕 《高等法院决定展期施行三级三审制》（附司法部通令），载《广州律师公会月刊》1935年第1期，第234页。

生争议。1932年,广东省政府就有关争议事项呈请西南政委会进行解释,西南政委会最终转请司法院做出解释。[1] 其他广东省呈请最高法院、司法院解释法律法规的事例,详见本书第一章相关部分的具体分析。

广东这种半独立状态前后持续五年之久,直到1936年夏,作为西南精神领袖的胡汉民暴病身亡,陈济棠仓促反蒋失败,广东最终"还政中央",最高法院西南分院取消,广东司法体制与中央司法体制逐渐趋于统一。

三、法学教育比较发达

广东因地处东南沿海、毗邻港澳而得风气之先,现代法学教育起步早、发展快。1887年,两广总督张之洞创办广东水师和陆师学堂,即设有"公法"科目。[2] 1906年,广东正式设立第一所法律专门教育机构——广东法政学堂,以"造就广东全省行政司法官吏,养成地方公共团体人才,使研究中外法律政治,豫奠行宪之基"。[3] 广东法政学堂为官立法律教育机构,直辖于两广总督,办学经费由广东学务公所支发。[4] 学堂开办之始,"初设法律本科一班、法律速成科二班,后增设政治本科一班、理财本科二班、预科四班,凡有十一班。"1908年将预科并为3班,仿照京师法政学堂将本科更名为特别科。该校还附设南番改良监狱讲习所和广东全省自治传习所。1910年,该校速成科毕业学生150人,特别科毕业学生270多人。[5] 学校

---

〔1〕《广东惩办械斗暂行办法第三条所谓焚杀系以聚众持械为要件》(司法院咨院字第1225号,1935年3月4日),载《广州律师公会月刊》1935年第2期,第57~85页。

〔2〕张之洞:《增设洋务五学片》,载朱有瓛:《中国近代学制史料》(第一辑上册),华东师范大学出版社1983年版,第521页。

〔3〕汪祖泽、莫擎天:《广东公立法政专门学校杂忆》,《广州文史资料》(第十辑),内部发行,1963年版,第102页。

〔4〕《国立中山大学法学院概况一览(1905—1924)》,广东省档案馆,档案号:20-1-15,第6页。

〔5〕(民国)梁鼎芬:《番禺县续志》(卷11)《学校志二·广东法政学堂》,第162~163页。

师资力量雄厚，教习有松山丰造、杜之秋、金章、朱执信、张荫庭等人。1907 年在校学生 804 人。[1] 1909 年，广东法政学堂招法律正科（本科）甲乙两班，1911 年年底毕业，成为近代广东培养的最早一批法律本科毕业生。[2] 当时法政学堂在校学生 1000 名，校外生人数与之相等，还发行校外讲义，“极一时之盛”。[3]

为适应新政发展需要，广东法政学堂不断推进学制多样化，早期主要兴办学制较短的速成科、讲习科和别科，学习时限分别为一年半、二年和三年。1909 年，开始仿照京师法政学堂，设置五年制的本科，发展法律完全教育。在课程设置方面，则兼采中西，以西方法律课程为主。[4] 课程设置比较规范，成为全国同类学堂的示范单位。1910 年年底，学部为“注重主要（学科）起见”，决定开列正科主课表，即以修改后的广东法政学堂正科主课表为准，令各省遵照办理。[5] 说明广东法政学堂的办学水平得到晚晴清中央政府的充分肯定。

广东法政学堂与京师法律学堂、北洋法政学堂等第一批官办法政学堂一起拉开了中国法律教育近代化的序幕。广东法政学堂不仅是近代广东法律教育的中心，而且长期在全国位居前列。晚清时期，作为广东境内唯一的法律教育机构，广东法政学堂倍受地方政府的重视，办学起点相对较高，创办伊始就聘请一批日本教习任教，努力与国外法学教育接轨。[6] 广东法政学堂办学规模较大，学生人数在清末各学堂中位居前列。根据学部第三次教育统计资料的

---

[1] 《广东省专门学堂学生统计表》，载（清）学部总务司：《第一次教育统计图表》（光绪三十三年）（下），台湾文海出版社 1986 年影印本，第 728 页。

[2] 广东大都督兼民政长：《咨司法部查照广东法政学校法律正科甲乙两班毕业生名籍成绩表备案》，载《广东公报》第 275 号。

[3] 夏书章：《中山大学法政学科百年回顾》，载《中山大学学报》2004 第 6 期，第 172 页。

[4] 广东省地方史志编纂委员会：《广东省志 · 司法行政志》，广东人民出版社 1995 年版，第 64 ~ 65 页。

[5] 《学部推行各省法政学堂正科之法律政治经济三门核定主课另表开列饬遵照文》，载《浙江教育官报》第 89 期，“学制类”第 32 页。

[6] 汪向荣：《日本教习》，中国青年出版社 2000 年版，第 103 页。

记载,1909 年全国共有法政学堂 47 所,学生 12282 人。[1] 而此时的广东法政学堂“在校生已逾千人”,约占全国法政学堂总人数的十分之一。[2]

民国时期广东的法学教育得到进一步发展。首先是生源和招生规模不断扩大。广东法政专门学校的招生对象主要为普通中学生,培养目标为法政普通人才,并被纳入国民教育体系。1913 年 10 月,教育部通令各省不得再招别科,广东公立法政专门学校从此专办四年制本科,进入稳步发展时期。1918 年,广东法政专门学校有本科学生 270 人,毕业本科生 322 人、别科生 815 人,经费 31337 元。[3] 1923 年,该校升格为法科大学,按照学校规程,暂设法律、政治、经济三个专业,学制分别为预科二年、本科四年毕业。为了便利法政专门部毕业生研究高深学理,还开设了研究科。[4] 学校十分重视学生实践能力的培养,设有学生实习委员会和演讲辩论委员会,每两周举行一次演讲辩论;学校组织本科三年级学生参加法庭观审;每逢周六下午在学校礼堂开设模拟法庭,为学生提供练习民刑审判技能的机会。此外,该校还设有模拟议会,培养学生议事能力。[5]

广东公立法政专门学校的教师来源,在原先聘请外教的基础上,兼容并蓄,主要聘请留学归国人员任教,延聘广东高等审检厅法官卢毅安(日本京都法科大学毕业),汪祖泽、冯沛(均为日本明治法科大学毕业)以及卢尧、卢柱生等为教员。陈炯明主政期间,广东公立法政专门学校聘请一批社会知名人士兼任教授。例如,朱执信

---

〔1〕 汤能松:《探索的轨迹——中国法律教育发展史略》,法律出版社 1995 年版,第 135 页。

〔2〕 《国立中山大学法学院概况》,1934 年版,广东省档案馆藏,档案号:20 - 1 - 16,第 2 页。

〔3〕 《教育部公布全国大学概况》,载《中华民国史档案资料汇编》(第三辑),江苏古籍出版社 1994 年版,第 183、189 页。

〔4〕 《广东省立法科大学规程一览》,1923 年版,第 1 页。

〔5〕 《广东省立法科大学规程一览》,1923 年版,第 2、6 ~ 8 页。

讲授政治学，陈独秀讲授社会主义课程。升格为法科大学后，又增聘欧美留学生和北京大学毕业生为教授。时任中德中学校长的德国人和加德也任该校兼职教授。[1] 民国时期的广东公立法政专门学校可谓人才济济，师资力量相当雄厚。该校办学层次不断提高，招收本科生的数量处于全国前列。1915 年，广东公立法政专门学校有在校本科生 301 名，在全国 22 所同类学校在校本科生人数排名中居第 3 位，各类在校生总数排名位居第 11 位。[2] 显示了广东公立法政专门学校注重培养高层次人才的趋向。

广东法政学堂通过培养大批新型法律人才，推动了法制现代化进程。自创办至并入广东大学，广东法政学堂共培养 24 届 2253 名毕业生。广东的司法和行政人员多毕业于此校，如 20 世纪 30 年代广州地方法院的院长区玉书、首席检察官文壮，民一庭庭长许廷熊，民二庭庭长张伯达，民三庭兼刑二庭庭长沈荣光，刑一庭庭长郑乘闉，简易庭主任推事梁道生，执行庭推事祁绍礼，以及大部分推检都是该校的毕业生。[3] 据不完全统计，民国时期广州市 61.4% 的律师出自广东公立法政专门学校和私立广州法政专门学校。[4]

在民初全国法律教育大发展背景下，民初的广东虽动荡不安，但法律教育还是得到明显发展，公立法校扩大办学规模，私立法校大量涌现。1924 年广东公立法科大学并入中山大学，成立中山大学法学院，广东法学教育正式进入国民教育系列。20 世纪 30 年代，广东的法政教育发展迅速，为法制建设提供了有力的人才支持。1934 年，广州中山大学的学生人数位居各大学之首，其法学院也颇有名声，并从 1935 年开始招收研究生。国立法科学院则是全国唯

---

〔1〕 黎思复、邝震球：《广东的政法学校教育概述》，载《广州文史资料》（第三辑），广东人民出版社 1961 年版，第 120 页。

〔2〕 《公立法政专门学校概况表》，教育部《教育部行政纪要》（民国元年四月至四年十二月），台湾文海出版社 1986 年影印本，第 137～140 页。

〔3〕 汪祖泽、莫擎天：《广东公立法政专门学校杂忆》，载《广州文史资料》（第十辑），内部发行，1963 年版，第 105 页。

〔4〕 广州市地方志编纂委员会：《广州市志》（卷 14），广州出版社 2000 年版，第 356 页。

一的国立法科学院。另有一些院校也设有法律专业，法科学生在学校所占比例较高。当时广东境内的法科院校主要有：1926 年设立法律学系、1928 年成立法学院的私立广东国民大学，1927 年成立法学院的私立广州大学，以及由私立广州法政专门学校发展而来的私立广州法学院。[1] 1934 年，广东的法科学生占全省各科学生总数的 32%。[2] 据国民政府教育部的统计，1935 年全国主要大学的学生总数为 28599 人，其中粤籍学生 67471 人，占总数的 23%，在全国各省区雄踞榜首，而位列第二位的是江苏省，苏籍大学生总数为 4192 人，占总数的 15%。粤籍学生的就读地以广州为主，集中于广州中山大学。[3] 相对发达的法学教育为广东的司法改革提供了强大的人才储备，同时也提高了广东民众的法律知识水平，奠定了广东法院发展的人才和思想基础。

在法学教育的支持下，广东律师群体发展较快，形成对司法权的制衡，推动了广东法制的发展进程。广东得风气之先，律师业起步较早，清末已有律师活跃于广州等地。1912 年，广州成立律师行业自治组织——广州律师公会，致力于"维持律师德义风纪，建议关于法律修改或司法事务或律师共同利害之事项"，并逐渐成为具有重要影响力的社会力量。1919 年，广州律师公会有会员 200 多人，1929 年会员人数增长到 245 人。[4] 广州律师公会选派代表参政议政，争取和维护律师权益，甚至与法院进行抗争。1936 年 3 月 20 日，广州律师公会的会员陈祖诰被广州地方法院推事刘军冠拘捕。3 月 27 日，广州律师公会召开会议商讨应对措施，与会者一致认定刘军冠拘捕行为违法，决定通电全国，并成立"援助陈祖诰等案委员会"，负责办理援助事宜。该委员会电呈中国国民党中央执行委员

---

〔1〕 曹思彬等：《广州近百年教育史料》，广东人民出版社 1981 年版，第 156～157 页。

〔2〕 广东教育厅编印：《广东省三年度教育概况》，1935 年版，第 19 页。

〔3〕 教育部统计室编印：《三年全国高等教育统计》，1936 年版，第 100～101 页。

〔4〕 《广州市民众团体简明一览表》，载国民党广州市特别市党部民众训练委员会编印：《广州民众团体一览》，1929 年版。

会和国民政府行政院、司法院、监察院、全国律师协会、各地律师分会以及全国主要报馆，抨击刘军冠的违法拘捕行为，争取社会各界支持。同时还分别向司法行政部、西南政务委员会、广东高院、广州地方法院等控告刘军冠的罪行，要求将其撤职查办。[1] 迫于律师公会的压力，国民政府最高司法当局只得将刘军冠调往长沙法院。[2] 援助陈祖诰一案表明，广东律师团体已经成为一股能够与法院抗衡的力量。律师职业群体的不断壮大有利于防止司法机构的不当行为，推动法制转型进程，对法制发展具有不可小觑的影响。

第三节　广东高等法院的组织架构

广东高等法院的组织体系，可以从内部和外部两个层面进行考察，前者主要指高等法院及其分院的内部机构设置，后者则指高等法院与上、下级法院的相互关系。

一、广东高等法院的内部构成

南京国民政府时期，政治局势趋于稳定，法院现代转型进程明显提速。广东高等法院的机构设置及运作，既在一定程度上反映出法院转型的基本规律，同时也展现了地区环境对司法活动的影响，体现出法院转型的地域特征。

1927 年 4 月，蒋介石在南京建立国民政府，与武汉国民政府相对立。李济深在广州发动"四·一五"反革命政变后，广东由隶属于武汉国民政府转而隶属南京国民政府。1927 年 10 月，南京国民政

---

〔1〕《办理援助会员陈祖诰被拘案之经过》《本会对于刘军冠推事违法拘提成会员一案呈广东高等法院呈文》《本刊征集对于陈案意见之论文》《本会解释各会员来文不出庭刘军冠推事主办案件之问题》，载《广州律师公会月刊》1936 年第 7 期，第 539～544 页。

〔2〕张庆军、孟国祥：《民国时期的律师》，载《民国春秋》1997 年第 1 期。

府推行法院制度改革，中央设最高法院，地方设高等法院（分院）、各级地方法院（分院），并在各级法院内设立检察处，法院复归院长制，裁撤各省司法厅，由高院院长管理全省司法行政。次年 1 月，广东全面推行南京政府的司法体制，裁撤司法厅，将广东控诉法院改组为广东高等法院，罗文庄任首任院长，接管司法厅业务，并兼管最高法院广东分院。

按照改革后的法院制度，各级法院内设院长、庭长、推事等职位，检察处设首席检察官和检察官，一般配置检察官 3 人以上，有的还配以候补或学习检察官。罗文庄接任广东高院院长后，曾这样描述该院的编制："原有民庭三庭、刑庭一庭，庭设庭长一员、推事二员，然以前控诉法院积案太多，遂添设刑二庭兼民四庭一庭，执行审判职务。另置检察办公处，配置首席检察官一员、检察官三员，执行检察职务。又设书记处，以书记官长主管司法行政事务，内分三科，第一科置文牍、收发、收案、监印、管卷五股；第二科置监狱、统计、分案、纪录四股；第三科置收支、计核、庶务三股。各庭科及检察处书记官雇员数额之配置，各依其事务之繁简而定，并编订暂行处务规则，以利公务。"[1] 具体而言，1929 年的广东高院设有院长、首席检察官各 1 人；检察处设检察官 3 人，书记官 9 人，录事 8 人；设有法庭 5 个，共有庭长 5 人，推事 11 人，书记官 12 人，录事 11 人；书记室设有主任书记官 1 人，下设三科，共有书记官 36 人，录事 25 人。[2] 作为广东地区最高审判机关，广东高院在司法资源分配上占有明显优势，人员配置达标。

1935 年，南京国民政府颁行《法院组织法》，规定高等法院设院长 1 人，由简任推事兼任，综理全院行政，同时监督所属行政事务。高等法院内部设民事庭和刑事庭，具体庭数根据事务繁简而定。各庭置庭长 1 人，除由兼任院长的推事充任外，其余就其他推事选任，

---

〔1〕 罗文庄：《一年来广东之司法》，载《广东高等法院月报》1928 年第 5 期。
〔2〕 《广东高院职员录》，载《广东高等法院月报》1928 年第 1 期。

负责监督各庭事务。地方法院设院长1人,由推事兼任。凡推事在6人以上的地方法院,分置民事庭和刑事庭,每庭各置庭长1人,除由兼任院长的推事充任外,其余就其他推事选任。[1] 同年6月,南京国民政府颁行的《高等法院及分院处务规程》规定,高等法院设置文牍、民事、刑事、监狱、统计、会计6科,各科设主任书记官1人,事务较繁者分股办事,高等分院及事务较简的高等法院可以不分科或并科办公。[2]

广东省法院数量较多,司法行政事务也比其他省份繁重。从1936年实行三级三审制后,全省一切司法行政事务均由高等法院院长及首席检察官按照司法行政部的命令办理。该时期广东高等法院设有民庭4庭、刑庭1庭,另有清理积案庭1庭,员额配置略有增加。书记室设书记官长1名,其下除民事、刑事、记录科以外,设文牍、监狱、统计、会计4科,每科设主科书记官1名,由书记官长按照院长的命令指挥各主科书记官及书记官办理全省司法行政事务。文牍科负责本院暨所属职员的任免、奖惩、推行法令、考核成绩、法院风纪、人民呈诉、律师登记、保管印章、保存卷宗,以及收发文件、缮写诉状、咨询等。监狱科负责全省各监所的修建改良、戒护设备、人犯作业、犯罪人员教育、医疗卫生以及脱逃罪犯的缉捕等。统计科负责编制报表以及核转各种统计事务,并督促各级法院清理民刑案件。会计科负责高等法院暨所属各级法院的收支、概算、预算、决算、民刑事状纸、司法印纸的请领和发售、款项出纳、司法收入整理、民刑事案件的案款和物品的保存等。全省检察方面的司法行政事务,则由高等法院首席检察官负责处理。[3]

---

〔1〕《法院组织法》,载蔡鸿源主编:《民国法规集成》(第65册),黄山书社1999年版,第492~496页。

〔2〕《高等法院及分院处务规程》,载蔡鸿源编:《民国法规集成》(第65册),黄山书社1999年版,第383~384页。

〔3〕广东省政府秘书处编译室编印:《广东年鉴》(1941年)(第四编)《司法》,1941年版,第12页。

相对而言,高等法院分院的人员配备则比较简单。高等分院的人员配置参照高等法院,根据诉讼业务繁简程度、经费数量等而适度调整。1929 年,广东高等法院制定施政计划,拟增设高等分院,扩充编制。高等分院设院长 1 人,民庭庭长 1 人,推事 2 人,首席检察官、检察官各 1 人,书记官长、检察主任书记官各 1 人,书记官、候补书记官各 3 人,录事 7 人,卫队长 1 人,卫兵 7 人,丁役 10 人。为节省经费,分院刑庭庭长由院长兼任,民庭庭长由资深推事兼任。[1] 1929 年秋,司法院实施训政时期司法工作方案,广东自拟扩充法院计划作为全国工作方案的附件之一,纳入全国规划。但因军阀混战不断发生,广东高院扩充计划未能完全得到落实。在改组的基础上,广东高院制定扩充法院计划,鉴于琼崖、高雷及钦廉等地"或远隔海洋,或僻处边隅;即潮梅属县,亦有往来省会甚形艰阻者,且其诉讼亦较其他地院为繁",拟在这些地区增设分院 3 所。[2] 但因受到南京政府司法改革计划的影响,该方案多数内容最终搁浅。

1933 年,广东高院制定"三年施政计划大纲",扩建广东分院,原计划设立分院 4 ~ 5 所,实际设立 3 所。根据《广东高等法院分院暂行组织条例》,高等分院设院长 1 人,综理分院行政事务并指挥所属机关,兼代庭长;检察处设首席检察官 1 人,检察官 1 ~ 2 人,候补检察官 1 人;设庭长 1 人,推事 1 ~ 2 人,候补推事 1 人。[3] 至 1936 年,广东高院下设 8 个分院,第一分院设于汕头,第二分院设于北海,第三分院设于琼山,第四分院设于曲江,第五分院设于惠阳,第六分院设于高要,第七分院设于茂名,第八分院设于梅县。[4]

---

〔1〕 广东高等法院:《广东高等法院施政计划》所附《增设高等分院经费预算表》,载《广东高等法院月报》1929 年第 8 期。

〔2〕《广东法院施政计划》,载《广东高等法院月报》1929 年第 1 期。

〔3〕《广东高等法院司法月刊》1932 年第 1 卷第 11 期。

〔4〕 广东省政府秘书处编译室编印:《广东年鉴》(第四编),1941 年版,第 3 页。

二、广东高等法院与最高法院西南分院及地方法院的关系

（一）广东高等法院与最高法院西南分院的关系

1932—1936 年为国民党中央西南执行部和国民政府西南政务委员会存续时期。在西南体制下，广东的法院层级比较复杂，设有最高法院西南分院、高等法院及地方各级法院。1932 年 9 月，西南政务委员会在广州设立最高法院西南分院，作为广东、广西、福建、云南、贵州 5 省终审机关。根据《最高法院西南分院组织暂行条例》，分院设民刑事共 1 庭，但可以根据需要增加庭数。庭数达到两庭以上时设院长 1 人，综理全院行政事务。未设院长前，得派所在地高等法院院长兼任该院行政事务。另置检察处，设首席检察官、检察官各 1 人，依法处理检察事务。分院设书记官长 1 人，检察处设主任书记官 1 人，分别负责书记事务，设书记官若干人，分别负责文牍、记录、编案、统计、会计、庶务及掌管印信等。西南分院有权审理的案件包括不服上述五省高等法院第一审、第二审判决上诉案，不服上述五省高等法院裁定、根据法令抗告案。西南分院采用合议制，由 5 名推事组成合议庭行使审判权。[1] 同月，西南政务委员会委派广东高等法院院长陆嗣曾兼任最高法院西南分院院长，分院推事、检察官也多由广东高院的成员兼任。[2] 1936 年，广东"还政中央"，西南政务委员会撤销，最高法院西南分院随之裁撤，司法部重新任免广东司法人员，广东高院及广州地院四长全部撤换。

（二）广东高等法院与地方法院的关系

1. 广东高院负责健全全省法院体系

广东高院负责主管全省地方法院，主要包括筹建所属法院、监所、看守所。南京国民政府未沿用武汉国民政府的司法体制，而是

---

〔1〕《最高法院西南分院组织暂行条例》，载廖廷谔、余庆华主编：《西南现行法令汇编》（下编），广州民智书局 1935 年版，第 16～17 页。

〔2〕陈恩成：《广东司法现状》，载《法学杂志》1936 年第 9 期。

采用了南方政府的四级三审制。因此,广东高院接管全省司法行政后的首要工作就是改组地方法院及其分庭。主要内容包括三个方面:一是恢复8所地方审检厅,并改称地方法院。1928年,高等法院下令改组各级法院。当年年初,鉴于全省只设立了广州、潮梅两所地方法院,高等法院采取过渡措施,“除广州、潮梅两地方法院所属各县分庭判决之初级上诉案件,应以各该地方法院为受理机关外,其尚未复设地方法院之各县分庭,所判决之初级案件,应暂以广州地方法院为上诉机关,仍俟各该地方法院成立后,即行划回各该地方法院受理”。[1] 二是恢复83县地方分庭,同时废止在乡镇设立的人民法院,废除县长兼理司法制度。三是推行地方法院院长出巡各县分庭制度。广东高等法院成立之初,即建立院长出巡各县分庭制度,要求各地方法院院长应定期出巡所属各分庭,检查各县分庭“职员有无废弛职务,能否廉洁奉公”。[2] 1928年《广东高等法院工作报告》指出,全省共设有83个县分庭,虽有地方法院院长就近监督,但一些地方法院的管辖区域过于广泛,导致监管不力,“有多至十五县分庭者,耳目或恐难周,监督虚存名义,自非由地方法院院长躬亲考察,无以旌刖淑匿,彻底澄清”。为此,广东高院颁行地方分院院长出巡分庭简章,并制定巡视报告表格,“分令各地方院长尅期分途出巡,切实调查报告,以为激浊扬清之标准”。根据出巡简章规定,出巡旅费作为地方法院正常开支支付,不许各分庭职员供应馈送。各地方法院院长分巡完毕,应立即填报巡视报告表,对不称职或旷职的法官进行更换。广东高等法院还制定整顿改良办法,对整顿事项及具体措施作出专门规定。[3]

根据1933年制定的“三年施政计划大纲”,广东高院大力扩建

---

〔1〕《高等法院改组各级法院近况》,载广州《民国日报》1928年1月31日第4版。

〔2〕《广东高等法院施政计划》,载《广东高等法院月报》1929年第1卷第8期,1929年3月,“佥载”第1~2页。

〔3〕罗文庄:《一年来广东之司法》,载《广东高等法院月报》1928年第5期,1928年12月,“佥载”第14~20页。

地方法院。具体措施包括地方法院设立于县或市,区域狭小或诉讼简少者则合并数县设立一所,距地方法院较远及交通不便之县设置地方法院分院。据1934年《申报年鉴》记载,广东为新设法院数量最多的省区,原计划增设地方法院24所,实际设立19所,加上原设27所,共46所;原有地方分庭63所全部改设地方法院,另增设地方分院17所,总数达到63所。除赤溪、南澳、佛冈几个小县外,全省其他94县均已正式设立司法机关。虽然广东未能圆满完成原定计划,但通过充分发挥地区优势,克服经费和人员不足等方面的困难,在法院体系扩充方面取得显著成绩,发展速度超越全国其他省区。[1]

2. 广东高院指导地方各级法院的司法行政业务

广东高院对地方法院司法审判工作的指导,主要包括设立与撤并审判机构、整肃法官队伍、规范办案制度、廓除司法积弊等方面。1928年5月,中山分庭因清理积案的需要,经高等法院批准,增设临时候补书记官、录事各1名。原定增设时限为5个月,期满之后,因积案仍然严重,经高院批准得以多次展限,直至1929年6月。[2] 1928年,因广州地方法院积案问题突出,广东高等法院决定在广州地院增设清理积案庭,专门清理民事积案。[3] 为了提高办案效率,在选拔任命所属各级法院司法官、书记官及监狱工作人员的过程中,广东高等法院认真考察司法官素养水平,坚持"资格、经验、操守三者并重"。同时加强对司法官工作业绩的考核,专门制定各级法院庭长、推事每月结案数量标准。[4] 广东高院掌握着地方各级法院的法官任命权。例如,1930年高等法院曾发布训令,任命广州地方法院民三兼刑二庭庭长及其他法庭推事,并要求广州地院在法官

[1] 上海申报年鉴社编印:《申报年鉴》,1934年版,第241页。

[2] 《中山法院增设职员清理积案》,载广州《民国日报》1929年3月23日第17版。

[3] 《清理广州地方法院积案》,载广州《民国日报》1928年2月8日第4版。

[4] 《高等法院处务情形》《高等法院委任大帮新法官》《高等法院最近派委之法官》,载广州《民国日报》1928年3月22日第4版、1928年3月28日第4版、1928年4月17日第4版。

就职之后将其履历向高院报查。[1]

广东高院不断完善法官管理制度。1928 年,高等法院成立审查法院办案成绩委员会,通过评阅判词,审查各级法院法官的办案水平。[2] 同时致力于清除司法积弊,曾通令各县分庭,严禁无故羁押当事人、明知犯罪却准保释、擅自签发拘传票、交结讼棍、枉法裁决、虐待犯人等行为,强调"随到随审,随审随结,办案迅速,处务勤奋,尤为法官应具之要素",将其作为考核法官的重要标准。[3] 1930 年,广东高等法院发布命令,规范司法机构工作人员考勤制度,要求各级法院及分庭一律备置考勤簿,所有在职工作人员必须每天亲笔签到,注明上下午值班的具体时间,并专门强调各地院院长出巡时应随时调取查阅考勤簿,并注意查看有无代签情弊。[4]

广东高等法院通过发布训令等方式,加强辖下法院的案卷管理,规范办案程序。1929 年,广东高等法院命令各地方法院统一卷宗的书写、印刷及装订格式。命令指出,各级法院所呈民刑案件卷宗内的判词多用油印本钉入,不仅字迹模糊,而且手续不符合相关规定,呈送卷宗的称谓也不一致。为此,广东高院特别制定了统一办法,要求各级地方法院立即进行纠正,具体要求包括:(1)钉入卷内的判词应用墨笔誊写,并由推事、书记官亲自签名盖章,不得以油印本代替;(2)凡是装订成一册的卷宗即为一宗,不得再称"几宗几帙",以便查找。[5] 1934 年,广东省司法会议议定改善笔录补充办法,广东高等法院随即训令辖下法院执行。该办法的内容包括各级法院庭审笔录、辩论笔录以及准备程序笔录的具体规范,包括民事

---

[1] 《广州地方法院委任任用程序》(广东高等法院训令总字第 322 号),广州市档案馆藏。

[2] 《高等法院设审查法官办案成绩委员会》,载广州《民国日报》1928 年 2 月 13 日第 4 版。

[3] 《廓除司法积弊之通令》,载广州《民国日报》1928 年 2 月 23 日第 4 版。

[4] 《广高院训令各地院县分庭设置考勤薄以重考勤文》(训令 6321 号),载《广东高等法院月报》1930 年第 2 卷 1、2 期合册,"公牍"第 8 页。

[5] 《广东高等法院训令各院庭嗣后呈送卷宗划一办法由》,载《广东高等法院月报》1929 年第 1 卷第 9 期,"法令"第 36 页。

辩论笔录作法概要、第一次和第二次言辞辩论笔录以及准备程序笔录的格式。其中民事辩论笔录作法概要的内容主要有四：一是关于记录时间。记录时间从事件发生开始，在记载内容方面，言辞辩论笔录应该在当事人到场后就记明双方请求判明的事项，但继续辩论笔录可以不再记录。二是关于笔录记法。虽然只概括记录当事人陈述内容也符合法律规定，但为了补充当事人陈述能力的不足，原则上应用问答方式。三是关于问答式记法的具体要求。应按照双方当事人陈述次序连续记载，不宜将原被告双方陈述分别记载，因为该记法难以体现双方辩论情形。四是不使用问答式记录的情况，包括审判长指挥诉讼时，因为该情形下无须当事人答话，如当事人有异议，则在下一行加以记录；当事人自动声明有记载的必要；如有必要，对推事、当事人的动作也应记载；法官发问的用语、措辞、语气等应如实记载；虽然当事人双方不到场，但会产生法律效果的情况应该加以记载；笔录首页所载审判长、推事由书记官填写，末页应由他们亲自署名，二者性质不同，不得混淆。[1]

广东高等法院采取专门措施，规范诉讼笔录及律师阅卷制度。1937 年，广东高等法院饬令辖下法院，民刑诉讼笔录直接影响裁判结果，笔录记录工作十分重要。法院不仅应当对当事人供词、证人证言详细记录，而且也应将检察官、律师当庭陈述的要旨详加记载。但经过调查发现，各法院的诉讼笔录存在许多缺陷，“每有多数当事人或证人之言词往往仅于笔录内记载一当事人或一证人之供述，对于其余当事人和证人概不记载，或仅记‘相同’字样。而检察官、律师之陈述，又多付阙如”。这显然不利于发现案件真实情况，难以保证法官对案件作出正确判断。因此，广东高等法院通令下属各院强调必须按照笔录规程要求，详细记录。同时进一步改进律师阅卷审批程序，规定律师申请阅卷应由主任推事审核后再行给阅，并将阅

〔1〕《广东高等法院训令将司法会议议决案内关于改善笔录一项补充办法饬行遵办文》，载《广东高等法院司法月刊》1934 年第 3 卷第 7 期，“公牍”第 13～21 页。

卷申请书附卷，以备查考。要求各级法院“务须依照前开各节，切实办理，不得草率从事”。[1]

广东高等法院还对法院院长调度司法警察的权限进行界定。1937 年，广东高院第二分院呈文广东高院请求核示，未设公安分局地方之区公所区长、区丁是否兼有司法警察官或司法警察职权，在审判中关于拘提、搜索、扣押、羁押、送达等事项，审判长或推事可否调度区公所人员办理。广东高院经查证认为，各县区公所与公安局划定事权办法第九项规定，在未设公安局地方，区公所既兼办公安事务，其区长或区丁自然应兼有司法警察官或司法警察职权，《调度司法警察章程》第十六条所列各种事务自然应受法院审判长或推事调度。征得广东省政府民政厅同意后，广东高院随即通令全省执行。[2]

此外，广东高等法院还通过编辑出版《广东高等法院月报》《广东高等法院司法月刊》，登录典型案例的裁判书，指导地方法院审判工作。这两种期刊均开设“裁判”专栏，刊登重要案件裁判书，前期的判词主要由高等法院各审判庭负责选择，所登载的主要是广东高院的判决书。1934 年 9 月，经广东高院院务会议议决，《广东高等法院司法月刊》“裁判”一栏所载判词“以后选登各稿务以有意义者为主，应由各庭长推事负责办理”；选材范围不限于广东高等法院，西南分院、各地法院所裁判的案件的裁判文书均可选择送登，以对法律有特别见解或案情重大者为主。[3] 这些典型案件的裁判，对于规范地方法院的审判工作具有示范与指导意义。

3. 广东高院负责解释地方法院提出的疑难问题

广东高等法院经常以指令等形式，对地方法院在案件审理过程

---

〔1〕《广东高等法院训令为通令各院关于诉讼笔录应切实记载不得草率从事　律师声请阅卷应由主任推事审核后给阅声请书附卷备查仰即遵照由》，载《广东高等法院司法月刊》1937 年第 6 卷第 9 期，“公牍”第 45 ~46 页。

〔2〕《训令本院第二分院呈请核示关于未设公安分局地方之区公所区长区丁是否兼有司法警察官职权由》，载《广东高等法院司法月刊》1937 年第 6 卷第 3 期，“公牍”第 43 页。

〔3〕 广东高等法院《第一次院务会议记录》，载《广东高等法院司法月刊》1934 年第 3 卷第 9 期，“佥载”第 1 页。

中遇到的疑难问题作出答复。例如,1929 年中山地方法院中山分庭检察官致电广东高院:“某甲与某乙离婚,未经法庭审判,某甲另娶某丙为妻,应否以重婚论罪?”广东高等法院指令:“协议离婚为现行法律所许,甲乙所立契约如非出于胁迫,则甲之再娶不成立重婚罪,自应有效。”并对广州地方法院东莞分庭检察官就“受理甲与乙瞒捐被罚争执案应如何办理”的疑问做出指令:“甲乙所争属赔偿问题,民事案件,不成立犯罪。”[1]同年,代理惠州地院首席检察官周天民呈文广东高等法院,请求对分庭监所管理权分配问题进行解释。其呈文称:根据原来的司法制度,审检对峙,所有监狱行政事宜包括监所职员任免、惩戒、奖惩、疏脱人犯交付惩戒以及行政监督指挥等事务,概归检察厅处理。现行制度颁行后,检察处仅配置于法院执行检察官职务,依照《地方法院检察官办事权限暂行条例》的规定,地方法院的检察官无监督指挥权,根据《高等法院检察官办事权限暂行条例》第七条第二项的规定,只有高等法院首席检察官对监所执行人犯、由检察官羁押之被告人等事宜享有指挥监督权,其余各项行政事宜均规定在《高院院长办事权限暂行条例》第四条第十五至十七各款,本无疑问。只是本省各地分庭所属监所事项究应归何人管理,现行法令并无明文规定,如果遇到前款所列事项发生,究竟应该如何处置,请求解释。据广东高院答复,各分庭监所事项应由该分庭推检仿照《地方法院院长办事权限暂行条例》第四条第七、八款及《地方法院检察官办事权限暂行条例》第七条第三项办理。[2] 1934 年,德庆县有亲生父母为领回已送养子女与养父母发生纷争并诉至法院。德庆地方法院对如何判决颇感疑惑,随即请求广东高等法院进行解释。根据德庆法院的请求,广东高等法院对养父母、亲生父母的权利关系进行解释,“养子女与养父母之关系与婚生子

〔1〕《广高院指令广州地院中山分庭检察官邮电一件》,载《广东高等法院月报》1929 年第 1 卷第 8 期,“公牍”第 5 ~ 6 页。

〔2〕《广高院训令地方法院关于管理分庭监所事项权限文》,载《广东高等法院月报》1929 年第 1 卷第 9 期,“法令”第 35 ~ 36 页。

女同,民法亲属编并无本生父母可以向养父母领回养子女的明文规定,除《民法》第一〇八一条各情形以外,本生父母欲将已送他人收养的子女领回归宗,殊非适法"。[1]

广东高等法院定期召开院务会议,讨论业务问题,并对地方法院提出的疑问进行研究,形成最终决议。例如,1931年年初广东高等法院召开第五十七次院务会议,会议由院长罗文庄主持,广东高院首席检察官廖愈簪以及各庭长等出席会议。会议开始前先恭读总理遗嘱。会议主题是讨论司法审判业务问题并提出解决方案,其中包括吴川县分庭检察官关于"捕回寄押军事逃犯应如何分别审理"的请示。会议议决结果是,该寄押军事犯如非军人,所犯脱逃罪应归分庭办理。惠州地方法院请示,陈南采与吴熙赞等因山场涉讼案休止时间超过三年,又具状缴费起诉,应否准予受理。会议议决结果是,如果是第一审,应予受理。四会分庭呈文请示,商会对于法院在该会内执行拍卖案件,要求根据投得价每百元扣回手续费一元,是否应该拨给。会议议决结果是,此种要求于法无据,不能照准。[2] 1935年,广东高等法院应地方法院请求,对《民法》第四百六十八条关于土地使用权人撤佃的条件进行解释。地方法院提出:"对《民法》第四百六十八条规定,永佃权人积欠地租达两年之总额,除另有习惯外,土地所有人得撤佃之法条,请解释。""关于积欠地租该如何计算,现有两说:一、所谓'达两年之总额者'是就频年所积欠的地租,合并计算达两年的总额,也就是说,不以继续两年怠付地租者为限。所以,不管积欠的年限为几年,如果达到两年的总额,就构成撤佃原因。二、法律上所谓'欠'是指应负义务而不给付者而言,如不负给付义务,就不得谓为欠。所以,虽然多年积欠,但其请求权有部分因超过时效而消灭,该部分究应减除。也就是说,如果

[1] 《广东高院指令德庆地院据呈为本生父母向养父母将养子取回是否合法请示文》,载《广东高等法院司法月刊》1934年第3卷第8期,"公牍"第39页。

[2] 《广东高等法院第五十七次院务会议记录》,载《广东高等法院月报》1931年第2卷第6期,"金载"第15页。

五年内所积欠的地租未达到两年的总额,就不构成撤佃原因。到底应该以哪种说法为准?"广东高等法院院务会议议决的结果是,第一种说法虽无不合,但应该注意《民法》第二百一十条的相关规定。[1]

4. 广东高等法院负责规范辖下法院的审判业务

高等法院还承担监督辖下法院办案程序、纠正辖下法院办案结果等职能。一旦发现辖下法院办案程序出现错误,广东高院就会指令纠正。1937年,最高检察署发现广东地方法院多次将应直接送到最高检察署的上诉第三审刑事案件卷证错误地送到最高法院,导致最高法院收发处误以为是自诉案件,盖章点收,送到法庭核办,后经刑庭查明送达有误,才将案卷送交检察署。送达错误导致案件辗转迟延,妨碍诉讼进行。广东高院为此发布命令,训令地方法院通令各承办人员,以后将该类案卷直接送总检察署,以免周折。同时指出,第三审自诉案件的所有卷证不需要再送最高检察署,各地承办人员须多加注意,以免错误。[2]

1936年,司法行政部通过调阅各级法院经办刑事案件的案卷发现存在不按程序规定办案的现象,有些案件"审理程序错误,事实欠明,无法救济",甚至有部分三审案件"原判违误,致影响于确定之事实,或原判事实不明,致适法与否无从加以判断,因而发回更审"。虽然《刑事诉讼法》第三百九十三条已经明确规定了正当救济办法,但因时间久远,有关物证人证均易散失死亡,以致无从查找。虽然有的法院指出原案疑点,但难以保证不存在相互勾结、藏匿证据以推卸责任的行为。案件重审越繁,纠纷越多,时间越久,解决越难,终致转到终审法院,积案增多,难以清理,有的被告在罪行未定之时就已病死狱中。此类流弊日趋严重,直接影响司法权威。为此,司

[1] 广东高等法院《11月27日第十五次院务会议录》,载《广东高等法院司法月刊》1935年第4卷第11期,"金载"第1~2页。

[2] 《广东高等法院训令为上诉第三审案件原审法院应依法将卷证迳送最高检察署仰饬承办人员注意办理由》,载《广东高等法院司法月刊》1937年第6卷第2期,"公牍"第17~18页。

法行政部发布《办理刑事诉讼案件应行注意事项》,要求各级法院坚持自由心证主义与真实发现主义相辅而行,将第一审的工作重点放在犯罪事实调查方面,第二审的重点放在发现原审的缺陷并尽力补救,严格按照法令审理,弄清案件事实,做到裁判无误。根据司法行政部的精神,1937 年广东高等法院命令各级法院严格按照法律规定的程序审慎办理刑案。其训令指出,刑事审判的主旨在于决定被告有无犯罪以及刑罚的轻重,与社会公益、个人权利密切相关,不缜密办理就难以发现案件事实。各法院在刑事审判中应认真搜集证据,审慎勘验,依法做好诉讼记录;诉讼笔录应向当事人朗读或给其阅览;复判案件应厉行提审或莅临复审;如果发现程序错误,必须依法改正,对于事实不清的案件,必须详加调查,不得稍有含糊,以致日后无法补救;各法院长官负有监督责任,应亲自负责考查,随时指导办案,保证发现真实案情,解决疑难案件,以折服民众,减少上诉数量。如有法官不尽职责,一经查出,必将依法严惩。[1]

广东高等法院通过审理上诉案件监督并指导地方法院的业务。例如,在茂名县杨开茂与容洁庵等尝田涉讼上告案、魏邦靖与郭子光因卖买尝田涉讼上告案等案件的审理过程中,广东高院均发挥了其对下级法院的业务指导作用。以下我们通过案例进行具体分析。

案例1:茂名县杨开茂等与容洁庵等尝田涉讼上告案

案情:茂名县人杨开茂的祖先有尝田12 石,坐落于土名官庄岭脚下,长期批租给杨观达耕种。1927 年,容洁庵借口兴办谢鸡区小学,向茂名县政府瞒指该尝田为官庄寺产,请求将该田拨为学校经费。茂名县长未经细查,即批准容洁庵的申请。杨开茂等向法院提起诉讼,被一审判决驳回。杨开茂不服,提起上诉。二审法院未经

〔1〕《广东高等法院奉司法行政部令对于一切形式案件应慎重审判由》,载《广东高等法院司法月刊》1937 年第6 卷第3 期,"公牍"第14 ~15 页。

勘履,即将上诉驳回。杨开茂上告至广东高等法院。广东高院认为,凡不动产所有权争讼,双方当事人均应负举证责任,容洁庵指拨官庄8亩寺田充作谢鸡小学经费,虽然经前茂名县长批准,但容洁庵主张所争田地为寺产的唯一证据是《重修官庄寺碑记》中"向有垦米斗余,于寺之四山蓄材木、储姜芋,以资香火"的记载,对于田地的土名、四至、亩数等均无具体说明;田地既然属于寺产,该寺有无相关契据、垦田执照及批租纳粮等凭证,容洁庵不能举证。由此看来,容洁庵所举证据明显不足。原审为事实审,法院应对上述问题进行调查认证。至于杨开茂等声称该田为其祖留尝田,虽然没有田契执照,但其既然提出缴纳田赋的凭据以及租簿等为证,原审法院应该通过调取县署粮册、传讯佃客等查明真伪。此外,容洁庵称《茂名县志》记载该寺有田8亩、垦米斗余,其请拨的田地只有8亩;但杨开茂则称12石尝田被容洁庵霸占,寺田在该寺背后的大圭窝等地,原是荒地。由此看来,双方争执的亩数、位置等均有不同,除非派人亲自前往勘验,实难查明案件真相。原审判决的基础事实不明,法院未能尽到勘验查证职责,草率驳回杨开茂等人的控告,实在难以令人信服。广东高等法院最终判令废弃原判,将该案发回高雷地方法院重新审理。[1]

该案中,高等法院通过查阅案卷,发现一审法院对案件事实查证不力,二审法院对双方当事人争议的焦点问题——争执田地的数量、位置并未派人进行实地勘察,就草率地驳回了上诉请求,所做出的判决结果难以令人信服,因而及时判决将案件发回高雷地方法院重新审理,要求法院重新调查取证,在调取县署粮册、传讯佃客以及实地勘测的基础上,查明真伪,公正判决。

---

〔1〕《杨开茂等与容洁庵等尝田涉讼上告案》,载《广东高等法院月报》1931年第2卷第6期,"裁判"第62~64页。

案例2:魏邦靖等与郭子光因卖买尝田涉讼上告案

案情:郭子光已故之父郭景福在1926年农历4月以110千文的价钱向魏邦靖的族人魏永声购买该族追远会所有、坐落在洛基村的土名背骨田、车叉田、小坡田等3处尝田,共67坵。魏邦靖等人声称,直到1926年农历11月才知道尝田被盗,曾派代表魏维棘等人到洛基保卫团投诉,与买主郭景福进行交涉。因调处不成,魏邦靖等人在1928年6月向法院起诉,要求法院确认卖买行为无效。一审法院判决尝田卖买无效。郭子光上诉,辩称该田是明卖明买,标贴日久,双方并无异议,而且交易已完成数年,已花费数百元用于田土整理与垦殖,毫无交回的道理。上诉法院经审理撤销原判,驳回魏邦靖的诉讼请求。魏邦靖不服,向广东高等法院提出上告。

广东高院通过核阅一审诉讼笔录,发现署名立契人魏树森供称此田乃魏永声主卖,族人并不同意。另据魏树春供称,卖田时魏永声声称全族人均同意,后来才得知族人均不知情。广东高院据此认为双方订立卖买契约时并未取得上告人同意,按照共有物非得共有人全体同意不能处分的法则,不能认为具有物权转移的效力;原审法院未尽职责,不遵守案件审理程序,未能审明事实真伪,"徒以推测的见解认定上告人等对于卖田已有明示及默示之承诺",而且被上告人郭子光在第一审并未提起反诉,请求返还田价,原分庭判决主文竟判令该案共同被告人魏永声等交还田价制钱110千文给被上告人,明显存在"诉外裁判之嫌";二审法院虽将第一审判决撤销,但并未依法进行解释和纠正,构成疏漏。据此,广东高院将案件发回重审,要求琼崖地方法院传集有关人员,对当事人提出的人证及其因共产党革命而不能起诉的原因等进行质讯,依照职权进行调查,在此基础上,根据法律规定做出判决。[1]

---

〔1〕《魏邦靖等与郭子光因卖买尝田涉讼上告案》,载《广东高等法院月报》1931年第2卷第7期,"裁判"第14~16页。

5. 广东高院负责规范辖下法院收费项目标准及状纸售卖

规范辖下法院收费项目与标准，制定状纸售卖规则等，也是广东高等法院的重要职责。1929 年，广东高院民一庭庭长潘焱熊提议民事申请再审案件仍应照章征收再审诉讼费，不应作为申请案件办理。经广东高院第四十五次院务会议讨论通过。广东高院随即训令各地方法院："凡遇当事人声请再审案件，应按照民诉法第六百一十条及修正诉讼费用规则第二条办理。"[1] 1936 年 12 月，广东高等法院发布命令，要求辖下法院根据《民事诉讼法》第四百零四至四百零七条规定认真核对诉讼标的、征收诉讼费用，特别强调有关山场所有权及确认契约无效，或因清算水利经界、解约、迁坟等案件，均可根据价值计算诉讼费用，不得概以不足百元征收。广东高等法院还专门制定诉讼标的价额审核单下发所辖各级法院，要求辖下法院按照样式印制，每案均由推事认真审核、填写单据，并将审核单据附于案卷存查，避免征收错误。[2]

1930 年，广东高等法院训令地方法院遵守状纸领取与管理办法，"查所属各院庭所用部颁民刑诉状，每不接续备价来院请领，以致一经售罄，诉讼人即无从购买，窒碍滋多。嗣后自应各自酌量销售数量及邮程之远近，随时由院备价请领应售，勿稍间断，以便人民。如确因特别障碍事故一时请领不及者，准由诉讼人自备白呈投递，于收呈时征收状纸价额，在呈面注明状价已缴字样。一俟领到，即便代购正式状纸，将原呈粘贴状内，由主管人员加盖骑缝印章。倘案经提起上诉，状纸仍未领到，应将收过状价一并随卷呈送上级法院，代购粘贴。如有遗漏，随时追缴。此项变通办法仍以确有特别障碍事由为限。至状纸系部颁发售，各县分庭绝对不许私制或制

---

〔1〕《广东高等法院训令各院庭民事声请再审案应照章征收再审之诉讼费仰遵照办理文》，载《广东高等法院月报》1929 年第 1 卷第 8 期，"公牍"第 7 页。

〔2〕《广东高等法院训令令发诉讼标的价额审核单由推事审核填写应征审判费额附卷以免错误由》，载《广东高等法院司法月刊》1937 年第 6 卷第 2 期，"公牍"第 18 页。

售代用状纸。倘有故违,定依历次通令以伪造有价证券论罪”。[1]同年,广东高院通令各地方法院停止使用旧状纸,改用新状纸。其通令指出,广东省从1928年7月起使用司法部颁印的状纸,广东省代制的旧式诉状停止发售,不再使用,已经多次通令遵照办理,但“查所属各院仍有收受旧式状纸情事,殊属不合。部状颁发业逾两年,前此旧状当然作为废纸,决不能再准收受。嗣后诉讼人向各该院庭递状,倘有沿用各种旧式状纸,应即严加拒绝,着令备价购用部颁状纸,以重功令而维法收。如或故违,即以伪造有价证券论罪。”[2]

广东高等法院严禁地方法院及各县分庭需索陋规。1930年,广东高院发布训令:“近查告发所属分庭需索陋规事件间有发生,迭经行查,虽多不实,惟此等恶习不惟有干法禁,抑且苛扰病民,司法尊严断不容此污点存在。举凡从前所谓收呈、挂号、企堂、传供、录供以及茶水夫马等费,自应彻底湔除,以肃法纪。果复举行不力,弊窦潜滋,各该推检即非知情朋比,亦应课以监督不严之责。凡我僚属须知积弊在所必革,害马在所必除,本院严加纠绳,决无宽假。为此重申告诫,仰各遵照,仍责成该管地院随时切实查察检举,务期弊绝风清。”[3]

第四节　广东高等法院的运行

1927年10月,南京国民政府决定各级法院恢复院长制,裁撤各省司法厅,由高等法院院长管理全省司法行政。罗文庄接任广东高

[1] 《广东高等法院训令各地方法院县分庭严禁私制代售状纸及状纸请领未到暂行变通办法文》(高院训令第3619号),载《广东高等法院月报》1930年第2卷第1、2期合册,“公牍”第7页。

[2] 《广东高等法院训令各地方法院、县分庭令知不准收受旧式状纸文》,载《广东高等法院月报》1930年第2卷1、2期合册,“公牍”第10页。

[3] 《广东高等法院训令各地方法院、县分庭严禁需索陋规文》(广高院训令第3620号),载《广东高等法院月报》1930年第2卷1、2期合册,“公牍”第7~8页。

院院长后，接管原由司法厅负责的广东司法行政事务。因司法厅为省政府属下部门，广东高院院长得以参加省政府召集的主要会议。[1] 就司法行政隶属关系而言，广东高院上属司法行政部领导，下辖地方法院及各监所，负责组织地方法院建设、筹建监狱、划拨司法经费，并负责下属法院的人事配备与管理。在西南体制下，广东高院形式上隶属南京，实际上其重大事项主要由西南政务委员会及广东省政府决定，司法收入不解送南京，而是留作本地区司法经费使用，司法计划也自行制定，具有一定的独立自主性。以下我们主要从司法人才选用、审判制度转型、司法效率提高以及内部监督强化等方面考察广东高院的职能运作。

一、选拔司法人才

人才是法制发展的重要基础。根据广东司法机构规模扩张的现实需要，广东高院通过委任和选拔等多种方式，积极网罗法律专才。

南京国民政府时期，司法官由中央任用考核，从中央到地方形成垂直选人与管理系统。按照法律规定，高等法院院长及首席检察官的任命权属于国民政府，各级法院需用的推检人员由各高等法院呈请核办，或由司法行政部自行选派。1928 年国民政府颁布实施的《各省高等法院院长办事权限暂行条例》第四条规定：高等法院院长对于呈请派署荐任职员、呈请委派委任职员等行政事项，应依照司法部长的命令处理。[2] “派署”或“委派”司法官，应由国民政府颁发命令。书记官由高等法院院长按照规定资格指派，报请司法行政部委任。高等法院分院和地方法院的长官只拥有录用录事、执达

---

〔1〕《广东高等法院呈报列席省政府会议》，载《广东高等法院月报》1928 年第 1 期，“佥载”第 10 页。

〔2〕《各省高等法院院长办事权限暂行条例》，载蔡鸿源主编：《民国法规集成》（第 65 册），黄山书社 1999 年版，第 391 页。

员、检验员、法警等一般雇员的权力。[1] 但广东情况比较特殊，司法部的任命主要是形式上的表达，广东司法官实际上主要由广东高院自行安排。广东高院改组之初，司法人才匮乏。为了保证审判机构改组工作顺利展开，院长罗文庄大力搜罗人才，并乘机培植自己的势力，基本上将全省法官重新进行安排，仅1928年就委派法官十多次。其中，1928年1月7日委派张昭芹为书记长官、潘炎熊为民一庭庭长、霍乃晖为民三庭庭长，同时调最高法院广东分院书记长官莫鸿秋任广东高院总检察官。[2] 此后各任院长也千方百计撤掉原任所留法官，代之以自己的亲信。广东高院院长的更替曾引发多次大规模司法队伍人事变动，不仅广东高等法院组成人员大幅更换，而且直接牵动地方法院的人事变动，特别是广州地方法院院长、首席检察官往往紧随其后进行更替。其中以广州地方法院院长的更替最为典型。1928年春，罗文庄奉南京政府委派出任广东高院院长，区玉书随即任广州地院院长；1932年西南政务委员会任命陆嗣曾接任广东高院院长，广州地院院长随即由杨宗炯接任；1935年夏，谢瀛洲主掌广东高院，广州地院院长由陈达材接任。[3]

"还政中央"之前，广东高院一面自主委派法官，一面宣称"本省各法官，业由司法部委属"，表面上维持中央司法行政部委派的形式。例如，1928年4月，广东高院接到司法行政部命令，通知该部向广东派署司法官，实际上名单中的潘炎辉、霍乃晖早在是年1月已由广东高院委派到任。[4] "还政中央"后，中央收回广东司法官任免权，通过司法行政部以命令方式向广东派委司法官。"还政中央"之初，曾发生广东高院未经批准擅自改变司法行政部所派司法官职位的现象，国民政府为此专门向广东发布命令，强调不得擅自调动

〔1〕 张仁善：《司法腐败与社会失控》，社科文献出版社2005年版，第242页。

〔2〕《调查各省司法事宜呈报调查情形及清册》，广东档案馆藏，档案编号：3－2－958。

〔3〕 邱庆锟：《略述抗战前十年间广东司法界历任的黑幕》，载广东省政协学习和文史资料委员会编：《广东文史资料存稿选编》，广东人民出版社2005年版，第454～470页。

〔4〕《司法部派委本省法官》，载广州《民国日报》1928年4月14日第4版。

中央所派司法官，如果确需调动，也必须事先呈报司法行政部核准。[1] 1937年之后，司法行政部委派成为广东司法官任命的主要方式。1937年1月，部令委派阮秉钧等46人到广东任职，其中推检人员35人，占总数的76.1%；2月，部令委派倪世清等58人到广东任职，其中推检人员57人，占总数的98.2%；5月，部令委派林颖春等45人到广东任职，其中推检13人。[2]

除委任外，考试是广东司法人才选拔的另一重要方式。1929年法官训练所在广州招考司法官，最终录取12人。[3] 此次招录的学员为法官训练所第一届学生，1930年毕业后，分别被委派到江浙、广东等省担任推检。[4] 1930年，广州举行法官初试考试，初试采取笔试方式进行，笔试合格者29人，再前往南京参加口试，最后录取25人，被分配到广东各级法院充当学习推检。[5] 1933年广东高院制定《广东司法三年计划书》，将法官任免作为司法行政整顿的内容之一。同年9月，西南政务委员会核准广东高院所拟《广东司法官考试暂行条例》及其附件《广东司法官考试典试委员会典试规则》《广东司法官考试典试委员会办事细则》《广东司法官考试试场规则》《广东司法官考试监试规则》《广东司法官考试事务处规则》等，[6]对司法官考试资格、考试形式及程序等做出严格规定。根据上述法规，参加司法官考试的条件限定为“国立或立案之公私立大学、独立学院或专科学校，修法律学科三年以上毕业，得有证书者；教育部承认之国外大学、独立学院或专科学校，修法律学科三年以上毕业，得有证书者；在第一款、第二款规定各学校修法律学科三年

---

〔1〕 最高法院编印：《增订国民政府司法例规》（上册），1931年版，第348页。

〔2〕 《部令》，载《广东高等法院司法月刊》1937年第1、2、5期，“公牍”第2~4页。

〔3〕 《广州录取之法官训练所学员定十五十六两日复试》，载广州《民国日报》1929年5月13日第3版。

〔4〕 《法官初试定期举行》，载广州《民国日报》1930年10月12日第2版。

〔5〕 《法官典试结果揭晓》，载广州《民国日报》1930年12月17日第2版。

〔6〕 相关法规载廖廷谔、余庆华主编：《西南现行法令汇编》，广州民智书局1935年版，第212~221页。

以上毕业,得有证书者,并曾任审判事务二年以上,或法院记录事务三年以上者”。本次考试共由三部分组成,第一、二试为笔试,第三试为笔试加口试,具有法官资格者,可以直接参加第三试。1934年10月15—28日,广东举行司法官考试,高院院长谢瀛洲亲任主考,最终录取112人。[1] 此为南京国民政府前期广东组织的规模最大的一次司法官考试。广东高院对录取人员训练半月之后,随即委派到地方分院任候补推检及书记官。此外,广东高院还直接选录广东法官学校的学生。根据1927年8月广东司法厅司法整理委员会的决定,“派法官学校学生到广州法院学习,以六个月期满,选择录用”。[2] 广东高院接掌全省司法行政后,明确规定只要是广东法官学校高等研究部毕业的学生,可带毕业证直接到广东高院报名,听候审查录用。

广东司法官考试以检验应试者的专业水平为主要内容,不问身份、出身与财富,对所有符合条件者开放,对于提升司法官的专业素质,提高司法效率具有重要意义。据《广东高院职员录》显示,1935年广东高院共有职员115人,其中23人接受过专科以上法学教育,绝大多数有丰富的司法实践经验,多人曾在法学院校任教,如院长谢瀛洲曾任中山大学、中央大学教授,北平大学法学院院长,广东法官学校校长,书记官长潘冠英任广东法官学校校长、北京大学教授、广东法科学院教务主任。清理积案庭第二庭推事吴景尧曾任广州大学法学院院长。[3] 地方法院的司法官队伍中也不乏世界顶尖大学的毕业生。例如,1936—1937年任职中山县地方法院检察处首席检察官的赵冰,1914年在美国芝加哥大学修读社会学、政治哲学,

[1] 《一年来之司法兴革近况》,载广州《民国日报》1935年1月1日版。

[2] 《派法官学校学生赴法院实习》,载广州《民国日报》1927年8月2日第4版。

[3] 广东高院接受法学教育的人数比例明显偏低,甚至低于广州等地方法院,可能与多数高院职员未填写本人的教育经历有关。例如,首席检察官廖愈簪毕业于北京大学法律专业,但在职员录中并未说明。广州地院在1935年共有职员112人,其中89人接收过专科以上法学教育,台山地院共有职员23人,其中17人接受过专科以上法学教育。详见广东高等法院编印:《广东高院暨所属法院职员录》,1935年版。

在芝加哥大学获学士学位后，转入纽约哥伦比亚大学专攻国际法；1915年获哥伦比亚大学硕士学位后，转入哈佛大学主修法律，获法律学学士学位；毕业后离美赴英，1921年获伦敦大学博士学位后，取得大律师衔，在伦敦任执业大律师。1922年，又获牛津大学博士学位。后来还参与创办了香港中文大学，成为该校第一任董事长。[1]

二、审判制度转型

中国近代审级制度经历了从四级三审到三级三审的转变过程。清末改制过程中，确立了四级三审制，即大理院、高等审判厅、地方审判厅及乡谳局。民国初期基本沿用这一司法体制，只是司法机构名称有所改变，直到国民政府迁都武汉。1926年11月，国民党中央政治会议审核通过《改革司法制度案》，采用二级二审制。

南京国民政府成立后，再次采用四级三审制。为了适应新的司法体制，1928年，广东高院开始改组、裁撤和合并各级法院，重新划分各级法院的管辖权，各县分庭受理本县初级及第一审案件，地方法院受理所在县初级及地方第一审案件暨所属初级上诉案件，高等法院受理全省初级上告（第三审）暨地方上诉案件。如不服广东高院判决，可上诉至南京最高法院。

西南体制下，因在广州设有最高法院西南分院，广东第三审案件均由该院终审，无须上诉南京最高法院。根据广东高院发布的布告，所有上诉及抗告案件，“应即一律移送该分院审判。其有前经当事人声明上诉或抗告而未移送最高法院之案件，亦应一并送交该分院审判，以符管辖”。[2] 最高法院西南分院成为广东诉讼案件的终审机关。为了改变四级三审制下“诉讼转滋纠纷，人民实受苦累”的

---

〔1〕《民国中山县首席检察官赵冰被网友称为“史上最牛检察官”》，载《中山商报》2013年8月22日。

〔2〕广东高等法院《本院九月十二日以前之裁判其声明上诉或抗告案件已移送最高法院西南分院审理合将开列文》，载《广东高等法院司法月刊》1932年第9期，“公牍”第8页。

现状,1932年颁行的《法院组织法》采用三级三审制度,法院分为最高法院、高等法院和地方法院三级。[1] 1935年7月1日,《法院组织法》正式实施。虽然司法部通令广东高院"就该省所处之地位及已具之基础论,自应在第一期施行该组织法之省。该院应以统筹全局之责任,将该省应行准备事宜,于本年七月一日前,一切布置就绪"。但因广东对新的司法体制存有异议,广东高院并未遵从,而是以司法年度经费早已确定为由,推迟一年实行,[2]并最终得到司法部的批准。直到1936年7月,司法院决定撤销最高法院西南分院,广东施行三级三审制度,其诉讼案件的终审权最终收归中央。

就裁判依据而言,广东高院主要依据南京国民政府颁布的法律,同时也采用西南政务委员会及广东省政府所制定的法规。根据1932年2月西南政务委员会的决议,自1931年5月28日起,广州国民政府成立期间内,前南京国府所颁发的法规,如为广州国民政府公布之法规所未订定或无抵触者,应一律适用;所有前广州国民政府公布法规在未经明令废止以前,仍暂时适用。[3]

由《西南现行法令汇编》可以看出,西南政务委员会颁布的法令涉及社会生活的主要方面,既有刑事法规如《广东惩办械斗暂行办法》《广东省盗匪自新暂行办法》《修正广东省盗匪自新暂行办法》《修正广东惩办盗匪暂行条例》及其补充条例、《修正广东省查禁红丸办法》《劳资条例暂行通则》《惩治官吏贪污条例》《惩治公营事业贪劣人员暂行条例》,也有民事、行政及程序方面的法令,如《防范诬告令》《政治犯期满出狱保证办法》《处理民刑事收押被告办法》《最高法院西南分院组织暂行条例》《广东高等法院分院暂行组织条例》《解释选举诉讼适用法律及征收审判费疑义令》《广东省行政处理及诉讼规程》《广东善堂法》《广东商务厅修正商标条例》《广东商

---

〔1〕 谢振民:《中华民国立法史》(下),中国政法大学出版社2000年版,第1042页。

〔2〕 《高等法院决定展期施行三级三审制》,载《广州律师公会月刊》1935年第1期。

〔3〕 《西南政务委员会令知本会第六次政务会议决议适用之法规文》,载《广东高等法院司法月刊》1932年第3期,"公牍"第5页。

务厅修正商标条例施行细则》等,[1]其立法指导思想是根据广东地区的实际情况,针对广东社会的主要矛盾与问题,尽力切合构建当地社会秩序的特殊需要。广州地方法规也是案件裁判的重要依据。例如,《广州市清理铺底顶手办法》《广州市清理铺底顶手登记简章》等是裁决铺底纠纷的主要依据。

三、提高司法效率

在法制现代化的时代背景下,广东高院努力适应社会变革,但也出现了明显的不良症状,其中最为突出的就是积案问题。1928年广东高院改组之初,民刑积案多达一千余件。为了清理积案,广东高院采取设立清理积案庭、规定审判人员办案最低数量等一系列措施,不断提高办案效率,解决积案难题。

1928年广东高院规定审判人员每月最低结案数量,其中庭长14件,推事20件,并通令各分庭"办理民刑案件,务须注意随到随结",[2]但实际效果并不理想。1932年陆嗣曾接任高院院长时,全院共有庭长、推事20人,但前任移交未结案件1200多件,每月新收案件约400件,按照庭长每月结案14件、推事每月结案20件的标准,每月的结案数很难与新收案件数目相抵,终致越积越多,有的推事所积案件甚至多达160多件。为了解决积案问题,陆嗣曾呈请设立2个积案庭,但因受到经费及人员限制,最终仅设1庭,增加推事3人。同时针对审判人员办案时"舍难就易,先结新案,而旧案情节较繁者,不免搁置"的问题,专门制定清理办法,即"将所有未结各案,分别年份从新平均分配",1930年年底以前受理未结之案,限于6个月内全部办理完毕。此次清理虽未完全达到预期效果,但实现了每月结案数量超过新收案件数量的初期目标,从1931年12月中

---

〔1〕 这些法令主要收录于廖廷谔、余庆华主编:《西南现行法令汇编》(上、下编),广州民智书局1935年版。

〔2〕 《高院积极改良司法》,载广州《民国日报》1928年9月19日第3版。

旬到1932年4月底，广东高院新收民刑案件1458件，连同前任移交未结的案件，总数为2607件，实际结案1570件，未结案件1094件。[1] 1932年7月，广东高院宣布提高审判人员结案数量标准，规定"所有各院庭应一律以广州地院每月限结案件数目为标准，庭长二十件以上，推事二十四件以上，专办初级案推事三十件以上，其较简之院庭，每月所收或分配案件不及以上数目者，以收结相抵为限……如三个月平均不足限结之数，或收结不能相抵，即认为废弛职务或能力不充分，另别更调"。[2] 1934年，广东高等法院更改法官判案数量标准，"每月办案成绩，核准庭长十六件，推事二十二件。如未交审判费的案件，两件作一件计算，上诉逾期案件，两件作一件计算，声请诉讼救助案件，不入结案成绩计算，不准两件计算为一件"。[3] 1936年，根据司法行政部命令，广东高院对不能完成办案任务的法官严厉追责，要求已清理积案的各法院必须做到每月收结案件数量相抵，不论何月，不论新旧，积案一清，不许再积，"嗣后各法院，其有积案者，每月结案之数，必须超过收案之数，其无积案者，每月收结案件，务须两数相抵。如实因收案激增，以致结案虽多，仍难两数相抵，则应查核该承办人员结案数目，是否确已超过该省原定每员每月办案数目最低限度以上，再谋救济。承办人员应各自奋勉，该管长官应严切督促……苟每月结不抵收，及未能达办案数目最低限度，该管长官与承办人员，均须负不尽职之咎"。[4]

广东高等法院不断完善法官考核制度。1934年，针对地方法院呈交法官考核资料参差不齐的现象，广东高院发布训令，要求严

〔1〕 陆嗣曾:《广东高等法院最近工作概况》，载《广东高等法院司法月刊》1932年第5期，"金载"第1页。

〔2〕 《广东高院训令所有各院庭每月限结案件数目一律应以广州地院为标准》，载《广东高等法院司法月刊》1932年第7期。

〔3〕 广东高等法院(1934年)《10月9日第二次院务会议录》，载《广东高等法院司法月刊》1934年第3卷第10、11、12合册，"金载"第1页。

〔4〕 《广东高院训令奉司法行政部令各法院清理积案期限满后每日收结案件不能两数相抵该管长官与承办人员均须负不尽职之咎令仰知照文》，载《广东高等法院司法月刊》1936年第5卷第8期，"公牍"第16页。

格按照规定办理。训令首先指出了法官考核存在的问题,“所交书表参差不齐,有的有书类而无成绩,有的将数人书类核定一册,有的书类虽然分订,但成绩表却数人合作一表,有的将成绩表与书类黏连,有的将书表掺杂收支月报表等各种表册同时报送。如此凌乱错杂,十分不利于考核”。指令下辖法院专文呈送法官考绩材料,各地法院庭长、推检办案应交书类及成绩表,均以个人为标准,每月将本人办案材料装订成册,连同成绩表一份,交给该院,由该院汇总呈交,强调“各员办案书类,应每员各订一册,各列一表,专文呈送,毋得仍前沉杂,致碍考核”。〔1〕为了保证办案速度,广东高院坚持执行收结案月报表制度。“各地法院每月收结民刑案件数目,应按月填具四柱简明表呈报,目的在于展现各院诉讼繁简及审判快慢,以便督促。”但由于各院经常不认真填报月报表,常常汇同其他表册数月交报一次,以致全省法院每月收结案件数目难以准确统计,无法实行有效督促,1934 年广东高院只得重新印发月报表各种表册,并在表内注明应交期限,要求各地法院必须在每月 5 日之前填报上月报表。〔2〕

广东高院规定审案期限,加快办案速度。1935 年 2 月广东高院规定各级法院的审案期限,刑事案件审限依照刑事诉讼审限规则办理,民事案件则分为两种,其中简易案件以 2 个月为审结最长期限,地方案件审限以 3 个月为审结最长时间,如有特殊情形,可以呈报监督长官延长。如果案件逾期 3 个月尚未判决,应报告广东高院,以便加强督促,避免稽延。〔3〕广州地方法院还发布布告,要求法院从民事案件起诉时就开始着手搜集证据,以便加快案件审理速度。

---

〔1〕《广东高等法院训令关于考绩各件应专文呈送文》,载《广东高等法院月报》1934 年第 3 卷第 7 期,“公牍”第 1 页。

〔2〕《广东高等法院训令饬将民刑案件四柱简明表按月填缴文》,载《广东高等法院月报》1934 年第 3 卷第 7 期,“公牍”第 9 页。

〔3〕《广东高等法院通令所属各级法院为清理各级法院案件及减轻当事人感受讼累由》,载《广州律师公会月刊》1935 年第 1 期,第 231 页。

“本院受理民事案件，关于案内一切证据，当事人每每到庭集讯后，始行着手搜集，于诉讼进行，殊为窒碍。兹为谋案件迅结起见，嗣后凡民事案件于起诉时，应将一切证据搜集到案，以期本院限期被告答辩，以期速结，而免稽延。”[1]

针对一些法院书记官在案件审结后不及时发送案卷，拖延结案时间，甚至借机上下其手的现象，广东高等法院整顿办案规程，严惩故意积压案件的行为，要求“书记官发送上诉抗告及其他案件卷宗，尤须力求迅速，不得任意延宕，致贻诉讼人之累”，强调“诉讼进行，以速为贵”。按照法律精神，凡是因上诉抗告而应将卷宗送交上级法院，或上诉抗告程序终结而应将卷宗发还下级法院，以及其他法院调取卷宗时，承办案件的书记员应该将该案卷宗迅速送发。但广东高院经调查发现，书记官往往利用现有法律对发送卷宗期间并无明文规定的缺陷，拖延送卷时间，甚至借机收受当事人请托，上下其手。为此，广东高院特别要求各级法院“加以整顿，严定发送卷宗期间，倘有故意积压，一经察觉，立即严予处分，庶使当事人不致感受延讼之苦”。[2]

1936 年，司法院、最高法院与司法行政部联合训令各级法院院长严厉督促法官提高结案速度。其训令称：“民刑诉讼，贵能迅速审结，一有积压，贻害滋多。现在各级法院及兼理司法之县政府，大都收结案件不能相抵，以致旧案未清，新案沓至，亟应限期清理，以免讼累。又近年社会不宁，刑案激增，全国犯罪人数，应有明确统计。”由司法行政部与最高法院严定各司法机关清理积案期限，重申司法行政部 1935 年 11 月 16 日第 5791 号训令的规定，凡第 5791 号训令发布前自收案之日起超过 3 个月仍未结案的普通案件，即为积案。如到期不能办结，除有法定原因外，应由该管长官查明办理不力的

---

〔1〕《民事起诉须先行搜集证据由》，载《广州律师公会月刊》1935 年第 1 期，第 231 页。

〔2〕《广东高等法院训令令知嗣后推事讯案应采取之态度及书记官录供送卷之手续仰遵照文》，载《广东高等法院司法月刊》1936 年第 5 卷第 8 期，“公牍”第 10 页。

推检人员，呈请撤换，以示儆戒。如有因循敷衍现象，一经查觉，各主管长官应共同负责。[1] 1937 年，广东高等法院训令法官提高司法效率，规定对办事效率低下者进行严厉处罚。其令文称："人民不得已而提起诉讼，已经遭受种种痛苦，如不迅速解决，痛苦更甚，并因此而怨声繁兴，法院遂受人民诟病。"训令特别强调，虽然诉讼法规定的各种手续必须完成，但审理贵在敏捷。根据本院推事汪珏等视察各地法院的司法报告以及对各院所呈月报表册分析，"各院推事办案向来迟缓，以致案件积年累月审而不结，甚或搁置不审"。严切告诫各级法院"嗣后旧案务须迅速清结，每月新收之件，亦应积极进行，不得再有积延，自此次告诫之后，如再因循敷衍，仍蹈迟缓故习，定予呈请议处"。[2]

广东高院采取的上述措施取得明显成效，积案问题得到缓解。据统计，1934 年年底广东高院有未结案件 1126 件，1935 年每月新收案件 600 件，全年新旧案件共 7000 多件，未结案件约 100 多件。1935 年年底，高院撤销清理积案庭，下属各级法院的积案也陆续得到清理。[3] 1936 年，广东高院基本实现了案件收结持平的目标。以 1936 年 2 月为例，广东高院及其 3 个分院共受理民事案件 1167 件，其中旧收 746 件，新收 421 件，已结案 477 件，未结案 633 件，停止审理案件 57 件，已结案件数比新收案件数多 56 件；共受理刑事案件 569 件，其中旧收 390 件，新收 179 件，已结案 174 件，未结案 393 件，停止审理案件 2 件，已结案件数比未结案件数少 5 件。[4] 1937 年，广东高院分院数量增至 8 个，司法审判的人力资源得到充实，积案得到进一步清理，当年广东高院旧收民事案件 209 件，新收

---

〔1〕《各法院长官应严督结案令》（司法行政部训令训字第 102 号，1936 年 2 月 27 日），载《广州律师公会月刊》1935 年第 7 期，第 293 页。

〔2〕《广东高等法院训令令各院推事办案务期迅速如再蹈迟缓固习定予呈请议处由》，载《广东高等法院司法月刊》1937 年第 6 卷第 2 期，"公牍"第 17 页。

〔3〕《一年来广东司法概况》，载广州《民国日报》1936 年 1 月 1 日第 2 版。

〔4〕《二十五年二月份广东高等法院暨所属各法院民刑案件收结比较表》，载《广东高等法院司法月刊》1936 年第 5 期。

民事案件 2731 件，结案 2799 件，未结案件 141 件；旧收刑事案件 127 件，新收刑事案件 1876 件，审结 1823 件，未结案件 180 件。广东高院 8 个分院的收结案水平与高院基本持平。[1] 1938 年 7—12 月广东高院民刑案件收结案件的基本情况是：高院旧收民事案件 141 件，新收民事案件 770 件，结案 770 件，未结案件 141 件；旧收刑事案 180 件，新收刑事案件 163 件，审结 343 件。1938 年广州地方分院 7—8 月收结案情况是：旧收民事案件 1113 件，新收民事案件 454 件，结案 1567 件，未结案件 141 件；旧收刑事案件 149 件，新收刑事案件 385 件，审结 534 件。同年中山地方法院 7—12 月收结案情况是：旧收民事案件 28 件，新收民事案件 360 件，结案 338 件，未结案件 50 件；旧收刑事案件 46 件，新收刑事案件 395 件，审结 352 件，未结案 53 件。[2]

广东高院根据社会经济发展的实际需要，不断创新制度，改善司法程序，提高司法效率。为了保证民事诉讼案件迅速结案，尽快确定权利归属，广东法院创立了查封财产拍卖制度。1934 年年底，广州地方法院发布布告，宣布推行财产拍卖制度。其布告宣称：民事诉讼案件最应迅速终结，不仅胜诉人得到判决结果，而且使得权利状态得到确定。近查本院民事诉讼案件，债权人在法院将债务人财产查封后，不及时到拍卖所请求拍卖，导致判决无法执行，严重影响交易安全，妨碍社会经济发展。决定严格执行《补订民事执行办法》第十四条第三项及《修正民事诉讼执行规则》第六十一条的规定，对于拍卖不成的动产“随时依法任意买却，或作价交债权人收受，如债权人拒绝收受，或票传债权人不到，则将查封物撤销，返还债务人”。至于已查封的不动产，如债务人不能按期缴纳现款，申请撤销查封，或债权人未声请拍卖财产，一律依法根据法院职权定期拍卖并将拍卖价

〔1〕 广东省政府秘书处编译室编印：《广东年鉴》（1941 年）（第四编）“司法”1941 年版，第 23 页。

〔2〕 广东省政府秘书处编译室编印：《广东年鉴》（1941 年）（第四编）“司法”，1941 年版，第 35～36 页。

款存院候领。债权人请求查封债务人财产时,须先调查明确,提供证明材料,不得滥行瞒指,否则就要承担赔偿责任。如果财产查封后双方当事人案外和解,应迅速到法院办理请求撤销查封手续。[1]

广东高院通过改善递解囚徒办法,提高办案效率。1935 年,惠阳地方法院院长向高院呈文指出,按照现行递解人犯办法,惠阳地方法院递解犯人需要从惠阳到博罗,从博罗到东莞,从东莞到番禺,再从番禺到广州;惠阳地方法院所属紫金分院则需要从紫金到河源,从河源到博罗,再从博罗到惠阳,即使犯到即解,也需半月甚至一月。在实际执行的过程中,为了节省经费,通常实行集中递解,导致经年累月才能将犯人递解到目的地。这种递解办法不仅耽误时间而且虚耗公帑,还会导致囚犯因辗转递解、舟车劳顿而生病死亡,难以体现政府矜怜囚犯、实行人道的精神。以前各县交通工具主要是舟楫,近年各县皆通轮船汽车,交通条件大为改善,如果乘坐汽车,从惠阳直接到广州、由紫金直接到惠阳,皆可朝发夕至,手续也相对比较简单。为此,惠阳地院建议广东高院通饬各院征集资料,拟定改善办法,并转令各县政府遵行。[2] 不久,广东高院院务会议议决改善人犯解递办法,呈报省政府批准实施。

为了提高办案效率,节省司法资源,广东地方法院根据司法行政部命令推行诉前风险告知制度。1935 年,司法行政部发布命令称,根据刑事诉讼法施行法的规定,自诉范围明显扩张,立法的本意在于便利人民诉讼,但滥诉之风也因此渐长。“不肖之徒,或更从而利用,借讼争为泄愤之具,以自诉遂倾害之谋,一状罗列多人,一人则指犯数罪,而在法定程序,除极轻微案件外,均须被告到庭,自诉人又得提起上诉,法院虽明知其不实,然以不传讯则蹈违法之嫌,自亦不能不依照程序,逐一传讯被告,逐项审查罪名,一经上诉二三两

---

[1] 广州地方法院:《布告以职权将查封之动产或不动产依法拍卖由》,载《广州律师公会月刊》1935 年第 4 期。

[2] 《惠阳法院请改善递解囚犯途程》,载《广州律师公会月刊》1935 年第 3 期。

审，复须就所诉被告罪名，悉加审判，似此不特妨害诉讼，更易牵累无辜。兹为防止牵连、杜绝弊端起见，嗣后第一审法院应于审判日期前，先行传讯自诉人，倘自诉人经合法传唤而不到者，得拘提之。如经发现有刑事诉讼法第二百九十条情形而民事未起诉者，即停止审判，命自诉人于一定期间提起民事诉讼，并无妨饬令自诉人就所诉被告一一先行具结，晓以诬告罪行、损害赔偿责任及其他利害。其自诉如系得依法撤回者，即指示之。其显属虚诬者，即予告发，移送检察官依法检举。其一案牵涉多人，如经法院审查确无关系，认为对于被告应谕知无罪，被告经合法传唤不到庭者，即可不待其陈述迳行判决。"[1]

四、强化内部管理

为了加强内部管理，广东高院采取措施，不断完善司法官行为规范，推进司法官惩戒，提高司法权威。

（一）完善司法官行为规范

广东高院重视司法官行为规范的制度化建设，重点规范司法官兼职行为以及司法官与律师之间的关系。

1. 限制司法官的职业选择

国民政府 1927 年第 81 号令明确规定，司法官不得兼任行政或其他官职，并据此对《江苏省特种刑事地方临时法庭》第九条"省政府特种刑事地方临时法庭或分庭职员，除庭长外，省政府为便利计，得就现任法院人员呈请任命之"的规定提出修正要求，重申司法官不得兼任其他职务，要求其他省份在特种刑事法庭、临时法庭用人方面遵从这一标准。根据法律规定，1928 年广东高等法院院长兼特别法庭庭长罗文庄向国民党中央政治会议广州政治分会请辞特

---

〔1〕《防止滥诉令》（司法行政部训令训字第 5525 号，1935 年 10 月 30 日），载《广州律师公会月刊》1935 年第 4 期，第 138 页。

别法庭庭长之职,[1]最终得到了广州政治分会的批准。

为了消除法官寻租现象,1929 年司法院等发布通告,禁止法官退休后一年之内在原任职地区从事律师执业。布告称:"各法院退职人员即在原任区域执行律师职务,恐有声息相通、发生流弊之虞,本部体察情形,亟应酌予限制,以期防微杜渐,整饬法纪。嗣后各法院院长、首席检察官暨推检、学习候补各员,经退职后一年内不得在原任法院管辖区域执行律师职务,其书记官、承法吏于退职后亦同。若已核准登录在原任法院管辖区域内执行职务之律师,如退职日期尚未经过一年者,并应依照此次通令办理。至最高法院书记官以上职员,自退职后一年内不得在该法院执行律师职务。"[2]

限制现任法官兼职。一是限制现任法官兼任教职。广东高院曾于 1934 年发布训令:"各级法院职员,于从公余暇,谋教学相长之益,兼任各校教员,原非法令所不许。但该校遇有该法院管辖区域内之律师任校长、院长或教务长者,该在职法官,即不得兼充该校教员,此在民国四年已以第四七六号部饬通行,并历经遵办有案。乃近查各法院法官对于前项部饬,日久玩生,其兼任教员者,仍不免有上开情事。似此法官与律师过于接近,殊非避嫌之道。兹为防微杜渐起见,不得不重申前禁,分别限制。"训令特别强调:"法官职务本极重要,若在繁剧区域,即专心致力,犹恐日不暇给。再兼教务,废弛势所难免……其他各级法院法官之兼任教员者,亦不宜漫无抉择。此前所定限制,应该严格遵守,并遵国民政府十七年训字第六十八号通令,所兼校课每星期不得超过四小时。各院长首席检察官应负监督之责,尤应以身作则。"[3]二是禁止在职法官兼任律师。1936 年,广东高等法院发布训令,"本院所属各级法院各职员多有

---

[1] 《罗文庄请辞特别法庭庭长兼职》,载广州《民国日报》1928 年 5 月 21 日第 3 版。

[2] 《司法院司法行政部训令法官退职后一年内不得在原任区域内执行律师职务文》,载《广东高等法院月报》1929 年第 7 期,第 10 页。

[3] 《广东高院训令奉司法行政部令限制法官兼任教员文》,载《广东高等法院司法月刊》1934 年第 3 卷第 9 期,"公牍"第 1 页。

经充律师而改任法官者，其遵章申请撤销律师登录者固多，而仍未申请撤销者亦不乏其人。本院为防微杜渐起见，合亟令仰该推事检察官即转饬各职员，凡前充律师者，应即申请撤销律师登录，并将律师牌撤卸，以防流弊而肃官场。"〔1〕

2. 规范司法官与律师的关系

1931 年司法行政部发布命令："法官与律师虽同有保障人权之责任，而论其所司职务实处于对立地位，平日彼此倘过于接近，遇案即不徇情偏倚，然瓜田李下，实惹嫌疑，物议将由此而起。""为维持法官尊严起见，特重申告诫在职法官，务各善体斯意，谨始防微，毋得与律师密迩往还，致损威严而贻口实。"〔2〕严厉禁止法官与律师私相往来，以免相互串通，有损当事人的利益。

3. 禁止法院请人代送传票

在司法实践中，广东各级法院形成了一些地方性管理措施。例如，"传票或书类的送达，多由承办员警转雇院外人代替，诨名曰驳脚"。这些代送者不是法院职员，在代送的过程中，常向当事人勒索茶资车费，或借案招摇撞骗，以致弊端丛生。为此，1936 年广东高院发布命令，要求各级法院严加查办，同时规定员警必须亲自送达各类传票和文书，不得向当事人勒索任何费用。如有违反，必须依法重惩。强调务必剪除积弊，维护法院威信。〔3〕

为了防治司法腐败，广东高院还禁止司法官在举行婚丧庆寿礼仪之际滥发喜帖讣告。1934 年，广东高院根据司法部命令训令各地方法院："查司法官吏宜谢绝一切酬应，迭经本部通饬遵行在案。乃年来世风日靡，遇有婚丧庆寿等事，率多铺张过甚，滥发通知，公

〔1〕《广东高等法院训令通令各职员不得兼充律师挂律师牌文》，载《广东高等法院司法月刊》1936 年第 5 卷第 7 期，"公牍"第 35 页。

〔2〕《司法行政部训令在职法官毋得与律师密迩往还文》（1932 年 1 月 30 日），载《广东高等法院司法月刊》1932 年第 2 期，"公牍"第 3 ~ 4 页。

〔3〕《广东高院训令据密报法院执达员法警送达传票书类常雇外人代替任意勒索令彻查究办文》，载《广东高等法院司法月刊》1936 年第 5 卷第 8 期，"公牍"第 1 ~ 2 页。

务人员，亦复积习相沿，日益加厉，耗时旷职，自所难免……我法界同仁，薪俸本已微薄，职责又极繁重，际此厉行新生活之际，尤应早日革除此等陋习，以资提倡。嗣后遇有婚丧庆寿等事，除亲族或确有戚谊外，不得滥发通知函件，如喜帖讣文之类，并不得借用公务机关名义，代发代收"。[1]

4. 公开诉讼收费标准

为了规范诉讼费用征收项目及数额，广东高等法院采取了一系列措施，包括公布诉讼费用项目及标准，严厉惩罚违规收费行为等。1935年2月，广东高等法院向社会各界通告诉讼费用征收的规范、项目及数额。其通告称："查司法诉讼征收费用，历经明白规定通饬遵照有案，在各级法院征收各费，均应填印数目收证，交由诉讼当事人收执。至于法院执达员送达民事判词传票，及其他关于诉讼之文书，当事人除依照所填额数给付外，毋庸多付分文。若关于刑事文件之送达，司法警察所需出差费用，法院已发给相当公费，当事人当无须再行负担。至当事人到庭应询，有因言语不通，法院丁役代予传话，此系丁役应尽之义务，法院既有给予一定之薪饷，自不能再向当事人稍有需索，本院对于上项陋习，稽察极严，除随时督饬所属各级法院，认真整理查禁外，诚恐诉讼当事人昧于章则，未明缴费手续，致遭损失，合将征收诉讼费用详细布告，嗣后各诉讼当事人务须依照所列数目交纳，倘有不肖员役，巧立名目，额外勒收，准即指名密诉，本院定必依法严办，决不姑宽。"在通告之后，还附带公布了两张"征收诉讼费用表则"，[2]以便广大民众对法院收费行为进行监督。

5. 端正司法官办案态度

根据民国诉讼法的规定，法官审案应做到态度恳切和蔼，不得

---

[1] 《广东高院训令奉司法部令司法官遇有婚丧庆寿等事不得滥发喜帖讣文仰遵照文》，载《广东高等法院司法月刊》1934年第3卷第9期，"法令"第11页。

[2] 《广东高等法院通告诉讼征收费用由》，载《广州律师公会月刊》1935年第1期，第231～232页。

使用胁迫、欺诈以及其他不正当的方法。1936 年,广东高院经调查发现,在审判案件的过程中,法官往往“不问事实如何,动辄嬉笑怒骂,甚或加以胁迫”;“书记官录供往往疏略脱漏重要之点,舍而不录,以致记载多与当事人真意相反。倘当事人发觉错误,请求更正,则又厉色相向,甚或加以斥骂,指为多事”。广东高院随即发布训令,强调当事人向法庭提起诉讼是为了寻求法律途径解决问题,多为迫不得已而为之,而且初次进入官府,本已怀有畏惧之心,如果法官对其疾言厉色,严词喝骂,当事人势必感到畏惧,难以进行正常辩解,“嗣后推事讯案,态度务取庄严而和平,庶当事人不生震慑之心而得尽其辞”;“务使一切变为平民化,不得妄自尊大,以符现代趋向。”根据南京国民政府惩戒法官条例的规定,诉讼笔录直接关系到诉讼胜败,各级法院必须按照法律规定及行政司法部命令的规定办事,将所有诉讼笔录向关系人朗诵,如当事人提出异议,书记官应予更正或补充,特别强调“书记官录供,当求显明切实,并交当事人阅览,或当庭朗读。如当事人有声请更正或补充者,不得置之不理,务求法庭记录符合当事人真实意思”。[1]

(二)加强司法官惩戒

司法官惩戒是规范司法官行为的重要措施。1928 年5 月,南京国民政府公布《法官惩戒暂行条例》,规定司法官如有违背废弛职务、损害司法威信的行为,或有恶劣嗜好等,应受惩戒。[2] 此后,法官惩戒程序日趋完善,并专门设立法官惩戒委员会负责办理法官惩戒事务。法官惩戒由法官惩戒委员会议决执行,司法部长“对各级法官认为应付惩戒时,应备文声明事由,连同证据送交法官惩戒委员会议决”,最高法院院长对于本院推事、高等法院院长对于本院推事以及所辖下级法院院长推事、地方法院院长对于本院推事、最高

---

〔1〕《广东高等法院训令令知嗣后推事讯案应采取之态度及书记官录供送卷之手续仰遵照文》,载《广东高等法院司法月刊》1936 年第 5 卷第 8 期,“公牍”第 10 页。

〔2〕《国民政府颁发惩戒法官条例》,载广州《民国日报》1928 年 6 月 8 日第 4 版。

法院首席检察官对于本院检察官及高等法院以下各级检察官、高等法院首席检察官对于本院检察官及所辖下级法院检察官、地方法院首席检察官对于本院检察官，“如认为应付惩戒时，应依照前条程序办理”，但须由司法部转送。司法部接收前项文件时，如有异议，可附意见书一并送交法官惩戒委员会审议。法官惩戒委员会接收惩戒事件后，除依照职权调查外，应将原文抄送被惩戒人，并指定日期，令其提出申辩书，或令其到庭询问。如被惩戒人违令不提出申辩书，或不到会者，法官惩戒委员会可以直接作出惩戒决议。法官委员会的决议应制作议决书，通知被惩戒人，并移送司法部，依照议决及法定程序执行议决决定。但如果受惩戒人是最高法院院长，则应呈请国民政府执行。惩戒如有刑事嫌疑，应移交法庭办理。已经进入刑事诉讼程序的同一事件，应该在刑事裁判宣告后实施惩戒程序。提交惩戒的法官，如果未停止职务，在惩戒委员会认为必要的情况下，可以由该会呈请国民政府或通知司法部先停止其职务。停止职务的法官，经法官惩戒委员会议决不受免职处分而且未受刑罚处罚的，可以依照前项程序，为其恢复职务。[1] 惩戒制度的完善，推动了法官管理的规范化。

广东重视法官惩戒制度的完善与执行。按照职责划分，司法官惩戒主要由省司法厅负责。1927 年，广东司法厅对林钟璜等司法官进行惩戒。据媒体报道，林钟璜，广东梅县人，广东法官学校毕业，1926 年任化县审判官，因收受贿赂，擅押擅放人犯，湮没诉讼证据，营私舞弊，被广东司法厅扣留查办。[2] 1928 年，广州地方法院简易庭推事李维藩受理西关带河基兴利押与朱长春堂因铺租涉讼案，在言辞辩论终结后二十余日，仍拖延不判，竟派其侄子、现任最高法院书记官李景鸿冒名陈伟民，向兴利押索贿三百金。兴

〔1〕《惩戒法官之程序》，载广州《民国日报》1928 年 6 月 26 日第 4 版。

〔2〕《司法厅扣留营私舞弊法官》，载广州《民国日报》1927 年 2 月 23 日第 4 版；《司法厅查办不法法官续讯》，载广州《民国日报》1927 年 2 月 27 日第 4 版。

利押东焦某以法官公然索贿,具文向高等法院秘密控告。为查明案情,高等法院院长罗文庄托兴利押焦某约陈伟民(李景鸿)带李维藩到陆园茶楼会面,同时派法院人员到茶楼监视。李维藩到达茶楼之后,进入房内,亲口告诉焦某:“我是李某,汝事可向陈伟民商量便妥”,言毕离去。监视者又与焦某商定,约陈伟民在 9 日下午到陆园交款,同时报告高等法院,请求派警员捉拿。当 9 日陈伟民到陆园等候取款之时,焦某虚事周旋,与陈伟民订明判决下达后交款。广东高等法院与广州地方法院检察官随即带领法警拘捕李景鸿,押交广东高院讯办。罗文庄下令扣留李维藩,亲自进行讯问,交广州地方法院首席检察官文壮起诉,严厉究办。[1]此案发生后,针对当时法官和律师等徇私舞弊、借案诈财现象频出的弊端,广东高等法院发布布告,准许人民密告法官。据报载:“法官李国藩、林熙畴被控受贿舞弊,除李推事扣留查究外,均被逃脱,虽经通令通缉,一时未得归案依律惩处,殊不足以正官邪,犹恐一般法官、律师因视察仍有未周,不知洁身自爱,或借案婪索,有勾串营私舞弊,因拟严令申诫,并布告准人民密呈指控,俾便查究,依法严办,以重法治而肃官纪。”[2]1930 年 11 月,连县分庭推事马毓生因吸食鸦片被广东高院逮捕,交广州地方法院依法侦查讯办。[3] 同年 12 月,广东潮梅地方法院院长陈佐汉因渎职被广州地方法院刑事庭判处有期徒刑 6 个月。[4] 1932 年广东高院规定,推检人员有以下情形者将依法进行惩戒:行为损害司法威信;在无特别原因的情况下,上任满 6 个月而对 1 年以上的积案拖延不结;办案有重大错误;滥押犯人;有恶劣嗜好;管狱员、改良所书记官整理卷宗、编制笔录未履行监督指挥职责,辅助办理传拘、送达不

---

〔1〕《本市地方法院法官索贿败露》,载广州《民国日报》192 年 6 月 12 日第 6 版。
〔2〕《律师法官之尊严》,载广州《民国日报》1928 年 10 月 20 日第 4 版。
〔3〕《审讯渎职官吏》,载广州《民国日报》1930 年 11 月 19 日第 4 版。
〔4〕《渎职法官上诉》,载广州《民国日报》1930 年 12 月 4 日第 4 版。

力;不革除诉讼陋规恶习;无法定原因而对终审判决拖延不予执行等。[1] 司法官惩戒本应由国民政府司法行政部执行,但因当时广东处于半独立状态,本省司法官的渎职舞弊行为主要由广东高院查处。

(三)完善法官考核制度

法官考核是加强法官业绩管理、提高司法效率的重要措施。1930 年,广东高院出台了具体的法官考核制度。为了加强平时对法官学识的考核,做到奖惩有据,由广东高院各庭庭长、推检及广州地院首席检察官、各庭庭长组成审查法官办案成绩委员会,将所属各院庭按月汇呈的民刑判词及各种法律文书分送审阅,写出审查意见,每次开会时提交会议,"奖褒其贤能,而纠绳谬误,其不胜任者则黜去之"。会后将审查意见发还各法院及分院推事,供其参考,以利改进。"期争自濯磨,人知奋勉。"[2] 1932 年,广东高院专门成立考核推检委员会,制定《考核推检成绩委员会规程》,由高院院长、首席检察官、高院庭长、检察官及地方法院院长和首席检察官 9 ~ 15 人组成考核委员会,以季度考核、年度考核和专案考核等方式对司法官进行考核,督促司法官认真办案。[3]

广东高院通过推行地院院长出巡制度,建构系统的内部监督机制。1928 年广东高院改组之初,全省共有 8 所地方分院,地方分院下辖 83 个县分庭。这些分庭为第一审机关,由所属地方分院院长就近监督。为了克服因每所地院所辖分庭过多所导致的监督不力,广东高院施行地院院长出巡县分庭制度,规定出巡院长必须向高院呈送出巡报告书,汇报分庭结案情况,作为考察办案成绩的重要依据。"地方法院院长出巡报告书,所载分庭推检收结案件数目各项,系备为考核推检办案成绩材料,报告贵乎详确。……嗣后各该院长

---

〔1〕《广东高等法院最近工作概况》,载《广东高等法院司法月刊》1932 年第 5 期。

〔2〕《整饬粤司法》,载上海《民国日报》1930 年 1 月 27 日第 1 版。

〔3〕广东高等法院《考核推检成绩委员会规程》,载《广东高等法院司法月刊》1932 年第 1 期,"法令"第 2 页。

出巡分庭,对于分庭办结民刑案件数目固应认真考察,而其报告亦应依报告书式所开各项将三个月收结件数逐月记明,然后计算平均数。推检两部分收结各项若干,并应分别开列,以清眉目,而昭核实,毋得瞻徇敷衍。"[1]

1930年,广东高院拟定各地院长出巡分庭简章,并制定出巡报告表,要求各地院务必遵行。根据简章规定,由各院斟酌交通情况,将所辖区域划分为数区,分区依次巡察,各地方法院院长必须亲自出巡,并向高院呈送书面报告。再由高院根据地方法院的报告,考察各县分庭职员是否称职,"彰善抑恶,梳理风声,颇著成效"。[2] 1932年2月,高院将出巡报告表格分发各地方法院院长,限于3个月内出巡所属各分庭及监狱,并将考察结果详细报告高院;对于需要改进的事项,则应就地指导。[3]

五、维护司法权威

(一)阻止军政机关侵夺司法权

法制现代化的过程,实际上也是司法机关与行政机关、军事机关不断角力并重新分配司法权的过程。在法制现代化的过程中,广东高等法院努力维护司法权的独立,为司法权的扩张和巩固不断助力。

民国时期,受传统法律思想的影响,行政侵夺司法权的现象时有发生。"县长为一县行政长官,分庭司全县民刑诉讼职权。乃县长往往不明现制,狃于旧习,遇有民刑案件,仍请县署处理。在县署败诉者,再起诉于分庭,在分庭败诉者,或擅控于县署。官厅已逾越范围,人民遂倍增痛苦。"[4]广东高院坚持法治原则,阻止行政机关

---

〔1〕《广东高等法院训令各地方法院院长嗣后出巡对于分庭办结民刑件数目应认真考察,并依报告书式分别开列毋得瞻徇敷衍文》,载《广东高等法院月报》1928年第4期,"公牍"第7页。

〔2〕《整饬粤司法》,载上海《民国日报》1930年1月27日第1版。

〔3〕陆嗣曾:《广东高等法院最近工作概况》,载《广东高等法院司法月刊》1932年第5期,"佥载"第1页。

〔4〕《开平县政府布告》,载《大中报》1929年4月17日第3版。

侵夺司法审判权力。1929 年,儋县监狱管理员张镜清呈文广东高等法院指出,由于当地民众法律意识薄弱,遇有纠纷仍向行政公署起诉,该县行政公署侵越司法权限,受理民刑案件,并且羁押人犯,导致被押人犯遇有不服,意欲上诉,无从救济,背离了国家法律保障人民权益的目的,请求高等法院"饬令该县分庭咨县提案办理,并请一面咨请省府主席通令行政机关,严申禁诫,一面通令分庭监狱查明呈报,借机救济,保障人民,以固法治精神"。广东高等法院随即训令儋县分庭:"司法案件应属法院管辖,行政官署不得干预受理",要求"儋县分庭调查明确,提案讯办"。[1] 广东高等法院还专门发文给广东省民政厅,请民政厅通令各县署不得越权受理司法案件,"查行政司法机关各有法定职权,在职管理自应恪守范围,勿稍逾越。惟各属人民间因不明系统,遇有民刑诉讼,误向县署呈诉,或有狡黠之徒,自知理屈,故意歧控,以为牵延讼争地步,而县署迳为处理之事,亦复时有所闻。然行政官署不得干预司法诉讼,迭经奉颁明令,在官吏固有越权之嫌,在人民适增缠讼之累。又况各国领事裁判权现正着手撤废,尤宜明示界限,以杜外人借口。……请录案通令所属各县县长,遇有民刑诉讼,务令当事人迳向该管地方法院或县分庭起诉,县署不得越权受理,庶于改良司法、肃清吏治均有裨益"。[2] 1930 年,琼崖地方法院受理承领官地登记诉讼案件,双方当事人、行政官署及法院等各方对争议的管辖权归属看法不一,其中一方当事人和地方政府认为应由行政机关决断,而另一方当事人和琼崖地方法院认为应由司法机关处置。因各方争执不下,琼崖地方法院随即向上级法院寻求支持。广东高等法院就此事致函最高院,请求给予解释。最高院答复:"给领官地之处分固属行政官署之职权,而甲乙两造就该官地究应由谁承领争执

---

〔1〕《高院训令儋县分庭查明县署寄押人犯如有属于司法案情者即便咨县提案讯办由》,载《广东高等法院月报》1929 年第 1 卷第 9 期,"公牍"第 4 页。

〔2〕《广高院函民政厅请通令各县署不得越权受理司法案件由》,载《广东高等法院月报》1929 年第 1 卷第 9 期,"公牍"第 12 页。

涉讼者,即应专由司法机关行其审判权。故行政官署虽已将该官地发交与甲承领,而法院如果判决确认应归乙所有,尽可依法执行。"[1]

军队分享司法权力是中国固有的政治文化传统之一,此种传统与现代法治文明存在明显矛盾冲突。随着中国法制现代化的不断深入,近代司法机关通过不懈努力,抵制军队干预司法。1934年,广东高院根据司法行政部命令,训令地方各级法院审理以前由军队羁押的人犯。其训令称:据监察委员会李梦庚呈文反映,湖南各县监狱多有所谓军队羁押人犯,问其犯案理由,不仅管狱员不知,县长亦懵然不省,犯人自己也不知自己犯有何种罪行,询问原来解送犯人的军队,这些军队有的远调他处,有的已经解散,导致无人负责。这种"仅凭一纸名片,或一武装随意送押者",境况十分惨烈,违背了"法治重在有常,鞠狱本期无讼"的宗旨。经过军政部批准,各省政府应命令各县查明羁押人犯的身份,分送当地军事机关及县政府、法院办理,各部队要尽快检送在押人犯的文卷,将案件交给各级地方法院审理。[2] 1935年,广州地方法院院长陈达材呈文广东高院称,"查从前法令,凡军人军属犯罪,一律受军事裁判,现新颁布之刑事诉讼法第一条第二项,规定军人军属之犯罪,除犯军法裁判者外,仍应依本法之规定,追诉处罚。此后军人犯罪,除犯军法外,一律归法院审理,与向来习惯,大有出入"。广东高等法院为此呈文西南政务委员会,请令第一集团军总部转饬所属军人,从7月1日开始,凡军人犯罪除犯军法外概归法院审理。[3]

(二)保护犯人的基本权利

广东高等法院通过监督辖下监所,及时发现并惩治违法监押行

---

[1] 《司法院训令广东高等法院解释承领官地登记涉讼疑义一案仰知照文》,载《广东高等法院月报》1931年第2卷7期,"公牍"第1页。

[2] 《广东高院训令各地方法院审理以前军队羁押人犯》,载《广东高等法院司法月刊》1934年第3卷第8期,"公牍"第40~42页。

[3] 《广东高等法院呈请此后军人犯罪除犯军法外概归法院审理》,载《广州律师公会月刊》1935年第3期,第296页。

为。1929 年,广东高院得知琼山监所因关押军事犯数量增加,导致囚粮供应不给,遂函请省民政厅饬令该县县长足额拨发。其函称:"囚粮一项为监所给养所必需,民国十五年广东省政府核定,每人每日给毫洋一角五分……无论地方经费如何支绌,均应依额发给。即在各机关经费八成减支时期,而囚粮医药仍准十足现金支付。兹据琼崖地院管狱员林伯翘呈报,以琼山县署羁押军事人犯二百五十余名,仍照前数年办法每人日给囚粮八仙,呈请核示前来。查各监所人犯囚粮早经奉准增加,施行已久,该县仍依向例办理,虽缘财政支绌,究与定章未能吻合……请民政厅厅长饬令该县长遵照,嗣后对于羁押人犯口粮务须照章给足,毋任短欠,以恤囚徒。"[1]同年,廉江分庭管狱员傅相颐呈文广东高院,反映 7 月 4 日该庭接收的人犯庞亚寿由合浦起解时被解兵殴打苛待,身受重伤。根据庞亚寿反映,从合浦起解时,其亲属靠典卖衣物送给他银元数元,供其路上使用,不料却因此遭到解差沿途苛索。虽然庞亚寿百般哀求,却仍遭到押解人员的恣意毒打,以至于遍体红肿焦黑,两膝被枪头撞伤,不能伸曲,不仅所有银元被押解人员搜走,身上所穿衣服也被撕破。经过管狱员查验,庞亚寿的伤情属实。该管狱员遂向廉江分庭报告,并呈请广东高院核查,令各县对此类行为严加禁止。广东高院遂以纪字第 48 号文咨送广东省民政厅,要求民政厅"据情通咨各县,嗣后递解人犯务须选派妥当队兵管解,并严禁沿途殴打勒索,以重法纪"。在广东高院的强烈要求下,民政厅命令合浦县查明案情上报,同时命令各县市一体遵照办理,扫除勒索恶习。[2]

[1] 《广高院函请民政厅令饬琼山县长依额发给军事囚粮文》,载《广东高等法院月报》1929 年第 1 卷第 9 期,"公牍"第 5 页。

[2] 《广高院准民政厅函复廉江县分庭管狱员呈报合浦县解犯队兵有殴打勒索人犯情事已饬县查明核究并分行禁止请查照文》,载《广东高等法院月报》1929 年第 1 卷第 9 期,"公牍"第 5 ~6 页。

第五节　广东高等法院的过渡性

一、广东高院的现代性

通过分析南京国民政府前期广东高院的实际运作情况可以看出，广东高院不仅建设起点较高，发展迅速，而且历史地位独特。特别是在西南体制下，广东司法资源比较充足，高等法院及其分院得到显著扩展，得以根据各地实际需要，调整地方法院编制，补充司法人员，在一定程度上体现出因地制宜的特点，在现代转型方面取得了实质性进展。具体表现在以下三个方面：

（一）具有现代法院的科层制特征

广东高院内部机构设置齐全、稳定，分工合理，初具现代法院的科层制特征。现代社会与传统社会的重要区别之一就是结构分化及功能专门化程度不同。现代社会内部分化明显，个体和组织角色众多，而且每一个角色往往只行使一种职能。广东高院在内部机构设置方面基本实现了合理分工、科学管理。

首先，审判机构与司法行政机构明确分立。以 1929 年的广东高院为例，法庭专职审判，书记官室专职司法行政；民事审判庭与刑事审判庭分立；书记官室内共分 3 科，科内分股，分工明确，体现出科层制的特点。[1] 1932 年《法院组织法》进一步改进各级法院的内部组织结构，广东高院以此为依据，进一步展现出现代性的一面。据 1935 年《广东高院职员录》显示，该院设有 3 个民庭、1 个刑庭、2 个清理积案庭，另有检察处、院长室、书记官室。书记官室下设 3 个科室，其中第一科下设文牍、监印、管卷、收支、收案等股，第二科下

---

〔1〕 1928 年的广东高院内部设 3 个民事庭、1 个刑事庭，另有刑二庭兼民四庭 1 个；书记官室负责司法行政，该室下设 3 科，第一至三科之下共设有 11 个股。详见《广东高等法院职员录》，载《广东高等法院月报》1929 年第 1 卷第 6 期。

设民刑记录、分案、统计等股,还有专职法律解释一等书记官、视察监狱一等书记官,第三科下设收支、计核、庶务、售状等股,以及管理承法吏事务的书记官。[1] 法庭与其他科室之间分工细致明确,科下分股,反映出现代化过程中职能分化的发展趋势。

其次,民事审判庭数量超过刑事庭。广东高院改组之初,已经设有 3 个民庭、1 个刑庭,另设的清理积案庭则是民刑兼具,表明民庭数量大大多于刑庭,改变了中国传统司法重刑轻民的基本格局。采用审检合署制,检察机关只是法院的内设机构之一,并未独立设置。

广东高等法院根据实际需要,专设清理积案庭。清理积案庭本为广东高院设立之初为清理积案而临时设置,初定运行时间为 3 个月。但因广东高院诉讼业务繁重,以致多次开设清理积案庭,使其最终成为准常设机构。

最后,人员构成比较合理。每庭皆有推事、检察官及书记官,其他非讼部门则配以书记官处理相关行政业务。广东高院内部分工精细,职责明确,体现了司法现代化的总体要求,对提高司法审判效率具有重要意义。

(二) 司法人员专业化水平明显提升

现代司法的突出特征是日趋复杂化、专业化。现代法律发展的结果是法律规范越来越具有抽象性和普遍性,解决纠纷的难度不断增加,只有经过专门化训练的人才有可能胜任。因此,法官的素质直接决定法院功能的发挥水平。具备法学教育背景、具有相关工作经验是司法人员专业化的主要标志。广东司法人员的专业化主要表现在以下两个方面:

首先,广东法院系统的绝大多数司法人员接受过比较系统的专业训练,具有较高的专业水平。为了提高专业化水准,广东高院不

〔1〕 广东高等法院编印:《广东高等法院暨所属法院职员录》,1935 年版。

断完善人才选拔与任命程序，通过考试保证司法队伍的素质。广东高等法院改组之初，尚缺乏科学的司法官选拔程序，主要按照法官甄叙暂行标准录用司法人员。1932 年 3 月，南京国民政府公布《司法官任用暂行标准》，规定简任、荐任法官的任用资格及程序，司法官选拔标准体系初步建立。1935 年《法院组织法》实施，根据该法第 33 条的规定，推检任用资格要求主要有五项：一是司法官考试及格并实习期满；二是曾在公立或经立案的大学、独立学院、专门学校教授主要法律科目两年以上；三是曾任推事或检察官 1 年以上；四是执行律师职务 3 年以上；五是曾在教育部认可的国外大学独立学院或专门学校毕业，有法学著作并实习期满。其中二至五项并须经过有关部门审查合格。同年 8 月，国民政府公布《法官及其他司法人员资格审查办法》。1936 年年初，司法行政部公布《推事检察官任用资格审查规则》。司法官准入标准体系日趋完善，为司法人员专业水平的提高提供了制度保障。

其次，广东高院不断细化与完善司法官考试录用制度，取得显著成效。例如，1934 年考试录用的司法官共 112 人，其中 90 人毕业于广东法政专门学校、国立广东法科学院、广东法官学校和国立广东大学法科学院等广东本地高校法学专业，占录取人数的 80.4%；有 20 人毕业于北平朝阳大学、国立中央大学、上海的法科大学和东吴大学以及南京、四川的高等院校法律专业，占总人数的 17.9%；另有 2 人教育背景不明。[1]

据 1935 年《广东高等法院暨所属法院监所职员录》记载，当时广东高等法院共有院长、首席检察长、书记官长各 1 人，庭长 6 人，推事 14 人，检察官 5 人，书记官 84 人。所有庭长推事和检察官均具有多年的审检工作经验，书记官也由相关工作经验人员担任，其中有 63 人曾在法院任推事、检察官、书记官，15 人曾在其他机关从

---

〔1〕 据广东高等法院编印《民国廿三年广东司法官考试同年录》(1934 年版)统计。

事相关工作，只有6人无工作经验。绝大多数司法官受过三年以上法政专门教育并取得毕业证书，其中4人有留学经历，院长谢瀛洲和视察监狱一等书记官邱代明均毕业于法国巴黎大学，检察处主任书记官劳琨毕业于日本明治大学，速记官长潘冠英毕业于法国里昂大学。谢瀛洲、邱代明、潘冠英均曾任大学教授，其中谢瀛洲还担任过北平大学法学院院长。[1] 表明南京国民政府前期的广东高院在司法人员专业化方面进展迅速，基本上能够满足法制建设的需要。正是专业化的司法人员，为坚守法制、维护法律尊严提供了人才保证。

（三）司法效率大幅提高

广东高院吸取近代以来法院运作的经验，建立起科学的管理机制，通过推行绩效考核与奖惩、内部合理分工及地院院长出巡分庭等制度，努力提高司法效率。

相对于中国古代社会，民国广东法院系统的办案效率已经得到明显提高，法官在适用法律方面相当认真，懈怠、敷衍和随意办案的迹象并不多见。虽然当时的社会舆论不断抨击法院办案迟缓、案件积压严重，但其成因十分复杂，并非全因司法机关效率低下而致。一方面当时司法与行政的关系未能完全理顺，影响了司法效率的提高。1914年《法律周报》曾有社论指出："自司法机关成立，地方绅士，请托不行；行政长官，失其威福，于是诟谤丛兴……论者每谓司法机关案件积压……然从前繁剧州县，每逢三八期收呈，恒有百余张之多，一月六期，即有六百余张，虽其中续审催词，居大多数；新案姑作十分之二计算，亦有百起。可审结若干，向无明确统计……然如清同治七年江苏省例所定，凡三个月原报二十起以外，讯结十成（每月月结七起），三十起以外，讯结九成（每月该结九起），五十起以外，讯结六成以上（每月讯结十起），一百起以外，讯

[1] 广东高等法院编印：《广东高院职员录》，1935年版。

结五成以上(每月迅结十七起)均记大功一次。”另据光绪十五年《江苏省例》规定:“一月审结徒流以上案件至三起者,记功一次。五次者,记大功一次。常功至六次,大功至三次者,署事人员注册,首先拔署一次;实缺人员,调署优缺一年。”也就是说,每月审结刑事案件五起,民事案件最多约结十七起,最少约结七起,即可得到记大功的褒奖。但考察清代州县,因结案而得以记大功者极为少见,即使有幕友代为伪造审结词讼案件记功,也多为抵销记过期间。清代案件积压之严重,由此可见一斑。以民国时期司法报告所载案件审结数字相比较,可以看出,民国时期广东法院审结案件的速度相当快,月结案件数量比清代明显增加,特别是考虑到民国司法程序更加复杂、法院数量与办案人员均未明显扩充的客观现实,更加体现出民国司法效率的大幅提升。[1]

二、广东高等法院的传统性

在肯定广东高院现代性的同时,我们也看到其传统的一面。南京国民政府前期的广东高院仍然处于从传统向现代转型的初期阶段,民众长期接受传统文化的熏陶,伦理纲常深入人心,司法独立缺乏坚实的文化基础。这些传统文化在法院发展中均有一定表现。

(一)深受传统伦理观念的影响

基于社会发展的继承性以及文化新旧混合的现实,广东高院在不断推进司法现代化的同时,也选择性地继承传统法律文化,如在其管辖范围内大力推行民事和解,营造和谐的社会关系,强调司法审判要维护伦理纲常。1935 年,广东高等法院通令所属各级法院,认真办理各种有碍纲常案件:“齐家为治国之本,故书称明刑弼教,礼贵易俗移风,即今新刑法之对妨害风化,特立专条,伤及尊亲,并

---

〔1〕 阮毅成:《中国法治前途的几个问题》,载《东方杂志》1933 年第 30 卷第 13 号,第 78~84 页。

予加重。盖彝伦之叙斁，风教之良否，关系世运隆汙，非浅显也。自倾民俗乖漓，道德澌丧，小者耕锄德色，箕豆相煎，大者讨父仇孝，推刃同乞，至或区耦仳离，而房挞兵戎，伤风败俗，逆伦贼恩之事，层见叠出，如报章所传，竟有七十余岁老翁，焚杀白头妻室者。人伦之变，殊足惊心，此类案情，亟应加意严查，尽法惩治。抑仅属意气细故，酿成争讼，亦当晓以正义，俾知愧悔。至于奸非亵秽，务宜杜戒宣传，酌禁旁听，以维廉耻，庶于执法之中仍寓扶植纲常之意。"[1] 1937 年 2 月，司法行政部发布训令，要求地方法院采取措施，切实推动民事和解。最高法院也在呈文中称："民事争执，本无不可解之纠纷，只因居中乏人，以致兴讼"，如能调处结案，既不需像裁判那样受到法条的拘束，有利于达致社会关系的和谐，而且执行程序也可一并终结，不仅减少上诉数量，而且便利民众。强调和解有赖于法院的督促，各级法院应在审判过程中或庭外"多方设法，示以方针，晓以利害"，促成调解结案。广东高等法院随即下令各地方法院推行和解，并将和解案件数量增列为法官考核标准。[2]

(二) 司法独立程度受限

民国时期，司法地位不断上升，司法的独立性得到明显提升，军事与行政机关审判案件的权力受到法律限制，但司法的独立程度仍然有限，主要表现在以下两个方面：

一是军政机关行使司法权的现象仍未根绝。1928 年，广东安定县分庭推事符致业、检察官王耀南呈文南区善后委员会指出，根据法律规定，县属警团应受县法院的调度，但在安定县恰恰相反，区乡保卫团长可以收受司法案件，任意逮捕和释放人犯，分区警察署长可以随意办理民刑诉讼案件。该县分庭每月受理案件数量不到警团受理案件数量的十分之三。这种局面的形成，虽然与人民法律

---

〔1〕《广东高等法院通令扶植纲常》，载《广州律师公会月刊》1935 年第 3 期，第 294 ~ 295 页。

〔2〕《广东高等法院训令奉司法行政部令各法院励行民事和解仰遵照由》，载《广东高等法院司法月刊》1937 年第 6 卷第 3 期，"公牍"第 11 页。

意识薄弱、不明权限归属有关,但主要是警团“故意越俎违法”所致。警团对于民刑案件“招之已恐不多,况其挥之不理,因而甲行乙效,相习成风,遂至分庭职权,等于毫末”。该县各警团对于法院的调度命令不仅不遵令应召,而且完全不予答复。分庭法警不仅人数少,而且没有枪弹,又无警团帮助,每遇强盗案件,只能坐等罪犯逃脱。安定县如此,其他各属情形也极为类似。在安定县分庭的强烈要求下,南区善后委员会公署命令各县县长转饬所属警团,遵从法院调度,协助缉拿人犯,同时不得越权受理司法案件;同时发布告示,晓谕各县人民“遇有民刑人事诉讼,不得擅向团警私相授受,以别权限,而维法统”;强调“县分庭为一县之司法总枢纽,所有县内民刑等项诉讼事件,除有特别情形须归其他法院或高级法院审理者外,均应归其受理。此外不论何项机关均无受理权能”。[1]

二是司法机关对案件的裁判难以避免行政与军事权力的影响。1935 年,广宁县县长王仁宇呈文广东西北区绥靖委员陈章用,反映“广宁窃匪异常猖獗,闾阎骚然。拿解究办,只处以数月之徒刑,一至期满释放,不特恶性仍存,而呼群引类、暴戾比前更甚,闾阎治安之被其扰乱者,更不堪设想”,请求援照广州公安局“对于窃匪犯案三次以上者执行枪决之例办理”。国民革命军第一集团军总司令陈济棠为此发布法字第 656 号公函:“窃盗罪及累犯加重,刑法上均有专条规定,该参议院所拟准予特别从严惩办,于法不合,未便照准。惟窃盗犯罪,如不从重定刑,于社会安宁秩序不无妨碍,应函请广东高等法院转饬所属各法院,如遇窃盗案件,务于法定主刑内体察情形,从重判处,以资儆戒可也。”广东高等法院随即训令地方法院“如遇窃盗案件,务于法定主刑内体察情形,从重判处”。[2] 1936 年,广东高院迫于省政府的压力,同意省行政督察专员及县长兼办军法事

[1] 《饬属不得干涉司法》,载广州《民国日报》1928 年 6 月 12 日第 6 版。
[2] 广东高等法院:《对于窃盗特别从严惩治以遏盗源令》(附原提案),载《广州律师公会月刊》1935 年第 6 期,第 40 页。

务，享有所辖境内多种案件的检察审判权，包括现役军人违犯刑事或惩罚法令，非军人在剿匪区域违犯军事法令，非军人违犯《危害国民紧急治罪法》《剿匪期内审理盗匪案件暂行办法》《修正剿匪区内惩治土豪劣绅条例》、各种禁烟禁毒法令，以及其他根据法令应归军法机关审判的案件。[1]

三、广东高院的局限性

由于受到诸多社会因素的限制和影响，广东法院仍然存在许多不足之处。例如，由于人才选拔方式的限制，采用考试方式的同时也兼用委派方式，给任人唯亲留下空间，制约司法专业化程度的进一步提高。广东是近代国民革命的根据地，广东高院也因此而成为"司法党化"[2]的主要基地。

（一）司法党化的标杆

广州国民政府重视法官政党理念的树立。1926 年 11 月，国民党中央政治会议审核通过《改造司法制度案》，决定正式废除"司法不党"的法禁，推行司法党化，广东由此成为最早推行"司法党化"的地区。1929 年广东高院的司法官已经全部加入国民党，率先完成司法"党员化"，转而进入"党义化"阶段。广东高院制定了严密的"司法党化"计划，在司法官考试中不断增加党义内容，按期组织司法官学习党义，加强党性培养。

广东高等法院在其发布的 1929 年施政计划中特别强调："法官行使五权宪法中之司法权，职责重要。况反革命及土豪劣绅案件现又悉归法院审理，苟非深明党义、恪守党纲，曷以弼成法治。广东为

---

〔1〕《广东高等法院训令准广东省政府函以各县长暂未兼任行营军法官除盗匪烟毒禁毒条例规定仍得审判外，其余如遇上项兼办军法事务暂行办法第二条第一项左列各案件依同法第四条第一第二两项分别办理，并择录有关各条颁示仰知照文》，载《广东高等法院司法月报》1936 年第 5 卷第 9 期，"公牍"第 31 ~ 33 页。

〔2〕按照居正的解释，所谓"司法党化"包括两方面，一是司法人员思想的党化，即具有三民主义的社会意识，二是司法人员在适用法律的过程中充分运用三民主义。详见居正：《司法党化问题》，载李贵连主编：《近代法研究》，北京大学出版社 2007 年版，第 137 ~ 153 页。

国民革命策源地,法官多属党员,对于党义党纲向具坚确之信仰,正宜努力研习,以求认识明确。”同时制定了该年度促进法官党化的具体计划:一是高等法院遵照中央颁布研究党义条例,组织委员会,凡属职员,均应一律入会研究,期间定为1年,所属各级法院亦饬令一体遵行;二是每届纪念周,指定人员轮流作党务报告及演讲,全院人员均须出席,以期收到三民主义熏陶的成效。[1] 1932年,广东高院设立全体工作人员党义研究会,同时拟定研究会组织规则,派委员11人襄助办理,分组负责对于党义研究会的指导、考察和批评工作。院内职员、雇员、法警、丁役全部参加,共有会员135人;每天上午8点至8点半、下午5点至5点半为研究时间,由各委员每日出题交给会员书面回答,相互评判,详加讨论。第一期研究期满后,由广州特别市党部训练部派人到院进行测验。1933年,广东高等法院将党务列为重点工作,并在年初开展第二期党义研究与学习,法院所属各机关也遵照条例学习党义。[2] “司法党化”促进了司法界的思想统一,但一定程度上影响了司法独立的发展,成为广东高院现代化的制约因素。

(二)尚未满足社会经济发展的现实需要

根据1926年法权委员会的调查与统计,全国有新式法院139所,其中第一审新式法院91所,按照中国人口的比例,440万人才有1所第一审新式法院。由于中国交通不便,仅有的新式法院的实际管辖范围受到限制。“现有法院之数目与中国幅员及人数比例,实属不敷,显而易见。其结果,国内之诉讼多归县知事衙门办理。即以县知事衙门而论,约三十万人民仅有一所而已。”[3]事实上民国时期的案件积压多与行政机构有关。当时各县司法多由县长兼理,

---

[1] 《广东高等法院施政计划》,载《广东高等法院月报》1929年第1卷第8期,“佥载”第1~2页。

[2] 《广东高院十九年工作概况暨预计采行施政纲要报告书》,载《广东高等法院司法月刊》1933年第2卷第6期,“佥载”第1页。

[3] 《法权会议报告书》,载《东方杂志》1926年第24卷第2号,第161页。

有关嘱托、调查、履勘、递解人犯等,均须县长办理。但法院对县长并无直接领导权力,对于法院交办事项,县长经常一再拖延,办理刑事上诉案件,还需递解人犯。因递解人犯程序繁琐,费用浩繁,县长们莫不将其视为畏途。常常是案件上诉已久,法院早已准备审理,只因人犯未到而无法开庭。[1]

法官数量有限,也对办案效率与质量的提高形成限制。正如民国学者所言:"司法人员重在折狱平理,所收民刑诉状,千态万变,非有较宽绰之时间,极冷静之头脑,不易斟酌至当,而一归于平。"但民国时期各级法院的法官数量极为有限,诉讼案件却极其繁杂,"以此极少量之人员,一瞬之时间,听无数之词讼,理宁得尽平,狱岂得无冤"。因为法官人员数量有限,为了在有限的时间内审结案件,法官往往采用多种有悖于公平的方式与手段,"或则以高压手段,胁使之当堂和解,或则以谕知口吻,明示其不能胜诉,令其不要再讼,以有事推无事,此所谓名实相符之推事;等而上之,即有法律素养较厚之司法官,虽欲尽得人民曲直,然苦于时间限制,终亦不免草率。前者,则小民在司法官盛气凌人、威严呼喝之下,不得不忍痛负屈,而至于无条件任其和解;尤其司法官明示其不能取胜,小民抑而莫伸,欲上诉又苦无钱,遂不得不承命撤回……后者,听断仍属草率,其不能尽得其理,殃民害义,实无二致。是非司法官之尽不善,盖亦国家财政限而至此。"司法改良,决不能仅仅以法律条文的修正为满足,徒法不足以自行,必须慎选司法人员,广筹司法经费,扩展司法队伍,根据各地法院业务量的大小,确定法官群体的规模,确保法官有比较宽裕的时间审理案件,保证裁断的公正与合理,最终实现"听断既已公允,民无怨言,狱无濡滞,则国内人民皆得一于法,外人自无从以司法制度不良而污我矣"。[2]

---

[1] 阮毅成:《中国法治前途的几个问题》,载《东方杂志》1933 年第 30 卷第 13 号,第 78 ~ 84 页。

[2] 秦孝思:《改进司法之我见》,载《东方杂志》第 40 卷第 23 号,第 14 ~ 15 页。

(三)司法腐败现象频出

司法人员的素质与职业化程度直接影响司法裁判的质量与权威,特别是在偏远地区的基层法院,法官水平依然有限。1935 年广东省参议会议员赵汉俊在“革除司法积弊,以重法治”的议案中揭露新会法院积弊多达四十多条,而且“多系确凿有据”。这些积弊主要包括四个方面:

一是违法剥夺人民身体自由。例如,刑事被告人并无刑事诉讼法规定的应当羁押条件而被滥行羁押,或者先羁押被告人,后又改押告诉人,再加押被告人。羁押已逾限期而延不起诉,或已起诉而延不判决,导致刑期仅数月而实际羁押时间长达一两年。按照法律规定,被羁押人犯可以通过现金或责付等方式提供担保,但法院却规定只有法院所在地商店才具有交保资格,从而为司法人员提供勒索机会。

二是滥收诉讼费用。民事案件除缴纳法定讼费或申请费之外,还要缴纳传票费、文书送达费、履勘费、执行费、执行办公费、鉴定标的物价格费、拍卖费、拍卖不动产执照费等。这些费用均缺乏征收依据,而且无明确征收标准,有的征收数量甚至超过实际支出的数十倍。刑事案件本不应向当事人收取费用,但实际上收费名目繁多,诸如传票费、文书送达费、夫马费、检验费等。“法院征收各费,视为固然,已成为一种陋规。”即使诉讼当事人经济十分困难,也难以得到减免。

三是舞弊敛财。司法人员敛财手段多样。例如,在民事案件审理过程中,应将原告副状送达被告而不送达,以索取抄录费;刑事案件本不必代缴副状,而司法人员却勒令代缴,转送被告以索取费用。又如案件审结后不及时发还当事人缴存法院的钱款或由法院拍卖取得的款项,而是转付商店生息,从中渔利。

四是玩忽职守,损害诉讼人权益。例如,不按传票上规定的时间审理案件,或传讯数次而不开庭审理;判决确定而延不执行，或不依程序执行，导致判决无效；检察官受理非刑事案件，却不接收其应收的抗告状；承法吏并未送达传票或公告，却伪报当事人拒不收受；检察官延搁案件不进行侦查，却伪报人证不齐。[1]

1936年司法部长王用宾在广东高院联合纪念周上发表讲话指出，他因参加护法在广东工作数年，“深晓广东有一种最坏的毛病，就是贪污之风较各省为甚。……听说广东有许多法官不拿薪水，仅在当事人方面随便支用，更有勾结律师通同作弊者”。[2]

（四）案件审理水平参差不齐

一是部分法院制作的司法文书不够规范。1931年，最高法院曾致函广东高院，指责有些广东法院制作的审讯笔录不合规定。最高法院认为，《刑事诉讼法》第334条明确规定审判中的诉讼程序专以审判笔录为证，但在广东高院所送刑事上诉案的案卷中，一审和二审笔录往往不依法制作。要求广东高院通令下属各法院“嗣后关于审判笔录务须遵照刑事诉讼法第三百三十一条及第三百三十三条各条办理，俾免因诉讼程序不合发回更审，致滋讼累”。广东高院在通令中强调：“审判笔录关系重要，岂可自为风气，并不依法制作，贻人口实。自此次通令之后，各院庭务须特加注意，妥慎遵办。倘再因仍痼习，各该主任任推检当与承案书记官同任咎责。”[3]1936年，司法行政部再次训令广东高等法院：“诉讼程序及案件内容以笔录为证，关系至为重要。检阅本院上诉案件，各省法院及县政府笔录，记载翔实、眉目分明者固多，而有问题者亦不少。”这些问题主要包括：(1)笔录词句晦涩，或字迹过于草率，甚至令人无从辨认。(2)笔录中往往引用地方习用土谚以及杜撰的讹字，而且不加注释，核阅者无法知晓其真实意思。要求各级法院“嗣后对于笔录之词句

[1] 《(广东)省政府公函》(法字第632号)，载《广东省政府公报》1935年第291期。

[2] 《王部长训话》，载《广东高等法院司法月刊》1936年第5卷第8期，“佥载”第1页。

[3] 《广东高等法院训令各院庭对于审判笔录务须依法制作妥慎遵办文》(1931年2月24日)，载《广东高等法院月报》1931年第2卷第6期。

及意义务求明显切实,不宜稍涉含混,以期减少审理之困难”。[1]

二是民事案件判决存在明显错误。1937 年,司法行政部经审核发现广东法院民事判决中的错误颇多,随即指令广东高等法院采取措施进行补救,广东高等法院随即训令各地法院认真纠正。这些错误主要集中于婚姻和债务纠纷案件两大类。

婚姻案件判决错误主要是对法律条文认识有限及适用法律错误所致。例如,在唐方文与吴应生离婚一案中,原告起诉虽用“离婚”字样,其真实意思无非是以被告“不能人道”(丧失性功能——抄者注)而无法治愈,请求消灭二人之间的婚姻关系。如从原告知悉其不能治愈之日起未超过 3 年,就应根据其真实意思、援用《民法》第 995 条关于撤销婚姻的规定,判决撤销。而原判却未注意到这一规定,竟然援用前清大理院解释及《民法》第 1052 条第 7 款规定,宣告双方离婚,明显于法不合。在文发梅与唐方成离婚一案中,被告唐方成的养母唐郭氏虽然曾招参加人李王荣之父入赘,而被告人之妻即原告文发梅与该参加人并无血亲关系,原判认为二人是二等旁系血亲,援用《民法》第 983 条第 1 项第 3 款规定,宣告二人不得结婚,与相关法律规定不符。在王亚莲与刘培婚约案纠纷案、邱秀琼与李忠婚约纠纷案件中,双方当事人所争议的婚约均非男女当事人自行订定,违反《民法》第 972 条规定,根据最新法律解释和相关判例,婚约应属无效。但原审法官并未注意到这一点,竟然援用最高法院已经失效的判例,宣告解除婚约,明显于法不合。另外,在当事人一栏,原告及诉讼代理人或法定代理人等字样应分别写在各当事人或代理人的姓名之上,原判决书均另行记载,明显欠妥。在郭曾氏等与刘源源婚约诉讼一案中,双方所争礼金是赠与的一种,不得请求返还,原审判决却命反诉被告返还礼金,与司法院院字第 838 号解释、《民法》第 408 条第 2 项规定不符。另外,在李庆如与

[1] 《广东高等法院训令奉司法行政部令对于笔录之词句及意义务求明显切实令仰遵照文》,载《广东高等法院司法月刊》1936 年第 5 卷第 7 期,“公牍”第 4 页。

温菊招因脱离关系上诉一案中,原判决未写明上诉期间及上诉法院名称,与《民事诉讼法》第229条第3项规定不符,应查照司法行政部1935年10月19日第5035号训令办理。在叶玉妹与谢瑞炎婚约纠纷一案中,原告叶玉妹16岁,未成年且未结婚,无诉讼能力,不能以她本人的名义委任诉讼代理人,原判决未记明其诉讼代理人,直接将温洪波作为其诉讼代理人,不符合法律规定。

对债务纠纷案件的判决错误也比较明显。如在华彰庄与泰利号求偿欠款一案,张仲殷是代理华彰庄诉讼,原判不按照其代理性质分别记录为华彰庄的法定代理人或诉讼代理人,竟与华彰庄列为共同原告,原告指名向黄家骥、黄立峰请求偿还其以泰利号名义所借款项,应该以黄家骥和黄立峰为被告,原判竟将其中一人与泰利号列为共同被告,均属不当。[1]

综上所述,广东高等法院的机构设置及运行情况表明,南京国民政府时期的法制转型已经取得了显著成就。虽然广东高等法院仍然具有传统的一面,而且存在独立程度受限、基层法院法官水平参差不齐以及司法腐败等制约性因素,在一定程度上减缓了法制现代化的进程,但总体而论,广东高等法院内部机构设置比较合理,分工细致明确,各部门之间紧密配合并相互制衡,管理制度健全,具有明显的科层制、专业化特征,与传统司法机构具有本质的不同。

[1] 《司法行政部审核广东各法院民事判决册汇览指令》第3489号、第6327号、第6798号、第7030号,载《广东高等法院司法月刊》1937年第6卷第3期,"专载"第1~2页。

第三章　地方习惯与近代广东法制发展

第一节　问题的提出与学术史回顾

成文法、习惯与法理是法律的三大渊源。习惯是特定人群或行业在长期的社会生活中逐渐形成并反复所为的同一行为模式。习惯一旦得到司法机关的认可与适用，即成为习惯法。[1] 统一的法律与不同习惯之间的关系，是贯穿地方法制发展始终的重要线索。如何处理法律与习惯之间的关系，是法学研究不可回避的问题。在近代法制转型的过程中，这一问题尤为突出。选取传统与现代冲突的前沿地区广东作为研究样本，分析近代法制转型过程中法律与习惯的互动与背离，司法机关对待习惯的态度，特别是处理习惯与法律冲突的方法和技巧，有助于我们客观认识习惯与成文法之间的关系，为当代中国法治建设提供借

---

〔1〕 杨仁寿：《法学方法论》，中国政法大学出版社1999年版，第207页。

鉴与启示。

一、社会法学对法律一元论的挑战

长期以来,我国大陆法学界将法律一元论奉为正宗,坚持以国家权力为核心,将法律的起源及其发展过程的研究,预设于国家前提之下。人们普遍认为,法律随着国家的产生而产生,并随着国家的发展而发展。法与国家机构相辅相成,密不可分,只有国家才有资格制定法律,所谓法律必然是国家的法律。直接将法律与国家性、强制性、统一性、排他性相联系,将其他在功能上与法相似或相同,对法具有辅助或强化作用的社会规范,譬如政党、社团制定的章程,社会习惯以及乡规民约等,均排除在法的范畴之外。在此理念指导下,法学研究长期以成文法典为主要依据,对社会生活中现实存在的多元权力体系和多层次习惯规范缺少应有的关注。

与法律一元论不同,法律社会学提出了法律多元理论。法律社会学认为,任何社会的法律制度都是多元的,国家并非法律存在的必要条件,除了国家法之外,还有各种形式的非国家法。法不是独立于社会的一个规则体系,而是深嵌在社会母体之中。法是社会文化的一个重要构成部分,对法律的研究,必须投射到国家之外,追溯法律观念和法律制度背后的历史根源与社会基础。正如德国历史法学派的重要代表人物萨维尼所言:法是“民族精神”的体现,法律是内在地、默默起作用的力量的产物,深深地植根于民族历史之中,其真正根源乃民族的共同意识,是由“民族精神”决定的。[1]

按照法律社会学理论,法并非只能出自国家。除了国家法之外,还有非国家法。国家法只是法律秩序的一个构成部分,而且并

---

〔1〕[德]萨维尼:《论立法与法学的当代使命》,许章润译,中国法制出版社2001年版,第7~12页。

非最为重要的部分。正如布律尔所说："除了由政权强加的法律规则外，还存在着某些法律规定，或至少具有法律效力的规定。"[1]在埃利希看来，法律有两种，一种是国家制定的即"国家法"；另外一种是"社会秩序"本身，又称为人类联合的内在秩序。"人类联合的内在秩序不仅是法律最初的形式，而且直到现在为止，还是它的基本形式。"他主张"法律发展的重心不在于立法，也不在于法律科学和司法判决，而在社会本身"。[2]

在国家法之外，还有形式多样的法律规范，习惯就是极具代表性的一种。习惯与法律关系密切，就规范人们行为的作用而言，二者并无根本区别。国家统一法制与民间习惯并行不悖，是中国法制的传统之一。我国古代已经形成以礼入法的法典编纂传统，习惯经久不衰，有效地发挥着社会控制作用。在中国传统社会，国家法发育不够充分，未能真正渗透到社会现实生活，人们的行为并不完全由国家法直接控制与调整，而是更多地受到习惯、民俗与道德的规范。法国比较法学家达维德曾说："中国人很不相信法学家"，"在任何情况下，解决争端的办法应不受法律框框的局限，而要符合公正和人情的原则"，"中国的传统观念并不排斥法。但是据说，只用于对付野蛮人：无视道德和社会的人、不可救药的罪犯、异族以及对中国文明有不同看法的外国人。中国人民一般是在不用法的情况下生活的。他们对于法制订些什么规定，不感兴趣，也不愿站到法官的面前去。"[3]将习惯视为广义法律的重要内容，是社会法学界长期流行的观点。台湾学者王伯琦曾经指出："道德、习惯与法律，同是人类社会的行为规范，其间的关系非常密切。法律的前驱是习惯，而习惯又启端于道德。所以法律的最初发展，无不是道德意识

---

〔1〕［法］莱维·布律尔：《法律社会学》，许钧译，上海人民出版社1987年版，第22页。

〔2〕转引［美］E. 博登海默《法理学——法律哲学与法律方法》，邓正来译，中国政法大学出版社1999年版，第142页。

〔3〕［法］勒内·达维德：《当代主要法律体系》，漆竹生译，上海译文出版社1984年版，第486~487页。

经由习惯而成文化。”[1]进入20世纪90年代,中国法治转型中的深层次问题渐次显现,有些学者开始冲破法律一元论的束缚,重新思考法律与习惯的关系问题,如有学者指出:“‘习惯’规则曾经(甚至还在)支配着中国人漫长的生活,尽管它们在大多数时候与‘国家’无关,但却都明确地规定着人们之间的权利义务关系,从而具备法的内在特征;同时,它们大多依靠‘中人’等社会认可的物质力量来保障实施,并可反复适用,因而具备法的外在形式特征。这难道不是实实在在的‘法律’吗?”[2]正是习惯的法权本质和规范属性,为习惯在司法中的适用奠定了基础。

二、学界关于习惯法性质的讨论

习惯在社会秩序构建中具有哪些作用,习惯需要具备哪些条件才能得到国家机关的认可,因国家、民族以及时代的不同而存在差异。学界一般认为,在中国法制向现代转型的过程中,国家法的地位明显上升,与之相随的是民间法的空间不断受到挤压,二者之间的分界也日趋明确。但习惯在近代中国法制转型历程中到底处于何种地位,在司法过程中是否得到认可与适用,学界存在多种不同观点。

黄宗智根据哈贝马斯“公共领域”理论,结合自己对中国历史与传统司法制度的研究,提出了著名的“第三领域”理论。黄宗智认为,第三领域处于国家与社会之间,而且国家与社会均参与其中。正是第三领域的存在,推动了中国的社会整合与近代国家政权建设。由于中国社会及政权的现代化进程中没有形成如同西欧那样的民主制度,由国家与社会共同参与的第三领域就显得尤其重要。

---

[1] 王伯琦:《习惯在法律上地位的演变》,载《近代法律思潮与中国固有文化》,清华大学出版社2005年版,第283页。

[2] 胡旭晟:《20世纪中国之民商事习惯调查及其意义(代序)》,载南京国民政府司法行政部编:《民事习惯调查报告录》(上册·序言),胡旭晟、夏新华、李交发点校,中国政法大学出版社2000年版,第13页。

与哈贝马斯的“公共领域”理论强调国家与社会的二元对立不同，黄宗智更为强调国家与社会的合作关系。黄宗智主张用三分的观念分析清代民事纠纷的处理体系，即村社宗族的调解、州县官的审判以及官方与民间的互动所形成的“第三领域”。法律的表达与实践之间存在明显差异。根据清代的官方话语，民间可以调解，但不应该存在民间诉讼。实际上，民间调解一旦不能成功，当事人就可能将争议诉诸官府。在官府审理案件的过程中，民间调解并未停止，而是更加紧锣密鼓地展开。审判官会根据诉讼程序对当事人提出的诉讼进行审理，并根据其对案件的基本意见做出批词。这些批词无疑会对当事人产生影响，促使其对自身利益进行重新权衡与考量，从而促成民间调解的完成。这种司法空间既不同于官方的正式审判，又有别于非正式的民间调解，被黄宗智定义为“第三领域”。[1] 在《法典、习俗与司法实践：清代与民国的比较》一书中，黄宗智通过探讨法典、习俗与司法实践的关系，考察清代至民国民事法律制度的演变，认为“清代至民国法律有时维持、默许，但有时也明确地反对习俗”。变化与延续的过程涉及传统与现代、中国与西方的多个侧面的相互作用，其中的任何一方都同时牵涉到法典、习俗与司法实践的多个层面。无论是民间调解、官府调解还是法庭审判，均须在习俗与成文法之间斡旋。[2]

国内学者梁治平则从中国传统法秩序中民间法与国家法的界限模糊不清的角度指出黄宗智“第三领域”理论存在困境。在中国传统社会，官府对民事案件的审判并不以各种“民间法”为主要依据，但只要民间法不违背国家法的原则，官府也常将其判决建立在民间“规约、惯例和约定”上。由于民间法与国家法之间界限模糊，缺少必要的张力，因二者互动所产生的“第三领域”也就缺乏生成的

〔1〕 对“第三领域”的具体论述，参见黄宗智：《清代的法律、社会与文化：民法的表达与实践》，上海书店出版社2001年版。

〔2〕 黄宗智：《法典、习俗与司法实践：清代与民国的比较》，上海书店出版社2003年版。

基础。因此,中国传统的法秩序既不是二元也不是三元,而是一种"比较无论二元模式还是三元都不相同而且更加复杂的关系模式"。他将这一模式称为"习惯法"的秩序空间。他还通过对明清两代习惯法的研究,指出"习惯法所调整的事务,诸如婚姻、析产、继承、买卖、租佃、抵押、借贷等,传统法典或略而不载,或仅具大纲,恰是民间法中的习惯法补其不足,而使民间社会生活成为可能。"[1]

何勤华、高其才、谢晖、眭鸿明等学者也对习惯法进行了分析与探讨。周勇《习惯法在中国法律体系中的历史地位》一文认为,长期以来,我国的法学研究一直以国家权力为核心,以成文法典为依据,忽略中国社会存在的多层次的习惯法规和多元的权力体系,即重视汉民族以及入主中原后的少数民族制定的法典则例的研究,疏漏了弱小周边民族社区中的习惯法在中国法律体系中所处的历史地位。他主张从习惯法这一社会基层文化的角度,以多民族法文化并存的实象纠正中华法系一统天下的不实,并重点研究了中国历史上的民间习惯法和少数民族习惯法。[2] 谢晖在《民间规范与习惯权利》一文中对习惯权利的特征、载体、内容等作了详细研究,认为人在本质上是规范地存在的动物,只有把习惯权利置于某种规范的视角之上时,习惯权利才有其寄居的基本场所。这种规范就是民间规范。习惯权利绝非可有可无,同样地,承载习惯权利的民间规范也不容忽视。法定权利的进一步发展,往往需要以习惯权利作为依托;国家法律的进一步完善,也有赖于对民间规范的不断吸收。就此而言,民间规范及其习惯权利是国家法律及其法定权利发展的引导者,而非累赘。[3] 眭鸿明在《清末民初民商事习惯调查之研究》中指出,"法权"关系是客观存在的,相对于现实社

---

〔1〕 梁治平:《清代习惯法:社会与国家》,中国政法大学出版社 1996 年版,第 19 ~ 20、37 页。

〔2〕 周勇:《习惯法在中国法律体系中的历史地位》,载《上海社会科学季刊》1991 年第 4 期。

〔3〕 谢晖:《民间规范与习惯权利》,载《现代法学》2005 年第 2 期。

会的国家法律制度,“法权”具有优先性,它是国家“法定权利”构造的基础,并且是评价现有法律制度的基本价值尺度。民俗习惯是生成于社会物质生活条件下的、具有民族特性的“法权”现象,与其他物质生活条件所阐发的法权关系共同决定着国家法律的创制与发展。[1]

何勤华认为,在清代不仅《大清律例》等国家正式法典在法院审判活动中得到严格遵守,而且成案、习惯法、情理、律学著作等也是司法官吏裁判案件的重要依据。[2] 王志强著有《民国时期的司法与民间习惯》一文,对民国时期国民政府统治区、中国共产党领导建立的各革命和抗日根据地、领事裁判权与租界内的会审公廨的民事诉讼模式进行比较,并对各典型地区的民事司法活动与民间习惯的关系进行了分析。[3] 高其才著有《中国习惯法论》(中国法制出版社,2008 年修订版)、《当代中国少数民族习惯法》(法律出版社,2011 年)、《当代中国民事习惯法》(法律出版社,2011 年)等论著。其中,《中国习惯法论》一书在探讨习惯法的含义、特点的基础上,分析了中国宗族习惯法、村落习惯法、宗教寺院习惯法、行业习惯法、行会习惯方法、秘密社会习惯法、少数民族习惯法的内容与作用,讨论了习惯法的现实表现。

著名学者苏力则十分关注当代中国习惯法,在其所著《法治及其本土资源》一书中,有多篇论文涉及当代的习惯问题。[4] 其所著《当代中国法律中的习惯——一个制定法的透视》一文更是比较系统地对习惯在当代中国法律中的地位进行了分析。该文在搜索与习惯相关的关键词基础上,仔细阅读相关制定法,考察习惯在当代

〔1〕 眭鸿明:《清末民初民商事习惯调查之研究》,法律出版社 2005 年版,第 277、279~280 页。

〔2〕 何勤华:《清代法律渊源考》,载《中国社会科学》2001 年第 2 期。

〔3〕 王志强:《民国时期的司法与民间习惯——不同司法管辖权下民事诉讼的比较研究》,载《比较法研究》2000 年第 4 期。

〔4〕 苏力:《法治及其本土资源》,中国政法大学出版社 1996 年版。

中国制定法中的地位和特点,并对这些现象进行解说。文章指出,在实现现代化的追求推动下,中国立法者和法学家一般都认为习惯和惯例都更多地同落后相联系,属于改造的对象。[1] 其对现代法制吸纳习惯的必要性、可能性的论述,具有理论及现实意义,也对我们的研究提供了重要启示。

总体来看,虽然习惯法在法律体系中的地位问题受到越来越多的研究者重视,但学界对习惯法的具体运作状况的认识仍然有限,特别是在近代法制转型的过程中,习惯究竟在地方司法实践中占据何种地位,通过什么方式发挥作用等问题,尚有进一步开展实证研究的空间。从清代到民国,基层司法中的民事裁判存在明显的历史连续性。这种连续性并未因政治形态的变化而发生根本改变,传统司法的一些元素直到民国时期仍继续存在。这种延续性的重点并非审判依据的"依法"或"不依法",也不仅仅是清代与民国在维护当事人权利方面存在的一致性。[2] 因判决中展现的审判依据只是案件的最终结果和官方的最终认定,并不能以此涵盖纠纷处理的整个过程。正如寺田浩明所说:"讨论传统中国法与审判之际,与西洋的法和审判进行对比是必要而且有益的,然而,若是拘泥于'依法/不依法'这种具有局限性、表面性的现象,又将传统中国的审判求证于得以用'依法/不依法'来说明的实施,这个讨论就会显得太过于狭隘了。"[3]在现有研究的基础上,寻找新的、更为合适的角度,讨论中国法制的连续性与变革性,成为深化法史研究的必需。习惯自古至今长期存在,而且是

---

〔1〕 苏力:《当代中国法律中的习惯——一个制定法的透视》,载《法学评论》2001 年第 3 期。

〔2〕 日本学者寺田浩明在批评黄宗智的观点时曾说,黄宗智的立论基础是清代已经存在接受西洋法律制度的土壤,才使得清末民初引进西洋法成为可能。但实际上,寺田浩明本人也承认在财产法领域的实际操作方面,民国与清代存在明显的连续性。参见[日]寺田浩明:《清代民事审判:性质及意义——日美两国学者之间的争论》,载寺田浩明:《权利与冤抑——寺田浩明中国法史论集》,王亚新译,清华大学出版社 2012 年版,第 298 ~ 310 页。

〔3〕 [日]寺田浩明:《试探传统中国法之总体像》,载台湾《法制史研究》第 9 期,(台湾)中国法制史学会、中央研究院史语所 2006 年版,第 227 页。

司法审判的一种重要依据，研究不同历史阶段法官在案件审判中对习惯的态度，及其适用习惯的方法的变化，有助于我们认识传统与现代司法之间法的变革性与连续性，对深化中国法制史研究具有理论意义。以下我们以近代广东民事司法为中心，通过对典型案例进行分析，探讨习惯在法制现代化过程中的地位、影响以及运行方式，以期为科学处理法律与习惯的关系、构建和谐社会秩序提供历史启示。

第二节　习惯在传统诉讼中的地位与作用

长期以来，学界对中国传统法制的研究，倾向于以各朝律典的规定为准。但在司法实践中，“律文”毕竟是一成不变的根本法，对诉讼的解决不免显得过于抽象简单。由于基层社会的实际情况千差万别，地方官员为了解决复杂多样的讼争，除依据律典等中央制定法之外，还需了解甚至遵循地方风俗习惯。

一、清末的习惯法调查

我国地域辽阔，各地风俗习惯多有不同，要制定一部以中国为本位的法律并非易事。清朝末年，出于修订法律的现实需要，政府曾组织大规模的习惯调查。当时宪政编查馆与修订法律馆的办事章程中均有关于习惯调查的规定，并且主持了具体的习惯调查活动。光绪三十三年(1907 年)，《宪政编查馆大臣奕劻等请饬令各省设立调查局折》称：“中国疆域广袤，风俗不齐，虽国家之政令，初无不同，而社会之情形，或多歧异。现在办法，必各省分任调查之责，庶几民宜土俗，洞悉靡遗。将来考核各种法规，臣馆得有所据依，始免两相抵迕。……令各省分设调查局，以为臣馆编制法规、统计政要之助。”[1] 上奏得到皇帝批准，各省随即成立调查局。根据宪政编查馆所奏《各省调查局办事章程》的规定，各省调查局设法制、统计两科，分别负责法制习惯调查和国情统计事项，而诉讼习惯、民事与商事习惯均属法制习惯调查的主要内容。[2] 各省调查局为了规范州县的调查活动，根据《各省调查局办事章程》规定，进一步拟定了具体的调查条目与表式，作为各州县开展调查工作的依据；各州县调查人员根据拟定的问题搜集各地习惯，然后将答复清册报送修订法律馆。广东诉讼习惯调查活动的结果主要体现在《广东诉讼事习惯第一次调查报告书》（以下简称“报告书”）之中。该报告书主要包括刑事诉讼习惯、民事诉讼习惯两大部分，其中刑事诉讼习惯又分为命案的投告、勘验以及有无私和、图诈等情形，民事诉讼习惯部分则包括案件投告、审理程序、息讼等问题。在此我们根据清末广东诉讼习惯调查报告[3] 以及地方官员的著述等资料，以近代前夜的广东为例，分析习惯在传统诉讼中的地位与作用。

二、清代广东习惯法与国家法的并行

清末调查报告显示，无论是在民事诉讼还是刑事诉讼中，习惯均占据着与国家法律并驾齐驱的地位。一方面，虽然《大清律例》是诉讼解决的基本依据，但对于律例并未明确规定的事项，地方惯例则具有决定性影响。如《大清律例》“刑律”的“诉讼”部分有“告状

---

[1] 故宫博物院档案部：《清末筹备立宪档案史料》（上册），中华书局 1979 年版，第 51～52 页。

[2] 《各省调查局办事章程》，载《大清法规大全》卷 6《宪政部》。

[3] 据了解，《广东省调查诉讼事习惯第一次报告书》（以下简称“报告书”）收藏于中国社会科学院法学所图书馆，清光绪稿抄本。2010 年以来，本人曾多次前往查阅，但因该馆一直在整顿状态，不对外开放，始终未能如愿。后又请多位同仁代为查找，但据说该书已经不知所终。我为此深感困惑、遗憾和无奈！此处所引清末广东诉讼习惯调查的资料，系转引四川大学赵娓妮论文《平息纷争、适从习惯》和《国法与习惯的“交错”：晚清广东州县地方对命案的处理》，两文分别发表于《西南民族大学学报》（人文社科版）2004 年第 7 期、《中外法学》2004 年第 4 期。其中部分引文系根据本人的理解而重新断句。特此说明，并向提供帮助的各位同仁致以衷心感谢！

不受理”专条，规定“告杀人及强盗不受理者，杖八十”，但对命盗案件的投告人、投告期限等并未作出明确规定。在报告书中我们可以看到，广东各州县的实际情形存在明显不同。如对于报告书第一款关于命盗案件的投告人是地保、局绅、差役、邻右还是命案事主的提问，在43个州县中，有28个州县明确表示命案主要由“苦主尸亲”投告，地保、局绅、差役、邻右“呈诉甚少”，甚至“绝不过问”。投告期限则根据距城远近各异，短则一两日，长则五六日甚至十日。即使命案已经逾限，但“一经举诉，皆需准理，不能以逾限驳斥”。[1] 除了命案的受理遵照律例办理外，在勘验程序方面，地方官员的实际做法与律例规定极为相符。据光绪年间曾在广东阳山、电白等县任知县的褚瑛记载，“下乡相验勘案务必轻骑简从，以速为妙。”“惟是人命大事、抢劫重情，所关匪细。其事之大小、难易均难预定，务必亲诣勘验”。[2] 如《大清律例》规定：“凡（官司初）检验尸伤，若（承委）牒到，托故（迁延）不即检验，致令尸变；及（虽及检验），不亲临（尸所）检视，转委吏卒，”“正官杖六十，（同检）首领官杖七十，吏典杖八十。”[3] 由于命盗重案数量极少，而且直接关系到地方社会秩序的稳定，律例规定相对明确，稍有不慎就可得咎直接影响仕途，因此，州县官们多能慎重对待，循法办案。

但广东民情毕竟与内陆省份明显不同，地方官员处理命盗案件的具体做法也有差异，甚至存在为顺从习惯而置法律于不顾的现象。如《大清律例》明文禁止命案私和，“凡祖父母、父母及夫若家长系人所杀，而子孙、妻妾、奴婢、雇工人私和者，杖一百、徒三年。期亲尊长被杀，而卑幼私和者，杖八十、徒二年。大功以下，各递减一等。其卑幼被杀，而尊长私和者，各（依服制）减卑幼一等。若妻妾、子孙及子孙之妇、奴婢、雇工人被杀，而祖父母、父母、夫、家长私

---

〔1〕《广东省调查诉讼事习惯第一次报告书》“刑事诉讼之习惯”第一款。

〔2〕《相验轻骑简从》《亲验命案》，载褚瑛：《州县初任小补》（上），清光绪十年森宝阁排印本，第13、19页。

〔3〕《检验尸伤不以实》，《大清律例》《刑律》“断狱”上。

和者,杖八十。受财者,计赃准盗窃论,从重科断。……常人(为他人)私和人命者,杖六十。"[1]广东各地却普遍存在私自和息命案的现象。对于《广东省调查诉讼习惯第一次报告书》中关于"命案有无以钱财贿嘱苦主私行和息者?"的提问,多数州县给出的是肯定答案。其中海阳县报告称:"潮属命案大都以钱财贿嘱苦主,私行和息。其贿嘱约分数种:由嬉戏致毙者,其贿无多,即可和息。由私愤格毙者,其贿稍多,即可和息。由乡界、族界斗毙者,其贿必多,方能和息。然命案之起初呈诉于官,而真凶先已远飏,其差拘及勒族绅捆送者,非无赖之徒,则贫弱之辈,极少正凶。故苦主每愿以钱财了事,甚有牵连殷富多人,图充欲壑者。"罗定州报告称:"命案以钱财贿嘱苦主私行和息,乡曲无知细民,受劣绅、讼棍所哄吓,得以从中渔利,事所常有。"普宁县报告称:"普民命案报验后,官即就控开等名指拘被告者。无论真凶、波累,概逃匿不前。旋乃有人居间代恳苦主,或赔贴丧葬,或赔赡养香火。又代为恳于官,准予苦主自悔息事,谓之外结。其陋习如此。"饶平县报告称:"命案之牵连隐忍,原因最为复杂。有视为奇货可居而希索重贿者,故凡凶手亲属,苟为家挟厚赀,则不指之为主令,即控之为凶手,反置真凶于不问,以为图诈地步;有自安良弱,因迫挟而隐忍者;有被告阳张声势,以恫吓阴局公人以请和。苦主既惧其势,且为薄利所餂,故依此两端之结果。命案之因钱财贿嘱苦主私行和息者,几于数见不鲜。"另据兴宁县报告:"邑属命案,无论伤痕多少,控凶必列某某主使、某某正凶、某某帮凶、某人庇纵、某人坐视不救,甚有死者仅至一伤,而控凶多至七八人以至十余人者。其中挟恨牵控者十之一,择肥图噬十常四五。被告虑及拖累,以钱财贿嘱私和者最多。然多系被诬者出钱,而真正凶手反逍遥事外,尸亲亦不过问也。"[2]

虽然也有部分州县特别强调私自和息命案多发生在报告官府

---

[1] 《尊长为人杀私和》,《大清律例》《刑律》"人命"。

[2] 《广东省调查诉讼事习惯第一次报告书》第三款。

之前,如肇庆府博罗县、封川县等在报告中声称“一经到官,则不能准其私和”,“以财贿嘱苦主,求私行和息者,必在未报官以前。既经官讯验,多难准行”。[1] 但从报告内容可以看出,也有州县存在例外情形,如潮州府普宁县就存在命案报官之后仍然得以“外结”的习惯做法。通过分析可以看出,地方官府不仅不遵照法律规定积极介入命案,而且多数州县对于明显“有干例禁”的私和命案现象并未按照法律规定严惩,而是采取顺其自然的态度。实际上命案私行和息已经成为广东的地方习惯。正如时人所言:“潮属命案数百年来未有不私行和息者,特分迟早而已,此不独近世为然。书也,差也,绅与衿也,闾阎之细民也,均习为固然矣,官其如彼何?人命至重也,而相习若斯,责成难道顾,有难尽责者。则苦主所控之正凶,非正凶,而有财者也。既被控为正凶,不甘家居,走南洋,案悬矣。即久而获之,按诸情实,案亦难定,所谓真正凶者,反而逍遥法外焉。此所以未由办抵,而以钱财贿和之相沿为例也。”[2]

对于广东普遍存在的借命案诬告及讹诈等行为,地方官也并未按照律例关于诬告反坐的规定对行为人严加惩治。根据《大清律例》,诬告必须反坐,“凡诬告人笞罪者,加所诬罪二等。”“至死罪,所诬之人已决者(依本绞、斩),反坐(诬告人)以死。”“未决者,杖一百,流三千里,(就于配所)加徒役三年。”[3]《钦定大清会典事例》亦载:“控告人命如有诬告情弊,即照诬告人死罪未决律治罪,不得听其自行拦息。”[4]但在广东各地却是诬告之风盛行。长期在广东任职的褚瑛曾称:“假命讹索之案,广东高廉各属为最,他处虽有,无如此之甚也。高廉之中,电茂为尤甚,肇庆之阳江亦如之。有等不法

[1] 《广东省调查诉讼事习惯第一次报告书》第三款,肇庆府博罗、封川等县的报告。

[2] 《广东省调查诉讼事习惯第一次报告书》第三款,潮州府潮阳县的报告。

[3] 胡星桥、邓又天主编:《读例存疑点注》(下册),中国人民公安大学出版社 1991 年版,第 687 页。

[4] 《钦定大清会典事例》第 818 卷,《刑部》九六《刑律诉讼 · 诬告二》,光绪二十五年(1909 年)石印本。

之徒，名曰'沙鱼贩'，专以借尸讹诈为务。不论远近，凡有路毙无名乞丐，或江海浮尸，或年老无依、孤贫无人埋葬者，甚至有穷苦不堪之人病将垂死者，卖与沙鱼贩，做假伤讹诈，百奇千怪，丧尽天良，实堪发指。一有死尸，即串通本地烂衿奸匪，买嘱无赖男子、无耻妇女，或为死者之父母伯叔兄弟，或作儿子媳妇子侄亲属。本属乞丐孤独，忽而见儿孙妇女俱全，男尸则哭父号爷，女尸则呼妈号母。一见官到即假号喊叫，诉说冤苦。问其情由，无不含糊支离，茫然莫对，且距死尸甚远，伫立遥望，不敢近前俯视，掩面假号，毫无悲伤。种种虚诬，难以言喻。……皆烂棍串通卖嘱，希图讹诈也。诸如此类，当未经报案之前，奸匪烂衿人等开列各乡富户弱族姓名某某为正凶，择肥而噬，任意讹诈。乡愚以事关人命，隐忍赂和，一再搜求，四方延及数十里，人心惶惶，莫敢与较。有钱者除名，抗衡者指控，仍留案索诈地步，迟之又久始递呈，内又故作支离含混之语，使官生疑，出票差查，则与差役狐假虎威，讹诈更甚。迨至囊满意足，无可择噬之人，则具和息，百姓受害深矣。"[1]

清末调查报告也证明广东大部分州县存在"自尽图诈""移尸陷人"的恶习。如乐昌县界邻湘楚，"土著少而客民众"，"凡有自尽图诈、移尸陷人及捏报人命之案，大率以楚人为最。迨经提讯取结，定期相验，旋即呈求免验。地方官虑及拖累，往往从宽，不予深究，积习相沿"。阳春县"或妇女轻生，外加借以讹诈。或病毙尸首，仇家借端陷人。此种恶习，亦或有之"。[2] 不仅人命重案，在其他刑事案件中也常有诬告发生，甚至经常将民事案件诬告为刑事案件。从《大清律例》来看，对于诬告行为，地方官的处理方式各不相同，主要有以下几种：一是谕绅查覆，访诸舆论，分别处理；二是押候查明处理；三是通禀请示办理；四是由公证绅商取具保领；五是不准理；六是反坐原告；七是从宽处理，将被告之名摘除。其中第一和第四

〔1〕《假命讹索》，载褚瑛：《州县初仕小补》卷上，光绪十年森宝阁排印本，第16～17页。
〔2〕《广东省调查诉讼事习惯第一次报告书》第四款，各州县的报告。

是最为常见的处理方式。广东的调查报告书中只有五个州县提到了查证诬告属实则反坐原告的方法,而且原告的反坐多局限于威慑或轻微责罚,而非反坐其所诬告的罪名。正如兴宁县所言:“惟邑属诉讼向来不分民事、刑事,往往因民事争执而捏从刑事情节。如本系钱债口角,而捏称拦抢纠劫;本系田土争执,而捏称挟恨伏杀。多系讼师唆摆,希图动听。一经讯出实情,多就案断结,不予深究,以免讼嫌。”〔1〕潮阳县在民事诉讼习惯报告部分也指出:“惟县属讼词支饰捏造特甚,即纤微之事亦无不捏架大题,往往口角争执,互控抄抢,及至当堂盘诘,均属子虚,件件类然。”长期以来,地方官员对于诬告行为并不按照法律规定严惩,而是“统由绅衿调处,两造认可了事,地方官不能深究也”,〔2〕甚至慨叹“诬亦不可甚办,安能取愚黔首而尽绳之”。〔3〕也就是说,面对诬告普遍存在,并且已经成为广东长期流行的一种习惯,地方官员不可能完全按照律例中规定的诬告反坐条文予以严惩,当习惯与法律相互冲突时,地方官最终选择了遵循习惯,而这反过来又成为广东诬告之风不断发展的重要原因。

由此观之,虽然《大清律例》是清代处理刑事案件的重要依据,但就广东地方司法实践而言,律例显然并非唯一的依据,地方诉讼习惯在案件处理过程中实际上发挥着更为重要的作用。正如广东地方官所言:“法律一定者也,而习惯无定者也。习惯之例,原因复杂,非一朝一夕之故。是以国家法律之力,恒不及社会习惯之力,所谓积重难返也。”〔4〕在地方官的心目中,地方习惯远比国家法具有更为强大的生命力、更具实效性。广东的调查报告也印证了清代著名幕友汪辉祖的司法实践经验:“为幕之学,尚读律。其应用之妙,尤善体人情之所在。盖各处风俗往往不同,必须虚心体问,就其俗

〔1〕《广东省调查诉讼事习惯第一次报告书》第十六款。

〔2〕《广东省调查诉讼事习惯第一次报告书》“民事诉讼习惯”第一款。

〔3〕《广东省调查诉讼事习惯第一次报告书》“民事诉讼习惯”,潮阳县的报告。

〔4〕《广东省调查诉讼事习惯第一次报告书》,“刑事诉讼习惯”第三款,潮阳县的报告。

尚所宜，随时调剂，然后傅以律令，则上下相协，官声得著，慕望自隆。若一味我行我法，或怨集且谤生矣。"[1]作为地方官员，不仅需要深谙国家法律，还需体问人情风俗，根据实际情形调适习惯，并辅以律令。只有如此，才能有效协调各种关系，达致断案中游刃有余、官场上春风得意的效果。

第三节　习惯在清末民初的地位与作用

一、国家立法对习惯的认可

民事立法与一个国家的国情民俗关系最为密切。"民法"是近代西方法律体系中的重要内容，但在中国传统国家制定法中却很难找到与其完全对应的部分，中国古代的统治者将民事纠纷视为"细故"，中央立法并未制定系统的民事法律规范，大量民事规范主要以习惯的形式而存在，形成了"各朝代的实定法偏重于刑事法，其关于民事法的成分甚少，大率委于民间习惯"[2]的基本格局。正因如此，民事习惯在中国古代民事法律构成中占有重要地位，对弥补国家立法的不足具有关键作用。正是基于上述原因，清末政府在编制《大清民律草案》的过程中，对于"各国成例"和"各省习惯"几乎给予同等重视。

清末民初，民商事诉讼案件所占比重最大，由于民商法规尚不完备，各地司法人员在审理民商事纠纷时也需要以地方习惯作为裁决案件的依据。如果法官不能对本地习惯了如指掌，势必影响办案效率，难以保证办案质量和社会效果。但由于各地习惯存在差异，除非认真搜集研究，很难做到把握准确，运用得当。正是基于立法

---

〔1〕 汪祖辉：《须体俗情》，载王祖辉纂：《佐治药言》，中华书局 1985 年据知不足斋从书本排印本，第 15 页。

〔2〕 戴炎辉："序"，载戴炎辉：《中国法制史》，三民书局 1971 年版。

和司法的现实需要，清末民初开展了大规模的习惯调查。在清末制定《大清民律草案》的过程中，修订法律馆专门制定《调查民事习惯章程十条》及《调查民事习惯问题》五编二百一十七条，并派员到各省与当地调查局协同调查，山东、湖北、广西、广东等省还将本省的调查报告汇集成册。[1] 各地调查机构对于商事习惯的意义也有明确认识，如山东省调查局在其制定的商事习惯调查章程中指出公司律、破产律中有待改良之处颇多，“但欲编订商法，亦非咄嗟所能立办。查各国商法多采用商事习惯法，以商事委曲繁变，非专其业者不能深知。今欲编订商法，自非调查各地习惯不足以为立法之根据，此馆章调查商事习惯之所由来也”。[2] 1909 年，修订法律馆派人到广东调查民商习惯，将调查的问题分发到广州商会、地方自治研究社以及各府州县商会等社会团体，得到商会等社会组织的大力支持。广州各社会团体陆续完成调查任务，其中以药材行、杉行、米埠、炭行、酒米行、玉器行、茶行、银行等商行调查得最为详细。汕头、梅箓、深圳、开平、惠州、河源等地商会先后填写了调查表格，清远、阳江、惠州、琼州，肇庆府的开平、鹤山，广州府的顺德、东莞、新宁，韶州府的乐昌、翁源等府县，调查工作也“均极切实”，乐昌县“更由邑中拨出公款，延请士绅广为调查”，经劝业道的介绍，调查员还深入到各行会会馆、铁路、自来水公司、矿业公司、保险公司以及银行、公尝、客栈等行业，“查取行业习惯，被极详尽，已将调查所得分次报告该馆，以备修订法律大臣编纂民商法典之用”。[3]

宣统三年(1911 年)，修订法律大臣俞廉三在奏进民律草案时对编纂民律的四条宗旨做了专门陈述，其中第三条宗旨特别强调将

---

〔1〕 张生：《清末民事习惯调查与〈大清民律草案〉的编纂》，载《法学研究》2007 年第 1 期。

〔2〕 中国社会科学院法学所图书馆馆藏：《山东调查局商事习惯报告书目录》之序言。转引春杨：《民事习惯及其法律意义——以近代民商事习惯调查为中心》，载《南京大学法律评论》2005 年第 1 期。

〔3〕 《查报民商习惯之踊跃》，载《申报》1909 年 7 月 23 日第 15 版。

民事习惯有条件地纳入立法理由中,“求最适于中国民情之法则。立宪国政治几无不同,而民情风俗一则由于种族之观念,一则由于宗教之支流,则不能强令一致。在泰西大陆尚如此区分,矧其为欧亚礼教之殊?人事法缘于民情风俗而生,自不能强行规抚,至贻削趾就履之诮。”〔1〕在上述立法理念的影响下,《大清民律草案》第一条对习惯问题做出规定:“民事,本律所未规定者,依习惯法;无习惯者,依条理。”商事习惯调查也对清末民初的商事立法产生了一定的影响。1910年,农工商部向资政院提交的《大清商律》草案,就是根据全国商务总会所编成的商法调查案修订而成。

民国初年,《中国民事习惯大全》的编纂者曾一再阐明其司法意义,强调编纂该书的目的在于“兼备司法官、行政官、律师参考之用”。〔2〕1914年,北京政府农商部开始编纂的商事法规,则是以清末资政院未及议决的《商事草案》为基础,同时参考全国商务总会所起草的《商法调查案》,经略加修改而成。〔3〕1929年至1930年年底颁布的《中华民国民法典》第一条明文规定:“民事法律所未规定者,依习惯,无习惯者,依法理。或虽有习惯而法官认为不良者,依法理。”在民事法律的适用上,习惯的效力高于一般判例和法理。

但我们不能因此而夸大习惯对清末民初立法所产生的直接影响。客观而言,清末立法对习惯调查成果的体现并不充分。当时人们普遍追求的目标是收回领事裁判权,为了尽快实现这一目标,立法者过度追求立法速度与数量,认为应该先颁布法律,发现问题后再不断修正。其所导致的直接后果就是我国近代立法多从国外移植而来,甚至有些立法直接由外国学者或专家主持,而未充分考虑这些法律能否适应中国国情的问题。因此,虽然清末民法草案第一

---

〔1〕《修订法律大臣俞廉三等奏编辑民律前三编草案稿成缮册呈览折》,载故宫博物院明清档案部编:《清末筹备立宪档案史料》(下册),中华书局1979年版,第913页。

〔2〕《凡例》,载施沛生编:《中国民事习惯大全》,世纪出版集团、上海书店出版社2002年影印本。

〔3〕杨幼炯:《近代中国立法史》,上海商务印书馆1936年版,第74、329页。

条确立了"习惯法"的法源地位,但由于政府对习惯调查重视不够,各省习惯调查工作进展缓慢,加之参与立法的人数有限,时间紧迫,未能将调查结果进行系统整理和分析甄别,直接影响了立法对习惯的采纳。其中最为典型的例证就是《大清民律草案》对于我国不存在的不动产质权做出详细规定,但对于我国长期流行且普遍存在的典当、铺底、会、先买等却只字不提。有的立法甚至完全抄袭国外法律,不顾与我国习惯的调适问题,结果导致法律规定缺乏社会文化基础,不仅民众无所适从,法官、律师等专业人士也难以熟悉,不仅难以形成守法的习惯,而且严重制约法律实践。[1]

二、习惯在司法中的适用

为了克服立法忽视习惯所造成的不足,清末民初的司法机构重视采用情理、习惯进行裁判,以弥补立法过于超前、脱离社会现实的缺陷,克服法律实践中的困难与障碍。

晚清时期,根据情理判案仍然是法官常用的方法。如《各省审判厅判牍》就选录有此类判词:

伪骗管业——澄海初级审判厅案

"缘教民黄彦卿系澄海县人,现充浸信宣道会乐调教习,伊父黄宝山奉教多年,于光绪十九年正月初九日向美国耶士摩教士领仰照一张,租地一块,阔四丈四尺五寸八分,起盖瓦铺一间,坐落汕埠新潮兴街,每丈地租银叁元,合计年纳租银拾叁元肆角,嗣因该铺买婢为娼,经揭阳县讯明移请澄海县查封在案。光绪二十六年监生郭秀湛备价银八十元,赴县将该铺承领,经前署澄海县方于七月二十七日发给执照,注明准该监生永远管业。宣统元年黄彦卿以郭锦炳(郭秀湛之子)伪骗管业等情赴汕埠警局具控,经迭次质讯,郭锦炳

[1] 吴春桐:《法律习惯化与习惯法律化》,载《东方杂志》1935年5月第32卷第10号,第89~91页。

卒不遵断，旋被押追。八月二十八日判令黄彦卿出银一百五十元赔补修葺费，限次年六月初一日将铺交清，两造具结，随将郭锦炳保释。九月初三日，郭锦炳缴执照到局，并具状领回银一百五十元。至十一月郭锦炳因之病故，宣统二年六月朔，郭刘氏延不搬移，警局以该氏夫亡子幼，情有可矜，复判令黄彦卿格外给银六十元以示体恤，又展限九月初十日将铺交清，来局领银。届期安居如故，迭饬区所巡警督迁，均归无效。警局复禀请惠潮嘉道吴札饬澄海县究追，随将全案移县，尚未传讯。本年六月初十日黄彦卿复据情呈诉到厅，十四日庭讯，据黄彦卿则有伊父仰照租折为凭，据郭刘氏则以阿翁执照为凭，两造各执一词，未便臆断。二十二日覆讯，各供如前，嗣移文澄海县专差送卷到厅，闰六月十六日复传集两造讯明各情，案悬三载，未便听其拖延，应即判决。查黄姓之铺虽领有美教士仰照，既经澄海县查封，该铺即归官有，无论何人皆得备价承领，郭秀湛缴银捌拾元，由澄海县发给执照，永远管业，照内并无准予黄姓赎回字样，则此铺之应归郭姓毫无疑义。细阅黄彦卿租折，情词支离，诸多疑窦，其为捏造可知。如果当日郭秀湛愿立租折，黄宝山自应追回执照，呈请地方官更换自己姓名，照契管业，方不至节外生枝，何以迟至十年之久？黄宝山与郭秀湛均已物故，黄彦卿始赴警局具控，殊属不合。访诸舆论，佥言此案被冤。无怪郭刘氏三次赴庭辄泪涔涔下也，若照原判执行，则寡妇孤儿何处觅栖身之所，既违公理，复戾人情，实不足以昭折服。本厅准情酌法，断令郭刘氏将该故夫所领银一百五十元尅日料办，如数呈缴到厅，转给黄彦卿具领，其执照仍发还该氏收存，至年纳美教士地租应归郭姓永远负担，讼费银叁两原被告各出一两五钱。此判。”[1]

该判决除认定黄彦卿租折系属捏造的理由外，最重要的根据就

---

〔1〕 汪庆祺：《各省审判厅判牍》，李启成校，北京大学出版社2007年版，第92～93页。

是情理,即所谓"若照原判执行,则寡妇孤儿何处觅栖身之所,既违公理,复戾人情,实不足以昭折服"。与此案相类似,《各省审判厅判牍》中收录、同为澄海商埠审判厅判决的民事案件184号判词"租船被溺"、185号判词"翻刻地图"亦均为根据情理而作出。其中"租船被溺"一案最重要的判决根据是"沈氏一家衣食全赖此船以为生活,黄桃盛又系殷实之家,若不酌量赔偿,情何以堪",并据此最终判决被告黄桃盛给付原告沈氏银150元。而"翻刻地图"一案则因当时尚无知识产权方面的法律规定,最终根据情理调解结案。[1]

在依据情理断案方面,近代的判决与传统司法判决所用的手法并无根本差别。究其原因,一方面,晚清是中国法制转型的初期阶段,地方司法改革深度有限,当时的社会情形,特别是人们的思想观念并未发生根本性变化;各级审判厅的法官虽然都经过考试,但大多数人均曾熟读儒家经典,深受传统文化的熏陶和濡染;案件事实与传统社会并无明显差异,隐含其中的关系也未发生质的变化。这些因素共同决定了司法机关所适用的法源难以与传统社会产生根本差异。另一方面,晚清并未编纂专门的民事法典,司法官员审理民事案件所适用的规则主要是《现行刑律》中的相关条款,而《现行刑律》中的民事条款又非常有限,根本无法满足种类繁多的民事案件的裁判需要。司法官继续采用适用范围极为广泛的情理判案,也就成为十分自然的选择。[2]

民初大理院十分重视对习惯的运用,常以习惯作为创设制度的依据。大理院1915年122号判决确定:"法律无明文者,以习惯;无习惯者,以条理。"习惯法的成立必须具备四个要件:"(一)有内部要素,即人人有确信以为法之心;(二)有外部要素,即于一定期间内就同一事项反复为同一之行为;(三)系法令所未规定之事项;

---

〔1〕 汪庆祺:《各省审判厅判牍》,李启成校,北京大学出版社2007年版,第230~231页。
〔2〕 李启成:《晚清各级审判厅研究》,北京大学出版社2004年版,第166~167页。

(四)无背于公共之秩序及利益。"[1]习惯的价值在于可以弥补法律的不足,但民间习惯只有经过法院的认可,才能成为裁判依据。1915年上字第2354号判例指出:"当事人主张之习惯法则,经审判衙门调查属实且可认为有法之效力者,自应援用之,以为判断之准据,不能仍凭条理处断。"民国初年适用习惯是多种原因共同作用的结果,一是当时的民事法规尚不完备;二是依据习惯审判案件,可以使判决更加合乎情理,更易于被民众所接受;三是外国也有适用习惯的先例。在此背景下,习惯成为民国初年民事案件审判的重要依据。1915年9月司法部发布《审理民事案件应注重习惯通饬》:"现在各省司法衙门受理诉讼案件以民事为多,而民事法规尚未完备,习惯又各地不同,审判官除依据法规兼采条理外,于各当地之习惯,苟认为无背公安者,亦不应略而不论,有时即据习惯以为判决基础,转有足以折诉争之心而合乎情理之允当者。东西各国于民法无可依据者,多依其习惯定断,意盖为此。嗣后各司法衙门审理民事案件,遇有法规无可依据而案情纠葛不易解决者,务宜注意于习惯。"[2]

出于编纂民法典的实际需要,也为了给司法活动提供参考依据,保障司法官更为合理地援引民事习惯,北京政府时期开展了声势浩大的民事习惯调查活动。此次民商事习惯调查正式发轫于1917年。是年,奉天省高等审判厅厅长沈家彝向司法部呈请创设民商事习惯调查会,1918年2月1日司法总长江庸发布训令,"通令各省高审厅仿照奉天省高审厅设立民商事习惯调查会",多数省区随后相继成立民商事习惯调查会。1918—1921年,调查活动达到高潮。1920年,全国有19个省区的调查报告汇集到司法行政部。[3] 由于当时广东处于孙中山领导的南方革命政府管辖之下,

〔1〕 郭卫:《大理院判决例全书》,会文堂新记书局1932年版,第29页。

〔2〕 余绍宋:《司法例规》,京师第一监狱印制1922年版,第731页。

〔3〕 胡旭晟:《20世纪中国之民商事习惯调查及其意义》(代序),载前南京国民政府司法行政部编:《民事习惯调查报告录》(上),胡旭晟、夏新华、李交发点校,中国政法大学出版社2000年版。

因此并未参与此次民商事习惯调查。

综上所述，清末民初时期曾开展过大规模的民事习惯调查，民事习惯对民事立法、司法产生过一定影响，但总体上并未受到足够重视。正如北洋政府司法总长江庸所言，清末民初立法的失误之处在于，“前案多继受外国法，于本国固有法源，未甚措意。”对于中国民间处理财产纠纷的民事习惯，如“会”“老佃”“典”“先买”，以及“铺底”等商事习惯，《大清民律草案》均未作规定，对社会经济发展产生了不良影响。这种状况在民国初期仍未得到明显改善。[1]

第四节　南京国民政府对习惯的认可与限制

一、立法对习惯的认可与限制

国民政府定都南京后，民法典的编纂工作重新启动。相对于清末民初的立法者，南京国民政府立法院民法起草委员会的委员们对民事习惯有着比较全面的认识。1930 年起草亲属、继承两编时，南京国民政府再次发起全国范围的民商事习惯调查活动。据记载，广东高等法院于 1930 年年初接到国民政府立法院院长胡汉民的嘱托，“调查粤省民事亲属、继承习惯问题，以为编纂民法亲属、继承篇之参考”，而且还附有清末《民事习惯调查问题答案汇要》一册，“此次调查范围即以该答案所列举之各项问题为准。如有其他重要关系事项，仍应尽量报告”。广东高等法院随即将指令传达下级法院，并印发《答案汇要》，要求各级法院遵照办理，在接到命令后一个月之内填妥有关内容上报，由广东高院负责汇核，转呈立法院。[2]

从立法成果来看，南京国民政府的立法在一定程度上承认了习

〔1〕 谢振民：《中华民国立法史》（下册），中国政法大学 2000 年版，第 748 页。

〔2〕 《广东高等法院奉立法院院长嘱托调查粤省民事亲属继承习惯以为编纂民法参考，饬属调查文》，载《广东高等法院月报》1930 年第 1 卷第 10、11、12 期合册，“公牍”第 1 页。

惯的法源性地位。1928 年编纂的《民法总则》将《大清民律草案》第一条原则修改为“民法所未规定者依习惯;无习惯或虽有习惯而法官认为不良者依法理”;第二条原则规定,民法法律条文分为强制性条文和任意性条文两大类,“凡是任意条文所规定之事项,如当事人另有契约,或能证明另有习惯者,得不依条文,而依契约或习惯;但法官认为不良之习惯,不适用之”,明确肯定了民事习惯在民事法律中的地位,将民事习惯确认为法源之一。1929 年 4 月,国民政府民法起草委员会还在《民法总则起草说明书》中进一步明确了习惯适用的范围:“习惯之效力,欧美各国立法例本自不同。我国幅员辽阔,礼俗互殊,各地习惯,错综不齐,适合国情者固多,而不合党义违背潮流者亦复不少,若不严其取舍,则偏颇窳败,不独阻碍新事业之发展,亦将摧残新社会之生机,殊失国民革命之本旨。此编根据法治精神之原则,定为凡民事一切须依法律之规定。其未经规定者,始得援用习惯,并以不背公共秩序或善良风俗者为限。”〔1〕《民法》《债》编亦系根据“参以各国法例,准诸本国习惯,期于至善”的宗旨而订立。该编第四百五十条规定,租赁契约约定有期限者,在期限届满前,不得终止契约。然在未规定期限者,衡诸契约本旨,各当事人得随时终止契约,但如有利于承租人之习惯,如铺底之类,自应从其习惯,出租人不得随时终止契约。第四百八十八条关于雇佣契约的终止,也有承认习惯的效力的规定。《物权》编则根据中国固有习惯,对“永佃权”“典权”“先买”“会”以及祠堂祭田合伙等作出详细规定。〔2〕 就此而言,民国民法典具有鲜明中国特色,使得部分传统民事习惯得以继续对近代民法发挥补充作用。除民法典外,民国时期的司法院解释、最高法院判例等,也有部分涉及民事习惯的内容。

从立法意图来看,民国民法典对习惯所采取的并非宽容和广泛

---

〔1〕 谢振民:《中华民国立法史》(下册),中国政法大学出版社 2000 年版,第 753、755 ~ 756 页。

〔2〕 谢振民:《中华民国立法史》(下册),中国政法大学出版社 2000 年版,第 762、767、772 ~ 776 页。

承认的态度，而是试图限制习惯的作用。根据相关法律、判例及解释，民国时期对于习惯的适用主要基于以下条件：

一是无论是习惯还是法理的适用，均应立足于补充现有立法的立场。正如《民法》第一条的立法理由所言："法理者，乃推定社交上必应之处置，例如事亲以孝及一切当然应遵守者皆是。法理上必规定其先后关系者，以凡属民事，审判官不得借口于法律无明文，将法律关系之争议，拒绝不为判断。故设本条以为补充民法之助。"也就是说，习惯的适用，必须建立在法律无明文规定的基础上，凡是法律已经作出明确规定的事项，就不能适用习惯。例如，司法院第1410号解释，因为法律已经明文规定"解除契约，应向他方当事人以意思表示为之"，如果新上任的校长对教员未明确表示解约，"虽有不另发聘书为默示解约之习惯，亦不生效力"。[1]

二是与法律相抵触的习惯不具有法的效力。如1932年上字第3253号判例就强调，虽然《票据法》第四十九条第一项规定付款人在承兑后负有付款的责任，但如果持票人不能以背书之连续证明其权利，根据《票据法》第三十四条第一项的规定，仍然不得请求付款。"纵令该地方有此项与成文法相抵触之习惯，亦不能认为有法之效力。"另据1939年上字第559号判例，被上诉人因票载付款人拒绝承兑，已请求当地商会出具拒绝证书的，按照《票据法》第八十二条规定，持票人有权对发票人行使追索权，"纵令该处商场有与此项成文法相反之习惯，亦不能认为有法之效力。"1939年上字第1078号判例也明确指出：转典是设定不动产物权，根据《民法》第七百六十条的规定，应以书面形式进行，"纵有相反之习惯，亦无法之效力。"[2]1940年上字第20号判例确定，《民法》第一条所谓"法律所未明文规定者"，是指法律无明文规定，且依现存之法条解释，仍不能知其法意之所在而言。虽然根据习惯，出卖典当的产业，应邀同

---

〔1〕 刘清景：《新编民事法规判例、解释、决议全集》，大伟书局1992年版，第69页。
〔2〕 刘清景：《新编民事法规判例、解释、决议全集》，大伟书局1992年版，第70页。

典权人到场签字画押,才能发生所有权转移的效力,但现行法律并无必须典权人到场签押的限制性规定,前述习惯明显与法律规定相抵触。因此,如果让与行为已经具备《民法》第七百六十条规定的方式以及其他法定要件,转让行为即为有效。[1] 另据1942年上字第1554号判例,《民法》第七百六十条明文规定,不动产物权的转移或设定应以书面方式进行,即使当地转移不动产所有权有交付老契以代订立书面契约的习惯,根据《民法》第一条的规定,也无适用的余地。再如1942年上字第1554号判例指出,《民法》第一千零五十条规定,协议离婚的书面协议应有二人以上证人签名,并未规定优先适用习惯的特则。因此,即使当地确有订立书面契约无须证人签名的习惯,亦无适用的余地。根据1942年上字第2665号判例,临洮等地流行一种习惯,原业主或利害关系人或继承人等,从买受人赎回出卖产业时,如果双方意思一致,将原来所立契约返还给出卖人即可,并不需要另立契据。法院在审理案件时认为,《民法》第七百六十条规定不动产物权转移或设定,应以书面契约形式进行,既然田地转卖时并未订立书面契约,即使存在上述习惯,也不能"反于法律明文,认此项习惯为有法之效力"。1943年上字第796号判例显示,根据临川等县的商业习惯,未定给付期的议单买卖,买方到比期(每月十五及月底)不交款的,卖方可以通知买方取消议单。法院认为,该习惯与《民法》第二百五十四条的规定相抵触,除非当事人订立契约时有将习惯作为契约内容的意思表示,否则自然不具备《民法》第一条所称习惯的效力。此外,根据《土地法》第一百八十条的规定,不定期限租用土地的契约,出租人收回土地自耕时,可以终止契约。因此,1943年上字第6029号判例认定,不能以地方上有利于承租人的习惯为由,排斥土地法的适用。[2]

三是在法律明确规定习惯优先的情况下,习惯具有优先适用的

---

〔1〕 刘清景:《新编民事法规判例、解释、决议全集》,大伟书局1992年版,第70页。
〔2〕 刘清景:《新编民事法规判例、解释、决议全集》,大伟书局1992年版,第70页。

效力。如1937年渝上字第948号判例规定："依民法第一条前段之规定，习惯固仅就法律所未规定之事项有补充之效力，惟法律于其有规定之事项明定另有习惯时，不适用其规定者，此项习惯即因法律之特别规定，而有优先之效力。"《民法》第一百零七条第二项既然明确规定如果商业上另有习惯者不适用该项规定，"则商业上得将利息滚入原本再生利息之习惯，自应优先于同条第一项之规定而适用之，不容再执民法第一条前段所定之一般原则，以排斥其适用"。[1] 可见，该判例确立了在特定情况下习惯的效力优先于法律的原则。

四是承认习惯的效力应该具备的其他条件。如司法院第2078号解释："族人对于祠内权利，除该祠规有特别订定外，不因拒绝参加修谱而受影响"。"关于族中事务之决议，必依族众公认之规约或习惯而为之者，始有拘束族人之效力。"[2] 也就是说，得到族规或族人认可的习惯，对族人具有拘束力。1941年最高法院2117号判例进一步明确指出："民法第一条规定，民事法律所未规定者依习惯，是法律已有规定者，除有如民法第七百八十四条第三项等特则外，自无依习惯之余地。"该判例指出，既然《民法》第九百二十三条第二项规定出典人在典期届满后，经过两年不以原典价回赎者，典权人即取得典物的所有权，而且并未规定先从习惯的特则，因此，虽然民间有三十年内回赎的习惯，出典人也不能根据习惯回赎。1941年最高法院第2238号判例指出：商人承租房屋开设店铺，因在该地点营业多年渐为人所共知，使得该地点成为宜吸引顾客光顾的场所，承租人对该地点具有商业利益。如果承租人与出租人约定在租赁关系消灭时承租人可以将此种利益出顶他人，自然不能妨碍其出顶。如果租赁双方当事人约定房屋因事变灭失，致使租赁关系消灭后，重建房屋出租时，拥有此种利益的承租人，根据同样条件有承租的优先权，出租人不得违反其约定。"如该地方有许承租人出顶其

〔1〕 刘清景：《新编民事法规判例、解释、决议全集》，大伟书局1992年版，第70页。
〔2〕 刘清景：《新编民事法规判例、解释、决议全集》，大伟书局1992年版，第69页。

利益或优先承租之习惯,可认当事人有以此为契约内容之意思者,即应按照习惯办理。"[1]1942年上字第1554号判例认为,债权人可以请求的延迟利息,如果没有高于法定利率之约定利率,根据《民法》第二百三十三条第一项的规定,只能依照法定利率计算。即使该地另有一种习惯上认定之利率,但除了当事人有以此项习惯为其法律行为内容之意思者,其利率即为约定利率外,根据《民法》第一条的规定,仍不得反于法律之规定,以此为计算延迟利息之标准。

南京国民政府时期,无论是立法者还是司法者,有关习惯的认识水平有所提高,习惯的重要性得到一定程度的认可。国民政府在立法中有条件地承认了习惯的作用与地位,但在其编纂的民法典中却很少出现直接规定民事习惯的情况。民国时期的著名法学家吴经熊、梅仲协等都认为民国民法典的条文绝大部分继受于外国法,制定法只有很少一部分条文来自本国法。[2] 无论是民事立法还是司法解释,习惯得到承认的比例均比较有限。

二、习惯在司法实践中的适用

虽然习惯在立法上受到诸多限制,未能获得应有的地位,但在司法实践中,面对纷繁复杂的社会生活,为了解决形式多样的民商纷争,司法官常常会以习惯作为司法判决的依据。习惯实际上构成了对制定法的重要补充,在国家制定法不足以规范民事关系的情况下,法院通过一系列的判决,把民间惯行的习惯输入司法领域。

民国初年,大理院的终审判决中不乏依据习惯判决的案例,由此可以窥见习惯在民初司法中的适用情况。比如,对于"祀产"的处理,法院主要根据民间习惯进行裁判。按照法律规定,"祀产"是家族共有财产,一家一户无权擅自处分,更不能盗卖。但民间却存在根据族人实际生活需要,得以典卖或分割的习惯。大理院四年上字

---

[1] 刘清景:《新编民事法规判例、解释、决议全集》,大伟书局1992年版,第69页。
[2] 张生:《中国近代民法法典化研究》,中国政法大学出版社2004年版,第218页。

第771号判决在其“理由”部分即明确指出:“盗卖祀产为法所禁,然查我国惯例,此等祀产遇有重要情形(例如子孙生计艰难或因管理而生重大纠葛),得各房全体同意时,仍得分析典卖或为其他之处分行为。此种惯例并无害于公益,亦不背于强行法规”,从而确认了民间习惯的合理性,承认其法律效力。正是基于禁止宗族成员擅自处分祀产的宗旨,现行法律也没有对于共有人共同协商处理祀产做出详细规定,而民事习惯中却有“得各房全体同意时,仍得分析典卖或为其他之处分行为”的惯例的现实,此判例以民间惯例弥补了制定法的空白。在司法实践中,法院对于祀产的处分条件与方式的确定,主要是根据近代民法“处分共有财产,须共有人协商一致”的原则,同时结合了上述民间习惯。[1] 再如物权转移的条件,法院竟然置法律明文规定于不顾,直接采用民间习惯判案。民初施行的民律草案在“典卖田宅”条明文规定,典卖田宅必须签订契约,并经官府税契,方为有效。但大理院在其四年上字2242号判决中认为,“土地买卖,固以订立契约为原则,但江省买卖荒地,既有不立卖契之习惯,则不立契亦能生物权转移之效力”。[2] 审判官员明知有相关法律条文,但却置之不用,反而承认“不立契即可买卖荒地”的民事习惯的有效性。由此可以看出,在一些特别地区,针对特别的情况,民事习惯甚至可以取得特别法的地位,通过特殊形式排斥制定法的适用,实际上取得了高于制定法的效力,体现了国法对习惯的适从。

第五节 民国时期习惯在广东地方法中的地位与作用

相对于中央政府的立法与司法,地方的法律活动更加贴近社会现实,更能反映社会生活的鲜活与多样性。尤其是民国时期,地方

〔1〕《大理院四年上字七七一号判决》“理由”部分。
〔2〕《大理院四年上字二二四二号判决》“理由”部分。

割据长期存在,建立了各种独立或半独立政权,自立法律,自设法院,[1]司法上体现出一定的地域特色。鉴于以往很少有人专门从地域视角关注习惯,我们通过对广东的个案分析,考察习惯在地方法制现代化进程中的作用与地位,以期深化对习惯的地位、作用及运行方式的认识。

一、地方立法对习惯的认可与限制

(一)地方立法对习惯的认可

南方政府时期,虽然广东战事频仍,政局动荡,但孙中山建立的革命权相当重视法制建设,并且通过法律的形式承认习惯的作用与地位。1918 年 10 月,中华民国军政府司法部部长提议以《大清民律草案》总则、债权、物权及民刑事诉讼各律为基础,依南京临时参议院议决,由司法部稍加修正,再提交国会追认公布施行。[2] 后经临时参议院议决,将前清法律及草案进行删改,作为临时法律加以适用。但实际上只对清末颁布的法律及新刑律草案进行了删改及公布,"遂至适用法律罕所依据,实为审判不良及易于舞弊之一大原因"。为了解决法律困境,后又决定"将从前临时参议院议决案补行公布"。1920 年年底,参照南京临时政府参议院的议决结果,军政府决定"将前清民律草案、民事诉讼律草案、刑事诉讼律草案,除与国体抵触各条不适用外,均宣布为暂行法律。至其中不适用各条,即由司法部删除再行刊布,以资应用"。[3]

1921 年 4 月,军政府正式公布《民律施行细则》。其中第 2 条规定:民律施行后,"旧律或善良习惯与本律无抵触者,仍得适用。"

---

〔1〕《法权会议报告书》,载《东方杂志》1927 年第 24 卷第 2 号,第 158 页。

〔2〕《政务会议咨司法部民律草案总则债权物权及民刑事诉讼各律由司法部稍加修正提交国会追认公布之提案经议决照行文》,载军政府总务处印铸科编印:《中华民国军政府公报》修字第 22 号,1918 年 11 月 13 日,第 14 页。

〔3〕《军政府政务会议咨司法部暂行法律经议决由该部审查将条文修正后公布文》,载《中华民国军政府公报》光字第 8 号,1921 年 1 月 5 日,第 18~19 页。

并在"说明"部分强调:"新律施行、旧律废止,固为原则。惟新律之规定未必完全,其为旧律所有、新律所无,又无抵触者,自不得不有适用旧律之例外。至习惯本为民律所认,但必须以善良为限"。该细则第三条规定,"民律所定有效期间,自施行时起算",主要也是考虑到我国的习惯,"吾国向无时效制度,新律颁行,若不明定起算期间,恐有依从前权利关系或已经过时效期间者,势必纷争无所依据,故设本条以明其旨"。第六条"商事无法律规定,亦无商事习惯可循者,得适用民律",从而确立了在商事案件处理中商法最优,习惯的效力次于商法,但却优先于民事法律的原则。第四条对民律所定权利存续期间的规定与说明,则体现了在承认习惯的基础上,根据社会发展趋势,改造和限制习惯的指导思想。[1]

(二)地方立法对习惯之限制:以铺底习惯为例

广东地方政府并非无条件地认可习惯,而是根据社会经济发展的现实需要,不断地对习惯进行改造与限制,其中以有关铺底权的立法最具代表意义。在此我们重点以铺底顶手习惯为例,讨论习惯在法制转型过程中的发展与变化,分析习惯与制定法的关系。

1. 广东铺底权的由来

铺底是广东商界长期流行的习惯之一。所谓"铺底权",是承租人因为出资对所租赁的铺屋进行修建或装饰而形成的财产权利,这种权利附着于其所租赁的房屋,与出租人对房屋的所有权共同存在。

铺底权的形成与商业发展密切相关。广州在历史上为通商口岸,清代以来商业发达,市场繁荣。商户向业权人承租店铺后,根据商业经营的实际需要,常常耗费巨资对店铺进行修建或装饰。一旦租赁期满或承租人志图别业,业主就会收回店铺,但因租户曾出巨资修建,如果业主无力补偿,租户就会另招他人赔承铺底,由承顶人

---

〔1〕《民律施行细则》,载《中华民国军政府公报》光字第38号,1921年4月23日,第7～8页。

接洽且与业主订立租约。在新旧租户变更之间，业主也会乘机需索“茶仪”或“鞋金”，数额视铺位大小、地点旺淡而定，动辄数千元或数百元不等。因利益所系，业权人与租户常因终止租约交铺或承顶铺底纠纷而涉讼。在司法实践中逐渐形成解决纠纷的常用惯例，或由业主出资补偿租户修建铺屋的费用，或听凭租户招人承顶，业主不得阻挠。民间将这种租户拥有的习惯性权利俗称为“铺底权”。民国时期，该习惯在广州极为流行，但法律对此并无明文规定。当时法院处理此类案件的法律根据，主要是根据《民法总则》中“民法所未规定者依习惯”的规定，依照地方习惯，保护承租人对其所承租的建筑物因修建、装潢、改进设备所增加的经济利益，容许其有请求补偿的权利。按照习惯，铺底权不因铺屋买卖，业权易主而受影响，但旧业权人须通知租户与新买主更新租约，民间将这种手续称为“会佃”。中华人民共和国建立后，国家虽然保护公民的房屋所有权，但城市私房经改造后纳入房地产部门管理，所谓“铺底权”实际上已经不复存在。[1]

长期以来，有一种流行的观点认为“铺底权”是广州特有的习惯，不仅全国其他地区，即使广东本省的其他县市也没有这种习惯。[2] 也有人认为只有北京才有铺底权习惯。但我们经过研究发现，上述观点值得商榷，因为除广州之外，铺底权在广东其他地区实际上也长期存在。如钟伦在《江门商会五十年》一文中就曾提道：“所谓铺业主权，是广东所独有的，那就是上盖权、地权和顶手权。论价值，以顶手权为最高，次是上盖权（又称业权），地权价值最低。”其中的“顶手权”就是铺底顶手权。[3] 除广东地区外，北京、广西等地也有此类习惯，如大理院在1916年上字第873号判例中确

〔1〕 林启宣：《旧广州的“铺底权”》，载广州市政协学习和文史资料委员会编：《广州文史资料存稿选编》第九辑，中国文史出版社2008年版。

〔2〕 林启宣：《旧广州的“铺底权”》，载广州市政协学习和文史资料委员会编：《广州文史资料存稿选编》第九辑，中国文史出版社2008年版。

〔3〕 钟伦：《江门商会五十年》，载《江门文史》2009年第8期，内部出版。

认了京师地区铺底习惯的效力,“京师地方习惯,凡铺东就其所租铺房地添盖房者,苟房东无异议,即发生铺底权”。刘小萌主编的《北京商业契书集》也收录了大量铺底契约文书。这些均证明了北京在清代、民国时期也长期流行铺底习惯。[1]

2. 地方法规对铺底习惯的限制

铺底是广州长期沿用的商业习惯之一。正如广州商务总会所言:“粤省商场租铺营业,如无欠租、闭歇及别有违碍情事,该业主不得无故加租收铺,盖商业盛衰系乎铺位,迁地则弗良,故凡商店所得铺位,多者数千金,少者亦千数百,入铺开业,复有装修添筑等费,连同顶手之项,成为铺底,亦有因回禄[2]后由铺客出资建复者,铺底尤重,不独粤省为然。”“吾粤商业盛者,铺底所值多逾铺价,各行商店之与交易往来及附家之家之信揭款项,铺底实为一种保证金,设遇亏欠潜逃,藉可取偿于铺底,而信用以著,则铺底关于商业也重矣。如其倒欠,投顶铺底、货底、货物、家俬所得价银,向系兑清旧租,余摊欠款。在业主既享有优先利权,将来与投承人订批续租时,倘因旧租过廉、地转繁盛,更可双方订允酌加三成租金,于业主租权有益无损,历久相沿,成为善良习惯,已为一般主客所公认,法庭判案亦采用之。”[3]

铺底权的存在,造成了同一商铺双重产权的共存,即业主的业权和铺客的铺底权同时存在,而且铺底权是铺客与业主抗衡的重要基础,极易引发业主与租客的矛盾与冲突,如何平衡或兼顾两种权利,成为司法实践中不可回避的问题。辛亥革命后,广东军政府试图对旧有习惯进行改革。1912 年,广州安安公司歇业,葡籍人张甲

〔1〕 刘小萌主编:《北京商业契书集》(全二册),国家图书馆出版社 2011 年版。此外,左增信《从一起案件了解到的“铺底权”的历史》(载《第三届中国律师论坛论文集(实务卷)》,2003 年)和卢忠民《近代北京商铺的铺底与铺底权》(《中国社会历史评论》第 12 卷,2011 年,第 96 ~ 106 页)也专门对清末民国时期北京的铺底习惯进行了研究。

〔2〕 回禄,指火灾——作者注。

〔3〕 《高等审判厅饬各厅县嗣后如遇商事诉讼凡现行法令所未规定者即依向来习惯办理文》,载赵灼辑录:《广东单行法令汇纂》(第 2 册),广州光东书局 1921 年版,第 370 页。

索还原铺，司法司司长罗文干和外交司司长罗泮辉呈请广东都督胡汉民批示："凡店铺歇业，限期三个月将货帐清理，并将店铺交还业主，不得私自招顶，其铺客曾用过顶手及装修费者，由业主给还相当之款。"消息传出，舆论一片哗然，商界陷入恐慌状态。广州商务总会认为批示有违习惯，而且所谓"相当之款"缺乏具体计算标准，窒碍难行，要求取消相关规定。虽然法庭最终按照习惯做出判决，但商会担心业主借以争利，破坏商业秩序，1913 年 6 月，广州商务总会呈文新任广东都督龙济光，要求明确习惯法的地位："当道政主持平，自应维持铺底业，且物各有主，皆得行其所有权，以享其固有之利益，顾何以独至铺主一方面，其主权有不能不与铺客分据一部分者。"强调广东"商业信盛者，铺底所值多逾铺面"，在商业交往中，铺底具有保证金的作用，直接关系到商业发展秩序的稳定，政府以强力更改习惯，完全是徒启争端；指责胡汉民的批示是政府不谙商务的表现，要求立即取消胡汉民批示，命令司法机关遵照商业习惯进行裁判。[1]

民国初年，广州因为开筑马路而引发大量铺底权纷争。广州商务总会"电请中央缓筑永汉马路，以维商业"，财政部来电承认铺底权利，"顶手铺底各省皆有"。[2] 即使如此，铺底权利似乎并未立即得到广东省政府和司法机关的确认。广州商务总会为此再次呈文省政府，要求取消胡汉民关于取缔铺底权的批示。1913 年，李开侁出任广东省民政长，对商会请求做出回复，认为商务总会"所陈习惯各种理由颇为完足"，而且胡汉民的前述批示并未通令实行，应该"量为变通，仍照向来习惯办理，以维商业而顺舆情"，商务总会随即将回复转行各县商务分会，要求遵照办理。考虑到"此事未奉行知法庭，遇有商事诉讼时或判断参差，且兼理司法之县知事或有未谙

〔1〕《粤商请维持商业债权》，载《申报》1913 年 9 月 19 日第 13 版。

〔2〕《高等审判厅饬各厅县嗣后如遇商事诉讼凡现行法令所未规定者即依向来习惯办理文》，载赵灼编：《广东单行法令汇纂》（第 2 册），广州光东书局 1921 年版，第 370 页。

习惯者，关于商事铺底顶手之判决无所依据，与商业损害实多"，广州商务总会又呈请广东巡按使通令各级审判厅、县知事"凡遇商事裁判适用习惯"。1915 年 3 月，广东高等审判厅根据广东巡按使公署第 962 号饬令，"转饬所属各级法庭暨各县知事等，嗣后如遇有此种讼案，凡有现行法令所未规定者，即依向来习惯办理可也"。[1] 标志着铺底习惯正式得到省政府的认可，取得了地方性法源地位。

此后，该命令成为广东各级司法机关裁判相关案件的重要依据。1918 年，广州总商会的陈勉会等人呈文司法部，"恳请按照习惯修正判例"。此事缘起于陈朗租铺纠纷案。南海县商人陈朗因租铺涉讼，经广东高等审判厅做出终审判决。陈朗认为广东高等审判厅未依商场习惯判案，向广州商会呈诉。在广州商会的吁请下，司法部批令审判庭对该案进行复核。不久，广东高等审判庭回复，"查现行法例及民事律草案无规定者则依习惯以为判断。粤省商场向以铺底为重，若铺客委无欠租及违碍情事，业主不得无故加租取铺。此等习惯已经总商会呈请前巡按使通饬有案，法院亦屡经采为判例根据。故本年判结骆庆云与宋耀棠涉讼之案，亦依照地方习惯不准业主无故取铺。惟前任推事承审该民之案同一事实独未采据此项习惯为判决理由，实属违反商场习惯"。但因高等审判厅对该案的判决已是终审判决，"除由具呈人依照民事诉讼法草案第六百零五条第十一款引用前巡按使饬文及骆庆云等判决书认为可受利益之书状申请再审外，似无别种方法可以救济"。司法部建议，陈朗如果对终审判决不服，可以依照诉讼程序提起再审。[2] 巡按使是中华民国北洋政府的官职，1914 年 5 月，大总统袁世凯公布《省官制》，将各省民政长改称巡按使。1916 年袁世凯去世后，改称省长。从司法部批文可以看出，在 1915 年前后，广州总商会已经为铺底权习

---

〔1〕《高等审判厅饬各厅县嗣后如遇商事诉讼凡现行法令所未规定者，即依向来习惯办理文》，载赵灼编：《广东单行法令汇纂》（第 2 册），广州光东书局 1921 年版，第 370～371 页。

〔2〕《司法部批民字第 67 号》，载军政府公报处：《中华民国军政府公报》修字第 34 号，1918 年 12 月 23 日，第 30 页。

惯专门向省政府呈请备案,而且得到了省政府认可,此后法院也曾多次将该习惯作为案件裁判的依据,就在 1918 年,还根据铺底习惯判结了骆庆云与宋耀棠涉讼案,禁止业主无故取回商铺租赁权。司法部在批文中一再强调,这些已经判决的案件,具有判例的效力,对同类案件的判决具有法律拘束力。

1922 年广东省高等审判厅、财政厅和广州市政厅联合制定《广州市清理铺底顶手办法》,承认铺底顶手为善良习惯,决定加以保护,但同时设定了承认铺底权的条件,即租客将顶手修筑等项证明材料报财政厅纳费领照,到广州市登记局进行登记。只有缴费登记的铺底权才受政府保护,即使铺主提起异议诉讼,也要以顶手修筑凭证作为判决有无铺底权的主要依据。[1] 办法有条件地承认了铺底权,同时规定了铺底权取得与转让的条件与程序,在保护铺底权利的同时,加强了对铺底顶手习惯的限制,试图将其纳入法律治理的范围。法院在判决有关案件的过程中强调必须得到业主的同意,才可设定铺底权,业主有权对铺底权提出异议。在投变官产的过程中,因为政府不论铺客有无铺底关系、是否纳费领照,均强令铺客迁出,而且不予补偿,引起商民的强烈不满。在强大的舆论压力下,省政府训令高等审判厅、官产清理处及广州市政厅,“商场铺底顶手,如果经已领照,并登记确定,当然受法律保障,不论铺业如何转移,铺底得以永久存在……按照铺底登记章程办理”,准许铺客与新承人照旧批租。[2]

关于铺底权问题,不仅商业习惯与法院判决不同,即使是在法院系统内部,处理办法也不统一,如广东高等审判厅和广州地方审判厅就有明显差异。为了统一法官认识及裁判标准,妥善处理法律与习惯的关系,1923 年 9 月广东高等审判厅专门召集法官就法律与

---

〔1〕 广东省高等审判厅、广东省财政厅、广州市政厅:《广州市清理铺底顶手办法》,载广州市土地局编印:《广州土地局登记及征税法例汇集》,1926 年版。

〔2〕 《投变公产与铺底权无关》,载广州《民国日报》1923 年 10 月 10 日第 4 版。

商业习惯的关系问题展开讨论。据报载:“高等审判厅厅长林云陔,以法院判决铺底讼案,发生问题甚多,法律与商业习惯,互相抵触,特饬令全厅各庭长推事等,撰述意见书,于十日下午召集会议时讨论铺底权问题。”[1]

经过广泛讨论,高等审判厅就铺底问题形成决议案:对于铺房,由建筑而构成为铺底,以对于该铺房有益、必要及不可分离为主。除小修、积装修、建筑时未得业主同意,或可以为未得业主同意之事由,以及租约做出特别限制者外,其余均可以认为成立铺底。[2]

1923年10月出台的《广州市都市土地条例》也有条件地承认了铺底顶手的法律地位。该条例规定:“铺底顶手,只限于经领有登记局之铺底顶手登记完毕证者”;“铺底权利人,即铺底顶手所有人”;“有铺底顶手关系之土地,其地租不得任意增加”,并且明确规定“铺底顶手权已视为土地权,其金额亦应视为地价”。[3] 为减少铺客与街坊争承市产的纠纷,广州市政厅明确规定,“嗣后办理市产承领案,遇有街坊与铺客同时争领者,如查明铺客确系有铺底顶手,或自建上盖关系,且系开设多年者,概应准铺客优先承领,以示体恤,而维商业,街坊不得藉名图利,假公济私,致起纷争”,[4] 授予拥有铺底权的铺客对铺屋优先承领的权利。

1924年,为了改良建筑,解决租金增长、警捐减少和召领骑楼地等问题,广州市政厅决定通过取消铺底权实现业权的统一,市政厅为此公布“统一马路业权”案。按照该办法,马路两旁的铺屋业主需要按照铺底额承领铺屋,如业主不愿承领,则责令铺客承受,业主和铺客都不愿承领时,则由政府开投。[5] 此案公布后,遭到商人的

---

[1] 《高审厅讨论铺底问题》,载广州《民国日报》1923年9月10日第6版。

[2] 《高审厅铺底会议议决案》,载广州《民国日报》1923年9月15日第7版。

[3] 中国社会科学院近代史所:《陆海军大元帅大本营公报选编》,中国社会科学出版社1981年版,第204~210页。

[4] 《街坊与铺客优先权之区别》,载广州《民国日报》1923年8月1日第7版。

[5] 《公布统一马路业权案》,载广州《民国日报》1924年3月29日第7版。

强力抗拒,各街商店在总商会集议,选派陈廉伯等人谒见广东省长和广州市长,请求撤销。并组织广州铺底维持会,计划通过全市罢业进行抗争。消息传出,省政府不得不作出妥协,批示该案永远取消。广州市财政局为表示尊重商业习惯,还在骑楼召领办法中规定,如果业主逾期不承领骑楼地,准许铺客代业主承领,并将所有地价及建筑费用作为铺底。[1] 1926年,政府颁布《统一骑楼地相连业权办法》,再次试图统一业权,但最终也因遭到商人发对而以失败告终。[2] 至此,政府终于认识到一铺两权的传统商业习惯并非单靠政府法令就可取消的客观现实,放弃了取消铺底权的努力,铺底权得以继续存在。

二、地方司法对习惯的选择与适从

民国初年,法律实务界的有识之士已经认识到"世事演进,人事日繁,仅恃法律为范畴,断不足尽用而通其变。故虽在法治先进各国,仍莫不引用习惯以济其穷"。[3] 中央司法机关也基本明确了习惯适用的条件即法令规定不详者,可以适用习惯。在司法实践中,法院多以当事人的承认或地方一般习惯为基础,认定当事人之间的权利义务关系。在法令未对相关权利义务做出明确规定的情况下,就应确认当地通行习惯在法律上的效力,并根据习惯认定权利义务关系。具体而言,习惯能否具有法律效力,仍需具备相应条件,如具有合理性,不危害公共利益等就是其中的要件。习惯有合理与否的分别,并非所有的习惯均当然地具有合理性。判断习惯合理与否的准则,是习惯与社会发展的总体方向是否一致,是否有助于社会文明水平的提高。大理院1914年上字第988号判例明确指出:"习惯之有法律上效力,尤以不害公益为其要件之一端。如所主张商号负

---

〔1〕《承领骑楼之新办法》,载广州《民国日报》1924年7月19日第7版。
〔2〕黄素娟:《民国时期广州骑楼的规章与实践》,载《学术研究》2013年第3期。
〔3〕严谔声:《序》,载严谔声编:《上海商事惯例》,北京新声通讯出版部1933年版。

债不能涉及家产之办法，于交易安全实有妨碍，纵令果属旧有之习惯，亦断难认为有法律之效力。”[1]取舍习惯的标准主要是习惯是否合理，是否有利于社会的进步和社会经济发展，是否在当时、当地社会流行，得到多数人的认可。但这些标准均十分抽象，具体指标需要地方法院在司法实践中不断探索。习惯适用的关键在于办案法官的认证与推理，而推理结果与法官的专业知识水平、对地方习惯的熟悉程度等存在直接关联。

由于各地风俗习惯不同，司法机关对待习惯的态度也有差异。全国性研究虽然可以使我们从总体上认识习惯的地位与影响，但却极易抹煞习惯的地区性差别。因此，有必要对不同地区的习惯变迁进行研究，探讨习惯与法制发展的关系，从而深化对中国法制近代化的了解与认识。近代广东商品经济比较发达，财产流转也较频繁，广东地方法院在司法实践中不断探索依据习惯裁断纠纷处理的方式与方法，促进了传统习惯取舍标准的建立与完善。结合司法案例，对民国时期广东法官在司法中适用习惯的状况进行研究，考察法官对习惯的态度、适用习惯过程中的认证和推理方式，分析其推理依据与方法，有助于解释司法与习惯互动的具体形态，深化对转型时期习惯与法律之间关系的认识，弥补习惯法研究表面化、空洞化的缺陷，为当代司法提供借鉴。

（一）法官对待习惯的态度与方式

近代中国处于从宗族本位向国家本位转变的过程中，社会化程度不断提高，习惯的适用环境也在不断发生变化。根据社会发展需要，通过选择和适用习惯，解决社会纷争，是司法机构不可回避的任务。通过整理、分析广东高等法院出版的《广东高等法院月报》和《广东高等法院司法月刊》所登载的案例，我们大致可以将法官对待习惯的态度与处理方式进行如下归类：一是法律与习惯并用，或以

〔1〕郭卫：《大理院判决例全书》，会文堂新记书局1932年版，第30页。

习惯支持法律,或以法律支持习惯,二者相互参证。二是在法律未对有关事项作出明文规定的情况下,选择性地适用习惯,在肯定并适用部分习惯的同时,否定与时代精神相悖的习惯。三是在法律规定与习惯并存的情况下,全面否定习惯,完全根据法律规定判案。四是全面肯定习惯,完全根据习惯判决案件,对已有法律规定置之不理。

1. 法律与习惯并用

最常见的情况是,法律对习惯设定了明确的限制性条件,法官在处理相关案件的过程中,就会重点考虑是否具备法律规定的条件要求。对于符合条件的案件,一般都会适用习惯,以习惯作为裁决的重要依据。如广东省在1922年颁行《广州市清理铺底顶手办法》正式承认铺底习惯,但同时也设定了取得铺底权的条件即征得业主同意并进行登记。司法机关对铺底纠纷的处理基本上遵守了相关规定,体现了习惯与法律规定的一致性。以下我们通过具体案例,予以具体说明与分析。

案例1:陈润妨害公务诈财控告案(1929年控字第66号)

上诉人:罗瑞、罗雄

被上诉人即被告人:陈润,选任辩护人郑国屏律师

案情:罗瑞、罗雄兄弟有父亲遗留的罗慎德堂铺业一处,坐落在广州市十八甫北约第33号,长期租给陈润之父陈简开设富昌隆商号,经营电器生意。1922年1月,陈润以其父陈简的名义向广东省财政厅申请富昌隆铺底执照,在广州登记局登记铺底价额4000元,填报业主通讯处为杨巷仁信号。登记局随即派人将登记通知书送到仁信号,由陈润之弟陈载朝(即佐朝)借盖仁信号书柬图章代收,取走登记通知书。1922年4月,陈润等取得登记局发放的登记完毕证和登记簿誊本。1924年10月,罗瑞等人得知富昌隆登记铺底之事,于1925年9月以陈简及仁信号东叶仁甫妄报铺底登记、贿串冒

认业主为由提出控诉。广州地方检察官经侦查认定：陈简、陈润、陈载朝父子三人通过串同瞒收通知书，使登记局办理铺底登记手续，并因而取得铺底权利，触犯暂行刑律第153条第2项、第382条第2项、第385条、第26条的罪名，对陈润提起公诉，对罗瑞等人则提起附带民事诉讼，请求交还铺屋。广州地方审判庭判决陈润无罪，驳回罗瑞等人的附带民事诉讼请求。罗瑞等人不服，向广东高院提起上诉。广东高院经审理认为，被上诉人陈简、陈载朝瞒着业主取得铺底登记，骗取铺底权利，判处陈润有期徒刑三个月，易科罚金200元，没收富昌隆铺底执照登记完毕证及登记簿誊本。[1]

该案中，各级法院均承认铺底权是一项法律权利，但由于陈载朝等人在未取得业主同意的情况下，通过瞒报、瞒收登记通知书等非法方式取得铺底登记证，获得铺底权，违背了《广州市清理铺底顶手办法》关于铺底登记的基本要求。最后广东高院通过没收富昌隆铺底执照登记完毕证及登记簿誊本，取消了陈润等人骗取的铺底登记权利，所采用是地方法规和商业习惯并用的基本模式。

案例2：梁耀与廖启光等铺底涉讼上告案

上告人：梁耀，番禺县人

被上告人：廖启光，廖华，台山县人

案情：双方当事人因铺底涉讼，上告人不服广州地方法院1930年8月18日二审更审判决，上告到广东高等法院。经广东高院调查，确认该铺原铺客是花县任顺成堂任俊声、任流声，铺底登记证上的登记人为任其芳。虽然上告人自称与任顺成堂合伙营业，但始终未能提供合伙证据加以证明。而且上告人承认曾向昌盛堂借银2000元复建该铺，条件是由昌盛堂在此开办北平鞋厂，租期15年。

---

〔1〕《陈润妨害公务诈财控告案》（18年控字第66号），载《广东高等法院月报》1930年第10～12合册，“裁判”第7～10页。

因此,上告人属于非法取得铺底登记证,并将商铺转租渔利,广东高院最终判令被上告人偿还上告人铺底价银 287 元,取回铺底管业。广东高院做出判决的重要依据是该铺的租客是任顺成堂而非上告人梁耀,被上告人交验的租约中明确规定"自批成之后听任任顺成堂开张登云阁生理,不得私租别人"。由此可知,如果铺客未经业主同意私自转租即构成违约。上告人不仅未经业主同意而从任顺成堂转租该铺,竟然又私自将商铺转租给北平鞋厂,并且订立长期租赁合同,明显违背原租客任顺成堂与业主之间的约定。广东高院最终判决驳回上告人的诉讼请求,诉讼费用由上告人承担。[1]

在审理此案的过程中,广东高院明确表达了保护铺底权的基本立场,体现了对习惯的承认与尊重。但同时强调铺底权的成立必须具备必要条件,包括得到业主同意,办理铺底登记手续,登记权人是原铺客等。只有原铺客才能行使铺底登记申请权利;若铺客在未得到业主同意的情况下办理铺底登记,所取得的铺底权则不能成立。

案例 3:何济任等人与何馨山等人因登记异议及取铺追租涉讼控告案(控字第 253 号)

案情:该案控告人何济任住新会江门仓后街和生隆店,被控告人何馨山等住新会城何家大塘。新会何馨山家族的何乐善堂有两间相连铺屋,坐落于新会江门仓后街 28 号,在清光绪二十一年(1895 年)租给刘雨田等开设和生隆号经营米业,每年租银 70 元,另交鞋金 2.16 元,租期 5 年。何仁义堂(何济任兄弟的堂名)是和生商号合伙人之一。宣统元年(1909 年),和生号改名和生隆,经营米揽生意,向无铺底顶手。1918 年,和生隆号各合伙人将该商号营

[1] 《梁耀与廖启光等铺底涉讼上告案》,载《广东高等法院司法月刊》1931 年第 2 卷第 6 期,"裁判"第 48 ~ 50 页。

业及家俬什物退给何仁义堂承受,继续照常承租营业。1925 年,和生隆号歇业,将铺租给冯德舆开张和生隆泰记。1928 年 9 月,何乐善堂房长何馨山等人以该铺租期已满、欠租及鞋金共 288.64 元以及歇业转租等为由,向江门市民政局禀请强制迁出。何济任也在是月就该号所租何乐善堂商铺 2 间以及相连的黄道明堂商铺 1 间向新会登记局申请假设登记铺底 8000 元。何馨山等人随即向广州地方法院新会县分庭提起异议之诉,请求判令何济任交铺并交清租银及鞋金。新会分庭经过调查确认被告人何济任对于江门仓后街 28 号之铺并无 8000 元之铺底顶手权,判令被告何济任将商铺交回原告何馨山收管,所欠铺租、鞋金银共 288.65 元,应一并清偿给原告。何济任对判决不服,提起上诉。经新会分庭重审,判决维持原判。何济任不服,向广东高等法院提出控告。经审理,广东高院判决"控告驳回,讼费由控告人负担。"

在该案的判决"理由"部分,广东高院强调:"铺底权利必须已得业主同意,或有可认为已得业主同意的事由,始能设定"。该案控告人何济任是和生隆号原合伙人之一,与他人合伙承顶营业,据称曾承顶铺底,有顶帖为证。"惟此种退顶营业系内部组织变更,当时不将承顶铺底登报,不改字号,不换批约,业主仍持旧租薄收租,在业主实无从知其有私设铺底情事,则其私设铺底之不得业主之同意更无待言。虽据控告人提出前大理院判决洪永年等与控告人因顶铺涉讼再审之判词,曾叙述顶铺顶帖'将铺底出顶'之语,但该顶铺涉讼案确定判词已断定该顶帖为有瑕疵,该再审上告判词亦非确认该顶帖为真实,控告人不得截取该判词文句以证明其铺底。原判确认控告人承租之铺屋铺底权利,洵属允协。"此外,江门市民政局查明和生隆号已经歇业,在江门市警察局第二区署布告内有其歇业记载,此后何济任将该铺转租给冯德舆开设和生隆泰记,也有永光堂的登报声明为证,而且何济任期满并未更换约批。综合上述各点,广东高院认定"被控告人认铺客歇业转租及期满为取铺理由,依商事通例,控告人实无抗拒之余地”。[1]

由此案可以看出,业主同意及铺客登记,是铺底权成立的基础,铺客私自设立的铺底,因为缺乏上述基础,很难得到法院的承认与保护。此外,各级法院均明确承认了商业交易中长期流行的“鞋金”惯例,充分体现了法院在民事案件审理中法律与习惯并用的基本立场。

案例4:刘晋丰与陈五行堂取屋涉讼上告案(上字第26号)

案情:上告人刘晋丰租赁被上告人陈五行堂陈镜明位于广州市河南万安里29号的房屋开设作坊。双方所订契约中只是约定每月租银10元,上期交收,不得拖欠,屋主如要自用,即将铺屋交回,不得借口拖帐未清霸踞铺屋,并未约定租赁期限。刘晋丰从1929年8月交过当年7月的租金以后,就再也没有按期交租,陈镜明因而向法院诉请交屋清租。第一、二审法院根据租约判令刘晋丰交还房屋,并交清所欠租金,租金计算至执行之日为止。

刘晋丰对判决不服,向广东高等法院提起上告,在上告理由部分,刘晋丰强调其开办的作坊领有商业牌照,应该适用《民法》第四百五十条第二项但书的规定。对此,广东高院指出:“未定期限之租赁,有利于承租人之习惯者,从其习惯,虽为民法第四百五十条第二项但书所规定,然必无违约欠租情事,乃有适用之可言。苟违约欠租,则按之广州市习惯,无论所租赁者是商铺抑是房屋,又无论定有期限与否,皆得终止契约。”基于刘晋丰欠租的事实,高等法院判决驳回其诉讼请求,维持原审法院“交屋清租”的判决结果。[2]

此案中,高院在承认《民法》第四百五十条第二项但书关于优先

---

〔1〕《何济任等与何馨山等登记异议及取铺追租涉讼控告案》,载《广东高等法院月报》1930年第2卷第1、2期合册,“裁判”第17~19页。

〔2〕《刘晋丰与陈五行堂取屋涉讼上告案》,《广东高等法院月报》1931年第2卷第6期,“裁判”第50~52页。

适用习惯的法律规定的基础上,进一步解释了习惯适用的限定性条件即承租人无违约欠租行为,进而引用广州市的租赁习惯,如果承租人欠租,则无论租赁物是商铺还是房屋,无论是否订有租赁期限,业主均可随时解约,收回房屋,并根据这一习惯作出判决,驳回上告。广州的租赁习惯,实际上成为裁决的核心依据,通过引用地方习惯,进一步细化了《民法》第四百五十条第二项但书的有关规定,限定了该规定的适用条件,更加确切地体现了立法精神,弥补了立法的不足。

案例5:邓瑞芬与张大明因请求交铺涉讼上告案

(1934年上字第461号)

上诉人:邓一经堂　邓瑞芬　四会人

被上诉人:张大明　四会人

案情:四会县城大北路16号的铺业是上诉人邓一经堂的财产,长期租给被上诉人开张合兴店营业。1927年,由邓一经堂值理邓凤楼转批该铺给张大明继续承租,双方订明租赁期限10年。1933年1月,因为开辟马路,该铺的一部分建筑被强行拆除。据张大明陈述,商铺被拆后,曾多次请求业主修缮,后经邓凤楼同意,由张大明自行建筑。是年7月,张大明领取执照,与其承租的梁姓商铺(该铺与邓一经堂商铺相连)一同改建。竣工之后,上诉人要求加租,遭到被上诉人的反对,上诉人随即向法院提起诉讼,请求收铺。一、二审法院均判决上诉人败诉。上诉人不服,再次向广东高等法院提出上诉。邓瑞芬在上诉状中诉称,被上诉人未曾就建筑商铺之事与业主商议,其所领取的建筑执照系借相邻的梁姓商铺执照影射办理。上诉人曾经就此委托律师发函制止,但被上诉人并不理睬,继续施工。上诉人认为被上诉人"显有拒绝出租人为保全租赁物所为之必要,实违背善良管理人之注意,"请求收回自建。

广东高院经审理确认,1933年1月,四会县城开辟马路,县政府曾多次发布布告,限期拆卸。上诉人作为商铺业主却一直置之不理,官府只得监督铺客拆卸。商铺被拆后数月,上诉人并未按期进行复建,须承担延迟责任。被上诉人为营业考虑而出资改建,实际上增加了商铺的价值,"上诉人反谓其不定相当期限催告出租人修缮,及违背善良管理人之注意,殊非是至"。被上诉人承租两间商铺,同时进行改造,同领建筑执照,其所领执照内载明:"此照筑铺二间,(一)邓宅门牌43号,即新16号(二)梁宅门牌41号,即新18号",而且有建筑图纸为据,并无不当。该铺既然租期未满,因开辟马路后业主久不修缮,铺客出资改建,并未违背承租人的义务。最终判决维持原判。[1]

通过分析可以发现,由于中央立法并无铺底权的相关规定,各级法院的判决均未引用中央法律条文,而是直接按照《广州市清理铺底顶手办法》的规定作出判决,包括铺业修缮由业主负责,在征得业主同意的情况下,也可由铺客出资修缮;如果业主不及时修缮,铺客确因营业需要,也可出资修建。因为该案上诉人未能根据县政府要求,按时对商铺进行拆卸与修建,建筑修复的权利就由铺主转移到铺客。铺客对商铺的建筑与习惯相符,与《广州市清理铺底顶手办法》的立法宗旨相一致,其铺底权利也因此而得到司法机关的承认与保护。

案例6:谭义德与黄贤因执行异议声请停止执行事件涉讼上诉案(1934年抗字第213号)

案情:蔡同芳号蔡秀林租赁谭义德堂位于广州市光复南路5号的商铺经营商业,因蔡秀林拖欠铺租,谭义德堂提起诉讼,要求取铺追租。经广州地方法院审理,判令蔡同芳号蔡秀林将广州市光复南路5号铺交回谭义德收管,该铺铺底价额2000元,除扣抵所欠租金外,谭义德应将余额返还蔡同芳,蔡同芳拥有的铺底权利同时消灭。判决执行后,谭义德已经将所余铺底价额缴存执行法院,有法院

〔1〕《邓瑞芬与张大明因请求交铺涉讼上告案》,载《广东高等法院司法月刊》1934年第3卷第7期,"裁判"第6~8页。

1934 年 10 月 15 日所发收据为凭。后合德公司的黄贤与蔡同芳号因揭欠涉讼，黄贤在领取谭义德缴存的铺底余额后，认为“该铺系登记铺底四千五百元，除原告返还消灭二千元外，尚有二千五百元”，请求将蔡同芳号拥有的铺底查封并变卖抵偿。谭义德向广东省高等法院提起上诉，请求停止对自己拥有铺底部分的执行。广东高等法院经审理认为抗告理由成立，对谭义德拥有的部分铺底查封错误，根据《民事诉讼法》第 549 条第 2 项、第 96 条以及第 81 条的规定，判决“原裁定变更，广州市光复南路蔡同芳号之铺关于抗告人所有部分，准予停止执行”。[1]

从该案可以看出，法院承认已经登记的铺底权，而且铺底价额可以分割，除可以抵补租金外，还可抵还其他债务；一旦业主向租户返还铺底价额，且经租户接受，租户拥有的铺底权利也就随之消灭。该案中法院根据《民事诉讼法》第五百四十九条第二项、第九十六条以及第八十一条的规定对谭义德堂等拥有的铺底权给予保护，实际上标志着已经将铺底权视为财产权的一种。

2. 否定与认可并存：选择性适用习惯

在法律对有关争议并无明文规定的情况下，习惯往往成为法官裁判的重要依据。但问题在于，对于习惯，法官并非照单全收，而是有选择地采用，既有认可，也有否定。其对习惯的取舍标准是习惯是否符合社会经济发展的需要，对习惯的适用是否有利于纠纷的最终解决。在对习惯的取舍方面，法官的裁量具有关键性作用。以下我们通过案例分析，探究法官如何选择性地适用习惯。

案例 1：卢怀璋与梁惠邦、梁荣珍土地买卖契约纠纷案

案情：民国初年，广东人卢怀璋与梁惠邦、梁荣珍签订了土地买

---

[1] 《谭义德与黄贤因执行异议声请停止执行事件涉讼上诉案》，载《广东高等法院司法月刊》1934 年第 4 卷第 3 期，“裁判”第 78～79 页。

卖契约,将其土地卖与梁惠邦等人。契约系请人代笔完成,契约签订后,卢怀璋亲手将请人代写的契约交给梁惠邦,有证人蓝亚锦为证。事后卢怀璋反悔,拒不教辅土地,买方当事人向法院提起诉讼,要求确认契约有效,强制卖方交付土地。初审法院经过调查,决定尊重民间典卖田宅的现实,判决支持买方的诉讼请求,认定买卖契约有效。卖方则以契约并非亲笔所写、系属伪造以及未向买方交付上手红契为由,提起上诉,要求法院判决契约无效。广东高院经过调查,判决维持原判。卢怀璋不服,向大理院提出上诉。大理院终审判决维持原判。其判决理由包括:在实践中,常有因当事人不具备相应文化水平而请人代写契约的习惯,"按典卖田宅,订立契据请人代写系属通行之习惯,并毋须本人亲笔"。本案卢怀璋请人代写契约后,亲手交给买方当事人,足以证明双方已经立契成交,不能再以并非亲笔所写、未经核对为由,主张契约为伪造。至于卖方提出的出卖土地需要交付上手红契的习惯,法院并未采用。虽然法院承认广东"通常惯例多交付上手红契",但同时指出这种习惯只是广东的旧习,事实上这一习惯已经发生变化,民初的通行习惯已经是"典卖田宅止须立契交价,并不以交付上手契为要件。"[1]

而实际情况也确实如此。早在清代,广东一些地区已经不将移交上手契作为产业买卖的必备条件,往往在契约中写上"上手红契霉烂无存,日后搜出,是为枯纸"。[2]

据此,法院选择当时通行的习惯作为最重要的判决依据,对双方争议进行裁决。在该案中,法院对习惯采取的态度是选择性地承认,一方面确认了因当事人不具备相应文化水平而请人代写契约的习惯的效力,另一方面又根据社会发展实际状况,否定了典卖田宅

---

[1] 1914年上字第1441号判决例,载黄源盛纂辑:《大理院民事判决例全文汇编》(6),未刊稿,转见周子良:《近代中国所有权制度的形成》,法律出版社2012年版,第129~130页。

[2] 谭棣华、曹腾飞、冼剑民:《广东土地契约文书》,暨南大学出版社2000年版,第188页。

必须交出上手红契的习惯。

案例2:李汉生与叶季请求交铺清租涉讼上告案
(民国二十三年上字7号)

上诉人:广纶昌号,李汉生,佛山人

被上诉人:叶五桂堂、叶大光堂,叶季,佛山人;诉讼代理律师杜之杕

案情:被上诉人叶季等人有共有铺业1间,坐落在佛山升平路108号。该铺原业主是廖慎行堂。清光绪二十年(1894年),原业主将该铺租给上诉人李汉生开设广纶昌字号,契约订明每年租金120两,另交鞋金10两,期限5年,期满另议新批。1930年11月,叶大光堂从廖慎行堂手上买下该铺。1933年,被上诉人以上诉人从自己买下此铺1年后即不交租、期满又不另订新批为由,提起诉讼,请求交铺清租。初审法院判决交铺清租,双方当事人均提起上诉。此后上诉人对二审判决不服,向广东高等法院提出第三审上诉。上诉人认为其与被上诉人所定租约签订于光绪二十年,租约原定租赁期限5年,期满另订新批,从契约的意思看,应该由业主发出新批,交给租客承诺。但被上诉人始终没有发出新批,所以不能以租客不同意转批为借口而清租交铺。因为业主长期不收租金,控告人早已登报声明,并将租金提存于银行,上诉人欠租之说不能成立。上诉人还称自己存有为该铺支出建筑费用的单据和记录,虽因建筑时已经停办铺底登记而未能正式取得铺底登记权利,但"若以未经登记不能认为有利益于承租人之习惯,殊与事实相反",请求废弃原判。

经调查取证,广东高等法院发现,在1933年8月17日,被上诉人已经在《广东司法日刊》刊登通告,通知铺客"三日内另议租值,改订批约,否则以法律解决",并且委托杜之杕律师函知上诉人"议定新批,清交欠租"。而上诉人在同年9月2日才将所欠租金存入市立银行,9月5日在《司法日刊》登载声明,催业主收租,并称"承

租此铺期满之后，历向照约收租，已成习惯”，明显具有不同意转批的意思表示。广东高院经查证认定，该铺从光绪二十年租赁至今，已经四十多年，但“亦不能据此认为习惯而拒绝议批”。原判决认为批期届满之后未有转批，视为不定期间租赁，该铺又无铺底，判令将铺交回业主，并无不妥。至于上诉人对该铺的建筑，上诉人在原审并未提出证据，不能在三审阶段指责原审法院对此未加审查。广东高院同时强调，“纵令确有建筑情事，系应否求偿问题，不能以此为阻止解约原因”，最终驳回了上诉人的请求。[1]

由此案可以看出，铺底登记停止以后，铺客对租铺的建筑不再构成铺底权利，而只是构成请求业主赔偿的基础。虽然该案上诉人提出自己存有建筑租铺的费用单据及记录，而且力证“以未经登记不能认为有利益于承租人之习惯，殊与事实相反”，但法院最终并未承认该习惯的效力，而是将租客对租铺的建筑支出转化为赔偿问题，同时却承认了铺业租赁中鞋金习惯的效力，在判令上诉人清交款项的数额中包括了租金、鞋金等项目。

3. 全面肯定习惯并将其作为主要判决依据

在现实生活中，当制定法并无明文规定时，当事人往往可以依据习惯主张自己的权利，以寻求司法机关的保护。而司法机关一旦查证并确认当事人确有此项习惯权利，并且该习惯权利确实符合国家制定法的价值取向，就会根据习惯的要求，作出相应的司法判决，为当事人的权利要求提供救济。

案例1：黄竹香等与黄伯炜、李永年等矿山批约涉讼控告案（控字第49号）

案情：该案控告人黄竹香等与被控告人黄伯炜等均是花县塱头

[1] 《李汉生与叶季请求交铺清租涉讼上告案》，载《广东高等法院司法月刊》1934年第3卷第8期，“裁判”第36～38页。

乡人。该乡分为中、东、西三社,控告人等居住在西社,黄伯炜等住在中社。该乡有一座石灰矿山,土名为水井头风柜口,属全乡共有产业,在1926年10月22日租给被控告人李永年的宝兴公司开采石灰。当时在景徽祖祠当众订立租约,租期3年,每年租银1000元,从1927年正月初十起租。在租赁契约上签名者包括西社耆老黄章全等7人、东社耆老黄立初等3人、中社耆老黄文扬等7人,另有黄伯炜代签黄竹香(控告人之一)名字。当时宝兴公司缴纳签书银100元、饮食银450元、地保更夫银36元、绅佣银25元、耆佣银120元以及第一季租金500元。经花县公署布告保护,1927年正月宝兴公司兴工开采。黄竹香看到其名字并非亲笔签署,遂于是年8月联同西社未参与签名的黄志满等5人,以"私订批约"为由起诉被控告人,请求法院确认租赁契约无效。经花县分庭判决"原告人之诉讼请求驳回"。控告人不服,向广东高等法院提起控告。

控告人的控告理由主要包括以下几点:一是租赁契约在黄伯炜私人房产十二世景徽祖祠内签订。二是签订契约不用大宗祠惇裕堂而用塱溪堂的名义。三是黄竹香是绅耆并兼任乡长,立约时并不在场,契约上的"黄竹香"签名是黄伯炜冒名代签。四是族中绅耆百余人,除西社被黄伯炜冒签者外,只有18人在契约上签名。五是租赁给宝兴公司的矿山中有一半是黄天照占有,但签约前并未征得其同意,而且签约时黄天照并不知情。六是租金及绅佣银等款项的签收人只有东、中两社,与西社无关。另外,控告人还称其宗族对外对内的批约,均需要全体乡民同意、分别署名方为有效。被控告人则辩称,签约时因为乐轩祖祠开会,所以改在景徽祖祠;矿山的山契上所写的产权人是塱溪堂,所以租赁契约也以应以该堂名义签订;黄竹香不是乡长,因为签订契约时他在香港教书,所以才由黄伯炜代为签名。被控告人还特别强调:"本族发立批约向来习惯,如有耆老签名即属有效。仅宝兴公司之批约,西社耆老有黄章全等七人,东社耆老有黄立初等三人,中社耆老有黄文扬等七人签名,在乡绅士又有民黄伯炜签名,即不代在港教学之黄竹香签名，依于上述习惯，该批约亦应发生效力。”高等法院经调查确认，水井头风柜口山场契据所载业主为塱溪堂（塱头堂学名），租赁给宝兴公司时黄竹香确实在香港教书。因此，以塱溪堂名义签订租赁契约自属正当，不存在私订契约问题，黄竹香不在场签名，并不影响契约的效力；因讼争山场是塱头乡东、中、西三社共管产业，并非黄竹香个人私有，东社既然已有3名耆老签名、中社、西社各有7名耆老签名，“依该族之惯例，已足代表一乡”。虽然控告人称该族批约均需族人全体同意、分别签约方为有效，但并不能提供证据证明该惯例的存在。而被控告方提供了塱头乡1915年出租双石岭矿场给裕成公司开采的契约，证明“该族处分共有物之习惯，并不用全体签名”。据此，广东高院认为，“查该约所签中、东、西三社绅耆名字仅得八人，而八人名字中西社又仅得黄龙光一人，尚属有效。今立与宝兴公司批约，控告人等之西社签名者已占七人，则黄竹香个人有无签名尤不成问题……盖契约既属合法成立，双方自受其拘束”。同时认定控告人提出的其他问题与契约成立与否无关，毋庸置疑，判决驳回控告。[1]

从该案的审理过程可以看出，民国时期，虽然社会生活发生重大变化，如农民将宗族共有的山地出租给现代化企业开采矿产，通过获取租金等收入提高族人的生活水平，也有越来越多的族人外出谋生，如黄竹香到香港从事教师职业，人们的权利意识明显增强，主张对宗族共有产业处置的个人同意权。但鉴于民国时期宗族力量依然强大的现实，法官在裁判宗族共有财产纠纷时，也往往充分遵从宗族习惯。虽然“处分共有财产，须共有人协商一致”是近代民法的原则，但在对该案的审理中，从花县分庭到广东高等法院，均高度认同处分族产仅需绅耆签名即为有效的习惯，并且完全根据这一习惯对案件做出判决。

---

〔1〕《黄竹香等与黄伯炜等矿山批约涉讼控告案》，载《广东高等法院月报》1931年第2卷第6期，“裁判”第18～21页。

案例2:郭注经堂与谢晓帆等因假扣押异议控告案(控字第526号)

案情:1926年7月,梁少阶将其坐落在广州市西关逢源中约新编第20号的房屋抵押给郭注经堂,揭借本银2000元。双方约定每百元月息2元,借款期限6个月;另由郭注经堂先登报声明,然后立约交易。郭注经堂持有已经纳税的典按契约一份,收执为凭。后因梁少阶承租谢晓帆位于广州市十八甫北约第29号的铺屋开办大同书局,积欠铺租银1400余元,被谢晓帆诉至广州地方法院,法院决定将梁少阶逢源中约20号的屋业假扣押。郭注经堂以该屋业已经典按巨款、本息仍未还清为由,提出异议,请求法院判令优先受偿。广州地方法院"判令被告人梁少阶负欠原告人本银二千元,另息计至清偿日止,应与被告人谢晓帆对于被告人梁少阶之债权平均受偿。"郭注经堂不服,控告至广东高等法院。

广东高院认为,郭注经堂对于系争屋业是否应该享有优先清偿权,应当以其抵押权的设立是否真实为前提。郭注经堂提供的1926年梁少阶所立典契、1928年向广东省财政厅纳税的典按契约以及《司法日刊》登载的抵押房屋告示,均证明此屋在假扣押之前已经设立抵押权,梁少阶之母梁黎氏亦承认这一事实。谢晓帆及其代理律师亦承认抵押的真实性,但认为郭注经堂的抵押未经登记确定,不能以其权利抵抗第三者。针对此点,广东高院明确指出:"不动产登记虽可为权利存续转移之一种证明方法,然粤省登记制度尚未普及,民间买卖或抵押产业,亦非以登记为契约成立与否之要件。故审判法院向来关于不动产所有权之涉讼,苟有其他确实证据足以证明其权利之存在,即使未经登记手续,亦不能不承认其契约之事实,历经本院办理有案。"并进一步强调,梁少阶将逢源中约20号屋业典按给郭注经堂,发生在1926年大同书局歇业之前,上述契约、报纸等足资证明,不能否认该抵押权的真实性。郭注经堂既然对该屋享有抵押权,根据法律规定就应承认其优先受偿权。该抵押权"虽未经登记条例正式登记,亦与私法上权利之成立无涉。……原判徒以控告人未经登记抵押权否认其对于讼争之屋有优先权利,其法律见解尤嫌未协。"广东高院最终撤销了广州地方法院的原判,判决确认控告人郭注经堂对于广州市逢源中约第20号屋业有抵押权,按照契约价额、另息计算至清偿日为止,准予优先受偿。[1]

通过对此案的分析可以看出,虽然不动产登记主义是近代民法的一项重要原则,当时我国已经颁行了不动产登记制度,但该制度在广东仍未普及,民间交易多不办理登记手续,法院对此民间习惯也习以为常,在不动产所有权争议案件中,只要有契约确能证明产权关系的存在,即使没有办理登记手续,法院也承认契约的效力。也就是说,法院对不动产案件的审理,选择了遵循民间习惯,而非简单地以登记制度的规定作为判案的根据。

案例3:广鸿安号与刘达传因铺底登记异议重开审理案(控字第523号)

控告人(即声明窒碍人):广鸿安号,开设在长堤马路;叶霈泉,梁耀犀;代理人:章衍五(即章祐),容宗炜律师

被控告人(即相对人):刘达传;代理人:黄兆鹏律师,霍玉麒律师

案情:被控告人刘达传有自建铺屋坐落在广州市靖海门外长堤第20号,于1917年3月租给控告人开设广鸿安号。1917年阴历闰二月广鸿安号在报纸上所登载的承顶告白载明:"承顶广鸿安旅馆全间装饰家俬器具什物等项,固无涉及铺底顶手。"同月27日,被控告人也登报声明"该铺全间系本堂自建,确无顶手,实与普通租部批

〔1〕《郭注经堂与谢晓帆等因假扣押异议控告案》,载《广东高等法院月报》1929年第6期,"裁判"第1~3页。

约所写'向无顶手'者不同",控告人对此并无异议。此后双方签订租赁契约,订明租期5年,并一再声明"今有购地自建连地四层,确无顶手吉铺全间""该铺系业主自行购地建筑,新批与广鸿安公记旅店生理,确无顶手,实与普通租约所写向无顶手者不同"。从1921年2月开始,控告人长期欠租,累计总额达到一万多元。被控告人据此提出收回铺业,控告人以其收支簿中的顶受铺底支出记录、顶单等为据,向刘达传主张铺底权利,刘达传向法院提起诉讼。法院经审理判决该铺无铺底权利,令广鸿安号将铺屋交回业主管业,广鸿安号所欠租金、鞋金、保险费,除以按押金扣抵外,其余应如数交清。控告人不服,声明控告。经前广东高等法院审理,判决驳回控告。控告人不服,再次提出上告,该案由大理院发回广东高等法院重审。经法院多次传讯,控告人均不到场。1927年7月,广东控诉法院缺席判决,驳回控告人诉讼请求。控告人仍不服,在法定期间声明窒碍。后经广东高等法院重新审理,维持广东控诉法院的判决结果。

广东高等法院经审理认为,控告人提出的顶受铺底支出记录、顶单均系伪造,不足为证;从双方当事人所定租赁契约及登报声明看,控告人所谓顶手,不过是与前铺客承顶装饰家俬等项,绝非铺底顶手。双方在租赁契约中已经订明:铺屋已经建筑装修完美,再无修建的必要;日后如需大修,须先征得业主同意,方能动工;至于小修费用,由租客自理,不得在租金中扣除。控告人提出的修理费用单据,主要是改铺花阶砖、刷灰、开门口、改厕所、安装电灯、购买家俬等费,属于营业设备购置或小修补,根据上告审发回的意旨及商场习惯,"实不能构成铺底之原素",判决维持广东控诉法院判决,判令控告人清租交铺。[1]

在该案审理过程中,法院根据双方当事人所签订的租赁契约、在

---

〔1〕《广鸿安号与刘达传因铺底登记异议重开审理案》,载《广东高等法院月报》1930年第2卷第10、11、12期合册,"裁判"第51~54页。

报纸上所登载的声明以及租赁习惯，确认控告人所谓顶手只是广鸿安号的装饰、家具等物，并非“有益于该铺及不可分离之建筑物”，不能构成铺底顶手；根据行业习惯，租客因营业需要对房屋进行的小修费用，应该由租客承担，也不能构成铺底权利。此外，法院在判决中令控告人交清租金、鞋金以及保险费用，并进而强调要扣除押金，表明铺客租赁铺屋需缴纳押金、鞋金、保险等行业习惯也得到了法院的承认。

案例4：谢公伟与谢良俦因清算涉讼控告案（控字第520号）

控告人：谢公伟，住广州市；代理人：黄兆鹏律师

控告人：何洲泉、张礼堂，住广州市

被控告人：谢良俦，住广州市；代理人：区子沅律师

案情：控告人谢公伟在1921年阴历正月与被控告人谢良俦之父谢俊生以及案外人谭鼎初等人合伙在广州市扬仁东第1号开设福荣号，经营苏办庄口生意，共集股本银6300元，其中谢俊生、黄覆卿、谢鸿楷、罗榛林、麦耀南各占1000元，谢公伟占1000元（内何洲泉占250元，张礼堂占100元），谭鼎初占300元。谢良俦任司理，所有账目银两均归其经理。因经营不善，1922年阴历7月福荣号歇业。经各股东集议，决定每股本银1000元收回770元，作为退股。谢良俦随即将现款570元及周楚珩200元的借款单交给谢公伟，由谢公伟亲笔立下770元的收条，注明“该款系来回股本一千元项下计算”，同时将合同缴销。不久，福荣店顶给永福成开张营业。后因铺主反对，永福成另换新批，但被迫沿用福荣字号交纳房租、房捐及警费，双方多年相安无事。1929年1月，谢公伟因周楚珩不同意按照前项借款单交款，再次向谢良俦追偿未获，于是将谢良俦之弟谢立扭送警察局，谢良俦拿出200元清偿了事。至1929年2月，永福成歇业，司理人李得仁报告经警察局发给歇业迁出证明。谢公伟以其迁出证仍填写福荣字号，声称福荣号在1928年歇业，自己在1922年7月收回的770元是赢利和股息而非股本，诉请法院勒令谢良俦将

福荣号账本交出核算,并追偿附项银1133.3元。经广州法院审理,判决驳回原告人(即谢公伟等)的诉讼请求。谢公伟等人不服,提起控告,随即又声明将附项部分另案诉追,此控告专门追诉清算部分。经广东高等法院判决,撤销原判,令被控告人(谢良俦)交出福荣号账本进行清算。谢良俦不服,向最高法院广东分院提出上告。经最高法院广东分院审理,撤销原判,将案件发回广东高等法院重新审理。

广东高等法院认为,该案的关键在于确认控告人在1922年7月收回的款项是股本还是盈利和股息,商号有无变更并非案件的关键所在。"诚以粤省商场向有顶受招牌之习惯,常有商业主人屡易而商号依然如故者。故不能以商号有无变更为曾否散伙之标准。至若股本既为营业上必不可缺之要素,无股本即无营业。其股本之收回与否,则为合伙关系存在与否之表征。如所收者系属溢利及股息而非股本,则其合伙关系依然存在,合伙员当然有请求司理人交部核算之权。如所收者系属股本,既清算手续终了,其合伙关系即随之而消灭,司理人已无保存账部之责任,即无应退伙人之请求交部再算之义务,此为商场一定不易之通例,稍具商业常识,类能知之",而最高法院撤销本院此前的判决发回重审,也是基于这一习惯。广东高等法院经传唤案外股东谢洪楷等人,证实福荣店确实在1922年7月歇业。另查明"粤省商场必于阴历年终将是年营业状况结算一次,营业之有无利溢,必于结算时始知。溢利之应否分派,即于结算时决定,继无有于六七月间分派溢利者,久已成为一种显著之习惯"。根据上述习惯及事实,广东高院认定谢公伟等人合伙开办的福荣号已经在1922年7月歇业,谢公伟1922年7月所收款项是福荣号派回的股本,因此无权再要求谢良俦交出福荣号账本并进行清算。[1]

在该案的审理中,广东本地的商业习惯,包括商场长期流行的

〔1〕《谢公伟与谢良俦因清算涉讼控告案》,载《广东高等法院月报》1930年第1卷第10、11、12期合册,"裁判"。

顶受招牌的习惯,合伙人一旦收回股本并清算完毕,合伙关系随即消灭,经理人就不再有保存账本的责任,也无应退伙人请求交出账本、进行清算的义务的习惯,以及年终结算、派发溢利的习惯等,构成法院裁判的主要依据。正是根据这些习惯,法院才得以确定1922年谢公伟所收款项的性质——是退回的股本而非溢利和股息。由此得以进一步推定福荣号歇业的时间是1922年7月,而不是控告人所主张的1928年。既然谢公伟等人合伙开办的福荣号早在1922年已经歇业,并且清算完毕,合伙人也就无权要求经理人再次交出账本,重新进行清算。此案再次证明,在法律无明文规定的情况下,习惯成为法院裁判的主要依据,有效地弥补了法律的空白与不足。

案例5:丁阿窑与李文龙因撤销地上权涉讼上告案(上字第124号)

案情:上告人丁阿窑和被上告人李文龙均为汕头人。1920年,丁阿窑以每年120元的租价,租得李文龙的一块坦地。此后,丁阿窑自备工本,在该地段修建了一座两房一厅的房屋,另建东西板房四间、灰窑一座,用于经营杉排生意。双方在租赁契约内订明:“倘日后前后左右地方热闹,如欲加租弥补,须主佃磋商同意,照市情议定。”1930年,李文龙提出收回土地,遭到丁阿窑拒绝。李文龙向当地法院提起诉讼,后经潮梅地方法院二审判决,准许被上告人请求,撤销丁阿窑的地上权,由李文龙赔偿丁阿窑建筑费大洋600元。丁阿窑不服,向广东高等法院提出上告。

广东高等法院经审理认为,当事人双方所签订的租赁契约已经表明丁阿窑已经取得了李文龙坦地的地上权,“地上权为物权之一种,当事人如定有存续期间,迨期间届满而消灭。未定有期间者,自应探究双方立约本意,暨当地习惯及一切情形,以为判断之标准。自不宜以所有人片面主张收回土地,而置地上权人之利益于不顾,率准撤销地上权之理。”该案双方当事人所签契约中虽无地上权存续期间的约定,但已订明如日后该地区发展繁荣,双方可以通过协商增加租金,而且丁阿窑已经花费一千多元在该地建筑房屋、经商营业,"钩稽立约本旨,决非短期利用,至为明显"。广东高等法院特别强调,"上告人在原第一审法院提出《潮梅司法日刊》内载最高法院解释一通,主张地上权存续期间,如地方有永久存续之习惯,自得从其习惯。虽然上告人就当地有无此种习惯未提出证据证明,而原审亦未向当地法定机关(如商会等类机关)详予调查",就草率地批准了被控告人关于撤销丁阿窑地上权的诉讼请求。[1]

由此观之,原审法院未遵循最高法院"地上权存续期间,如地方有永久存续之习惯,自得从其习惯"的规定。潮梅地方法院未对潮梅地方有关地上权的习惯进行调查取证,是广东高院将案件发回潮梅地方法院重新审理的重要原因。该案例表明,当案件涉及地方习惯,而且地方习惯成为双方争议的核心内容时,法官一般就要对当地习惯进行调查研究,在此基础上进一步考量是否将习惯作为判案依据。因此,对习惯进行必要的调查与研究,成为法官做出司法判决的必备条件之一。

案例6:刘日光与张茂椿等因赎田涉讼上告案
(民国二十年上字第13号)

案情:兴宁县人张茂椿的祖先在清嘉庆年间将田地典与刘日光的祖先。1915年,张茂椿要求赎回,遭到刘日光拒绝。张茂椿诉至法院,请求判令准许赎回田地。1926年,澄海审判庭一审判决准许张茂椿赎田,刘日光不服,上诉至潮梅地方法院。潮梅地方法院二审判决维持原判,刘日光不服,上告至广东高等法院。广东高等法院于1928年将案件发回重审。潮梅地方法院经过重审,判决维持澄海地

---

[1] 《丁阿窑与李文龙因撤销地上权涉讼上告案》,载《广东高等法院月报》1931年第2卷第7期,"裁判"第26~27页。

方审判庭一审判决结果。刘日光不服,再次上告至广东高等法院。广东高等法院指责澄海审判庭所为“殊属不合”,再次判决发回潮梅地方法院重审。广东高院在判决中一再强调的问题就是澄海审判厅未对兴宁当地典卖田地的习惯进行认真调查。在该案中,张茂椿等人提交的置业簿并无活卖及回赎的明确记载,双方当事人均称“兴宁县习惯,典田与卖田俱系写‘卖’字,如有注明‘永断’或‘一卖千秋’字样,始系断卖。”张茂椿还提出兴宁“地方上有由买主授契稿与卖主之习惯”;此外,该案还涉及补写断卖契之人是否有权补写、是否符合当地典卖田地的习惯等问题。广东高等法院认为澄海地方审判厅并未对上述问题进行调查,在不了解当地典卖习惯的情况下,就草率做出判决,于是决定判决“原判决废弃,发回潮梅地方法院更为审判”。[1]

本案中,地方典卖田地的习惯成为辨别双方当事人的土地关系到底是典卖还是绝卖的主要根据,也是判决形成的关键。广东高院一再强调调查地方交易习惯的重要意义,再次说明习惯在财产纠纷解决中的重要地位,尤其是对于年代久远的田土纷争,可以说是不知习惯,无法断案。

案例 7:飞洲兴记公司与陈松等保证金涉讼上告案(上字第 524 号)

案情:本案上告人飞洲兴记公司刘鉴及被控告人(被上告人)陈松、陈敏生均住广州市。陈松与陈敏生等人原是广州市飞洲公司的售票员,每人在入职时各向飞洲公司缴纳保证金 200 元,后因先后辞职,向公司索还保证金。刘鉴认为该公司是向原来承办公司的杨龙承顶的,陈松等人是在杨龙承办期间缴纳的保证金,应该向杨龙追讨,双方为此涉讼。经一、二审法院审理,均以刘鉴接办该公司属

〔1〕《刘日光与张茂椿等因赎田涉讼上告案》,载《广东高等法院月报》1931 年第 2 卷第 6 期,“裁判”第 41 ~ 43 页。

于内部改组，判令刘鉴偿还陈松等人的保证金1180元以及利息。刘鉴不服，向广东高院提出上告。此案的关键在于刘鉴飞洲兴记公司与杨龙所办公司的关系到底是承顶还是接办。刘鉴认为是承顶而非接办，其所依据的证据主要包括：1927年公司结算簿中有顶受兴记全盘生意支出银8230元的记载，以及该公司登载的启示，启示称："自十五年夏历九月初一日以后至十六年夏历三月初十以前，欠到各家货项会项、按揭担保及关于一切财政单据、华洋轇轕等事，限于夏历三月初十日以前，携带单据到本公司向旧日经手人理妥，逾期概作无效"。但高等法院认为，"查商场习惯，生意之承顶必立有顶约"，而上告人刘鉴并无顶约可供呈验。相反，被上告人提供了刘鉴与杨龙所签订的合约，该合约载明："兴记公司自民国十五年十月一日与承办米埠芳村花地等处过海电船飞洲公司杨龙立约接办，所有条件经由杨龙签认立约，将全盘生意交出与弟等接受，集合资本五千五百元，今再扩充招到刘君伯盈加增资本五千五百元，连弟等股本共一万一千元。弟等所办之兴记公司生意全盘数目推出，与刘君伯盈之新股五千五百元同计，甘苦同沾。"广东高院据此认定公司是刘鉴等人合资接办，公司年结算簿中所称"顶手生意"只是将原有家俬什物估价，这是公司重新改组的应有手续，而非公司顶受。最终判决驳回上告，维持原判。[1]

广东法院对该案做出上述判决的依据主要有二：一是根据广东商业习惯，承顶生意必须签订顶受契约，但飞洲兴记公司却没有顶约；二是刘鉴与杨龙签订的合约中有关刘鉴等人合资接办杨龙公司的约定。法院正是以习惯及双方所签契约为主要依据，判定刘鉴与兴记的关系是接办而非承顶。既是接办，就应履行该公司此前所有债务的偿付义务。由此可见，习惯再次成为司法机关判案的依据，

---

〔1〕《飞洲兴记公司与陈松等保证金涉讼上告案》，载《广东高等法院月报》1931年第2卷第6期，"裁判"第34～36页。

与法律共同发挥作用,得以妥善解决经济纷争。

案例8:叶茂梓与梁辅吾等因请求确认抵押登记无效事件涉讼上诉案(民国二十四年控字第888号)

再审原告:叶茂梓,新会人,住新会

再审被告:安昌隆债权团梁辅吾等,住新会

案情:1934年7月,叶茂梓主张自己被安昌隆店揭欠本银5000元,声明将铺业铺底作抵押,立有揭单为据,向新会土地局申请登记。安昌隆债权团梁辅吾等否认安昌隆店与叶茂梓存在抵押关系,认为叶茂梓只是拥有普通债权,诉请法院确认登记无效。经最高法院西南分院三审,判决叶茂梓对安昌隆揭款5000元所作的抵押权登记无效。叶茂梓不服,向最高法院西南分院提起再审请求。

西南分院经再审判决"驳回再审之诉,再审讼费由再审原告负担"。在判决"理由"部分,西南分院认为该案争议的焦点在于有无设定抵押权。叶茂梓请求再审的理由是发现了证明己方利益的新证物,主要是安昌隆司事吴省三(已故)亲笔开列的一张数目清单,清单上写有"茂梓伯二十一年十月十二日来银五百元,取息八寸,计至元月十二日止,三个月息银十二元。……"叶茂梓认为该单证明1933年按揭5000元属实,"揭款既多,当然有物业抵押方肯相信。故揭单内载明将铺业原红契及自行建筑之铺底为按",前审法院关于叶茂梓"串同作伪,以图诈害债权团"的判决明显错误。西南法院再审认定,"该清单纵属真实,亦不过仅足证明再审原告确有五千元之普通债权,至是对于铺业铺底设有抵押关系仍属无从认定。况前第二、三审判决理由除上述情形外,复根据安昌隆二十二年誊正总统薄、二十三年进支总统簿,只载有补进及接存叶茂梓来揭本银数,并无所谓按揭之声明,又无另立按约,仅在揭单内批注以该铺全间铺业铺底作按违背普通习惯为重要论旨,清单实无动摇前确定判决之效力。”[1]

也就是说，二审、三审及再审法院均将叶茂梓所提证明理由“违背普通习惯”作为判决抵押权不成立的主要理由，这些习惯包括：物权抵押应发布按揭声明，签订契约，而非在揭单内简单进行批注说明。这说明各级法院均承认这些普通商业习惯具有法律效力，叶茂梓所提出的证据与上述习惯不符，成为法院判决其败诉的根本原因。

这些案例表明，在地方法院审理案件的过程中，习惯的地位十分突出，甚至存在为遵从习惯而置立法及最高司法机关司法解释于不顾的现象，这也从一个侧面证明了民国时期地方司法机构确实具有较大的自主性，享有因时因地制宜的自由裁量空间。在商品经济比较发达的广东等地区，民事习惯有时甚至可以取得特别法的地位，通过特殊形式排斥制定法的适用，具有高于制定法的效力，体现了国法对习惯的适从。

4. 否定习惯

在法院对习惯进行选择的过程中，有些习惯因为违背近代法律的根本宗旨而遭到法院的明确否定。蔡垣等与绍昌隆何方甫等执行异议涉控上告案即为其中的典型案例。

蔡垣等与绍昌隆何方甫等执行异议涉控上告案

（1931年上字第21号）

上告人：蔡垣、吴月樵，南海县人，住广州市仙羊街六十九号

被上告人：绍昌隆号何方甫，顺德县人；郑培，番禺县人，二人均住广州市六二三路荣发店

案情：上告人蔡垣将自己的铺屋及铺后的一块土地租给被上告人何方甫等人，由何方甫在此开设源兴号。不久，何方甫又在铺后

[1]《叶茂梓与梁辅吾等因请求确认抵押登记无效事件涉讼上诉案》，载《广东高等法院司法月刊》1935年第4卷第3期，“裁判”第69～71页。

的土地上另建房屋。蔡垣诉至法院,请求确认其对铺后建筑房屋拥有所有权。一审法院判决蔡垣败诉,蔡垣不服,上诉到广州地方法院。1930 年 10 月,二审法院判决蔡垣败诉。蔡垣随即向广东高等法院提出上告,声称其对于双方系争之铺"有总簿一本,登载源兴号来租,且批约内又声明'铺后吉地如日后起造,当与铺主商妥方可兴工,其砖瓦木石材料由铺主所出,其灰钉人工食用归铺客自理。倘满载荣迁,不得对铺私批别人,要将原铺全间交回业主'等语",由此可知源兴号铺客并无铺底登记,该铺完全属于蔡垣本人的祖尝产业。广东高等法院经调查发现,上告人蔡垣所交收租薄及批约均载有"另租铺尾吉地一段",并据此认定,该铺后进所建房屋系源兴号铺客在承租之后自行出资建筑,而且上告人在原审过程中也曾对此供认无异。如果上告人不能提供已经将建筑费用返还铺客的证据,就不能要求取回该铺后进房屋的所有权。虽然批约内有"砖瓦木石材料由铺主所出"的约定,但法院认为"此种记载已成通常惯例,千篇一律,究不足为业已出资之实证。至铺底登记,不过为顶手权利之保障,无论铺客有无此种执照,亦不能为业主取得其上盖所有权之证明。"原审法院以上告人在第一审作为原告,却无法提供购买砖瓦及木石材料的证据为由,而认定上告人对于源兴店后进上盖无所有权,驳回其在第一审的诉讼请求,并无不当。最后,广东高等法院判决驳回蔡垣的上告请求。[1]

值得注意的是,该案中广东高等法院坚称双方当事人租赁契约中"铺后吉地如日后起造,当与铺主商妥方可兴工,其砖瓦木石材料由铺主所出,其灰钉人工食用归铺客自理。倘满载荣迁,不得对铺私批别人,要将原铺全间交回业主"的约定只是"通常惯例,千篇一律,究不足为业已出资之实证。至铺底登记,不过为顶手权利之保

---

〔1〕《蔡垣等与绍昌隆何方甫等执行异议涉讼上告案》,载《广东高等法院月报》1931 年第 2 卷第 6 期,"裁判"第 44 ~ 45 页。

障,无论铺客有无此种执照,亦不能为业主取得其上盖所有权之证明。”一方面,法院认为上述通常惯例不足为证,强调业主必须出具已将建筑费用返还铺客的证据,才能取得对所建房屋的所有权,实际上是对惯例的怀疑与否定。另一方面,法院对铺底登记效力的认定也与其他案件不同。这些迹象表明,有些习惯的地位其实并不十分稳定。

在沙田确权方面,民国时期的广东法院对有关习惯采取的也是否定的态度。沙田在广东田地中占有相当大的比重,是明清以来广东纷争的高发领域。围绕沙田的开垦与占有,各级官府出台了许多规定,民间社会也形成了诸多流行习惯,法律与习惯之间难免存在矛盾与冲突。如民国时期,广东财政厅颁行了《广东全省清佃章程》,按照章程规定,“所有清佃范围内之沙田,均应依本章程报承领照,赴县输粮,并依沙田登记章程声请登记,方能管业”。《广东全省沙田登记章程》则规定:沙田所有权等项权利,“非依照本章程之规定,经所属机关登记者,停止其对世权之行使”。根据这些规定,凡是广东的沙田,不仅要根据清佃章程的规定承升领照,还必须根据登记章程的规定申请登记,领取沙田登记确定证,才能够行使对世权。

但民间长期流行的习惯却是凭借田地的红契或旧照即可确认对土地拥有所有权。正如广东省财政厅所言:“然查沙田业户,只凭红契或旧照,而不依清佃章程承升者,固已不少,其能依清佃章程承升领照,而不依登记章程声请登记者,为数尤多。”民间习惯与法令之间存在明显冲突,严重影响法令的贯彻与执行。基于这种现实状况,广东财政厅认为,“此等未经承升登记之业户,自非严加取缔,实不足以督促清佃登记制度之进行”。为此,省财政厅专门发布布告声明:“凡沙田未经承升登记完竣,另有清理沙田执照及沙田登记确定证者,不得买卖及其他处分。如有买卖、按揭及其他法律行为,一概视为无效。”广东财政厅还专门致函广东高等法院,希望高院“通饬所属,关于以沙田为私权标的之诉讼,亦以清理沙田执照及沙田登记确定证为标准”。1934 年 9 月,广东高等法院通令下属法院,要求根据《广东全省清佃章程》和《广东全省沙田登记章程》的规定,处理有关沙田纠纷案件。[1] 在现行法令与习惯相冲突的情况下,司法机关选择了维护法令的立场,否定了习惯。

5. 优先适用法律

在习惯与法律并存,而且内容一致的情况下,直接适用法律判案是法院最为常见的做法。陈裕昌堂与余正义因租屋涉讼上告案即为此类典型。

案例:陈裕昌堂与余正义因租屋涉讼上告案(上字第 85 号)

案情:余正义将房屋租给陈裕昌堂十多年后,要求收回房屋,而陈裕昌堂以租赁契约并未约定租赁年限,属于长期租赁,拒不搬出。余正义向法院起诉,请求判令陈裕昌堂清租交屋。一、二审均判陈裕昌堂败诉。陈裕昌堂不服,向广东高等法院提起上告。

陈裕昌堂在上告中诉称:双方所签订的房屋租赁契约未订明确租赁年限,“系被上告人允许为长期租赁之表示”,证据包括以下方面:一是初租时该屋十分破陋,因允许长期租赁,陈裕昌堂才对房屋进行修整,为此花费不菲,而且相关费用也未抵扣房租;二是租住此屋十余年,被上告人多次提出取回房屋,只因已经允许长期租赁,无法反悔,才抛租不收,借词收屋;三是陈裕昌堂已交清数百元房租,并且更换新租簿。原审法院并未查明事实,未能尽职裁判,请求高等法院保护其长期租赁的权利。被上告人余正义则称“本市租屋习惯,按月计租,绝无批期订定,与租铺有批期之契约迥异,无论欠租与否,业主可以随时解除契约,且租屋修整均归业主出资,向未闻屋客代业主出资整屋之事。”租簿以及市公安局多次传押上告人缴纳

[1] 《广东高院训令准广东财政厅函请通饬所属关于沙田公私权据的之诉讼亦以清理沙田执照及沙田登记确定证为备案准文》(总字第 2783 号),载《广东高等法院司法月刊》1934 年第 3 卷第 9 期,“公牍”第 18 页。

房捐警费的记录均可证明被上告人欠租的事实，请求高等法院驳回上告人诉求。

高等法院经审理认为，“系争之屋是否长期批租，应以双方所订立之契约为断。检阅新旧租簿两部，所书租约均未订有批期，亦无‘长期租赁’字样，故不能空言主张。而民国九年有入修葺屋材料共银八十五元三毛，乙(即十四年)四月二十四日又入天窗楼板共银十元，岂能谓修屋并未扣过租项?”此外，据租薄记载，从民国十二年(1923年)以后，上告人均是下一年才交清上年房租，不能说没有欠租。原审法院采用“不定期间租赁业主，可以随时声明解约”的法例，作为判决上告人交屋清租的依据，符合法律规定。广东高等法院最终判决驳回上告，上告讼费由上告人负担。[1]

本案中，被上告人余正义自我辩护的主要依据就是广州的地方习惯即“本市租屋习惯，按月计租，绝无批期订定，与租铺有批期之契约迥异，无论欠租与否，业主可以随时解除契约，且租屋修整均归业主出资，向未闻屋客代业主出资整屋之事”。广州本地的这一习惯和法例的相关规定基本相同，二者存在高度的一致性。在此背景下，法院根本无须考虑是否适用习惯的问题，而是直接根据契约内容认定双方所订契约并无固定期限，在此基础上采用了“不定期间租赁业主，可以随时声明解约”的法例规定，对案件做出判决。

(二)习惯上升为成例

广东高院不仅按照地方商业习惯判案，而且还通过典型案例进行总结，将其提升为成例，确认其对于同类案件的拘束力。如前所述，民国初年，广东地方法院在审理铺底权纠纷的过程中已经创立了一些判例，其中影响比较大的有1912年广州安安公司与葡籍商

---

〔1〕《陈裕昌堂与余正义因租屋涉讼上告案》，载《广东高等法院月报》1930年第2卷第11、12期合册，“裁判”第93～95页。

人张甲诉讼案、1918年骆庆云与宋耀棠铺底诉讼案,以及1921年南海县商人陈朗租铺涉讼案,这些判例对同类案件的审理产生了直接影响,并在此基础上形成了广东高等法院的“成例”。通过陈文洲与范爵一等租铺涉讼控告案的分析,可以了解习惯通过上升为成例,直接成为裁判依据。

案例:陈文洲与范爵一等租铺涉讼控告案(控字第170号)

案情:控告人陈文洲和被控告人范爵一等均是广东省文昌县人。1925年阴历5月,陈文洲向陈以谦租赁族人陈叙五等人原来承租的位于文昌县城便民市中街的铺房1间,开设正昌号,经营商业。双方所签租约订明每年租银210元,期限10年,交押租银210元。不久,陈以谦族人将该铺典与丁积熙。当年7月,丁积熙与陈文洲订立租簿,照陈叙五等人原租约履行。同年11月,范运瓒等人以范文正公尝款向陈氏族人陈丕钦买受该铺。当时该铺尚属丁积熙管业。1926年8月,范氏宗族向丁积熙赎回该铺,随即要求陈文洲加租,遭到陈文洲反对。陈文洲主张按照旧约规定继续租赁,范氏宗族提出取回铺业,双方发生争执。1928年6月,范氏宗族值理范爵一等人以陈文洲蛮抗不迁为由,向琼崖地方法院文昌县分庭提起诉讼,请求勒令陈文洲迁出,并照租额标准交清欠租。1928年8月,文昌分庭判令陈文洲立即搬迁,将铺业交回业主管业,并如数清交积欠租金。陈文洲不服,向广东高等法院提起控告。

广东高等法院经审理认为,“出租主将铺房之所有权让与人而租期尚未满了者,应准租赁主继续租赁,至期满为止,以免租赁主蒙受重大之损失,此为本省特别之商场习惯。故自民国十三年前广东高等审判厅据此习惯而为判决后,已著为成例”。本案中,陈叙五及丁积熙租簿均证明被控告人向陈氏宗族买受及向丁积熙赎回系争商铺,控告人以租期未满主张照旧约履行,与广东租赁习惯相符,并非无理要求。广东高院认定,被控告人关于新业主对管业权的行使不受旧业主与铺客所定契约的拘束等辩护理由均不成立,判决原判关于取铺部分废弃,驳回被控告人的取铺请求。[1]

特别值得关注的是,在本案审理过程中,广东高等法院明确指出,广东省商场有一特别习惯,即为了保护承租人利益,在租期未满的情况下,业主将铺屋所有权让与他人,应当准许租客继续租赁,直到租期届满为止,以免给租客造成重大损失。而且自从1924年广东高等审判厅根据这一习惯作出判决之后,已经"著为成例"。也就是说,该习惯已经得到司法机关的正式认可,据此形成的规则对同类案件具有法律拘束力。该案关于实体部分的裁判主要是遵循习惯的结果,而审理程序则主要是遵循《民事诉讼法》第五百四十八条的相关规定。我们通过此案可以发现,一方面,司法机关对地方习惯十分重视,其坚守习惯的立场相当坚定。另一方面,省级地方法院可以通过裁判创制"成例",这些成例对类似案件具有拘束力,同级或下级法院必须遵循。通过创制成例,省级法院行使立法的权力,实现了"法官造法"的效果。由于广东高等审判厅的上述"成例"是根据习惯而创制,习惯也因此得以通过案件审判上升为成例,从而具有法律的效力。

清末民初民事制定法的数量仍然有限,难以应对纷繁复杂的社会生活,尤其是千变万化的经济生活的需要。法官在司法过程中适用习惯,也就成为十分自然的事情。进入20世纪30年代,民事制定法的数量不断增多,民法典已经颁布,但省级法院通过司法实践所创制的成例仍然得到适用。究其原因,主要是民国时期修订的法典多为从西方抄袭而来,脱离现实生活的实际需要,导致法典与民俗之间存在许多矛盾与冲突。法院为了解决纷争,不得不在法律和

---

〔1〕《陈文洲与范爵一等租铺涉讼控告案》,载《广东高等法院月报》1930年第2卷第1、2期合册,"裁判"第4~6页。

民俗习惯之间周旋。[1] 当习惯与法律相互冲突，法官无法依据国家法做出为人们普遍接受的判决时，也就不得不考量案情，适用习惯，甚至选择甘冒风险，采用习惯作为判决依据。如此循环往复，逐渐形成了具有法律效力的司法成例。

（三）司法对习惯的解释与论证

要将习惯引入司法判决，不仅需要结合案情进行传统与现代的法学逻辑思考，而且需要深入到法律所在的国家和社会语境，分别对习惯与法律做出客观价值判断，积极解决制定法与民间习惯之间的矛盾，实现二者的良性互动和双向对接，其中的关键在于国家正式制度要为这两种规则提供互动渠道和对话空间。习惯与法律之间的互动一般通过三种方式来实现。一是"习惯成文法"模式，即通过制定法吸收民间规则；二是国家认可习惯的"习惯法"模式，这种模式赋予法官一定的自由裁量权，由法官根据善良的伦理精神裁判案件，从而实现"法德相融"等单纯的成文法规则所不可能达到的目标；三是诉讼外机制的运用模式。[2] 从民国时期广东司法机关对案件的审判实践来看，基本上做到了三种方式齐发并用，包括通过立法将习惯法律化，典型例证如通过制定《广州市清理铺底顶手办法》等地方法规，吸收民间长期沿袭的习惯；国家政权认可习惯，赋予法官一定的选择与认定习惯的权力，正是以此作为基础，广东地方司法判决中屡次出现对习惯的论证与采用；至于诉讼外的习惯运用模式，在司法判决中出现的频率十分有限，在宗族、商会等地方社会组织解决纷争的事例中则极为常见。

要妥善处理制定法与习惯的关系，司法技术不可或缺。其中最为重要的是发挥司法解释与司法论证的作用。法官通过解释方法

---

〔1〕 黄宗智：《法典、习俗与司法实践：清代与民国的比较》，上海书店出版社 2003 年版，第 1 页。

〔2〕 徐康平、高立克：《民间规则在司法实践中的甄别、采纳与应用》，载《中国司法》2010 年第 11 期。

发现民间习惯的价值，通过司法论证，以规范性陈述方式揭示吸纳习惯、构造裁判规则的进程，完成对习惯价值的正当性论证，是适用习惯的基本流程。司法解释可以作为实现民间规则创造性的转换方法，法官通过技术性解释协调法制的统一性与习惯的地方性，论证将善良习惯导入法律规范与立法目的的一致性。同时法官也可通过一定的解释技巧、论证方式对习惯进行合法性论证，说明采纳民间规则的根据以及采用习惯的合理性，分析习惯在具体案件中的法律意义。民国时期广东法院在习惯适用过程中的司法解释与论证主要集中在习惯的合法性论证、合理性论证以及融通性论证等方面。

1. 习惯嵌入司法的合法性论证

所谓对习惯嵌入司法的合法性论证，主要是法官通过其特殊的解释技巧、论证方式对狭义的合法性进行修正。当民间习惯和制定法并不存在冲突时，法律论证的基本前提仍然是正式法律，法官引入民间习惯主要是为了进一步印证正式法律合法性。王李氏与叶启澄因赁铺家俬涉讼控告案即为此类典型案例。

案例：王李氏与叶启澄因赁铺家俬涉讼控告案（控字第646号）

案情：1923年，潮安县的王李氏与叶启澄签订租赁契约，王李氏租赁叶启澄位于潮安县城状元亭巷门牌第三十五号两间洋楼。双方约定租赁期限为5年，自癸亥年（1923年）二月初一日至戊辰年（1928年）二月初一日止；租赁期满应交还业主管理，不得盘踞违抗，亦不得借口账目未收拒绝交铺。契约特别声明，该铺屋为业主自造，不存在上下顶手及私自承顶等问题。至1927年10月，王李氏在所租铺屋开设的富昌隆号因经理王铭六卷款逃走而歇业，王李氏遂将铺屋租给娼妓居住，收取租金作为看铺人的生活开支。1928年2月，业主叶启澄以租赁期满，根据契约约定请求取回铺屋。但租客王李氏以该铺前部在1926年因改建马路拆除而由其出资复建、根据潮安商会议决暂行办法的规定铺主不得吊佃为由，拒绝交铺。1928年，铺主叶启澄向潮梅地方法院潮安分庭提出诉讼，请求判令王李氏交回铺业。王李氏提出反诉。潮安分庭判决驳回王李氏反诉，令其依约交回铺屋，并交清租金，承担诉讼费用。王李氏不服，向广东高等法院提出控告。

广东高院经审理认为，王李氏对该铺并无登记铺底，其复筑因建筑马路而拆除的铺屋前部并不构成铺底，相关费用只能在交铺时向铺主请求偿还，不能以此作为拒绝解约的理由。商会议决的只是暂行办法，而且商会在发给原审法院的函件中也称当日只劝双方遵照办理，并无处断不能以惯例及章程拘束之事。原判以双方既有特约，即应从其特约，不受该商会暂行办法之拘束，判决得当。针对王李氏提出复筑的建筑费用是由其贷给王铭六，曾以铺底作为抵押，如令交铺，损失惨重等理由，法院认为该铺不存在铺底，而且铺主也曾及时登报反对以铺底顶押，王李氏的主张不能成立。对于王李氏提出复筑商铺所支费用，法院亦未支持。法院认为，复筑所支出的费用，只能以双方签字认可的建筑单据为据，按照习惯，购置家具以及油漆人工等费均应由铺客承担，不能向业主求偿。最终判决王李氏交回铺屋，业主叶启澄返还王李氏为复筑前铺所支付的费用756.02元，控告费用由双方平均负担。[1]

该案中，法院承认铺底权的合法性，但同时强调铺底权必须以登记为前提，而且登记必须得到业主的同意，否则铺底权不能成立。该案租客王李氏虽然对系争铺业进行了铺底登记，但因遭到业主反对，不能成立，自然不受法律保护。该案法官主要是通过地方法所设定的限制性条件，对习惯进行了选择，论证符合制定法精神的习惯的合法性，同时也排除了适用背离制定法精神的习惯的可行性。

---

〔1〕《王李氏与叶启澄因赁铺家伙涉讼控告案》，载《广东高等法院月报》1930年第1卷第10、11、12期合册，“裁判”第79～82页。

当法律的正式渊源已经在一定程度上提供了解决问题的途径，但为了寻求个案的正义，法官认为有必要考虑某种习惯在本案中的法律意义时，需要启动程序以确认某种民间习惯的法律性质。这种情况下，习惯常常以间接方式渗入法律领域，影响判决结果。比如在“王李氏与叶启澄因赁铺家伙涉讼控告案”中，虽然法院承认当地商会曾经议决暂行办法，规定在铺客复筑商铺之后，铺主不得吊佃，但法院并未采用商会认定的这一习惯做法，而是强调既然案件双方当事人在契约中已经作出商铺五年一赁、期满交还业主、不得盘踞违抗等特别约定，就意味着已经达成不遵惯例及商会暂行办法的合意，也就不能再按照商会所规定的暂行办法和惯例行事。反之，如果双方存在遵从习惯和商会中暂行办法的意思表示并达成一致认识，习惯与商会办法就对当事人具有约束力。而对于承租方复筑商铺前部的费用承担问题，因为双方当事人并未在契约中做出明确约定，法院认为应该遵照地方习惯办理，“复筑所支出的费用，只能以双方签字认可的建筑单据为据”，“购置家具以及油漆人工等费均应由铺客承担，不能向业主求偿”。由此可以看出，法官在习惯的合法性论证中遵循的基本逻辑顺序是：当事人约定为首，法律为次，在前两种皆无的情况下，遵照习惯判案。尤其值得注意的是，“意思自治”原则受到法官的高度重视，将双方当事人对习惯是否适用的意思表示，作为判定习惯在司法中是否具有效力的决定性依据。以现代民法意思自治的基本原则作为适用习惯的理论基础，与传统社会对习惯的直接和普遍适用存在明显不同，体现了随着法制现代化的推进，个人主义理念的逐步确立。

2. 习惯嵌入司法的可接受性论证

主要的论证途径就是以个案为依托，论证适用民间习惯解决案件的合理性，赋予习惯以法律外衣。基于裁判决策、民间舆论、不同权力的介入等方面的压力，法官对案件的裁判不得不考虑人们的接受程度，在裁判过程中会通过论证习惯与社会价值观念的一致性，将习惯引入司法裁判,从而实现制定法对习惯的妥协。这是法官权衡利弊的结果,因为妥协虽然有其弊端,但如果不加妥协,裁判结果就会受到社会力量的抵制,导致司法社会作用空间的压缩。下面我们通过对周学谟与郭亨等因执行异议涉讼上告案的具体分析,探究法官通过对习惯的可接受性论证而将其引入司法裁判的具体方法与途径。

案例:周学谟与郭亨等因执行异议涉讼上告案

(民国二十年上字第33号)

周学谟租赁郭亨位于广州市新豆栏南约5号的铺房,根据契约规定,周学谟交纳按柜银400元,契约终止时返还。后因梁俊文对该铺有抵押权,请求法院查封并将铺房变卖抵偿。周学谟提出执行异议之诉,请求法院判令梁俊文在租赁物拍卖价额中优先扣除按柜银400元,被法院驳回。周学谟不服,向广州地方法院提出上诉。1930年10月,广州地方法院二审判决维持原判,周学谟不服,向广东高等法院提出上告。

周学谟在上告中指责原审法院"不明商场习惯,不顾商人资本"。广东高院指出:"本省商场租赁铺房通例,凡租赁契约之订有按柜银者,如出租人将租赁物让与第三人时,必将按柜数额移转于受让人,由受让人于租赁物之卖价中先行扣除,然后成交,继续其租赁关系,久已成为一种显著之习惯。依此习惯,则按柜一项实为租赁物自身应负担之债务,不能与普通债权之仅有对人关系者同论,其意义甚明。"此外,根据《民法》第四百二十五条规定,出租人于租赁物交付后,纵将其所有权让与第三人,其租赁契约对于受让人仍继续存在。该法第四百二十六条规定,出租人就租赁物设定物权,致妨碍承租人使用受益者,准用前条之规定。广东高等法院认为,根据这些规定,出租人与租赁人之间所缔结的租赁契约对租赁物的继受取得人及担保物权人有拘束效力。因此,广东高院判定梁俊文请求查封变抵郭亨铺屋妨碍周学谟租赁权的行使，"根据前开习惯及法例，该因租赁物而发生之按柜银两在上告人一方固有依约向租赁物取偿之权利，在被上告人梁俊文一方即有继续原约、就租赁物之卖得金负返还之义务"，判决"原判及第一审判决关于判令郭亨返还按柜银之部分废弃，上告人交付郭亨之按柜银四百元（毫银）应准在郭亨出租与上告人之本市新豆栏南约第五号铺房投拍所得价内优先扣返"。〔1〕

案件审理过程中，广东高院一再强调必须遵循广东本地的商业习惯。按照广东商场租赁铺房的习惯，凡租赁契约中约定有按柜银者，如果出租人将租赁物让与第三方，必然将按柜数额移转给受让人，由受让人在租赁物的卖价中先行扣除，然后成交，继续其租赁关系。也就是说，在租赁物转让给第三人的情况下，按柜银的偿付义务也随之由原业主转移至第三方，并且享有从租赁物拍卖款项中优先受偿的地位，是广东长期流行的习惯。法院一再强调广东商业习惯的长期性和显著性，实际上是通过这种方式论证习惯的一般性和规则性；在此基础上，又进一步引证《民法》第四百二十五条、第四百二十六条的规定，论证广东商业习惯的合理性，强调习惯与法律的一致性。在进行合理性论证的基础上，广东的这一商业习惯得到司法机构的认同与采用，在商业纠纷解决中发挥关键作用。

3. 对习惯嵌入司法的融贯性论证

融贯性要求在进行法律论证活动时，论证过程及结论要大体上做到自圆其说，不能前后矛盾，实现论证的理论与实践的逻辑自洽，达到论证过程中的逻辑融贯。为此，法官须在个案中论证采纳民间习惯的根据，对确认该习惯的法律性质所提出的疑义给

---

〔1〕《周学谟与郭亨等因执行异议涉讼上告案》，载《广东高等法院月报》1931 年第 2 卷第 7 期，"裁判"第 9～11 页。

予必要的答复,并需要结合案件特点论证适用该习惯的合理性,重点论证实现个别正义的价值和意义。例如,何福与宗华卿等工金纠葛涉讼控告案、黄秀乐因共同杀人控告案,均比较充分地体现出民国时期法官对适用习惯的融通性论证水平。

案例:何福与宗华卿等工金纠葛涉讼控告案

控告人:何福,代理人:李启律师

被控告人:宗华卿,八和剧员总工会代表;代理人:瞿东生,叶夏声律师,崔衍鹿律师

被控告人:郑炳忠、陈伯钧等

案情:华人天乐班在1928年农历6月成立,由控告人何福充任行江兼任司理职务,所有雇佣职员及银两数目均归其主管。1929年5月,该班解散,积欠剧员工钱18614元。剧员屡次追讨欠薪,均无结果。剧员代表郑炳忠等人向八和工会主席宗华卿、瞿东生投诉,八和工会转呈广州市公安局拘拿究办。1929年9月,瞿东生在路上巧遇何福,立即喊来警察将何福扭送警局,转送广州地方法院。经检察官侦查终结,以控告人犯业务上侵占罪提起公诉。经广州地方法院判决何福无罪,附带民事诉讼部分则移送该院民事庭审理。不久,控告人以瞿东生等人串同择噬等情起诉,宗华卿等人提起反诉,请求判令何福清偿工钱。经广州地方法院审理,判决驳回原告(即控告人何福)的诉讼请求,华人天乐班欠剧员等工钱18614元,由何福负责清偿。何福对广州地方法院上述判决不服,向广东高等法院提出控告。

广东高等法院在判决"理由"部分指出:控告人何福是否应该负责清偿华人天乐班所欠剧员的工钱,取决于何福是不是该班的司理。查阅控告人历次供状,均称只是华人天乐班的行江[1],极力否

[1] 所谓"行江",就是指下乡卖戏者。

认是该班司理,其证据主要是吉庆公所戏班注册簿未登记其为班东司理,以及藉福堂[1]和长生会簿、台脚簿[2]均有何福或何海山(何福别号)名字,认为这些证据证明他只在戏班担任行江职务。但当广东高院派人到吉庆公所调取各班注册簿时,公所办事人冯澄芝却说根本无戏班注册之事,更无注册簿可交。也就是说控告人何福前述戏班注册簿的证据根本不存在。至于藉福堂、长生会簿及台脚登记簿,虽然均登载有控告人的名字,但戏班职员实际上可以行江的身份兼任司理。因此,即使这些登记簿的登记属实,也不足作为何福未任司理的证据。此外,据查天乐班的酬金簿上有"何海山工银三千元""支长四千四百六十五元三毫一分"等记载,而另一名行江何新每年却只支领工银600元;而且新蛇仔、何宝雄等人的工钱也由何福发给,何福还曾约该班剧员吴文飞收取上期工钱,该班用何福的名义向陆桂堂李雁波等人借款应支。根据以上证据以及确定工钱标准的习惯做法,广东高等法院推定何福"系以行江之名而居司理之实","掌管华人天乐班一切财政出纳"。因此,无论陈伯钧(即靓少华)是否班东,"根据现行法例,经理人关于营业上所负之债务,亦不能免除清理偿还之责"。何福不得以班东陈伯钧已故,并已委托律师陈祖诰代为清理债务为由,推卸清偿剧员工钱的义务。[3]

该案审理过程中,高等法院主要根据戏班行业的一般习惯,包括演员和经理人的工资标准,经理人与班东的权责关系,戏班演出管理的习惯以及演出记录等,对确认这些习惯的法律性质的疑义进行解释,推定何福为华人天乐班的司理;并在此基础上,援引法律有关经理人义务的规定,论证适用该习惯的合理性,最终判决维持原审判决结果,判令何福承担清偿戏班所欠剧员工钱的责任。

---

〔1〕 藉福堂,是下乡演出各戏班组成的行会。

〔2〕 台脚簿,是演出登记簿,主要记载演出人员的姓名、演出时间和地点等。

〔3〕 《何福与宗华卿等工金纠葛涉讼控告案》,载《广东高等法院月报》1931年第2卷第6期,"裁判"第6~10页。

除了依据习惯审理民商事案件外，在审理刑事案件的过程中，法院也会考虑长期流行的地方习惯，通过论证与解释，以实现习惯与法律之间逻辑关系的自洽与融通。

案例：黄秀乐因共同杀人控告案（控字第65号）

案情：清远县人黄巨连患有精神病，经常骚扰乡亲，被族人厌烦。1929年阴历十一月初一，黄秀乐与黄毛等4人谎称要将黄巨连送往精神病院，行至半路，黄容等人将黄巨连捆绑，黄秀乐用锄头掘坑，将黄巨连活埋。黄巨连之妻黄林氏得知消息，向广州地方法院清佛县分庭告发。检察官验明黄巨连尸体，确证因土埋致死，随即将黄秀乐拿获归案。案件侦查终结后，检察官提起公诉，法院判决黄秀乐杀人罪名成立，判处有期徒刑12年。黄秀乐不服，提起上诉。黄秀乐诉称"黄巨连原属疯人，迭犯众怒，经公同议决将其埋死除害，实不知为犯罪"。广东高等法院认为，虽然黄巨连患有精神病，但要免其骚扰，完全可以将其送进精神病院，不应采用如此残忍的手段而置之于死地。这种行为无论是否经过公同议决，均不能成为免除刑事责任的借口。但鉴于"黄秀乐与黄巨连素无仇怨，犯罪情节尚可悯恕。如乡曲农民，不知法令，误认为杀死疯人，为民除害，习惯相沿，为当然之事，亦属实情"，根据《刑法》第七十七条规定，减去本刑二分之一，再根据第二十八条的规定，递减二分之一，以示平允。[1]

虽然此案为人命重案，黄秀乐已经构成故意杀人罪，但法院在审理过程中考虑到处于社会底层的农民不知法令的实际情况，以及乡村社会长期存在"杀死疯人，为民除害"的习惯，通过"悯恕""平允"等法律原则，将习惯嵌入司法，引导刑法向习惯妥协，从而得以减轻黄秀乐的刑罚，最终判处黄秀乐有期徒刑6年。

---

[1] 《黄秀乐因共同杀人控告案》，载《广东高等法院月报》1930年第1卷第10、11、12期合册，"裁判"第4～6页。

通过分析可以看出,广东地方法院主要采用制定法作为审理案件的依据,但也会根据案情需要引入并适用习惯。在法律已有明文规定的情况下,运用习惯的目的主要是分析和说明制定法,增强制定法的说服力;在现有法律不能满足裁判需求的情况下,则会在运用法律基本理论的基础上,用习惯说明这些理论,并将其作为具体裁判依据。广东地方法院对习惯的适用,也出现了一些极致现象,在法律有明文规定的情况下,法官却将法律规定弃之不理,直接适用习惯,对案件做出裁决。当然,最为常见的情况是,制定法与习惯相互配合,互为印证,共同作为裁判依据。在中国法律转型的背景下,民国时期的案件审判虽然极为重视制定法的分析与运用,但也并未全盘否定习惯的作用。事实上,中国法律的现代化,是制定法与习惯相互渗透与影响的双向运动过程,而且这种双向运动并非总是均衡展开。在不同案件中,或者制定法完全占据上风,或者以制定法为主、习惯为辅,或者以习惯为主、制定法为辅,或者二者并重、相辅相成,可谓是因案而异、因时而异,不可一概而论。民国时期广东法院对习惯的适用表明,尽管现代化是近代中国法制发展的主旋律,但对习惯的扬弃是一个比较与选择的过程,其中充满了理性的价值判断——现代化首先要尊重传统,并立足于社会现实需要。

第六节　正确认识习惯在近代法制转型中的作用

一、习惯在地方司法中的重要价值

关于习惯在明清至近现代中国法制中的作用与地位,国内外学者提出了多种观点。日本学者滋贺秀三认为,明清时期,习惯本身并不构成单独的法源。清代审判中很难找到习惯的字眼,能看到的是“土俗、土例、俗例、土风”等类似的词语。但这些“归根结底不过是一种融汇在‘情理’之中的东西。‘情理’与习惯不可分离,也没有性格上的相异”。“在那里,谋求的是多多少少因人而异的衡平感觉在某种程度上的平均值,”“换言之,所谓‘情’就是中国的‘习惯’”。“在西洋法学传统影响下我们理解‘习惯’一词所具有的‘虽然不成文却能够得到实定化的具体规范’这种含义,在清代中国的诉讼里是完全不存在的。”“所谓习惯也只能主要停留在‘情理’这一非实定性规范的状态之中。”〔1〕王志强通过对《江苏高等审判厅民刑事判决录》和《江苏上海地方审判厅民事判决》的研究得出结论,虽然民国初年的大理院判例在相当程度上确认了习惯的地位和效力,但从当时的司法实践来看,以习惯作为判决的规范性依据,在有关判决录中并不多见。〔2〕美国著名法制史学者黄宗智则认为,“国民党法官在其判案过程中总体上倾向于墨守法律。一般来说,在我的研究案件中法官在判案时不会依照习俗,他们通常小心翼翼地引用成文法。国民党中国的法律文化表现的是毫不含糊地选择成文法而不是习俗作为法制的指导。”〔3〕

但通过我们对广东高等法院等司法机构的裁判文书进行的研究发现,上述观点似乎仍有进一步讨论的余地。事实上,民国时期习惯在司法中的适用远比我们以往所预想的更为广泛,呈现的形式也更为多样。

首先,同为判决依据,民国时期的习惯与情理并不完全相同。情理是中国传统法的主要理念。在国人心目中,情理永恒存在,情理的内容广泛而驳杂。关于何为情理,学界至今仍无统一、明确的

〔1〕[日]滋贺秀三:《清代诉讼制度之民事法源的考察——作为法源的习惯》,载滋贺秀三等:《明清时期的民事审判与民间契约》,王亚新等译,法律出版社1998年版,第71~74页。

〔2〕王志强:《民国时期的司法与民间习惯——不同司法管辖权下民事诉讼的比较研究》,载《比较法研究》2000年第4期。

〔3〕[美]黄宗智:《法典、习俗与司法实践:清代与民国的比较》,上海书店出版社2003年版,第66~67页。

界定。因为不仅情理的内容十分复杂,而且缺少确定性。滋贺秀三将"情理"解释为"中国古代的正义平衡感觉",认为是深藏于每个人内心的不具有实定性的感觉,正是这种感觉引导着听讼者的判断。[1] 国内学者也将情理的特点总结为"模糊不清而又无处不在"。[2] 相对而言,习惯则具有规则性的特点,而且具有比较具体、清晰的内容与形式。习惯的权威性主要在于其约定俗成,发展演变比较缓慢,具有极大的稳定性,有利于保证人们在社会生活中的预期。如广州的铺底、鞋金、按柜银以及租赁等习惯均有比较具体的内容与形式。此外,二者均与法律密切相联。一般而言,法律是情理的具体体现,情理是法律的精神;习惯则与法律具有明显的一致性,习惯常常是法律产生的基础。习惯融合了更多地方、行业长期有影响的具体现象,最重要的是它是以规则的方式表现出来,是一种内生于社会的制度,凝结了有关特定社会的环境特征、人的自然禀赋和人与人冲突及其解决的信息,是人们在反复博弈后形成的日常生活中必须遵循的"定式"。[3] 与法律一样,习惯也强调规范性和稳定性。

清末以降,中国踏上了法制现代化的漫漫征程,虽然法律形式主义成为立法者和学界共同追求的目标,制定法越来越受重视,情理与习惯的具体内容也发生了明显变化。但在现实生活中,人们对情理与习惯的认同并未发生彻底改变。在审理案件的过程中,法院尤其是地方法院,也没有忽视情理和习惯的价值。在司法实践中,情理和习惯均发挥着其特有的作用,甚至成为判决的法源依据。当然,情理与习惯之间一直维持着密切联系,而且也存在许多一致的地方,无论习惯还是情理,要能够成为判决依据,均需要具备一定的

---

〔1〕 [日]滋贺秀三:《清代诉讼制度之民事法源的概括性考察——情、理、法》,载滋贺秀三等:《明清时期的民事审判与民间契约》,王亚新等译,法律出版社 1998 年版,第 13～14 页。

〔2〕 李交发、刘军平:《略论中国传统诉讼审判的判决依据》,载《法学家》2008 年第 1 期。

〔3〕 苏力:《中国当代法律中的习惯——一个制定法的透视》,载《法学评论》2001 年第 3 期。

条件,比如均不得与法律法规相抵触,不得危害公共利益,符合现代化的基本取向等。

晚清时期,罪刑法定原则得以确立。光绪三十四年(1908 年)颁行的《违警律》第二条规定:"凡本律所未载者,不得比附援引。"沈家本也曾强调:"违警律与刑法草案互相衔接,违警律已奉旨颁行,则刑律草案不便更有异议,致法典不能统一。"[1]《大清新刑律》草案也明确规定了罪刑法定原则,而且新成立的审判厅所录用的法官大都经过考试,具有一定的西方法学知识,从理论上而言,各级审判厅判决案件的主要法源是《大清现行刑律》。但由于现行刑律中的条文多继承于《大清律例》,法律条文多为具体描述,而较少抽象性概括,相对于清末民初剧烈变动的社会生活秩序,其所能涵盖的实际内容明显不足。在司法实践中,遇到法条没有明确规定的案件,法官必然要借助其他规则进行审判,情理、习惯等也就成为事实上的重要法源。民国时期,立法成果颇丰,"六法体系"正式形成,标志着现代法律体系在中国正式确立。但这些法律主要是中国政府推进现代化的结果,水平明显超前但却显得有些不接地气,与现实社会的对接效果并不理想。但具体而论,法律对情理与习惯的对接程度又有不同。近现代法律精神与中国传统礼教之间存在明显差异,传统社会的情理以人伦尊卑等级为核心,现代情理则更强调平等与自由。相对而言,传统商业习惯与现代法律之间却具有明显的相近性。在司法实践中,维护尊卑等级的情理逐渐遭到否定,但大量的商业交易习惯却得到了认可,不仅在司法实践中得到适用,有的还上升为判例或定例,甚至转化为地方立法乃至中央立法的具体内容。

其次,能够被作为案件裁判依据的习惯形式多样,并不限于法谚。如房屋租赁中有关租金、租期、双方当事人的权利义务关系的

[1] 李启成:《晚清各级审判厅研究》,北京大学出版社 2004 年版,第 163 ~ 164 页。

管理,商铺租赁中铺底权的成立条件等,均形成了具体规范。凡是得到民众普遍认同、与法律不相抵触的习惯均有可能被作为案件裁判根据而得到适用。商业交易、土地买卖、房屋租赁等行业习惯对于经济秩序的维持具有举足轻重的作用,在前述铺底权、土地及钱债纠纷案件中,习惯均构成重要法源。有些案件直接根据习惯做出判决,有的案件则是将习惯与法律相结合,共同作为判决的主要依据。也就是说,大量具有具体内容和明确规则的习惯,均有可能构成法源,而不仅仅限于法谚。

最后,民国时期,习惯虽然已经不再具有著名比较法学家达维德所说的"基本法源"[1]的地位,但其在司法实践中的适用,实际上要比李启成、王志强等学者所认为的更为广泛,地位也更为重要。习惯事实上构成一种独立的法源,而且并不局限于法谚,不仅形式多样,内容丰富,而且涉及的范围也相当广泛,土地、租赁、钱债等纠纷处理中均不乏习惯的身影,即使在个别刑事案件裁判中,习惯也产生了影响力。正如民国时期著名的民法学家胡长清所言,习惯"根深蒂固、牢不可拔者有之。且此等习惯,多因各地特殊情形,均有特殊之适用。一旦废除之,殊非易事"。[2]

当然,我们对习惯的地位的认定,应该注意地区之间的差异,不应简单地以某一地区的情况代表整个中国。因为地区性是习惯的重要特征之一。关于不同地区之间习惯的差异,民国时期已经引起人们的重视。《民法总则》编《立法原则》的立法解释指出:"惟我国幅员辽阔,人口最多,各处所受之影响不同,社会及经济上种种进步、种种组织,未必到处能与其他种种进步及组织并驾齐驱。结果

---

〔1〕 法国比较法学家勒内·达维德认为,"中国法的基本法源是习惯。只有习惯才与民众的感觉一致,根据习惯能够按照万物自然的秩序确定各人的权利与义务"。参见[日]滋贺秀三:《清代民事诉讼制度之民事法源的考察——作为法源的习惯》,载滋贺秀三等:《明清时期的民事审判与民间契约》,王亚新等译,法律出版社 1998 年版,第 76 页。

〔2〕 胡长清:《中国民法总论》附录《民法总则编立法原则》,中国政法大学出版社 1997 年版,第 400 页。

所至,各省、各区域之风俗习惯大相悬殊。”[1]因此,对习惯的认定与适用,不可一概而论,而必须结合当地的现实状况,做到因地制宜、因时制宜。

二、司法适用习惯之原因分析

为何不仅明清时期习惯得到广泛认可,在法制现代化程度已经得到长足提高、成文法典颇具规模的民国中期以后,司法对习惯的依赖仍然持续存在?这是一个颇为值得思考的问题。而要解答这一问题,必须立足于中国法制现代化的基本场景,结合习惯的特性与功能,展开深度分析。

首先,习惯与法律具有高度的一致性。习惯是经过长期积淀而形成的规范,不仅为民众耳熟能详,而且贴近现实生活,在民众心目中具有较高的权威性。就国家与社会的关系而言,习惯与国家制定法各有分工,社会秩序的实现需要二者的互相配合。习惯是民间的自发秩序,制定法则依托于国家的强制力。但习惯又与制定法具有密切联系,甚至被国家以法令或判令的方式所吸纳。正如人类学家霍贝尔所说:“法是由专门处理法律问题的社会机构再创造的习惯。”[2]习惯在社会中表现出与法律不完全等同但又异曲同工的功用,均对人们的行为具有规范作用。特别是中国传统文化强调天理、国法与民情的协调统一,国家制定法融通政治、伦理,与社会发展目标相吻合,反映出国法与习惯的高度协同。

其次,法律与社会生活的脱节为习惯的运用留下了空间。清末民初,在“法律中心主义”思潮的冲击下,中国掀起了制定成文法典的运动,将国家通过立法程序制定的成文法规则视为秩序维持和社会发展的前提,对习惯采取歧视或限制的态度。事实上,尽管习惯

〔1〕 胡长清:《中国民法总论》附录《民法总则编立法原则》,中国政法大学出版社 1997 年版,第 399 页。

〔2〕 王学辉:《从禁忌习惯到法起源运动》,法律出版社 1998 年版,第 6 页。

与国家法律之间存在冲突,但由于它“很久以来便持续不间断地存在,从而获得了法律效力”。[1] 随着法制现代化进程的推进,社会关系也日趋复杂,单靠成文法规难以完全满足社会关系调整的实际需要。而以习惯作为制定法的补充形式,既可以保护法律秩序的连续性,又可以避免大量移植西方近代法律所带来的副作用。在司法实践过程中,要想使案件获得顺利解决、取得理想社会效果,司法官不仅要熟知国家法律,而且还必须谙习地方风俗习惯,巧妙地协调国家制定法与习惯之间的矛盾。反之,如果只是教条、僵硬地套用法律,不仅案件无法解决,而且还会导致积怨丛生,最终使自己的名誉受损,仕途不顺,甚至直接危及社会稳定与和谐。正因如此,近代中国对于习惯法的认识经历了由歧视、排斥到有条件认可的反复过程。民国中期,随着对中国法制转型道路的认识不断深化,立法者进一步认识到制定法的局限,习惯与法理的地位日趋重要,判例及学说也得以成为补充法源。尤其值得关注的是,即使在中央立法忽视传统民商习惯的时代,广东亦通过地方立法以及司法裁判中对习惯的适用,弥补了国家立法的不足,实现了法律与习惯的协调运作。从一些司法案例可以看出,被各级司法官尤其是基层司法官作为判案依据的不仅仅是制定法,而且还有风俗习惯。为了保证司法判决的社会效果,他们甚至通过自己的审判艺术,使国法适从习惯。民国初年广州商务总会对习惯与法律关系的论述即颇具代表性:“窃维商业最重习惯,故商草案关于商业本律无规定者,适用商业习惯法,无习惯法者,适用民律。而民律草案亦有民事本律所未规定者,依习惯法,无习惯法者,依条理。是法律与习惯并重,相资为用,未可偏废者也。”[2]

我们由此可以得出如下结论:从清朝到民国,随着中国的法制

---

[1] [英]爱德华·汤普森:《共有的习惯》,沈汉、王加丰译,上海人民出版社 2002 年版,第 97 页。

[2] 《高等审判厅饬各厅县嗣后如遇商事诉讼凡现行法令所未规定者,即依向来习惯办理文》,载赵灼:《广东单行法令汇纂》第 2 册,广州光东书局 1921 年版,第 369 页。

现代化进程的持续推进,法律的表达发生了戏剧性变化,但实践的内容与方式却一直存在明显的连续性。虽然法制现代化的重要特征之一是法律形式主义,有法可依,依法审判,法律至上,但我们可以看到,即使在民国中期六法体系形成以后,习惯的适用依然常见。相对于中央司法机关,地方法院对习惯的适用显得更为积极和活跃,甚至存在置法律于不顾的现象,在法有明文的情况下,法官仍然选择优先适用习惯,上演着法律适从习惯的场景。由于立法常常滞后于社会现实,社会生活永远在不断变化,法律不可能完全满足社会关系调整的需要。法律与社会生活之间的这种落差,在经济比较发达的地区尤其明显。明清以来的广东,商品经济相对发达,经济关系复杂,属于经济纠纷高发之地,地方司法机关在案件审判中,特别是在商业纠纷的处理过程中,常常需要借助法律之外的力量,习惯就是其中最为重要的助力之一。正因如此,地方司法机关对于习惯的重视程度也就更为引人注目。

再次,地方与中央的法制语境存在差异。中央立法承担着更多的法制现代化的理想与使命,更为关注法律的应然状态,追求法律的国际接轨;按照级别管辖制度,中央司法官具有高高在上的特点。相比之下,地方司法官与基层民众保持着更近距离的接触,更直接地参与地方社会关系。虽然有籍贯回避制度,但地方熟人社会长期存在,地方司法官不可能完全脱离地方社会关系,很难超然于社会纠纷之外,完全按照法律规定裁判案件。当然,清代与民国时期的司法官在参与社会关系的程度方面存在差异。清代地方司法官本身就是地方长官,负责当地的全部事务,可谓一身而兼数职。清末改制以后,司法独立已经成为发展的基本方向,司法官的职业化程度也有明显提高。民国时期现代法律体系已经基本建立,法官对裁判依据的选择与适用不再像清代那样享有较大自主性,而是受到更多的法律形式约束。但地方行政长官兼理司法制度长期存在,民国时期还深受司法党化的政治影响。更为重要的是,与传统社会一样，民国时期的诉讼程序本身并不具有独立价值，而是附着于实体问题的最终解决。民国时期的法官在审理案件的过程中并不拘泥于既有规则的约束，而是将司法程序看作解决实体问题的过程；在实体问题的解决中也不拘泥于判决依据问题，而是将所有能够解决纠纷的方法都作为可以选择的手段。所有诉讼参与人的话语中心仍然是纠纷解决，而非法律适用，所追求的目标是最为有效地解决纠纷而非正当适用法律，这是清代与民国司法共有的特征，有学者将其概括为“实用型司法”[1]。在解决纷争这一实用目标的引导下，近代中国司法之法并不限于国家制定的成文法律，而是纠纷解决之法，无论是经典理论、成文律例，还是风俗习惯、人情世故，只要有利于纷争的快速解决，而且与法律并不存在明显冲突，都会得到地方司法官的青睐，从而成为在案件裁判中的运用对象。

最后，转型时期的过渡性决定了习惯具有特殊作用。近代以来，中国对西方法律的快速且大规模移植导致了社会规范的断裂，不同规则的适用选择呈现出混乱状态。随着制定法的批量生产，制定法的现代化水平不断提高，但人的现代化内容更为复杂，转型的过程也更为漫长，移植而来的法律只有极少部分真正为民众所接受。对大多数人而言，影响其行为的主要规范仍然是习惯。在中国法制转型的过程中，传统礼制不断受到改造以适应新的社会需要，不仅成为世俗社会行为的文化背景，而且也通过潜移默化地引礼入法，成为国家法实施的后盾，具体表现为人们依据乡规、俗例等民间习惯而行事，而法治作为整体的一部分，始终是超越农村日常生活水平的、表面上的东西。[2] 人们日常生活中发生的纠纷，主要是按照习惯通过调解的方式解决。正是当事者对这些民间规则的遵守和维护使日常社会生活得以有序进行，并且保障纠纷的解决具有了

〔1〕 刘昕杰：《实用型司法：近代中国基层民事审判传统》，载《四川大学学报》2011 年第 2 期。

〔2〕 ［美］费正清：《美国与中国》，商务印书馆 1987 年版，第 86～88 页。

“合法性”。在中国社会中,人们对法律的期待和依赖程度远低于西方理性化社会的人们,更多的法律保障机制有时不仅没有作用反而会增加社会的不确定性[1]。法官对习惯的选择与认定,取决于传统文化依赖、社会境况以及社会结构等多种因素,中国社会转型时期的新旧混合与并存,决定了地方司法不可能彻底摒弃习惯而完全依法裁判。

世界发展的历史已经证明,文化发展的方式恰恰是对本土文化的保留与发扬。很多国家的现代化实践充分表明了在现代化进程中尊重既有文化的必要性和重要性。伯尔曼认为,“法律既是从整个社会的结构和习惯自下而上发展而来,又是从社会中的统治者们的政策和价值中自上而下移动。法律有助于对这两者的整合。”[2]也就是说,法律不仅仅渊源于立法者的意志,也包括公众的理性、良心、习俗和惯例。同时,法律有时也就是被改造了的习惯,而不仅仅是立法者的意志和理性。“在一个国家的法律体系中,规范每个国民人身以及财产关系的民法,并不像刑法那样具有直接的禁止性、处罚性的规定。因此,民法的制定和实施,在很大程度上需要和民间的这方面习惯相协调。”[3]因此,法学研究不仅应该关注法典,也应关注文化传统,尤其是长期沿袭而来的习惯。正如人类学家所言,在中国这样一个复杂的大国进行法制现代化的建设,如果不关注自己的文化传统以及国民所创造的新规范、新秩序构成模式,法治将难以真正适应中国的文化土壤[4]。近代以来,虽然我国的商品经济发展水平有所提高,但社会城乡二元结构并未发生根本变化,思想传统仍然是构成社会的纽带;特别是近现代中国长期动荡

---

〔1〕[意]D.奈尔肯:《法律适应的社会学探讨》,载[意]D.奈尔肯、[英]J.菲斯特:《法律移植与法律文化》,高鸿钧等译,清华大学出版社2006年版,第50页。

〔2〕[美]伯尔曼:《法律与革命:西方法律冲突的形成》,贺卫方译,中国大百科全书出版社1993年版,第665页。

〔3〕郭建、王志强:《关于中国近代民事习惯调查的成果——〈中国民事习惯大全〉影印出版说明》,载施沛生:《中国民事习惯大全》,上海书店出版社2002年版,第1页。

〔4〕王铭铭:《人类学是什么》,北京大学出版社2002年版,第124页。

不安,国家的实际控制力受到限制,习惯继续得以发挥效力实属必然。在传统中国,法律与风俗习惯长期平行发展。清末改制后,我国正式进入法制现代化的通道,大量引进现代法律规则,打破了两种规范之间原有的平衡关系,法律适用与民间规则不断发生激烈冲突。面对这些冲突,国民政府并非简单地否定习惯,而是赋予法官裁量性适用习惯的权力,通过法官的论证与沟通,实现判决对习惯的吸纳,允许习惯在司法中扮演一定的角色。法官通过判例技术的运用,不仅在个案中展示习惯规范,实现个案正义,而且还将习惯转化为法律,赋予习惯以普遍约束力。法官通过将习惯嵌入司法,一定程度上突破了纠纷解决的法律制度瓶颈,拓宽了纠纷的解决方式和渠道,并借此构筑起国家正式制度与民间非正式制度的互动对话渠道和空间,对于解决国家法与习惯之间的冲突,弥合实体法与生活规范之间的裂痕、实现二者对社会治理的良性互动具有重要意义。民国时期司法对习惯的适用表明,习惯并非总是陋习,也并非总是固定不变,在司法和立法过程中注意研究并采纳习惯,不仅可以弥补制定法存在的疏忽和僵化,而且有利于保持法律强盛的生命力,缩小法律与社会之间的缝隙。

考察近代广东法制发展的历程,变革是主旋律,但高歌猛进的背后,也有连续的基调,习惯就是这种基调的表达形式之一。中国是一个幅员辽阔的大国,中央集权统治无法深入社会基层,更难以包揽所有社会事务,对于广东这样的边远地区,尤其显得力不从心,鞭长莫及。特别是政府机关在制定相关法律时所留下的大量立法空白,为民间习惯性规范留下了发挥作用的余地。正是基于这样的社会现实,民间习惯得以在社会管理和民事关系调整领域发挥作用,成为法律的重要补充,与国家法律共同维系着社会秩序。

第四章　地方社会组织与广东法制发展

美国法学家弗里德曼认为，法律并非独立王国，也不仅仅是一套规范和概念，而是社会的一面镜子，"事物之间是相互联系的，并由经济与社会所塑造"，法律史是"社会的"法律史。[1] 如果说法律的制定一般由政治力量主导，那么社会力量则是法律实施的主导者。法律并非独立形成与发展，而是与多种因素密切相关，政治环境、经济水平以及社会结构等均直接影响法律的发展步伐与方向。正因如此，社会力量的结构及其对法制发展进程的影响越来越受到学界的重视，成为社会法学的重要议题。在此，我们以广东为重点区域，探讨地方士绅、宗族、商会等社会力量与法制转型的关系，全面认识中国近代法制演变进程中的权力格局与深层矛盾，透视法制变革的社会动力。

---

〔1〕［美］劳伦斯·M. 弗里德曼：《美国法律史》，苏彦新等译，中国社会科学出版社 2007 年版，"序言"第 2 页。

第一节 地方权力与基层政区设置：基于花县建县过程的考察

县是地方行政体系中最为基层的行政单位。按照瞿同祖先生的说法，县是由中央政府设计和创建的。[1] 与此相应，以往关于县级政区设置的研究，多侧重于中央政府自上而下的“量地置邑”，却在一定程度上忽略了地方权势对建立新县的设计和诉求[2]。事实上，地方的“声音”在行政区划调整的过程中不仅不可能完全被遮蔽，甚至会直接影响上级的决策[3]。就广东而言，明中叶以后，因为屡屡发生“山贼”“海盗”“倭寇”等社会动乱事件，每次动乱平定后，在乡绅和官府的倡议下，都会有一些新政区的建立，以乡绅为代表的地方力量在地方政区重新划分过程中扮演着重要角色。[4] 自明洪武二年(1369 年)广东独立设省开始，有明一代，省辖 10 府 1 直隶州 85 州县，其中新增 22 个县，仅广州府就有顺德、新安、三水、龙门、新宁和从化 6 个新县设立。有清一代，广东政区基本沿袭明代，仅新增花县、鹤山、陆丰、丰顺等少数县，基本形成了今广东县级建制格局。[5]

内中较为特殊的是花县。尽管自明嘉靖以后，地方乡绅不断倡议建县，但官府的态度却相当消极。直到 150 年之后的康熙二十四

---

〔1〕 瞿同祖：《清代地方政府》，范忠信等译，法律出版社 2003 年版，第 5 页。

〔2〕 谢湜所著《清代江南苏松常三府的分县和并县研究》一文涉及地方对政区设置的诉求问题，但主要是地方官对于政区尺度划小的要求，并非当地居民对于新建政区的需求。该文详见《历史地理》第 22 辑，上海人民出版社 2007 年版，第 111～139 页。

〔3〕 关于地方力量在政区调整过程中的作用，张伟然曾发表《归属、表达、调整：小尺度区域的政治命运——以“南湾事件”为例》，载《历史地理》第 21 辑，上海人民出版社 2006 年版，第 172～193 页。

〔4〕 陈春声：《明末东南沿海社会重建与乡绅之角色——以林大春与潮州双忠公信仰的关系为中心》，载《中山大学学报》(社科版)2002 年第 4 期。

〔5〕 潘理性等：《广东政区演变》，广东省地图出版社 1991 年版，第 33～43 页。

年，花县才得以正式建立。在这一过程中，乡绅与官府不断博弈，乡绅作为建县的积极促进者，最终对新政区的建立起到了关键作用。这一情形在以往的研究中尚未见到，仅有著名思想家梁启超在论述地方自治问题时曾经以明末清初的花县作为典型代表，其在《中国文化史》中曾经写道：

"乡治之善者，往往与官府不相闻问，肃然自行其政教。其强有力者，且能自全于乱世，盗贼污吏莫敢谁何。例如吾粤之花县，在明末尽为番禺县瓯脱地，流贼起，其民筑堡寨自卫。清师入粤，固守不肯剃发，不需官吏入境，每年应纳官课，以上下两忙前汇齐置诸境上，吏临境则交割焉。一切狱讼，皆自处理，帖然相安。直至康熙二十一年始纳土示服，清廷特为置县曰花县，斯可谓乡治之极效也"。[1]

由于清代官方史籍对此未详记，地方力量在花县建县过程中的实际影响显得扑朔迷离。我们兹就花县建县过程展开分析，借以管窥基层政区演变中的地方权力关系。

一、建州：明中叶的提议及背景

花县位于广州市以北，今为广州市花都区。明代该地为番禺和南海两县北部边缘，以低山丘陵为主，是瑶汉杂居之地。康熙二十一年举人黄士龙在《抚军李大中丞平定花山碑记》中如此描述：

"广郡背山襟海，白云峙其北，珠江汇其南。溯白云而上九十里许有穷山，周遭五百余里，旧名盘古，更号花山。中有盘古、周曹、李婆、朱婆等峒，百步梯、鹿狐岭、车头墩诸险隘，万山巉削，林木翳空，鸟径羊肠。惟闻水声潺潺，与鸟声相杂，萑苻向渊薮之。东北出水西与从化、清远牙错；西北出大燕、芦包、水口溯南韶；正南出正迳为番禺地；西南界南海、三水；正东苏峒达从化邑治仅数十里；东而又

〔1〕 梁启超：《中国文化史》，《饮冰室合集》第10册《专集》第86卷，中华书局1986年版，第58页。

东为增城、龙门、循州诸郡县;又由横潭支河出巴由、鹤冈、石门以入省,世为数邑居民官舫客舸之患”。[1]

由此可以看出花县建立之前的形势。花山距广州白云山九十里,四周被清远、从化、番禺、南海、三水等县包围,境内横潭河为数县官民出入广州的重要通道。至少在明代嘉靖十四年以前,清远县尚有瑶人聚居地106处、从化县则有35处。[2] 这一带的汉人和瑶人几乎不承担官府的赋役负担,用明代乡绅庞尚鹏的话说,此地汉人多是湖南、广西、江西“三省避役逃罪奸民与百工技艺之人杂处于中,分群聚党,动称万计”。[3] 清初屈大均也曾指出,汉人因逃避赋役混居瑶区,“习与性成,遂为真瑶”。[4] 如此众多的人口在此居住生活,却不承担官府赋役,自然会引起乡绅与官府的关注。

花山的汉人和瑶人对近在咫尺的省会广州构成潜在威胁。为此,洪武三年官府在靠近花山南部的番禺县横潭村设立狮岭巡检司,是为花县境内最早设立的军事机构。其作用在于控扼花山出入广州的通道。

弘治元年,狮岭巡检司所在地横潭村村民谭观福、张洪祐率众“作乱”,直逼广州,朝廷命广东布政司刘大夏率兵围剿,乱众退守花山。由此可见,花山动乱直接危及广州的安全。同时也从一个侧面表明,单凭一个巡检司已难维持局势的稳定。弘治二年,官府决定在广州城北设立从化县,县治始设横潭村。但此后不久,当地再次发生动乱,“十八山寇姚观祖复啸聚岩谷间”,朝廷“命行军布政陶鲁、兵备佥事袁庆祥歼其众”。姚观祖事变平定后,陶鲁、刘大夏建议:鉴于“从化在番禺横潭村,去广州甚迩”,又“于盗区亦甚远,不

---

〔1〕 康熙《花县志》卷4《艺文志》,《故宫珍本丛刊》第166册,海南出版社2001年版,第112页。此志从康熙26年开始修纂,康熙40年后刊刻,花县建县文献多有收录。

〔2〕 (明)戴璟:《广东通志初稿》卷35《瑶僮》,嘉靖十四年(1535)版。

〔3〕 (清)庞尚鹏:《百可亭摘稿》卷1《奏议》,《四库全书存目丛书》集部,第129册,第104页。

〔4〕 (清)屈大均:《广东新语》卷7《人语·瑶人》,中华书局1985年版,第236页。

能控制”，应将从化县治从横潭迁到距离广州二百里外的马场田，“以图久安”。弘治九年，从化县治迁至新址，横潭村划归番禺县管辖，恢复狮岭巡检司建制。[1]

从化建县后，花山的地域有所缩减，处于从化、番禺和清远三县交错地带，用黄士龙在《抚军李大中丞靖寇安民碑》的话说，花山属于“番、清、从三不治”之地。每当出现不稳定因素，三县相互推诿，均不愿承担责任，“此县失事则诿之彼县，彼县失事则诿之此县，民之犯法逋逃亦然，以致推卸容奸，莫可究诘”。[2] 于是，花山成为逋逃渊薮，被乡绅和官府称为“萑苻之所窟穴”。[3]

嘉靖以后，花山东部为从化县，西部为三水县，[4]形成两县夹击之效，对稳定花山局势大有裨益。加之当年从化县治迁徙的原因就在于距广州太近，官府显然并无在此再设新县的计划。但花山乡绅为了改变“三不管”局面、切实保护自身利益，从嘉靖年间开始倡议建立新政区。

有案可查的首倡者应为毕烜。据康熙《花县志》卷3《人物志》记载，毕烜系花县毕村人，嘉靖十年(1531年)举人，十一年壬辰科进士，“授户部主事，时年甫二十，请归娶，毕婚，未几卒。尝念郡北诸山绵亘数邑，地皆荒僻，拟于丫髻山下请设州治。……事不果行，人多惜之。然至今立邑，适符其议”。毕烜倡议应在嘉靖十一年中举之后提出。丫髻山靠近三水，离南海县不远，毕村在丫髻岭下，为单姓村，成化十六年有毕元中举人，授江西湖口县儒学教谕；正德六年毕廷拱中进士，仕至北京礼部主客清吏司主事；嘉靖

---

[1] 康熙《从化县志》卷1《舆地志》，《故宫珍本丛刊》第167册，海南出版社2001年版，第191页。

[2] 康熙《花县志》卷4《艺文志》，黄士龙《建县条议》，海南出版社2001年版，第126页。

[3] 康熙《花县志》黄士龙序言，海南出版社2001年版，第7页。

[4] 康熙《三水县志》卷首《立县条议》称：嘉靖五年，两广总督姚镆等会议：“以地当冲要，南海、高要暨清远道里旷邈，军马络绎，其间夫役粮委，非添设县治不足以给，河流支僻宵人出没非添设县治不足以靖，乃下令广州府曰其条议立设三水新县事宜”。广州知府会同肇庆府派官员汇勘在“所属交界地名曰白塔村”建县。详见康熙《三水县志》卷首，中国地方志集成本2007年版。

十一年毕烜中进士,嘉靖二十八年毕于正中举人,初授江西安福县儒学教谕,典试四川,仕至西城兵马正指挥使。[1] 毕家为当地仕宦大家当属无疑,因资料所限,其呼吁建州的具体依据已无从知晓。

毕家建州之议得到了当地朗溪黄氏家族的积极呼应。据《朗溪黄氏家谱》记载,黄家在宋代由入粤三世祖黄维从南雄珠玑巷迁南海,于"华宁水岩边买田筑室创立址基"。到七世黄仕明时,家族"产业岁增",但子嗣不旺,他在江西籍风水师鼓动下,通过买或换的方式取得朗溪土地并举家迁此。为了壮大势力,黄家"招钟姓者来居于宅地之东,招曾姓者来居宅地之西,以为出入守望之助,三姓之聚遂成一里"。聚三姓为一里,说明黄家在朗溪的势力已经相当强大。黄家九世有四子,即日后的四大房,人口增长迅速。元季大乱,十世才兴"统率乡里助赖姓于水口立寨,以捍御之,一方赖以安",黄家势力得到进一步发展。十一世宗善在明初的两次行动更奠定了黄家在当地的威望。宗善生于元至正二十一年,洪武年间因"临事俊敏"而获"乡邦推重",成为地方豪酋。他曾"统率乡人",将"肆害一方,民莫敢诉"的土巡检龙福成"缚送宪司"。[2] 永乐初,花山卫所百户余胜全"聚众作乱,花姓者率兵讨平之,欲并歼从之党"。宗善闻讯,"径往力解,得全活者、不死者近二千家,男女万余口"。黄家威望大增,势力迅速壮大,仅田产"增二千余亩,而蓄积尚多",白金达770多饼。宗善娶妻妾多名,生8子2女。其中有两子分居南海县城,其余各子在乡村分家发展。从十二世起,黄家重视以读书进取功名,黄景阳在南海"城中广买书籍",延师家塾,其弟景祥充南海县学廪膳生,"开黄氏儒冠之始"。景阳孙黄皞被"遣往城中习举子业",终成举人,改变了黄家发展轨道。康熙《花县志》卷3《选举》

---

〔1〕 康熙《花县志》卷3《选举》,海南出版社2001年版。

〔2〕 土巡检是元、明时期在少数民族地区设立的治安机构。参见[日]谷口房男:《明代广西的土巡检司》,王克荣译,载《学术论坛》1985年第11期。

记载，自成化以后，黄家有 6 人中举出仕，其中黄皞为成化元年举人，仕至云南左参政，黄皞五子学裘、学矩、学龄、学准、延年皆为举人。学裘为正德十一年科、十五年明通进士，任福建龙溪县学博，崇祀名宦祠；学矩嘉靖元年科；学龄和学准皆为正德十四年科，而学准出任过崖州学正、潜江知县、淮安教授、国子监助教、署贵县事等；延年嘉靖十一年科解元，浙江孝丰县知县。据家谱载，崇祯四年督学魏仲雪奏准将黄皞“择吉置主”送入府学乡贤祠，其子黄学准则送入县学乡贤祠。

上引《朗溪黄氏族谱》最早由黄皞修纂于弘治年间，嘉靖、隆庆年间黄学准续修，现在看到的为崇祯时抄本。[1] 明中叶以后，黄家积极修纂族谱，从中可以看到，黄家即使不是建州的倡议者，至少也是参与者。隆庆六年黄学准续修《朗溪黄氏家谱》时称：

“今岁当路准丫髻岭建州之议，欲于山前设立州治为华桂州，割南海、番禺华宁、擢桂附近诸堡隶之，复以三水、从化、清远为属邑。士大夫及父老莫不称便，此议如行，则吾乡为伊迩，黄姓当为州望，其于门户徭编等务，又遇一番更张事，盖莫可逆睹矣”。[2]

值得注意的是，隆庆年间地方乡绅曾积极鼓动在丫髻岭下建置的直隶州，名为华桂州，管辖三水、从化、清远三县。而要割入的南海华宁堡正是黄家在南海的祖地。朗溪黄家四大房在洪武登录户籍时被分为军、民二籍，“今逾百年，各守先训，无有干越”。但因军户“例不分析”，随着世代更替、人口繁衍，问题日益增多，“人众则田多，田多则户大，户大则差重，其于编徭有弗利也。人众则心异，心异则力睽，力睽则事弛，其于应役有未便也”。当时“凡均徭之重，库役为首，靡不倾家”。明中叶以前，黄家管事者尚能“心术公平”，“合族长幼”亦能“协力毕谋”应付各种均徭。但嘉靖四十年以后，

---

〔1〕 感谢华南农业大学历史系硕士生朱光文同学提供《朗溪黄氏族谱》影印本。笔者曾于 2008 年 11 月访问过朗溪村，黄家的祠堂仍保存完好。

〔2〕 广东南海《朗溪黄氏族谱》。黄学准在嘉靖四十一年九月，任广西浔洲府通判、前南京国子监助教。

徭役日渐繁重，黄家一度打算重新分户，但最终未能成功，矛盾更加突出，“彼此争论，致伤和气”。虽然得知庞尚鹏建议军户纳银代役，黄学准感激“流涕”，希望借此缓解家族内部斗争。但他担心庞氏改革中止，“为庞氏诵之，恐法良意美，弗便有司，或中变耳”。所以热切盼望花山早日建州，“门户徭编等务”重新更张，黄家借机成为新政区的“州望”，解决内部日趋激烈的纷争。正如刘志伟所言，明代中期以后，珠江三角洲地区的许多望族都由明初的军户发展而来。由于军户对王朝负有更多的责任，有更直接的义务为王朝服役，承受更沉重的负担，大多数军户因不堪重役而以逃脱军籍为幸。[1] 朗溪黄家支持在丫髻山建州，应该也有借建州逃脱军籍、凝聚家族向心力的动机。但这一建议未能得到官府回应。康熙《花县志》卷首所载首任花县知县王永名序称：花县“积盗蔓延，起伏流毒数邑，前此屡议设治不果”，即为明证。

二、置镇与建县：明末两种方案之争

虽然地方大族对在花山建立新政区持积极态度，但具体方案并不一致。明朝末年，地方士绅提出的建置方案主要有置镇与建县两种。主张建县者以何维柏为代表。[2] 据《明史》卷210《列传第九十八》记载，何维柏系嘉靖进士，曾任职浙江、福建等地，因弹劾严嵩而下诏狱，削职后闲居故乡20余年。隆庆年间东山再起，擢大理少卿、左副都御史。旋归乡丁母忧。万历初再还朝，任吏部左右侍郎，万历五年因与张居正相左，调任南京礼部尚书，旋又乞归养老，十五年卒于家。何维柏历任三朝官宦，曾参与广州府三水、新安等新政区的设立，对花山设县有浓厚兴趣。据屈大均《广东新语》卷2《地语·议建府县治》记载：隆庆年间，闲居在家的何维柏与友人同游嘉

---

〔1〕 刘志伟：《从乡豪历史到士人记忆》，载《历史研究》2006年第6期。

〔2〕 据万历《粤大记》（卷14）记载，何维柏，字乔仲，南海沙滘人，嘉靖五年沙滘划入三水，“长为三水诸生”，自称三水人，后人称他南海人。

桂岭，见“其地在万山之中，盘踞五邑之界，云峦环抱，土田衍平……可以建城立县，控制要害。……订议多年，以浮论而止”。何维柏此次倡议在嘉桂岭建县，或许就是隆庆六年黄学准所闻建州消息的来源，因为何维柏与南海朗溪黄家、佛山霍家私交甚好。据康熙《花县志》卷3《选举》记载，黄学准“既归，与何维柏及霍与瑕结诗社于盍簪楼”。而何维柏与庞尚鹏也过从甚密，何著《天山草堂存稿》中就收有“答庞惺菴”书。

虽然隆庆年间的建县倡议未得到官方回应，但何维柏并未就此放弃。万历初，何维柏在一封名为《拟立嘉桂县治议》的私人通信中，对隆庆至万历年间的建县与置镇之争作出回应，再次表达对建县的期盼之情，“伏望尊慈体念下民，采纳众议，力主断行，亟赐会核，早为题请，奉有成命，用慰舆请”。在信的开篇，他借用地方乡绅之言，明确表示对设县的支持：

“省城后二百余里而北，与清远、从化万山联络，丛岩邃洞郁为盗薮。……时出流劫，附近乡里每罹荼毒，掳掠官民物畜，惨不可言。往年，番禺、南海、三水各县擢桂、神山、桃子、三江等堡耆老士庶黄祚昌、邱有松等数百人佥议举呈于抚按司、道府县各衙门，拟在擢桂堡土名嘉桂岭地方，乃五县适中交界处所，土地旷平，风气融聚，可以建立城沟，添设县治，以控制要害，联辖各壤，安戢众志，以保障地方。”[1]

所谓土名嘉桂岭，即丫髻岭。民国《清远县志》卷4《舆地志·边疆》有按语云：“花县丫髻岭或谓嘉桂之讹。……此地即何端恪主立县治处也。”何文中的黄祚昌与朗溪村黄氏有无关系，目前尚无资料证实。但黄祚昌等在嘉桂岭建县的主张，正是朗溪黄家所盼实属无疑。赋闲在家的何维柏以“谨历舆情，代为详恳”为名，以三朝老臣的脸面力挺黄祚昌等人的建县倡议，虽然取得“准行委勘”的阶段

---

〔1〕 何维柏：《天山草堂存稿》（卷2）《地方事宜·拟立嘉桂县治议》，《四库存目丛书》（第103册），齐鲁书社1996年版，第313页。

性成果,但因受到地方官员和其他乡绅的阻挠,在操作阶段不了了之。"以各邑所委簿尉后先卒至,彼中士民有力者俱徙居省城,不及豫期回待登答,朦胧具报,议遂中沮。"地方官员不热心建县,部分乡绅也不予配合,办事官员借机"朦胧具报",建县之举遂遭搁置,时间应在隆庆三年。据何维柏说,建县之议未获通过,地方接连发生动乱,"彼处恶少窃见众议不就,更益纵恣。隆庆三年冬,掳去截捕巡检;万历元年秋,劫杀解官黎指挥;旧年冬,复掠杀胥江巡检。"以此为据,他大声疾呼建县要"早为区划",否则动乱将"靡所底止",强调设县"一劳成逸,以垂久远"。他还在文中列举设县的"五利":一可"控制弹压,盗贼不得勾连潜聚",无复山寇之患;二可聚民"钤戒党类",避免盗匪混杂现象;三则"刑教政令易及,钱粮词讼易理";四可建城郭,使百姓乐业其中,"田亩日辟,户口日增";五可"生理蕃阜……当与番、南并美。"[1]

何维柏、黄祚昌等人的建县倡议不被官府接纳,可能与地方官府及部分乡绅的联合反对有关。在反对者看来,只要在花山建立军事性质的"镇"即可达到稳定社会的目的。尽管我们无法得知主张建镇之乡绅的具体身份,但何维柏的《拟立嘉桂县治议》确实暗示了反对派的存在,"因委官未经同至会期,以备悉舆情,遂倡立镇之说"。有关官员或许是故意不按时到达,到达后又联合反对建县的士绅,积极倡导建镇。何维柏对置镇的强烈反对,显示了置镇派有相当大的势力支持:

"夫立镇,必因人民室庐众集所在,止以旷远多故,从而保镇之以安其居,此人人所至愿者。今此地在万山之中,据五邑之界,土旷人稀,立有为空镇,谁肯往居,徒费无益。若建县则城廓完固,沟池导潮,舟楫阜通。上而公府厦宇车马骈阗,黉序斋舍群士乐业,下而胥徒壮皂百役供应,分图列堡里甲供输,居聚渐众,生齿日繁,比之

[1] 何维柏:《拟立嘉桂县治议》,载何维柏:《天山草堂存稿》卷2《地方事宜》,《四库全书存目丛书》集部第103册,齐鲁书社1997年版,第313页。

镇寨,何啻倍蓰。”

何氏认为建镇徒劳无益,只有设县才可保地方长治久安。为此,他还专门写信给广东按察使赵宁宇,谈论其最关注的疏浚广州外城西濠和建嘉桂县之事,并说这两件事得到了乡绅百姓支持,“父老士庶百口同词”,只因“中间一二恐妨其所便者,颇游扬其说,为之阴挠”,两事均遭“沮搁”。“中间一二”当指反对建县的地方官绅。何维柏闲居故乡二十余年,难免插手地方事务,因而与一些官绅结怨。他自己表白说:“仆平生无他能也,惟是众所利□则愿与达而成之,众所怨恶□与达而远之,非有一毫自为也。即新城内外,仆并无铺舍埠头,今西郊嘉桂,仆亦无立锥之地在此。……仆今老矣,后来岁月知复几何?然身在世间一息尚存,不容少懈于此二事。”何维柏是否没有涉足地方经济,我们无从知晓。他所言疏浚外城西濠,即与大学士梁储有关。据崇祯《南海县志》卷2《政事志》记载,“城西之水,故由太平桥出海。嘉靖初,梁文康公储创大观桥引之西注,形家者以为不便。嗣后乡绅有议辄数岁一更,居民苦之。”后来县令再开太平桥,引起西城人上控。西城乃广州商业繁华之区,“异省商人杂处,斗讼繁兴,为居民害。邑中大魁蝉联各卿鼎峙”。[1] 何维柏与南海士大夫家族多有往来,在纠缠不清的地方事务中难脱干系。据罗一星研究,明代正是“南海士大夫集团”把持地方经济、整合都市空间结构的活跃期,地方官府在处理涉及士大夫的案件时也颇感为难。[2] 广东大员对何维柏所倡之事多方敷衍,“昨得督府书,谓立县、开河二事藏之在心,因兵冗中力有未遑……若立县已下所司勘议矣。若有利于地方,不敢惜劳惜费因循废搁也云。二日又得按院亦惓惓及此……又云建县一事,司中以钱粮难措,及如岭东已设普宁、长宁,而今士民纷纷欲议裁革,故欲稍详议之”。何维柏大概也明白广东官员的真实态度,但他没有为此气馁,在给赵宁宇信中

[1] 崇祯《南海县志》卷5《风俗志》。
[2] 罗一星:《明清佛山经济发展与社会变迁》,广东人民出版社1994年版。

一再强调嘉桂设县是“开此中人民百世之利也”。[1] 从何维柏信中出现的普宁县来判断，他此时已返乡养老多年。[2]

明代后期，官府、乡绅对花山建县还是设镇的争议一直不曾中断，但建镇似乎成为主流声音，官府对此也持赞同意见，其原因应与花山距广州太近且周围已有多县设立有关。万历年间，花山再度发生动乱，官府平定后采取的措施就是设立营寨，“万历初，杨彦明等鸱张虎踞，当事殚智竭虑，十七年改杨郭村为营寨，后复寇攘靡宁，设苏峒、白坭二营，东西御防，不能制其死命”。[3] 官府接连设立三个带有军事性的营寨，除稳定秩序外，大概也有借此消弭建县呼声的意图。

明朝末年，伴随花山盗乱的猖獗，在花山设州的呼声再起。天启三年（1623 年）十月，从化县“上下山盗大起”，其中上山贼首赖丁髻、廖大鼻等有众二千余人，下山贼首钟国让亦聚众千余，“四出流劫，乡村无不残破，增、从、清、龙、英、宁六邑悉被其害，男妇杀掳勒赎者不可计数”。[4] 据顺治十一年番禺举人谭绍泰所撰《花山纪略》记载，崇祯初年的钟国让之乱就发生在花山，“贼大聚”，官府“合番禺、从化兵，始擒斩之”。[5] 崇祯三年，国让弟国相等率徒围攻杨郭村营寨，“凡八日，省会戒严”。崇祯十三年（1640 年），又有苏凤宇等“剽掠纵横”，番禺县令谢泰宗率兵围剿并再次主张设州，但最终以设立军事性质的“守备”而收场，“议设清从州于水西，不

〔1〕 何维柏：《天山草堂存稿》卷 6《与赵宁宇臬宪》，《四库全书存目丛书》集部第 103 册，齐鲁书社 1997 年版，第 402 ~ 403 页。

〔2〕 据乾隆《普宁县志》卷 1《疆域》记载，嘉靖四十二年，巡按陈、总制张，因潮阳西北洋乌、戎水、黄坑等盗贼剽悍，议建普安县，取“普遍安宁”意，治戎水都，万历十年，改称普宁；据道光《长宁县志》“序”记载，明嘉靖时贼首朱廷福、李亚元等分据长吉都十八峒叛乱，直到嘉靖末才平定，隆庆三年，析河源、英德、翁源三县地设长宁县，治长吉都，取“长久安宁”意。

〔3〕 康熙《花县志》卷 4《艺文志》，海南出版社 2001 年版，第 112 页。

〔4〕 雍正《从化县新志》卷 2《矿山》上，上海书店 2003 年版，第 392 页。

〔5〕 康熙《花县志》卷 4《艺文志》，海南出版社 2001 年版，第 118 页。

果。乃设番清从守备”。[1] 直至明朝灭亡，官府在花山所采取的措施都是设立营寨统兵戍守，建立新政区的设想未能得到落实。

三、折冲与酝酿：清初建县计划之流产

清顺治年间，广东成为南明和清军反复争夺的重要区域，花山因贴近广州而成为交战双方关注的焦点。广东归属不明，花山民众也左右摇摆。清廷平定三藩之乱时，花山盗曾帮助平南王对抗官军，“自逆藩尚之信僭窃以后，擅立王庄名色，分布党徒，占踞田土。有本地奸人凭依而附和之，聚为盗贼，劫掠公行。当逆藩伏法时，几至交结为乱”[2]。当时官府平定“三藩之乱”已成定局，最终决定采取剿抚并用策略，将花山民众与盗贼区别对待，从根本上稳定花山局势。

康熙二十一年十月，广东巡抚李士桢针对花山“盗贼公行，迄今未息”的现状，经与总督、提督等商议，决定沿用明代建立营寨、加强军事驻防的手段，“设汛防以善其后”。但其军事布防比明代更为周密，级别明显提高，设“右翼镇标游击一员，带兵八百名驻防平岭”。[3] 镇标为清代绿营兵的统兵官，下设军事单位分驻花山险要地区。据康熙《花县志》卷3《兵防》记载，李士桢发兵荡平花山后，“因调右翼镇游击一、守备一、千总二、把总四，兵八百八十名，分驻平岭、高浦、石林、麻冈、石甲、焦坑、正迳、黄竹湖、官田、大木塱、车头塱、屋源水、西坑、麻岭埔等处防守”。据康熙《番禺县志》卷8《兵防》记载，花山游击一员带兵200名驻防纱帽岭汛，守备一员兵带200名防守车头塱。又据康熙《南海县志》卷9《兵防》记载，花山建有把水汛，由提标官兵驻守，兵99名。通过设立众多营汛，李士桢

---

〔1〕 黄士龙：《抚军李大中丞平定花山碑记》，载康熙《花县志》卷4《艺文志》，海南出版社2001年版，第112页。

〔2〕 李士桢：《请设花山县治疏》，载李士桢：《抚粤政略》卷7《奏疏》，沈云龙《近代中国史料丛刊三编》，第39辑，台湾文海出版社1967年版，第837页。

〔3〕 李士桢：《抚粤政略》卷3《符檄》，文海出版社1988年版，第357页。

俨然把花山变成了严密的军事防区。

李士桢在花山遍设营寨的做法，遭到地方乡绅的反对。换句话说，仍有部分花山乡绅坚持明代以来的建县原则。康熙时倡议建县的代表人物为黄士龙，他在《建县条议》中说，花山自明末以来屡生盗乱，与建营设寨颇有关联，“花山积盗巢穴，自前明迄今，屡剿屡发，屡抚屡叛，莫可治疗”。之所以如此，是因为官府设立营寨后，“无有司文员纪纲治理，复至兵贼交通，且有兵来贼去，兵退贼回之患，为乱益甚”。[1] 康熙二十一年六月，广东按察使郎廷枢审理了一宗兵贼交通案，竟是番清从守备和贼首陈学进的相互勾结，“守备王某某奉剿花山，罔遵纪律，勾串土恶徐沛生与招安积年贼首陈学进同恶相济，在横潭地方沿村捉诈，大肆奸淫”。[2] 驻军需征调夫役粮饷，不仅不能安定地方，反而使百姓避入山林成为盗贼，加剧地方混乱，成为地方一大祸害。清初番禺人唐化鹏曾说：“粤东向年用兵，百姓死于盗贼者十之一二，死于征调者十之五六，其害莫惨于取夫。”[3]

李士桢入粤后，曾鼓励地方就治理花山献计献策，得到乡绅积极响应。康熙二十一年十月，李士桢收到多条“地方里民条议呈词”，其中有番禺县里排胡承琏、黄二龙等呈词，江澄、刘进、廖太元、黄忠等呈词，番、清、从三县里民黄达明、陈德望等呈词并地图，以及南海乡绅黄士龙等呈词。[4] 纵观这些呈词，有的赞成建立营寨，如胡承琏等呈称：“贼首虽已就擒，余孽仍肆荼毒。现今贼伙黄盛和、江伯兴等现住车头壑、屋源水、柴山等处，招集亡命，谋作非为。呈恳速调防守，生灵攸赖等情”。[5] 有的主张建县，如南海举人黄士

〔1〕 黄士龙：《建县条议》，载康熙《花县志》卷四《艺文志》，海南出版社2001年版，第124页。

〔2〕 李士桢：《抚粤政略》卷7《奏疏》，（台湾）文海出版社1988年版，第789页。

〔3〕 贺长龄：《清经世文编》卷33《户政八》，中华书局1992年版，第828页。

〔4〕 李士桢：《抚粤政略》卷3《符檄》，文海出版社1988年版，第358～359页。

〔5〕 李士桢：《抚粤政略》卷7《奏疏》，文海出版社1988年版，第838页。

龙与生员陆其廢、徐观光、毕士进等人力主建县、反对置镇，他们在《建县条议》中指出，“添设营汛防守”不过是“袭套寻常，止为旦夕补葺，终非久安长治，岂计之善哉！”只有设县才能保持花山长治久安，“今欲化盗贼为良民，变瑶蛮为善俗，莫如量割三县难治之地，尽辟万山连亘之区，于正迳营地面而设立县治焉”。添设县治可以“永图控制岩疆，以安民生，以益国赋”。[1] 设县不仅可招民垦殖、催科征税、增加国课，而且可将“蛮峒”编入保甲管理，设立学校施行教化，最终改变花山长期存在的“三不治”状态，达到稳定地方社会的目的。

为引起官府对花山建县的高度关注，黄士龙以康熙十九年花山“哗兵”威胁省会安全为例，论证花山建县对省会广州的安全保障作用，“省会相去花山仅九十余里，非有鸿沟天堑之险，长驱直达可以朝发而夕至，但当地方无事，不过疥癣赘疣，万一外警频闻，实虑乘机窃发。前年哗兵之变，欲以遥应，此其验也。今设县治在于正迳营地，而堵截峒口要区，所谓握吭而守，则北门锁钥固若长城”。[2] 黄士龙重提“哗兵”事件，无疑对甫入安定的广东官府造成了明显的心理压力。李士桢于十月初二日收到《建县条议》，十一月就与两广总督吴兴祚、镇守广州副都统王永誉等人对条议进行审议，随即以《请设花山县治疏》呈报朝廷，赞意黄士龙等人在花山建县的主张：

“专设县治于适中之地，控制要害，且其山辽旷深远，水土肥饶，割数县逋粮之地，招山野愚顽之人，建城而守，设官而治，使之服农垦荒、供输赋税、渐摩文教、日就御辔，所谓久安长治之道，莫善于此矣。……且花山逼近省会，自此而省会重地可保无虞，周围沿山大路，自此而商贾行旅坦坦，周行可无戒心，岭南一带长得廓清，非小补也”。[3]

---

[1] 康熙《花县志》卷4《艺文志》，海南出版社2001年版，第124～125页。
[2] 康熙《花县志》卷4《艺文志》，海南出版社2001年版，第125页。
[3] 李士桢：《抚粤政略》卷7《奏疏·请设花山县治疏》，第841～842页。

广东官府态度的转变,与两大因素有关:一是黄士龙等人所述花山自明代以来动荡不已的历史,二是清初平南王经营花山埋下的祸患。长期以来所采用的设立营寨措施不仅未能稳定社会秩序,反而给地方带来无穷灾难。于是,黄士龙等人的建县倡议,成为广东官府的首选之策。但官绅达成的一致意见却遭到了朝廷的否决。理由是花山盗贼已经消弭,并已环山"编立保甲",没有必要再行设县,且一旦设县,必然"置役设官,易滋烦费"。[1] 花山建县再次流产。

四、最终建置:规模及治所选址

花县的最终建立,与举人黄士龙的周旋不无关系。黄士龙在康熙二十一年十月向李士桢呈《建县条议》后,采取系列活动,争取广东大员的支持。据康熙《花县志》卷4《艺文志》记载,黄士龙于康熙二十一年十二月撰《抚军李大中丞平定花山碑记》,二十三年十月又撰《制府吴大司马请旨设营靖寇安民记》,二十五年率南海、番禺、花县"各举人监生生员里民"勒石《抚军李大中丞靖寇安民碑》。[2] 这些文献都冠以"呈稿"字样,说明是直接呈送官府的。系列活动的展开,在赞颂这些大员对花山稳定所作出贡献的同时,也给他们施加保持花县长久稳定的压力,使其不得不密切关注建县事宜。

通过广东官绅的共同努力,康熙二十四年花县建县终于取得实质性进展。是年春,吏部户科给事中王又旦到广东主持乡试,顺便采集地方民情,回京后向朝廷上《题请立县疏》,请求同意花山设县:

"臣奉命典试兹地,博采舆情,细察民隐,知花山虽属一隅,而中通数省,盘立五十八峒,鸟道四达,为南方最险之区。其中百扶田、白鹅逕、正逕等数十余处,皆匪类倡聚之所。比时虽各就抚,而根株

〔1〕 康熙《花县志》卷4《艺文志·奏疏》,第102页。

〔2〕 康熙《花县志》卷4《艺文志》收录康熙四十九年花县知县王敏《黄公建邑条议赞》云,康熙二十六年黄士龙在京,不久以孝廉为四川苍溪令,"遽卒于官"。另据乾隆《苍溪县志》卷2《名宦》记载,黄士龙在该县"简徭恤民,兴学造士,卒于官。"

未清,诚恐法久渐弛,厝火复燃,莫若于三县交界之地设立县治,得地方官与营将互相弹压,庶蛮性可以渐驯。约略言之,其便有三:番、清、从三县之界贼党踞巢,而负隅之徒每每藉盗逋粮,今设一县而前弊除矣,其便一;峒中田亩既为贼踞,尽皆报荒,有一县令导化之,卖剑买牛,田亩日垦,国赋日增,其便二;营将之守御以制其力,而县令之抚字以革其心,叵测渐消,久而弥固,其便三。至于营建城池衙舍诸费,该督抚细心设法劝输,不致有亏正项。地方之人昔受剥肤之害,未有不忻然乐趋者”。[1]

王氏在疏中声明,其主张设县的缘由之一是,在广东考察期间,“彼地士民谆谆以一劳永逸之计相告”。此处的“彼地士民”到底是哪些人,史料没有明确记载。但可以肯定的是,王氏在广州期间必然要与广东大员接触,而广东大员可能会就黄士龙等撰写的相关条议,与其交换意见。另外,王又旦主持乡试、采风之地广州,正是番禺、南海士人的家乡,其间也会听到街巷有关黄士龙等人的设县倡议。由此推断,王氏请求朝廷同意建县的上疏,无疑受到了广东官绅的深刻影响。

康熙帝在阅过王又旦的奏疏后,立即责令朝臣“议奏”。此后,吏部咨文很快传到广东,询问县名、知县任命等相关事宜。同年九月,广东布政使郎廷枢回复吏部,“详称新建之县,拟以花县为名,请部铸给花县印信。议将三水县现任知县王永名调补”。广东巡抚李士桢则率广州知府刘茂熔及与花山交界的各县知县“亲临踏勘,相度形势”。经过讨论,决定在平岭建设县城。[2] 随后,广州知府刘茂熔向朝廷上报划拨版图及钱粮等情:

“据三水、清远、从化等县中申称,该县地方原属小邑,钱粮无多,且去花山新县窎远,人丁税亩应请免拨。

〔1〕 康熙《花县志》卷4《艺文志·奏疏》,第101~102页。

〔2〕 李士桢:《题议花县及调设官员等项疏》,载李士桢:《抚粤政略》卷2《奏疏》,文海出版社1988年版,第191~192页。

又据南海县申称,新奉设立花山县治于附近,地方人民分拨管辖,查本县所管地方惟华宁、苏山、骆村三堡共一十图,又桃子、恩洲二堡散甲共一十七甲,与新县枕近,相应分割归入凑编版图,今将里甲钱粮数目造册缴报,听候汇详。

又番禺县申称,依将奉设新县,附近地方人民应拨管辖,查本县乌坭、紫坭、擢桂、李溪陂、何岭共一十一图,又李溪陂、鸦湖、九潭、茅山、上大田、隆榜冈、刘村、蚌湖、竹料、萧冈、塱冈、罗冈东北散甲共三十一甲,系新县枕近,所有里甲钱粮数目分别造册完成,合就申缴。

……(南海、番禺)二县所拨本折共一万零五百一十三两有奇。康熙二十四年分钱粮仍在南、番二县催征,自康熙二十五年为始,钱粮始归花县征输。其县治应设典史一名,教职二员,内教谕一员、训导一员,俱听候部选,各吏输书、衙役人等,照小县额设招募。"[1]

花县建县划拨版图的结果出人意料。因清远、从化以"小邑"为由要求"免拨",花县版图划拨主要由番禺、南海两县承担,番禺划出11图、31甲,南海划出10图、17甲。番禺划出"版图"多属逋逃税粮、盗匪出没之区。黄士龙在《建县条议》中说,"官番禺者每受狮岭司九图、慕德里司十五图逋累之苦,遇岁亲自下乡严切比征,犹有顽欠。今割此积逋之税粮,与清、从难征之里甲,另立县治,就近催科,使粮无挂欠之忧,官免考成之累"。

花县建县的规模,按照黄士龙"条议"的设想应为中等之县,从南海、番禺、清远、从化等县"凡界连山峒都图地堡、乡村人民、田土税亩,应割归新县管辖,新环约得三百余里,径直一百余里,可得钱粮五六千,成一中县,便可设官集民,开荒益国"。[2] 但由于只有南海、番禺二县割拨里甲钱粮,实际建县规模降为小县。划拨版图直接关乎地方利益,清远、从化不愿划拨,可能与两县北部多山区,而

---

〔1〕 康熙《花县志》卷4《艺文志·奏疏》,海南出版社2001年版,第103~104页。

〔2〕 康熙《花县志》卷4《艺文志·奏疏类》,海南出版社2001年版,第127页。

靠近花山土地较肥沃有关，清远知县刘士骥"以清远冲衢，粮少务繁，力为请免。士民德之"。[1] 花县的建立对周边各县影响不一。从化未为花县划出版图，反因花县建立而得享益处。雍正《从化县志·兵防志引》编者郭遇熙说："当明季潢池盗弄之时鳃鳃过虑者，以太平场、牛背脊为扼要之区，至今日而花县设矣，蚁穴兔窟荡然潜消"。[2] 南海乡绅则因划拨版图而对花县颇有怨言，康熙三十年梁佩兰在《南海县志》序说："予南海为粤广州省会首邑，掖于郡治。秦时一大郡也，自唐宋以后为邑，迄有明，更从而分之，割于顺德、割于三水，今复割于花县。"[3] 字里行间露出对版图缩小的无奈。番禺则有"心想事成"的感受，时任番禺县令孔兴琏说：番禺"视政省会，颇称烦剧。……析番邑之五堡居民、税亩分治于花邑，使山泽无伏莽之窟，闾阎乐升平之业，法至善也。"[4]

县治选址涉及官府与乡绅的利益，官绅之间亦有争议。横潭早在明代设过从化县，后从化县治迁往马场田，横潭归番禺，后又入花县。应该说，横潭是理想选址之一，但因其距广州太近，明代已否定其作县治。乡绅黄士龙主张以原为营寨的正迳作县城，"地面居山峒之口，四望宽平，由左陆路二十余里至从化大河顺达省会；由右二三十里可至横潭大河顺达省会，水陆舟车，均便往来。似宜于此择地建立县治"。[5] 据黄士龙为《花县志》所作之序，该设想始于康熙十二年。是年，他与番禺县令王之麟征剿花山盗，"军于正迳"，见地势险要，遂萌在此"设邑建城"之意。但官府以"力役繁兴"为由，否决了黄世龙的建议。广东巡抚李士桢最终拍板，将县治选在平岭。

---

〔1〕 光绪《清远县志》卷12《前事》，第165页，但该志卷9《宦绩》的刘士骥又无此内容，台北成文出版社1967年版。

〔2〕 雍正《从化县新志》卷2《兵防志引》，上海书店2003年版，第381页。

〔3〕 康熙《南海县志》卷首《序言》，载《稀见中国地方志汇刊》第45册，中国书店1992年版，第425～426页。

〔4〕 乾隆《番禺县志》康熙丙寅旧序，载《故宫珍本丛刊》第168册，海南出版社2001年版，第11页。

〔5〕 康熙《花县志》卷4《艺文志·奏疏类》，海南出版社2001年版，第127页。

其理由是花山“俱各层峦叠嶂,鸟道崎岖,止有平岭一隅稍为平坦……堪以建设县城”。[1] 仅就自然条件而论,平岭兼具群山环绕与地势平坦的优势,属于理想选址。但平岭开发较晚,康熙二十一年始设营汛,建设基础薄弱,工程花费浩大,据李士桢估算,城垣、学宫、庙宇、衙舍、营房等所需木料、石砖、灰瓦,匠夫工食,“严加核减”,尚需银 59719 两。[2] 由于国家未划拨专项建县经费,直到康熙三十五年花县县治才最终建成。史实表明,在县治选址方面,官府握有控制权。

五、地方权势的表达:官绅博弈

考察花县建立的漫长过程,我们不能忽视地方权势的作用。花县最终得以建立,离不开以黄士龙为代表的地方乡绅的倡议与推动。岐山黄士龙继承明代乡绅建州的志愿,因应形势,在康熙年间重提建县之说,得到广东官员认可,最终得以修成正果。岐山黄氏与朗溪黄氏在建县前均属南海县,两家相距不远,且均为地方大族。黄士龙之父曾被“里人三推约正,援例公举乡耆”,因黄家行善乐施,岐山被称为恩村、仁里。花县建立后,从康熙四十一年开始,花县仕宦极力塑造黄士龙的乡贤形象,“绅衿里民人”联名“盛举”黄士龙,官府本着“以遂舆情,以彰公道”的胸怀,同意绅民请求,于康熙四十二年四月初十日将黄士龙“置主”送入乡贤祠。[3] 黄家终于实现了明代黄学准所期盼的望族愿望。

明嘉靖以降,围绕花县建置问题,官府与乡绅就建县还是置镇长期对垒博弈,先后历经 150 年,最终在康熙年间尘埃落定,建成花县。花县建立所经历的漫长动态过程显示,明清时期,虽然中央集权不断加强,但国家与地方有关权力分配的较量并未停止,地方乡

---

〔1〕 康熙《花县志》卷 4《艺文志 · 奏疏类》,海南出版社 2001 年版,第 104 页。

〔2〕 李士桢:《抚粤政略》卷 2《奏疏》,文海出版社 1988 年版,第 230 页。

〔3〕 《详请名宦乡贤记》,康熙《花县志》卷 3,海南出版社 2001 年版,第 92 ~ 97 页。

绅有其表达利益诉求的特定方式。为了稳定地方秩序,国家既要控制地方权势,又要倾听地方声音,努力寻求二者之间的平衡。花县的建立,并非遵循地方政区自上而下建置的常规模式的结果,而是得力于地方乡绅自下而上的吁请与推动。

就表征而言,花县是地方长期动乱而不得不立的结果。但深入考察之后我们就会发现,花县的建立隐含着多种复杂因素。随着地方权势的不断增强,出于自身利益的考虑,他们一再要求建县。国家则试图严密控制政区规划,牵制地方权势的发展,同时以建镇应对地方权势的建县诉求。以往学界多侧重于从区位和地区开发等角度探讨县级政区的设立,在一定程度上存在将复杂的历史过程简单化的嫌疑。“只有在特殊制度与一般常规制度并行的情况下,才得以使国家管理正常化。”[1]通过对花县设置历程的回溯,我们发现,在150多年的对垒中,官府、地方权势以及地方权势之间相互博弈,牵扯出一系列的社会治理问题。而国家力量借助对行政区划的管制,权衡地方社会所面临的复杂局势,在防治乡绅过度干预地方社会的同时,适度因应地方权势的诉求,通过新政区的设立打破地方社会所面临的困局,塑造了社会变迁的轨迹。

第二节　宗族与近代广东社会秩序建构

宗族是以拥有同一祖先的血缘关系为核心,以配偶和姻亲关系为补充,所有成员均处在一定的长幼尊卑地位的一种群体集合体。狭义的宗族由同一曾祖或高祖的若干家族构成。广义的宗族则包括家庭、家族、宗族、族系四层概念,即由一对夫妻及其子女两代,或者还有其祖父母共三代所构成的共同生活的家庭;由若干独立生活

---

〔1〕 周振鹤:《中国地方行政制度史》,上海人民出版社2005年版,第3页。

的兄弟家庭所构成的家族；由同一曾祖或高祖的若干家族所构成的宗族；由同一氏族、居住在一个或相邻乡村的若干有远亲关系的宗族所构成的族系。我们在此所采用的是广义的宗族概念。

宗族是中国传统社会中的主要认同单位，特别是在广东等南方农村，宗族组织发达，成为决定基层社会发展方向的基本力量。在宗族认同占据主导地位的农村地区，宗族在社会秩序建构与维护方面发挥着重要影响，具有举足轻重的地位。[1] 研究宗族与地方社会秩序的关系，具有重要理论与实践意义。宗族是中国社会的雏形，而家法族规则可以视为国家法规的缩影。探讨宗族与社会转型的互动关系，有助于我们更加清晰地认识中国近代社会的特点，客观评价自然经济形态、社会风俗习惯、传统伦理道德对法制实践的影响以及法制发展对社会结构的形塑作用，充分认识法制转型的复杂性，不仅经济因素、阶级因素和思想意识会对法制发展产生直接作用，宗族也是重要的影响因素。人与人之间的关系复杂多样，不仅有经济关系、阶层关系，还有宗族关系。通过对宗族的多面性进行分析，认识近代法律废除等级特权的艰难历程与现实意义；通过把握宗族分化的趋势，对社会组织与近代制度变迁之间的关系进行透彻分析。

一、清代广东宗族与社会控制

中国古代以农立国，社会以家族为基础，国家法律以维护家族和国家利益为本位，家族内部的治理规范即家族法规成为国家法的有益补充。因宗族组织规模较大，单个村落内一般只有数个甚至一个宗族，特别是宗族认同规模较大，极易在对内合作与对外行动方面形成对宗族成员的强力控制。明清时期，广东经济比较发达，人口明显增多，社会问题日趋复杂，宗族在社会秩序维护中的作用更

---

〔1〕 乔素玲、黄国信：《中国宗族研究：从社会人类学到社会历史学的转向》，载《社会学研究》2009 年第 4 期。

为突出,宗族司法体系更为发达,作用方式也更为典型。近代以来,中国进入转型时期,宗族组织机构随之发生变化,宗族对法制的影响进一步趋于多样化,作用方式亦呈现出更多现代色彩。

(一)清代广东宗族的发展

中国传统社会长期实行中央集权的政治制度,但政府行政架构基本上只设置到县一级为止。在这样的国家治理体系下,地方宗族成为建立正统社会秩序的基本单位。在明清宗族规范建立和衍变的过程中,宗族内部的权力关系及管理运作机制的改变主要通过祖先祭祀制度、里甲户籍登记和赋税征收方式的变革而实现。[1] 作为远离中央集权中心的边陲之地,广东是家族观念最为浓厚、宗族组织最为严密的地区。关于东南中国宗族产生的背景,弗里德曼归结为边陲地区、水利工程与稻作生产三大特点。处于边陲地区的中国人出于安全防卫、开垦荒地以及发展水利工程的需要,具有强烈的合作诉求。为了达到上述诉求,东南地区的人们选择宗族作为合作的组织方式,在他们从中原南迁到福建、广东之时,就带来了家乡早已存在的父权意识形态。父权意识是中国东南地区宗族组织产生的意识形态基础,水稻生产则可以创造足够的农业剩余,从而促进共有地产的产生,并转而推动宗族社区的形成。[2]

明清以来,北方中原地区的宗族文化不断衰退,宗族规模萎缩,宗族制度受到践踏,而广东等南方地区的宗族则持续发达。广东宗族的持续发展,是当地各种社会因素共同作用的结果。一方面,自古以来,南方不断接纳北方移民,土客矛盾突出。双方为了生存发展,长期激烈竞争,均需要通过团结宗族来集结力量,共同奋斗,抵御对方。因此,无论土著还是客家,均十分重视宗族的发展。另一方面,除了明朝初年曾短暂定都南京外,各代的政治中心均设在北

[1] 刘志伟:《宗法、户籍与宗族——以大埔茶阳〈饶氏族谱〉为中心的讨论》,载《中山大学学报》2004 年第 6 期。

[2] 王铭铭:《社会人类学与中国研究》,生活 · 读书 · 新知三联书店 1997 年版,第 79 页。

方。南方人要想在朝廷立足，必须充分调动各方面的力量，发掘宗族资源，加强宗族建设，利用集体力量培养家族人才成为其中的重要途径。而宋代以降，南方逐渐得到开发，经济文化均有显著增长，也为宗族发展奠定物质文化基础。明清以来，东南地区商品经济较内地发达，商人需要借助宗族组织开展商业活动，获得同宗官员绅衿的保护与支持，甚至追求儒商的发展方向。闽粤地区华侨众多，不仅需要依靠乡族势力在居留地立足，同时还保持着叶落归根的观念，到了一定年纪就会回归家族聚居之地，因而对宗族建设怀有极大热情。南方宗族的兴盛与发展，与商人的财力投入有直接联系。在某种意义上，商人是南方宗族发展的重要推动力量。[1] 于是，商人通过大修祠堂、续修族谱、设立义田等方式凝聚宗族力量，成为明清时期南方地区的普遍现象。

在广东，“崇拜祖宗的热诚与迷信风水的习惯，任比何处，都要厉害。因而祠堂遍地，有的乡村，除了共有的祠堂之外，还有好多支派的祠堂。再进而一县一州一省，也有共有的祠堂而成为一种‘联邦式’的组织。这是北方很少见的现象”。[2] 广东宗族组织异常发达，宗族观念世代相传，维护宗族利益成为当地社会秩序的主要法则，是人们日常行为的主要规范。为了祭祖敬宗，增强宗族团结，稍有规模的宗族多建立宗祠，一些大的宗族既建总祠，又建支祠，各地祠堂林立。如广东番禺一带“缙绅之家多建祠堂”，往往是“每千人之族，祠数十所。小姓单宗族人，不满百户者，亦有祠数所”。[3] 顺德也“以祠堂为重”，“其宏丽者费数百金。”[4] 保存至今的广州陈家祠与珠海梅溪陈氏祠堂，更是典型体现了清代广东宗祠的恢弘气势。

---

〔1〕 冯尔康：《18 世纪以来中国宗族的现代转向》，世纪出版集团、上海人民出版社 2005 年版，第 81 ~ 82 页。

〔2〕 陈序经：《广东与中国》，载《东方杂志》第 36 卷第 2 号，1939 年 1 月。

〔3〕 同治《番禺县志》卷 6《风俗》。

〔4〕 同治《顺德县志》卷 3《风俗》。

宗族多聚族而居，即一个大的宗族或族系居住在相互毗邻的若干个城镇或乡村，同一宗族的成员占据这些乡镇人口的很大比例。在华南农村，多数是同姓村或同姓比重较大的村落。清代的屈大均等人曾生动地描述广东宗族的盛况：

"岭南之著姓右族，于广州为盛。广之世，于乡为盛。其土沃而人繁，或一乡一姓，或一乡二三姓。自唐宋以来，蝉连而居，安其土，乐其谣俗，鲜有迁徙他邦者。其大小宗祖祢皆有祠，代为堂构，以壮丽相高。每千人之族，祠数十所，小姓单家，族人不满百者，亦有祠数所。其曰大宗祠者，始祖之庙也。庶人而有始祖之庙，追远也，收族也。……其族长以朔望读祖训于祠。养老尊贤，赏善罚恶之典，一出于祠。祭田之人有羡，则以均分。其子姓贵富，则又为祖祢增置祭田，名日蒸尝，世世相守。……有祠而子姓以为归，一家以为根本。仁孝之道，由之而生。吾粤其庶几近古者也。"[1] 从其描述可以看出，族产和祠堂是宗族结构的核心，对宗族发展具有决定性作用。

在珠江三角洲地区，中部的南海、番禺、顺德县，东部的东莞县，西部的台山、开平、新会、恩平县，多数村落以单姓为主。即使是几个不同宗族同居一村的杂姓村，也并非各个宗族独处，而是形成几个住户群，而且各宗族之间也有强弱之分，强势宗族在村落治理中占据主导地位。在广东吴川县，"其著姓聚族而居，远者千余年，近亦数百年，不易故土"。[2] 在台山浮石乡，赵姓是当地大姓，约占总人口 90% 以上，另有麦、何、冯、陈、李等 22 个小姓。其中赵氏历来以宗族自治，自为一乡，有族正及族副等人管理宗族内部事务和对外交涉、联系等族际事务，并有族规约束宗族成员。赵氏中每一个大的家庭都要推选一人，共同组成乡(宗族)委员会。每个委员被称为

---

〔1〕 屈大均:《祖祠》，载屈大均:《广东新语》卷 17《宫语》，李育中等注，广东人民出版社 1991 年版，第 411～412 页。

〔2〕 光绪《吴川县志》卷 10《纪述下》。

"父兄",多是族中富裕之人,他们共同管理乡和族中事务,并设公所为办事机构,称为"紫气堂"。每年夏历正月中旬,全乡的绅耆在乡公所集会,公推族正和族副,并将推举结果张贴于街市,一年一任。[1]

(二)清代广东宗族的社会控制功能

宗族通过宗法族规调控宗族成员的行为。清代是我国宗族法发展的高峰时期。一方面,宗族法从立法内容到文字形式均有较大的改进,调整范围进一步扩大,几乎涉及族内生活的一切领域,凡财产纠纷、婚姻继承、买卖租赁等民事关系,在家族法中都有相应的规定。另一方面,宗族法的强制性明显增强。清代以前的宗族法规中惩罚方式比较单一,主要包括谱牒除名、不准入祠以及笞杖等几种。虽有驱逐、处死等严厉的惩罚方式,但普及程度十分有限。清代中期以后,家法族规中的惩罚方式明显增多。仅涉及财产的惩罚方式就有罚钱、罚戏、罚祭、罚香烛、罚锡箔等多种;对违反家族伦理者的惩罚强度明显加重,以前只对淫乱妇女处死,处死方式以逼迫自尽为主,清代后期则增加了活埋、沉潭等更为惨酷的处死方式。受到经济发展水平、思想传统以及地理环境的影响,在清代广东,宗族对社会控制的作用明显增强。具体而言,清代广东宗族的社会控制功能主要表现在以下几个方面:

1. 调整宗族成员之间的权利义务关系

随着宗族的发展,清代广东已经形成了比较完善的宗族法体系。清代的宗族法体系一般包括族规、家规、祠规、学规、庄规等,以族规、家规为其主体。宗族法的内容相当广泛,主要包括:维护伦理秩序,惩罚盗窃、赌博等犯罪行为,保护宗族财产、婚姻及继承权,保证国家赋役征收等。族规是宗族成员最为重要的行为规范,常常对祭祖、宗族成员关系、族产管理以及行为标准做出详细规定,有的还罗列禁止行为,明确禁止宗族成员参与反叛、暴力及其他有悖传统

---

〔1〕 龚佩华:《广东台山浮石赵氏宗族家族制度试析》,载《中山大学学报》1997年第4期。

道德的行为。族规之中,“孝悌”是最基本的训条,犯者必须严惩。如开平《茅岗周氏族谱》规定“孝弟为人伦之至。大逆不道,固天地所不容,王法所不宥。即小有不顺,忤逆父母,得罪兄长,谓之不孝不弟,许房亲族长指出,集祠警责,重则永远革胙,最重则送官处治,以惩不类。”[1]广东海康县《茂莲宗祠敦俗碑》则以“维风俗而化奸党”为宗旨,明确规定了各种禁止行为以及对违犯者的惩罚措施:

“族内子侄,各要孝顺双亲,恭兄友弟。
禁居族殴辱尊长,欺孤凌少,乱伦背义,自作自尊。
禁出外酗酒滋事,逞凶争斗,招惹是非。
禁开窝煎煮鸦片私卖,引诱子弟。
禁开场聚赌。
禁盗取田稻,园中薯芋物业。
禁玄武二山四围村烟火,大小树木竹丛,盗行砍伐。
禁窝藏窃匪,接藏赃物。
禁窝接窃盗莳稻芋豆瓜菜等物。
禁本村来龙坡葬墓,凿伤气脉风水。
禁本村四周坡草,以及沟□土围各堤苦芦竹木,不准残削。
禁盗窃牛猪家物。
禁觊觎孤寡,抖诬索诈。
禁冒移丐尸,讹索乡愚。
禁挟嫌划撞,装伤栽陷吓讹。
禁男女口角争论,恃惫逞强,登门拼命,诈伤索财。
禁倚势肆横抢夺抢占。
禁子侄外出助势,随帮附邻,诬命搜抢,借端恐吓。”

〔1〕 周锦章等:《茅冈周氏族谱》卷1《家规六 · 戒族规条》,光绪丁酉(1897)版,第30页。

敦俗碑还特别说明，以上所列只是"略举大端而责罚"，更为详细的规定则记载在祖薄之中，强调如有人违反规定，"务要遵照施行"。族规还规定了责任承担主体以及连带责任承担者的范围，如果违反者本人因贫穷无力承担罚款或赔偿费，则"勒父兄并从堂伯叔酌派交足，不得更变缺减"。"至于出外招惹是非，惟累及房亲，与族众无涉。"[1]

还有一些族规，则专门对族人的经济行为进行规范。如海丰县霞埔乡的陈姓就专门订立条规，规范族人的蚶田经营与管理行为。据记载，陈姓的祖先先后在该乡创立了岩前湖、白沙港等处蚶田，供本族族众采捕。但到了清同光年间，有外人"寄搭养蚶，混杂滋事"。于是陈姓"在祠前演戏，勒石树碑严禁"，规定"嗣后如再有故违，一经查察，定将该蚶充公，承领搭养之人，另行罚戏二台。如敢不遵，协同房族鸣官究治。其生蚶之时，盗笮蚶仔，缉获者，先谢花红银二大元，而后照依搭养之例处罚，以儆将来，决不轻贷"。其所定条规具体内容包括：

不准引诱亲朋寄搭养蚶，查出将其蚶充公，承领之人罚戏二台。

町内生蚶，务宜通知各幅之人，插明町幅，然后开括。如敢不遵，滥取者，以盗贼论。

有町者，若要典退，务宜族内凭价相承，不许变卖外人，如违，将价充公。

递年八九月间，生蚶之时，不许混笮，至正月初开禁。如敢不遵，罚酒席十张，花红钱四百，在祠前赔非。

大蚶只走水之后，存有多少町底，至五月半为期，以后任他人采捕，不得借端强阻。

其蚶若养在别人町内者，每丈町该帮贴税银三分。倘有生蚶，

---

〔1〕《广东海康县茂莲宗祠敦俗碑》，载谭棣华、曹腾飞、冼剑民编：《广东碑刻集》，广东高等教育出版社 2001 年版，第 553～554 页。

该照两傍旷町测蚶还町主。若不肯测蚶，任町主收採，不得恃强阻挡。

族内若有大蚶、蚶仔被外处盗去者，阖族捐资鸣官究追。

族内倘有不遵禁约者，不得已鸣究，其费用银均照町幅科派。[1]

该规条根据当地经济发展实际情况而制定，非常典型地体现了广东海洋经济的特征；实际上起到了规范地方经济秩序的作用，极大地弥补了国家法律的空缺。

2. 承担基层司法职能

根据宗族法的规定，宗族管理组织具有司法组织的功能，宗族管理者同时也是司法者。在宗族管理方面，多以族长为主导，较大的家族内部分成族、房（支）两个层级，除族长、房长外，还有一些专门的工作人员作为辅助。一旦族人违反族规，应由族首秉公处断。有的宗族族人有忤逆行为，或者有严重犯罪行为，凡未诉诸官府的，就由族长在宗祠中审讯。有的宗族推举辈分高的长者为族长，负责规约的执行。一些宗族处理族内纠纷，也仿效官府断案的形式，由族首对案件进行批示，并对原被告双方进行讯问与判决。有的家族强调族中司法须经族尊、族贤共同商议，不将权力集中于个别人。清同治年间，广东宝安南头黄氏宗族规定："族内有事商榷，当集族尊、族贤协同酌夺。贤者不到，尊者不得挟尊以自专；尊者不到，贤者不得挟贤以擅行。不得退避观望，不得徇情缄默，则事皆出于公，无致或误也。倘尊贤内有托故不到，查出罚其一年之胙。"[2]

族规规定了解决纠纷或处置犯禁族人的原则。对于族内纠纷，主要通过调解教育调整利益关系、解决矛盾；对于严重的违规行为，则要加以惩治。具体而言，根据违反族规的情节与程度轻重，采用

---

〔1〕《公会严禁碑》，载谭棣华、曹腾飞、冼剑民编：《广东碑刻集》，广东高等教育出版社2001年版，第853～854页。

〔2〕《东粤宝安南头黄氏族谱》卷上《族规》，同治十三年本。

以下方式进行惩治：

一是除籍，即开除族籍。不肖不悌，欺祖灭伦者除籍；为奴为娼操贱业者或与其结婚者除籍；严重犯罪者除籍；扰乱宗族秩序者除籍，如倒卖族产等。

二是责打。如广东海丰县浪清乡徐氏宗族在族规中规定，对于打骂父母、殴打叔伯、偷窃财物等行为人责打惩治。[1]

三是经济处罚。广东《镇平县志》记载："其制，凡乡约中有过三犯者，量罚谷一百至五百石，免闻其恶于官。"[2]

四是告官。当事人对族内处分不服，可共鸣于官。对于屡犯，亦可向官府告发。如广东镇平县"如三犯不悛者，众即弃之不罚，直呈于官。"[3]其他严重的不肖行为，也常请求官府判决。

五是沉塘自尽等。对严重违反族规者，也采用沉塘等方式剥夺其生命。虽然这种惩罚方式已经超越了族规的权限，有悖于法律规定，但却出现在许多家法族规之中。

虽然宗族并非正式的司法机关，但家法族规对于争讼的纠告、传唤、审理、裁断、执行均有相应的程序规定。明清家族司法属于典型的纠问式司法。族长在本族内既是行政长官，又是司法长官。他们拥有检察、纠问、捆送以至责打不法族人的权力，在审断时又有议决的权力，在审断后有权直接执行或送官，族众只能俯首听断。所有的家族法都规定了将家庙或祠堂作为审判场所和惩戒场地，并以家长等祖宗直系血脉传人来审判族人，责罚均以祖宗的名义进行[4]。正如费成康先生指出，"执罚舞台的广阔，特别是执罚队伍的群众性，构成了家法族规的一大特点"。[5]

---

〔1〕《浪清乡徐氏族规碑》，谭棣华、曹腾飞、冼剑民编：《广东碑刻集》，广东高等教育出版社2001年版，第837～838页。

〔2〕光绪《镇平县志》卷3《教养》。

〔3〕光绪《镇平县志》卷3《教养》。

〔4〕原美林：《明清家族司法探析》，载《法学研究》2012年第3期。

〔5〕费成康：《中国的家法族规》，上海社会科学院出版社1998年版，第145页。

有的族规不仅明确规定禁止性行为，而且制定详细的惩罚方法与标准。如广东海丰县浪清乡徐氏家族就制定有专门的族规条例，规定对打骂父母等行为进行惩治的标准，具体包括：

打骂父母，重责二百板，议革出族，决不宽容。

殴打伯叔，重责八十板，殴打兄长，重责四十板，不遵者禀究，决不姑宽。

奸淫族内妇女，集合三大房立即捆缚沉海，倘伊父母不肯，族长、族正及各房长联名禀官究拟，并将犯者本家革出，不许入祠，决不宽宥。

不许窝藏奸匪盗贼，以及引带外方人氏借歇，违者责板四十，决不轻宥。

偷窃物件，经破获，除赔赃外，重责四十板，决不宽宥。

不许在祠内聚赌及食鸦片，违者禀官究办，决不宽纵。

不许本姓人户雇请之各工匠在祠内做工，致损坏砖地，坏祠内清规，违者罚戏二本，不宥。

不许戏班戏脚在祠内驻歇，违者罚戏二本，不宥。

不许在祠内放置农具、家具，以及帆桅钢索、禾草、松尾等件，违者将物件丢弃，责板三十。

不准于祠前打柱，或在挡石柱缚牛马，违者重责三十板，不宥。

不准在祠内前后厅及两厢熟睡，亵渎祖祠祖宗，违者重责三十，不宥。

不准损坏墙壁、对联、壁画等，各宜教好儿孙，违者罚油三十斤。

不准住屋欠税，耕田欠租，违者禀官，不宥。[1]

该规条中对各种违背礼教行为的惩治十分严厉，如打骂父

[1] 《浪清乡徐氏族规碑》，载谭棣华、曹腾飞、冼剑民编：《广东碑刻集》，广东高等教育出版社2001年版，第837~838页。

母、殴打伯叔、兄长以及窝藏盗匪,均施加责板的身体刑。有些甚至明显重于国家法律的规定。如对于奸淫族内妇女的行为人,要沉海处死;如果父母不肯,不仅要禀官究治,还要将家人革出族籍。即使引带外方人氏借歇、偷窃物件、祠内聚赌、雇请工匠在祠内做工、戏班戏脚在祠内驻歇、在祠堂内放置农具等什物、在祠前打柱、在挡石柱栓牛马,以及在祠内睡觉等行为,也要受到身体责罚或经济处罚。从处罚方式看,可谓是多种多样,既有生命刑、身体刑,又有罚油等经济惩罚,以及罚唱戏等经济与耻辱性并用的惩罚。另如《茅冈周氏族谱》也有"戒族规条"21 条,每条均规定了明确罚则。[1]

宗族司法是地方司法的重要基础。明清两代重视通过乡约、里保甲等组织对基层社会进行控制,实行家族组织与乡里自治一体化。明洪武时颁行《教民榜文》,以国家法律的形式支持里甲老人裁断民间纠纷,同时鼓励宗族自立族规,实现了乡里自治和宗族自治的有机结合。大量家族呈请政府批准族规并得到政府允准的事实表明,明清时期广东一些强势宗族的族长享有族内刑罚的权力,家族内部的司法成为州县司法的基础。如佛山冼氏建家庙,立宗子,申请知府给宗子颁发执照,授予其对"故违圣谕,阻宗法,坏家训"而又不改的族人"具呈究问如律"的权力。[2] 地方官已经成为族长的后盾,二者共同联手杜绝百姓向官府上诉的念头。清道光年间,香山县麦氏子弟因不服宗族裁断而向县衙提出呈控,县令周某谕令族人:"倘敢不遵族议,妄行构讼,许族中衿老轻则革胙,重则家责或禀赴,本县定即从严究处,决不姑宽。"[3] 就此而言,家族内部司法实际上已经成为州县地方司法的重要构成部分。

对于国家统治者而言,要巩固政权基础,就需要扶植支持政权

---

〔1〕 周锦章等:《茅冈周氏族谱》卷 1《家规六 · 戒族规条》,光绪丁酉(1897)版,第 30 页。

〔2〕 《家庙照帖》,载《岭南冼氏宗谱》卷 1,转引常建华:《明代宗族研究》,上海人民出版社 2005 年版,第 339 页。

〔3〕 《榄溪麦氏族谱》卷 1《族规》,光绪十九年(1893)版。

的社会力量。因此,统治者有意识地支持制定宗族法规,承认族规的合法性地位,保证族规的规范作用得到充分发挥,是政权稳定的现实需要。在国家的支持下,宗族通过惩治成员的违规行为,实现对权利义务关系的调整,维护宗族法的权威。当然,与国家法以国家强制力作为后盾不同,宗族建立在血缘关系基础之上,宗族的“惩治”更加强调与“教化”有机结合,在温情的面纱覆盖下,以国家法律的补充形式而存在。

3. 掌控地方权力

人类学家莫里斯·弗里德曼曾说,宗族组织具有集团垄断者的性质,它建立的目的是为其成员寻求对本地资源的控制权。宗族社会功能的加强,必然体现在对地方的控制权上,而充当赋税催征的角色与支持地方团练的建立,实际上加强了宗族组织对地方的控制权力。平民宗族组织在结构上的发展,更把对地方权力的控制提高一步,这种组织就是高层次宗族。高层次宗族组织是指一些具有高度组织性的宗族联合体。它是以一个强大的世系为中心,把附近弱小宗支置于他们的保护之下而形成的宗族群体。这种组织往往把同姓的宗支联合起来,但却实际没有一个确定的近祖。[1] 在清代广东,许多地方出现了同姓的大宗祠,他们供奉一个同姓的名人作远祖,实际上宗祠却由一个大族主持。这个大族不仅能左右大宗祠属下的事务,占有大量田产,而且还控制了附近的墟镇,成为当地的实权派。这一类高层次宗族结构,反映了宗族在实现地方控制权时所作的组织上的发展,以血缘为基础的宗族结构渗入地缘的成分。[2]

宗族拥有广泛的资源与权力。宗族掌控着人们的入住权。入住权就是在某地定居并争夺资源的权利。根据英国学者科大卫的

---

〔1〕 Freedman, Maurice: Chinese lineage and Society: Fukien and Kwangtung. London: The Athlone Press, 1966, pp. 21 – 22.

〔2〕 郑德华:《清代广东宗族问题研究》,载《中国社会经济史研究》1991年第4期。

研究,“入住权包括建房子的权利,也包括开垦荒地的权利,是村民最重要的权利”,一个乡民能够在某村生存,首先他就必须具有入住权。在乡村中,不是任何一个来路不明的人都可以随便盖房定居并与原来居民和平共处的,“乡村就是有入住权的人的群体,村民是个在乡村有入住权的人”。宗族特别是族谱作为一种资源,常常被其成员与移民传说结合起来,用于确定自己拥有当地的入住权。[1]

宗族是控产机构。科大卫通过对中国商业史的研究发现,“表面来看,商业史跟宗族研究没有什么大的关系。但是,完全不能这样说。中国商业制度史,绝对是宗族制度史的延续。现时中国商业史,太注重商品的流动而忽视了令商品可以流动的制度。我们知道田产可以买卖,但是我们不问需要什么制度存在田产才可以买卖。我们知道田产买卖应用契约,但是我们对应用契约的环境毫不敏感。商业史上关注的问题,不只是那种商品运到那里出售。商业之可以能够产生,有赖集资、信贷、会计、管理、汇兑等多方面的运作。……大规模商业需要集资,风险大的商业也需要集资。”明清社会没有保障商业经营的法律,所以商业经营需要依靠法律以外的途径。西方历史也曾经过这个过程:中古时代,最重要的集资机构是修道院。这些机构管理来往欧洲与中东的主要道路,为旅客提供旅馆服务。明清最大的集资机构是庙宇和家族。在公司法还未出现的年代,在珠江三角洲,这些机构控制田产和墟市。多姓管理的财产,采取共同建庙的办法。不用另写合同,共同建庙和拜祭就是合同。换句话说,合同不是用文字写出来,而是在礼仪活动中演出来。同姓的社团,可以利用宗族的礼仪来共同控产。[2]

宗族为国家催征赋税,支持地方团练组织。清初沿袭明制,赋税和徭役的催征均由里甲负责,“国初摇役,尚沿明旧。里有十甲,

---

〔1〕 *The structure of Chinese rural society, lineage and village in the eastern new territories of Hong Kong*. Hong Kong: Oxford University Press, 1986.

〔2〕 [英]科大卫:《告别华南研究》,载华南研究会编:《学步与超越》,文化创造出版社2004年版,第26页。

各推其丁粮多者为甲长。岁役，于十甲长中轮一人为里长，重其一里之事，凡十年一周，曰'排年'。"[1]但由于清朝县以下的地方行政组织屡经变迁，各地实际情况不一。从广东的情况看，清中叶以后，里甲催征制度虽然仍然存在，但实际功能渐趋衰退，赋税拖欠日益严重。在宗族发达地区，赋役催征逐步转由宗祠负责，或是由宗族协助办理。不少宗族把完成国家课税作为"宗规"，甚至写入族谱，清代中后期编纂的族谱规条中多有完成国家课税的条款。据广东方志和族谱的记载，宗族参与催征，一般都能取得明显的效果，"飞洒""诡寄"等弊病大为减少。如佛山八图八十甲在同治年间实行"速图纳粮"法，由宗族监督纳税，取得显著效果。[2]

宗族支持地方团练的建立与发展。组成宗族的目的之一就是维持社会秩序，以保障族人的正常生活。宗族的此种社会功能在道光年间得到进一步发展，其标志就是以宗族为基础的团练不断建立，保甲制的作用则逐渐淡出。第一次鸦片战争之后，清政府为解决财政和军力不足等问题，鼓励广东等地成立团炼。至咸同年间，社会动乱加剧，团练再度得到发展，宗族的社会功能随之加强。[3]

宗族集团的领袖多为地方精英。多个宗族领袖联合组织的社会团体，往往成为地方社会的活动中心。以广东顺德为例，从明末开始，该县境内的各强势宗族已在县城大良组织"青云社"。该社的主要活动包括向县内参加乡试者提供各种支援、举行祭祀，清末还扩大到组织顺德团练总局，管理全县团练，筹措各书院学堂经费，调查地方公事，筹措防台经费，设置义仓，管理河川，以及调查诉讼事件等。[4]

---

〔1〕 林谦：《粮总催议》，载中国社会科学院近代史研究所近代史资料编辑组编：《近代史资料》1981 年第 1 期，中国社会科学出版社 1981 年版，第 4 页。

〔2〕 汪宗准：《佛山忠义乡志》卷 4《赋税志·图甲》，1926 年版，第 1~5 页。

〔3〕 郑德华：《清代广东宗族问题研究》，载《中国社会经济史研究》1991 年第 4 期。

〔4〕 [日]宫内肇：《清末民初地方精英的动向——以广东顺德县为例》，载[日]森时彦主编：《二十世纪的中国社会》下卷，袁广泉译，社会科学文献出版社 2011 年版，第 576~577 页。

清代宗族社会功能的强化对基层社会的权力格局产生显著影响。一方面,宗族与地方政权的关系更加密切,宗族通过催征赋税有力地支持了地方行政,宗族组建团练更是为维持地方治安贡献了力量。宗族对正统伦理纲常的宣扬与维护,也符合清朝统治的现实需要。在此基础上,宗族与地方政权形成了相互协调、互相利用和相互支持的关系架构。另一方面,宗族势力的膨胀,特别是对地方控制权力的加强,对地方政权也产生了一定的离心力。有的强宗大族偷漏赋役,导致宗族与地方行政权之间发生冲突,"乡村族居,多建炮台,县官催科,动必发兵,幸而战胜,惧乃纳税"。[1] 虽然宗族与国家政权之间并不存在不可调和的矛盾,但随着宗族势力的不断膨胀,它们在地方的实际控制权力越来越大,地方官府对宗族的约束力量也就不断减弱,导致一些以宗族为基础的矛盾长期不能解决,如械斗在广东的长期盛行,就与宗族势力存在直接关系。

二、近代广东宗族的转型

(一)近代广东社会的守旧与创新

近代广东人是新旧的神奇混合体,集维新与守旧于一体。著名学者陈序经曾经说过,"广东不但是新文化的策源地,而且可以说是旧文化的保留所","粤人既是旧文化的守护者,又是新文化的先锋队"[2],具有明显的新旧混合的特征。

一方面,明代中叶以来,中西交往频繁,西方文化不断输入中国。因为地理以及其他原因,广东人成为引进新文化的先锋队,广东地区成为新文化的策源地。广东因为商业比较发达,在经济上占据特殊的优越地位,物质生活和经济社会组织走向现代化的历程启动较早,政治、经济等方面的现代化水平相对较高。广东新式商业

---

〔1〕 胡朴安:《中华全国风俗志》《下篇》卷7《广东人之性质》,上海书店1986年据广益书局1921年版影印,第2页。

〔2〕 陈序经:《广东与中国》,载《东方杂志》第36卷第2号,1939年1月。

发展较早,先施、永安、大新等规模较大、资本雄厚的现代化公司均由广东人创办;近代工业的开创之作江南制造局的创办者是曾国藩,但其具体规划、机器的订购与转运均由广东人容闳完成;近代蚕丝制造业发源于广东,肇始于广东人陈启源清末在南海开设的新式缫丝厂;广东人创办的南洋兄弟烟草公司、张裕酿酒公司等均为新式工业的先驱。其他如矿业、交通等行业,广东人也是近代化的领跑者。在政治方面,太平天国借助基督教而发起,对以儒家为代表的传统思想形成冲击;维新运动领袖康有为、梁启超均为广东人。维新运动虽然为时极短,但对于中国的近代化却具有决定性影响;孙中山所领导的辛亥革命、北伐等革命运动,均发源于广东;宗教方面,明朝中期意大利人利玛窦到中国传播天主教,其前期的传播基地就建立在广东的香山、肇庆及韶州;清朝年间,新教在中国的传播也从广东开始,广东人梁发是较早入教、宣传最力的信徒。在教育方面,广东人是近代出国留学潮流的开创者,近代留学先锋容闳、黄宽、黄胜等均是广东人;容闳还直接促成了清末政府公派留学运动的形成,对近代中国政治、经济、文化产生了深刻影响。

另一方面,广东是旧有习惯的保留地。无论语言、官场文化、建筑还是家族组织,广东均是保留传统最为显著和集中的地区。民国时期,宗祠仍遍布全省各地,如当时的丰顺县,"一姓公共者为宗祠,分支者为私祠,合一县或数县同族设立者称大宗祠"。[1] 总祠一般建在村镇的中心,四面由民居和各支祠包围。宗祠特别是大宗祠,对于连结同姓,强化族人的宗族观念及互助精神具有深远影响。宗族多置有族田(或称祠田)。广东的祠田数量十分庞大,有调查显示,民国时期广东一半以上的田地由祠堂掌握。当然,各地宗族占有族田的数量并不平衡,如惠阳县族田占全县耕地的二分之一,番禺县族田占全县耕地的35%,其中有的村多达75%,少的则占6%。

〔1〕《丰顺县志》卷1《风俗》,1943年版。

广东西南部的二十多个县族田所占比重较小,一般为20%,东部地区17县所占比重较大,约为30%~40%。族田多出赁收租,因族田总数量可观,地租数目也相当大,约占全省地租收入的三分之一。[1]

(二)近代广东宗族的双重性

进入近代,宗族势力在新的形势下得到发展,宗族具有了传统与现代的双重属性,以现代形式影响法制建设和社会秩序的建构。

1.近代广东宗族的传统性

近代广东宗族的传统性主要表现在维护伦理等级和通过控制地方选举维护总体利益等方面。

首先,与明清时期的宗族一样,近代广东宗族仍然大力维护传统伦理等级。近代广东宗族仍坚守着传统家族观念,多数家族仍在宣扬长幼尊卑、男女有别等伦理观念,如民国潮州洪氏在修纂族谱的过程中强调妻子从夫,规定世系中只记载祖考,不记载祖妣;当祖考有家传时,才可以连带写到祖妣;只有祖妣本人有特殊的懿德,才可以专写祖妣,并坚称此乃"取妇人从夫之义"。[2]

其次,为了维护宗族利益,近代广东宗族通过多种方式实现对地方选举的控制。选举制度是近代中国民主法制的重要内容,但选举制度的实践中,宗族具有重要影响力,甚至出现宗族操控选举的现象。民国初年,广东顺德县的省议员选举中曾经发生过宗族操纵选举的案例。据报章报道,该县"第二区调查长羊额何某,竟将伦教及喜涌两乡选民册失去。投票之日,两乡人悉数被其剥夺公权。只见羊额何族人更叠投票,先认何某某投了,出门复转,又认别名再投。一人而认数名。……以羊额何族及鸡卅人为最多"。[3]显然,何调查长是故意丢失选民册,使何姓以外的宗族失去投票权,然后

〔1〕 陈翰笙:《解放前的地主与农民——华南农村危机研究》,冯峰译,中国社会科学出版社1984年版,第29~39页。

〔2〕 《例言》,民国潮州《洪氏族谱》。

〔3〕 《选举怪象之种种》,载《民生日报》1912年12月12日。

通过何姓族人重复投票,保障何姓候选人当选。在顺德大良,选举结果是当地两大强势宗族罗氏和龙氏的代表分别占据第一和第二位。从同宗族成员中推举议员,已经成为发展宗族力量的新手段。[1]

在近代社会转型的过程中,宗族的组织形式发生了变化,具有更多的现代民主议事的色彩,但仍然未能摆脱宗族制度的影响。正如宗族自治会的名称所显示的那样,清末民国的乡村自治组织具有以宗族为中心的显著特点,各级议会的议员和其他社会精英,主要是地方强势宗族的领袖。有日本学者经研究发现,近代广东的众议院议员、省议会议员大半为同盟会会员,但其中许多人是依靠地方强势宗族中选出的区长或组织员的身份参加选举并最终当选。[2]随着清末废除科举制度,宗族失去了科举及这一传统的主要发展通道,但同时却借助具有现代色彩的自治和选举制度,找到了发展宗族势力的新途径。

2. 近代广东宗族的现代性

近代广东宗族的现代性主要体现在维护宗族成员利益、推动地方自治以及促进近代教育发展等方面。

首先,近代广东宗族注重维护成员利益、提升宗族的社会竞争力。在宗族社会中,人们的所有行为标准、思想观念均以血缘聚居团体的利益为中心,家族是所有价值判断的基础。这种观念根深蒂固,贯穿于中国封建社会的始终。但近代广东宗族却开始在一定程度上肯定宗族成员的个人权利。

按照传统说法,祠堂的主要功用是祭祀先人和敬宗收族。但民国时期的广东祠堂具有了新的社会功能。如潮州洪氏在兴建祠堂时就明确宣称,兴建祠堂的目的"一足以隆享祀之仪,一足以联家族

---

〔1〕［日］宫内肇:《清末民初地方精英的动向——以广东顺德县为例》,载［日］森时彦:《二十世纪的中国社会》(下卷),袁广泉译,社会科学文献出版社 2011 年版,第 597 页。

〔2〕［日］深町英夫:《近代广东的政党·社会·国家:中国国民党及其党国体制的形成过程》,社会科学文献出版社 2003 年版,第 108～112 页。

之谊，甚盛典也。异日祠宇告成，或筹办自治，或振兴教育，后生小子获蒙其庥，岂不甚善。处此共和时代，团结力大者，其族必昌，否则归诸天演淘汰之列。"[1]其中，祭祀祖先、增进族人情谊，是传统宗族固有之意。而筹办自治，振兴教育，则有了显著的近代意义。特别是强调人们已经生活在共和时代，相信天演理论，宣传优生劣汰、强者生存的道理，建立祠堂的目的，在于联合族人，参与竞争，以图生存，立于不败之地，皆为传统宗族不可能具有的新理念。在新型理念的指导下，祠堂担负起新的历史使命，即建设自强群体，帮助族人拥有生存竞争的能力，在新的时代立足社会。纂修族谱不再仅仅局限于加强宗族团结，促进家族发展，而且强调增进社会进步。潮州洪氏曾这样说明其修谱目的："穷本溯源，敦宗睦族，将使尊卑不失序，昭穆不紊乱，团体团结，而立于社会优胜之地位"，并充满希望地展望修订族谱后宗族团结的愿景："昭穆既序，则和气融融，团体固结。自兹以后，教育实业，农工商贾，以及社会上种种公益，必不仰助于他人，而自治奋发，努力发展，凡为社会害、为家族羞者，则谨饬戒省，使家族日有荣光。"[2]宗族建设的目的在于表达对祖先的敬仰之情，连结族人感情，团结族人，促进宗族发展。祭奠祖先亡灵，不仅是为了表达对祖先的敬仰，而且也是为了其活着的后代；促进宗族发展，最终也是为了保护其成员的利益；增进族人之间的联系，既是为了互相帮助，更是为了个人的发展。总而言之，是为了促进族人的团结互助，通过强化组织建设，促成宗族成员的发展，提高其实际竞争能力，使其得以立足社会。由此观之，进入近代以后，宗族建设的目的具有明显的双重性，既要光宗耀祖，扩大家族的实力与影响，更要增进个人利益，与传统宗族单方面强调团体利益具有明显不同，显然受到了西方个人本位主义思潮的影响。

---

〔1〕《筹建宗祠缘起》，载民国潮州《洪氏族谱》，1922 年铅印本。

〔2〕《修谱例言》《三瑞堂修宗谱序文》，民国潮州《洪氏家谱》，1922 年铅印本。

其次,近代广东宗族致力于推进地方自治事业的发展。清末民初,政府推行乡村自治政策。清末颁行《府州县地方自治章程》《府州县地方自治选举章程》《城镇乡地方自治章程》以及《城镇乡地方自治选举章程》。民国初年,国民政府继续沿用这些法规,并进一步加强县政建设,实行地方自治。1912 年,广东军政府通令各县长从速建立城镇地方自治组织。宗族也顺应时代潮流,实行宗族管理制度改革,联合成立宗族自治组织,建立宗族会、同宗会,推行评议会、董事会制度,呈现出向民主和自治转型的趋势。

宗族是广东乡村社会的基础,宗族制度发挥着整合社会秩序的重要作用。作为一种社会组织,宗族拥有相应的管理机构。宗族一般由族、房两级组成,族有族长,房有房长,通过"公举"或按血缘辈分两种形式产生。宗族财产的管理由专人负责,人选产生的方法不尽相同,有的按房轮流,有的指定或"公举"。有些大的宗族还有管理委员会之类的管理组织,梁启超的家乡广东新会茶坑的"耆老会议"就颇具代表意义。

新会茶坑梁氏宗族的基本管理层级是叠绳堂(宗祠)——耆老会议——值理——各支祠——支族——房。其中,"叠绳堂"是茶坑梁氏的宗祠,"耆老会议"则由梁姓 51 岁以上的耆老和秀才、监生以上有功名的人组成,约 60 至 70 人,是梁氏宗族的最高权力机构。"值理"负责宗族的具体管理事务,一般为 4 至 6 人,每年由耆老会议指定,其中 2 人为会计,掌管宗族财务。宗族的联合体集中了各支族的权力,不仅管理族内尝产,还组织祭祀、分胙、兴修大型农田水利工程和文娱活动,是族内最高裁判机关。各分族、分祠之间一旦发生纷争,一般也由其进行裁决。耆老会议每年召开两次,但如有重要事件也会临时开会。"临时会议议题以对于纷争之调解或裁判为最多,每有纷争,最初由亲支耆老和判,不服,则诉诸各房分祠,不服,则诉诸叠绳堂。叠绳堂为一乡最高法庭。不服则讼于官矣。然不服叠绳堂之判决而兴讼,乡人认为不道德,故行者极希。子弟犯法，如聚赌斗殴之类，小者上祠堂申斥，大者在神龛前跪领鞭扑，再大者停胙一季或一年，更大者革胙。停胙者逾期即复，革胙者非经下次会议免除其罪，不得复胙。故革胙为极重刑罚。耕祠堂之田而拖欠租税者停胙，完纳后即复胙。犯窃盗罪者缚其人游行全乡，群儿共噪辱之，名曰'游刑'。凡曾经游刑者，最少停胙一年。有奸淫案发生，则取全乡人所豢之豕悉行刺杀，将豕肉分配于全乡人，而令犯罪之家偿豕价，名曰'倒猪'。凡曾犯倒猪罪者，永远革胙"。[1]

在台山浮石乡，赵氏聚族而居，是当地的大族。他们历来以宗族自治，由族正及族副等人管理宗族事务。民国初年，赵氏宗族设公所作为办事机构，每年正月中旬，各绅曹在乡公所集会，公推族正和族副人选，并张贴于街市，一年一任。1926 年修订的《浮石乡自治法》共 18 章，内容包括学务、财政、团防、选举、契约、祭祀、庆典、工程事务、慈善事业、窃盗、盗贼、毁产与损坏、伪造与欺诈、奸淫、略拐及拐罪、杀伤、妨碍治安及放火、附则等，涵盖了宗族事务中最重要的内容。自治法明文规定选举族正的条件是"绅"和"耆"，并对各房名额分配做出了十分细致的规定。民国后期实行保甲制，浮石乡分为 14 保，各保设正、副保长各 1 人，负责该保事务。[2]

1913 年 3 月，广东南海县佛山镇成立了八图家族自治会。据《民生日报》报道：本镇土著八图八十甲，丁口将及十万，互相亲睦，俨具家族性质。图内陈某，因势利导，发起组织八图自治会。八图自治会成立后，"重订族规，颁发各族"。[3] 同年 6 月，南海县江浦司龙津堡龙畔乡南约成立"龙畔家族自治会"，这是一个以罗姓为主的自治会。[4] 1915 年，潮州洪氏建祠堂三瑞堂。祠堂建立之初，发

---

〔1〕 梁启超：《中国文化史》，《饮冰室合集》第 10 册《专集》86，中华书局 1989 年版，第 58～59 页。

〔2〕 龚佩华：《广东台山浮石赵氏宗族家族制度试析》，载《中山大学学报》1997 年第 4 期。

〔3〕 《又有家族自治会出现》，载《民生日报》1913 年 3 月 28 日。

〔4〕 《龙畔自治会开幕》，载《民生日报》1913 年 6 月 14 日。

起人制定《简则》4章，设立董事会，公举职员。祠堂建成后，又订立《三瑞堂规则》，通过公举方式产生办事人员，并规定公众有权对规则进行修订与完善。在族谱中还宣传团结自治、增强国力的主张，强调建立家族组织的目的是发奋图强，求生存，求发展，“有所团结，始能演为社会上种种之事业……非从家族求自治团结，不足与人竞争”，竞争的目的是为宗族争取社会地位；不仅要通过参与竞争促进自身与宗族发展，还要通过竞争推动国家的进步，“国之团结，始于一家，家家有自治之能力，则一国有自治之能力”。[1] 以公会、基金会的名义，通过公约、简则、规则等形式，商议和管理宗族事务，顺应了现代管理原则的要求；而“宗族自治会”之类的名称及功能则表明，近代宗族发展实现了与自治运动的有机结合。

近代著名思想家、广东新会人梁启超就曾论证宗族自治的合理性。在《中国文化史》一书中，梁启超指出，宗法思想“入人心甚深，至今在社会组织上犹有若干之潜势力，借以表现者则乡治也”。他还以其家乡以宗族为基础的自治作为例证，说明以耆老会为首的叠绳堂、江南会等均属于乡治组织，承担了基层社会治理的主要功能。除了缴纳钱粮外，乡间的事务几乎与地方官没有多大关系。梁启超认为，“此盖宗法社会蜕余之遗影，以自然的互助精神，做简单合理之组织，其中于全社会之生存及发展，盖有极重大之关系”。[2] 新会县在近代实行的族治与绅治相结合的治理模式，得到梁启超的肯定，这在某种程度上说明宗族自治具有一定的合理性和可行性。

此外，在近代教育兴起和发展过程中，宗族也发挥了重要作用。特别是农村的中小学，其办学经费主要由宗族提供。正因如此，新中国成立后，虽然大力批判宗族，否定宗族势力，但也不得不承认其在教育中的地位与作用。正如新中国成立初期广东地方官员所说：

---

〔1〕《筹建宗祠缘起》《附列简则四章》《三瑞堂规则》《修谱例言》《三瑞堂修宗谱序文》，载民国潮州《洪氏族谱》。

〔2〕梁启超：《中国文化史》，《饮冰室合集》第10册《专集》86，中华书局1989年版，第60页。

"广东农村学校经费,部分是靠公尝谷开支",实行土地改革后,宗族遭到彻底否定,公尝田改为谁种谁收,导致"不少学校经费无着"。[1]

三、近代广东宗族与秩序控制

借助新的途径和手段,宗族在近代广东继续得到发展。在20世纪上半叶的广东农村,家族主义仍然占据主导地位,乡村的所有制度,包括政治制度、社会控制、宗教信仰、亲属制度等均围绕家族主义这一核心而展开。以下以广东韩江流域的凤凰村为例,分析近代广东宗族与社会秩序控制的关系。

(一)凤凰村概况

凤凰村位于广东省潮州市潮安县归湖镇。该村有凤凰溪通往韩江,在20世纪30年代,坐两个小时的船即可到达潮州,无论是到潮州还是汕头的交通运输均比较方便。根据人口普查资料,1919年该村总人口为650人,虽然并非典型的单姓宗族村落,但戴姓人口占绝大多数,多数村民是戴氏宗族成员,他们通过定期祭祀祖先,维持村落强韧的血缘纽带,将社区连结成和睦的统一体。只有少数人是其他姓氏,如在凤凰村市场做生意的15家店主不是本村村民。[2] 因此,凤凰村属于单姓为主的村落。由于村人大多同族,村落基层组织基本上与宗族合二为一,约长、保长、甲长等,经常由宗子、族长等乡绅担任,形成事实上的一套班子两块牌子,基层组织与宗族组织相互呼应,共同维护村落社会秩序。

凤凰村地处广东南部移民经济辐射圈,每年约有4~10人移民海外。据1918年统计,该村有55位村民移民海外,其中有两名是女性,移入地主要是新加坡、印度尼西亚、泰国。由于移民的关系,

---

[1] 王天池:《广东惠阳县欣乐村土地改革后仍有问题》,载中南军政委员会编印:《土地改革重要文献与经验汇编》续辑上册,1953年版,第415页。

[2] [美]葛学溥:《华南的乡村生活:广东凤凰村的家族主义社会学研究》,周大鸣译,知识产权出版社2012年版,第28页。

凤凰村深受国外文化的影响，社会舆论谴责婚后再娶妻妾的行为，但也有移民无视传统习俗而重婚。移民在国外娶的妻子可以合法地与老家的妻子享有平等的地位。因为外国妻子比原配妻子更了解丈夫的生意，拥有个人的储蓄，而且见多识广，她们在家庭内外甚至比原配妻子拥有更高的地位。虽然大多数移民回乡后就恢复到传统的乡规民俗中，遵守孝道，接受乡土规范的规制，但移民无疑给乡村生活注入了新的内容。传统的家庭观念虽然保留下来，但现实生活却染上了外国色彩。如移民具有更明显的个人独立性，性观念更为开放，开始打破乡村严格的性禁忌，与寡妇发生不正当性关系。[1]

（二）宗族对社会的管理

凤凰村最大的宗族是戴氏宗族。宗族和大的房支均拥有族田与族产，其收入用于祖先祭祀及族人教育。一些有钱的村民死后会将一部分财产捐为族产，提供祭祀祖先所用的钱物。这些财富属于祖先财产，由其所取得的收入被称为“祖先基金”。更多的财富来源于祖先崇拜，族人按照习俗、辈分提供祭祀或宴会所需要的物品。祖产收入颇丰，主要来自利息。这些财富不仅用于祖先崇拜，也投资于地产，宗族成员则按照习俗和责任分享财富。20 世纪 20 年代，凤凰村有 2 座祠堂，分别由戴姓分裂后的两个支系建立。另外在池塘前还有 1 座祠堂，是村里原来唯一的祠堂，只有全宗族拜祭始祖的活动在该祠堂中举行。[2] 民国时期，虽然宗族力量受到削弱，但宗族力量对村落管理事务仍有直接影响。村里的领导人主要由戴氏宗族中的长者和儒士担任，直接行使权力、管理村落，体现了宗族管理与村落治理的高度一致性。

宗族对村落的管理权十分广泛，主要包括以下几个方面：

---

〔1〕［美］葛学溥：《华南的乡村生活：广东凤凰村的家族主义社会学研究》，周大鸣译，知识产权出版社 2012 年版，第 36 页。

〔2〕［美］葛学溥：《华南的乡村生活：广东凤凰村的家族主义社会学研究》，周大鸣译，知识产权出版社 2012 年版，第 53 ~ 56 页。

一是公共财产管理权。宗族拥有的集体财产主要委托村领导人进行管理，其积累资金主要用于本村落与邻近群体进行诉讼所需要的费用，借贷给贫困家庭作为丧葬费、读书费，奖励科举中榜或新式学校毕业的宗族成员，奖励坚守贞操的寡妇，修理公共建筑、祖宗坟墓、桥梁、街道，兴办学校，举办表演、娱乐和祭祀活动，以及村落领导人认为符合全村利益并经村民同意的其他用途。[1]

二是规范村民的行为。凤凰村设有专门委员会，负责本村与其他乡村社区的联系，处理与外村人相关的纠纷、诉讼以及买卖事务。村中设有"村落法庭"。在每一户家庭中，丈夫、父亲对妻子、妾、孩子和仆人的行为负责。在古代社会，父亲或丈夫对家人拥有绝对权威，甚至掌握了生杀予夺的权力。但 20 世纪 30 年代，这种权力因受到社会舆论的制约而变得有限。比如按照传统习惯，丈夫捉住通奸的妻子可以当场将其杀死，但如果过后再杀就会受到舆论谴责。1912 年中华民国建立后，法律对父权进行限制，但丈夫仍对妻妾拥有控制权，父亲与儿子之间的重大事项则由宗族首领决定。

由于广州国民政府初建，无暇顾及乡村治理，凤凰村极少受到战争与政治干扰，只要依法纳税而不发生严重的刑事犯罪，就可享受充分的地方自治。凤凰村没有成文村规，但却通过口口相传保存了一系列惯例。村里的重大事务等均按照传统习惯办理，族规成为村民必须遵守的规范，违者就会受到处罚。村委员会具有立法机构的性质，当村民与村外人发生纠纷时，警察或法院就会接管村落领导人的责任。一旦发生与村外人相关的诉讼案件，政府部门就会与村落领导者接洽，村落领导者会尽力弥补不足，争取掌握惩罚权。重大刑事案件的审判和惩罚权被政府控制，但无利可图的案件一般会转给村里处理。村子对所有人都有登记记录，在村里逗留的陌生人也处于他们的监控之下，当法院需要时村落领导人必须立即移交

[1] [美]葛学溥：《华南的乡村生活：广东凤凰村的家族主义社会学研究》，周大鸣译，知识产权出版社 2012 年版，第 75 页。

罪犯。村落领导人还承担着协助政府征税的职责,负责提供村民的土地数量、财产转移的数量、建筑物的所有权状况等资料,同时负责当地习惯法的适用与阐释。

凤凰村治理的基础是血缘、地缘与族规。血缘直接决定村民的亲属关系及权利义务,血缘构成村落稳定的基础。一方面,个人按照血缘划定身份地位,正是在血缘群体中,人们获得认同并建立个人的行为准则。在乡村生活中,孝是极为重要的观念,得到社会的普遍认可。个人的权利与责任随着其在血缘群体中身份的变化而变化,要求人们尊重所有比自己年长的人,并将这一观念落实到具体行动中。另一方面,在社会舆论的支撑下,习惯法仍然发挥着重要作用,在土地转移、遗产继承、税收以及婚姻等方面,家族法继续得到官方的支持与认可,在实践中发挥着效能。与此同时,国家对村民生活的干预也在不断加强。古代婚姻完全由家族安排,但 20 世纪 20 年代,婚姻法规定所有的婚姻都要进行登记并领取结婚证,否则就要接受政府的惩罚。凤凰村村民结婚要到政府部门领取结婚证,但缔结婚姻的基本程序仍然固守传统,主要包括媒妁介绍、订婚、送聘礼以及迎亲等。与传统社会一样,配偶在婚姻中的意愿和态度微不足道,婚姻的目的是繁衍男性后代,为家族延续香火。在凤凰村,多数家庭是一夫一妻,但娶妾被视为财富与荣耀的象征,全村 182 个婚姻家庭中,有 14 个家庭是一夫多妻。[1]

在近代社会转型的过程中,宗族对凤凰村的社会控制程度有所减弱,但人们并未彻底打破传统宗族制度的控制,国家法对乡村社会的规范程度仍然有限。在 20 世纪 20 年代的凤凰村,国家成文法的作用空间主要限于对抗社会的案件。“法制观念既没有进入人们的日常思维,也不存在于村庄老人们的说教中。不论是那些符合风

---

〔1〕[美]葛学溥:《华南的乡村生活:广东凤凰村的家族主义社会学研究》,周大鸣译,知识产权出版社 2012 年版,第 101～103 页。

俗习惯的、传统的，或是由长辈们的一致意见所决定的，还是由教规和惯例规定的东西，都是个人行为的行之有效的调节器。法律虽然存在，但很少能影响到村庄生活。”[1]村落秩序主要依靠村社传统的社会控制手段维持，这些控制手段既有积极的也有消极的，有的是约定俗成的习惯，有的是已经制度化的规范，它们的共同特点是以稳定社会秩序作为主要目标。

宗族有权力惩罚犯罪。与周围地区相比，凤凰村的犯罪率并不高，村民们遵守传统习俗，和睦相处，但也发生过犯罪行为。这些犯罪行为主要包括：杀人；性犯罪与过错，包括通奸、强奸和私通；盗窃，包括扒窃、团伙抢劫等；侵害他人身体、财产、名誉和祖坟；绑架，或将人口贩卖到国外；不孝行为，包括殴打父母，不赡养父母，虐待父母；用语言或行动侮辱族长；偷税漏税等。这些行为既要受到处罚，又要遭到强烈舆论谴责。上述顺序是根据其在社会舆论中的突出程度排列的，与国家法律的规定存在明显不同，如性犯罪与过错重于盗窃，对通奸的惩罚像谋杀一样严厉，如果通奸的罪犯被抓住，可能会被受害方当场处死或割下双耳，或者使其终身残废，或者处以高额罚金。通奸的妇女可能会被秘密扔到河里淹死，或者与其情人一同被处死，被迫自杀，或者离婚。其中大部分已成为成文法的内容，有些虽然在成文法中并无相应规定，但因为违背传统伦理纲常，也被认为应受处罚，如损坏祖坟、忘记祭祖等。

（三）宗族与村社司法

家庭内部事务主要由家长负责处理。在家庭内部，父亲或兄长是家庭成员所有行为的裁判官和陪审官。家长对家庭成员具有绝对的权威，他们给予所有家庭成员公平的处理，并负责执行惩罚措施，甚至可以宣判犯有通奸罪的妻子、女儿或媳妇死刑，或者将不孝

---

〔1〕［美］葛学溥：《华南的乡村生活：广东凤凰村的家族主义社会学研究》，周大鸣译，知识产权出版社2012年版，第171页。

子孙逐出家门。宗族首领掌管并维护法律，严禁人们打破习俗和村规、触犯禁忌以及违犯传统习惯。他们负责调查通奸的谣言，侦听舆论线索，倾听公开的控诉，通过审断对无赖、过失者和罪犯实施惩罚。在这些案件中，他们承担着类似法官和陪审团的职责，相关村民成为被告、原告和辩护律师。凤凰村没有特殊的场地作法庭，也没有类似现代法庭不同部门的专业化的身份和职能，案件在公共舆论的氛围中进行不正规的审判。通过这些具体事务的展开，宗族领导者的司法权延伸到每个宗族成员，使他们都深受社区审判的影响。

在凤凰村，可以归入国家处理的案件由法庭按照现代法律程序进行处理，而所有由村社处理的案件并没有专门的机构或人员进行裁决或监督管理。受害人首先向村社机关提出控诉，村社机关召开会议进行讨论。违法案件可以通过多种方式引起重视，村社会议会做出相应决定，派人展开调查，召集相关当事人进行申诉与辩护，最后做出判决。

关于对村民实施惩罚的基础，除了清朝的法律及民国初年的立法外，村社中维护禁忌的社会舆论也非常重要。每个人的职责根据本宗族以及与其他宗族的关系进行划分，“法律被认为是宗族的法律，惩罚被认为是宗族的惩罚”。[1] 对于违背人们公认行为方式的行为，宗族创造出许多具体的制裁和惩罚方式，并且得到社会舆论的认可。如果得到受害方的同意，罪犯可能被处以罚款，或者公开承认错误，或者在一定时期内被驱逐出村庄。那些被自己社区遗弃、失去社会地位的人要忍受个人和公众诋毁的双重痛苦，将罪犯流放国外是最为仁慈的处罚方式，他们在国外可以重新开始，并在新的社区重新获得社会地位。根据惯例，村子里有劣迹的人，如窃贼、奸夫等，其越轨行为一经被发现并得到被害者的原谅之后，将被

---

[1] [美]葛学溥：《华南的乡村生活：广东凤凰村的家族主义社会学研究》，周大鸣译，知识产权出版社 2012 年版，第 173 页。

迫答应离开村子一段时间，十年至二十年，甚至终生。处罚的严厉程度主要根据村子对犯罪行为所定的规范和受害者的态度而确定。[1] 如村落经常将驱逐出境作为对犯罪的惩罚。谋杀、抢劫等非常严重的犯罪，则通常移交法庭处理。家庭内部犯罪和不涉及国家的犯罪都由家庭进行处理。比如通奸，如果受害人的态度有些松动，宗族首领会请他看在亲属关系的份上，从集体团结的大局出发，寻求宽大的解决方法。

家族领导人判处的惩罚通常比法庭的司法判决要轻。传统的惩罚方式包括死刑，通奸者要沉塘淹死，抢劫者要活埋；肉刑，对不同种类的犯罪采用不同的方法，如割耳朵、挖眼睛、挑断跟腱、鞭打、吊打、不给饭吃、毒虫叮咬；罚款，向全村人散发糖果，以表明对犯罪的悔意；送给受害方代表好运的物品，如鞭炮、绸缎、酒、镀金的花等，或者向受害方支付补偿费；剥夺权利，剥夺犯罪人在公共财产中的份额，将罪犯流放到其他地方。[2]

凤凰村的村社判决具有明显的家庭式特点，判决的基本原则是将双方当事人均视为家庭中的成员并平等对待，在宣布刑事类判决的同时尽力安慰受害方。由于村社判决富有人情味，可以防止有碍于宗族团结的偏见和分裂情绪的增长，与现代化的法庭判决相比，这种家庭式判决方式更受民众的青睐。按照习惯，只有当受害方认为罪犯没有受到应有惩罚时才会将案件提交法庭。如果村社领导者有影响力而且能明智决断，提出令各方当事人满意的解决方案，案件就可在村社内部解决，也就很少形成法律案件。许多谋杀案件由村社领导圆满解决，法庭更没必要介入其他轻微的刑事案件。当然，村社司法并非总能做到公平裁判。在一些案件的审判过程中，村社领导者因受到大的房支影响而歪曲司法公正。如

---

〔1〕［美］葛学溥：《华南的乡村生活：广东凤凰村的家族主义社会学研究》，周大鸣译，知识产权出版社 2012 年版，第 35 页。

〔2〕［美］葛学溥：《华南的乡村生活：广东凤凰村的家族主义社会学研究》，周大鸣译，知识产权出版社 2012 年版，第 174 页。

果受害者属于家族中势力弱小的房支,直系亲属人数较少,经济势力和受教育程度有限,他就很难要求从一个具有强大家族集团支持的罪犯那里得到绝对的司法公正。如果他坚持要求绝对的公正并且得到村社领导者的支持,强大的家族集团可能会采用各种间接手段迫害原告。这种两难处境无疑会影响被受害方的行为选择。

类似情况在广东其他地区也极为常见,如在新会茶坑,宗族的最高法庭是叠绳堂,耆老会议也有审判功能。如果各分族、分祠之间发生纷争,先由亲支耆老和判,如果对判决不服,则诉诸各房分祠,再不服,则诉诸叠绳堂。只有对叠绳堂的判决仍不服的才会向官府提起诉讼。宗族的惩罚方式多种多样,如申斥、鞭打、停胙、革胙、罚款以及游行示众等。[1]

(四)近代广东宗族控制力的减弱

近代以来,随着国家主义的盛行,国家政权不断通过立法来抑制宗族势力的发展。清末变法修律,于 1910 年颁行过渡性法典《大清现行刑律》,将继承、婚姻等民事性内容抽出集中成篇,并不再科处刑罚。1911 年完成的《大清民律草案》则仿照日本和德国民法典,揭开了中国亲属、继承制度近代化的序幕,但因清朝随即灭亡而未及颁行。北洋政府基本沿用前清法律。1914 年大理院上字 304 号判例明确指出:"民国民法典尚未颁布,前清之《现行律》除制裁部分及与国体有抵触者外,当然继续有效。"[2] 1927 年南京国民政府成立之后,开始制定民法典。1931 年,中国历史上第一部民法典《中华民国民法典》颁行。民法典标榜男女平等,剔除了宗祧继承等内容,基本上完成了亲属、继承制度的近代化,标志着宗族制度全面走向衰落。在法制现代化的过程中,国家权力越来越多地介入村庄

---

〔1〕 梁启超:《中国文化史》,《饮冰室合集》第 10 册《专集》86,中华书局 1989 年版,第 58~59 页。

〔2〕 大理院上字 304 号判例(1914 年),中国第二历史档案馆馆藏档案,全宗号 241,卷号 1940。

的道德控制和政治组织，国家法律对村民的影响不断增强，也有村民对传统行为模式提出挑战，宗族削弱的迹象随之出现。此后，宗族分支向分散化方向发展。特别是由于时局不稳，抗日战争、解放战争相继爆发，对宗族产生明显冲击，宗族的实际控制力进一步衰退。但宗族组织仍存，宗法伦理继续控制人们的行为，特别是宗祠祭祖、嫡庶之分、立嗣习惯、婚姻门第等习惯性规范并未发生根本变化。

中华人民共和国建立后，宗族被定性为封建糟粕，遭到严厉批判，宗族财产被没收，宗族组织及其规范也被彻底否定，宗族退出了政治及社会治理，走向全面衰落。“文化大革命”前夕，凤凰村戴氏宗祠原来保存完整的族谱被烧毁，族人不再严守族规。新中国成立之前，戴氏宗族有 60 余亩族田，分布在凤凰村附近的神前、克安、仙洋等村，一些分支和房也拥有自己的族产。这些族田主要租给当地的佃户耕种，由族长负责收取田租。新中国成立后，族田、祠堂等祖产被没收，保存下来的 3 个祠堂也成为集体财产，成为村委办公场所。[1]

但法制发展的历程并不完全以统治者的意志为转移，而是受到经济、文化等多种因素的影响，并因而呈现曲线上升的轨迹。乡村社会的现实复杂程度远远超出了革命者的设计蓝图，国家对乡村社会的改造出现了很多出人意料的结果。在近代转型过程中，广东村落的社会文化变迁呈现出明显的历史连续性。随着政治的剧烈变迁，村落文化发生了明显变化，但一些最基本的因素却顽强地得以保存。尤其是当国家控制力量稍有放松之时，宗族组织及其规范就会呈现出顽强的生命力。在当代中国乡村社会，宗族势力重新抬头，宗族的形式发生了变化，但宗族信仰和习俗却一直延续不断，至今仍然构成社会治理的重要规范。

---

〔1〕 周大鸣：《凤凰村的变迁——〈华南的乡村生活〉追踪研究》，社会科学文献出版社 2006 年版，第 169 ~ 170 页。

四、从械斗看宗族对社会秩序的影响

在封建王朝的大力提倡与支持下，明清以来，宗族观念不断得到强化，宗族制度日趋发达成熟。但宗族内部团结极度强化的结果，却是对宗族以外其他社会成员的极端排斥，最终导致不同宗族之间的冲突加剧，宗族纠纷发展到极端，就是械斗现象不断蔓延。

（一）广东械斗与宗族之关系

清代广东械斗成风，时人称“粤东风俗强悍，好斗轻生，动辄纠聚数百人，互相械斗，每用大炮轰击，不顾性命存亡，俟至斗罢之时，彼此再行核算。譬如两姓争斗，两边均有杀伤。若皆伤毙数百人，即便均无异议。若多伤毙一二，即当按数赔钱，然亦不过十余金，即可抵除无事。而好为负气者，又多不肯出银，以致结讼连年，不甘休息。甚至原被两造，俱已家破人亡，而从前之帮讼棍徒，犹复间为具禀，以为随时诈索之资”。[1] 广东频临海滨，河网密布，冲积而成的沙田数量可观，由此引发的冲突也十分常见，“以致斗案频生，损失往往达数十百万，人口伤亡亦百数十，而不知悔”。[2] 清朝末年，中央政府对地方的控制力量趋于减弱，广东的械斗呈现不断升级的趋势。咸同年间，广东境内更发生了规模浩大、影响深远、在中国历史上十分罕见的土客大械斗。这场械斗起于咸丰四年（1854 年），止于同治六年（1867 年），前后延续十三年之久，斗祸起于鹤山、恩平、开平、高要，蔓延于高明、新兴、新宁、阳春、阳江，进一步扩大到新会、四会、罗定、东安、电白、信宜、茂名等州县，甚至殃及广东全省，香港、澳门、海南以及广西东部地区也深受影响。械斗中死亡人数逾百万，对广东社会经济造成毁

〔1〕《赵祖勋诬控莫之云抢割毙命一案禀》，载聂亦峰：《冈州公牍》，致用文献丛书本 1993 年版，第 247 页。

〔2〕浪擎霄：《中国南方械斗之原因及其组织》，载《东方杂志》1933 年第 30 卷第 19 期。

灭性的打击。[1] 广东地方志对械斗的惨状多有记载,其所呈现的刀光血影场景,至今读来仍令人不寒而栗。如民国《赤溪县志》曾这样描述械斗的情形:"互斗连年,如客民居于鹤山之双都各堡、高明之五坑各堡,及开、恩二县之金鸡、赤水、东山、大田朗、底横陂、沙田、郁水、尖石等处,共二千余村,悉被土众焚毁掳掠,无老幼皆诛夷,死亡无算。而鹤、高、开、恩等县之土属村落,亦被客民焚毁掳掠,千数百区,无老幼皆诛夷,死亡亦无算。据故老所传,当日土客交绥寻杀至千百次计,两下死亡数至百万,甚至彼此坟墓亦各相掘毁,以图泄愤,其狠惨殆无人道云。"[2] 民国初建,政局动荡不安,内战连绵不断,社会秩序混乱,民生凋敝,盗匪更加猖獗,械斗有增无减。1926 年,广东省清远县琶江联合各乡因争关前墟来往载客的渡船而成斗祸,伤亡二三百人,损失达四百多万元。[3]

械斗的发生大多起因于民间社会的日常纠纷,或田土水利,或口角斗殴,或户婚名誉。根据民国学者的研究,广东械斗的原因十分复杂,包括气候炎热、族群差异显著、人口压力、沙田及水利等利益纷争等,[4] 宗族与械斗之间存在密切联系。除道光年间湘潭械斗、咸同年间广东西江土客械斗以及民国初年的海南岛儋县械斗外,械斗主要发生在乡村。这与宗族势力盛行于乡村,为械斗营造了有利环境有直接关系。"所谓械斗环境云者,即聚族而居,斗徒易于号召;山岭海滨,斗场不施人工;祖尝剩余,斗费弗筹已足;离治辽远,法令难以施及。"[5] 具体而言,宗族与械斗的关系主要体现在以下几个方面:

1. 宗族对立引发械斗。孝是宗族观念的核心内容,要求人们供

---

〔1〕 关于土客大械斗的具体考察,参见李平:《被遗忘的战争——咸丰同治年间广东土客大械斗研究》,商务印书馆 2003 年版。

〔2〕 《赤溪开县纪事》,载民国《赤溪县志》卷 8 附编第 8 页,民国十五年(1926 年)刻本。

〔3〕 浪擊霄:《中国南方械斗之原因及其组织》,载《东方杂志》1933 年第 30 卷第 19 期。

〔4〕 浪擊霄:《中国南方械斗之原因及其组织》,载《东方杂志》1933 年第 30 卷第 19 期。

〔5〕 浪擊霄:《中国南方械斗之原因及其组织》,载《东方杂志》1933 年第 30 卷第 19 期。

养、侍奉并服从长辈，遵守尊尊亲亲与男女有别的伦理规范，尊祖、敬宗、收族，一切以宗族利益为先，极端发展的结果就是“仅知有宗族之利益，而无社会之利益”。[1] 广东人宗族观念较强，各宗族出于自身安全或经济利益的考虑，往往相互壁垒森严，对其他宗族抱有戒备与排斥心理。一些宗族片面地追求本族利益，肆无忌惮地抢占田地、山林、水流及渡口，恃强凌弱，置其他宗族的利益于不顾，导致宗族之间矛盾激化，从而引发械斗。如广东主要的交通工具渡船“大都由一姓承办或联乡经营者。惟每因竞夺搭客，致酿械斗，数见不鲜”。[2] 广东人迷信风水，常为争夺风水酿成纷争。蓝鼎元《潮洲风俗考》云：潮汕人“酷信青鸟家之说，谓富贵出自坟墓，沉迷风水，争讼盈庭。椎埋盗骨，凶恶无所不至”。该地区长期流行迁葬习俗，“葬后数年，必发冢洗骸，睇瞻凶吉，至数百年远祖犹然洗视不休。虽读书明理者亦恬不自觉其非，则贪痴之陷溺然也。”[3]《兴宁县志》亦载：“俗信堪舆，延地师，备资斧，越十百里以求吉壤，甚有停亲在家数十年不葬者。”[4] 龙川县“间有惑于风水，寻龙谋穴，停柩多年未就窀穸者……并有假窨占山，冒坟盗葬，致滋讼扰，种种不一。更可怪者，或兄弟或两姓房，一盛一衰，便咎祖冢，竟有因此斗讼不休”。[5] 广东的械斗大多与风水争夺有关。甚至建房、树碑、筑堤、挖池、建碉堡、种树木等都可能因被认为妨碍风水而引发械斗。因宗族之间成见较深，亲疏、强弱之分日益显著，极易引起宗族之间的仇视与斗讼，酿成延绵不断的社会矛盾与纠纷。民国时期，广东博罗县石湾堡有两姓长期不睦，相斗长达十年之久。争斗的过程中，他们形成了各自的组织，并且经常采用约定的方式相斗，如双

〔1〕 浪擎霄：《中国南方械斗之原因及其组织》，载《东方杂志》1933年第30卷第19期。

〔2〕 浪擎霄：《中国南方械斗之原因及其组织》，载《东方杂志》1933年第30卷第19期。

〔3〕 蓝鼎元：《潮洲风俗考》，载蓝鼎元《鹿洲初集》，台湾文海出版社1977年版，第1047页。

〔4〕 光绪《兴宁县志》卷5《风俗》。

〔5〕 浪擎霄：《中国南方械斗之原因及其组织》，载《东方杂志》1933年第30卷第19期。

方相互约定,农时不斗,未通牒不斗,违犯约定者由二姓联合进行制裁。械斗停止期间,双方往来如常;而一旦发出相斗通牒,即使对方宗族成员是自己的至亲,也被视为敌人。〔1〕

2. 族产是械斗最重要的物质基础。械斗经费主要来源于宗族的祭田、按田亩摊派以及洋商捐助等,其中最为主要的来源则非宗族祭田莫属。明清以来,广东各地宗族发展迅速,逐渐成为最重要的社会组织力量。宗族存在最为重要的标志是族产。〔2〕 正如英国著名人类社会学家弗里德曼所言:"一旦祠堂建立,那些显示共同利益的裂变的许多单位,依次享有与祠堂有关的财产的果实,而且提供仪式的费用。这种仪式表达的裂变群体直接依赖于经济资源。没有祠堂和土地或者其他财产予以支持,裂变单位不可能产生而且使自身永恒"。〔3〕 祠堂、族因或其他宗族财产是宗族存在的基础。在《中国的东南宗族组织:福建与广东》一书中,弗里德曼更清楚地表达了他的这一观点。"假如有公产存在,而在地理上分开的独立单位继续共同享有这个公产,那么毫无疑问这就是宗族"〔4〕。有公产且共享者即为宗族,宗族的公产即祀产由宗族成员捐献而来。按照弗里德曼的逻辑,广东等东南地区的人们面对着自己的生存环境,需要合作性的团体,而这里的人们从家乡带来的父系继嗣观念使人们选择宗族作为这个团体的组织形式,而宗族之所以能够建成,是因为宗族成员捐献出财产作为本族的"公产""祀产"。根据英国学者科大卫的研究,宗族不仅是一种文化创造与文化资源,同时也是一种控产机构。〔5〕

---

〔1〕 浪擎霄:《中国南方械斗之原因及其组织》,载《东方杂志》1933 年第 30 卷第 19 期。

〔2〕 乔素玲、黄国信:《中国宗族研究:从社会人类学到社会历史学的转向》,载《社会学研究》2009 年第 4 期。

〔3〕 [美]弗里德曼:《中国东南的宗族组织:福建与广东》,刘晓春译,上海人民出版社 2000 年版,第 63 页。

〔4〕 Maurice Freedman: Chinese lineage and Society: Fukien and Kwangtung, London: athlone press, p. 21.

〔5〕 [英]科大卫:《告别华南研究》,载华南研究会:《学步与超越》,香港文化创造社 2004 年版,第 26 页。

随着宗族的建立和发展,机构日渐健全,力量不断增强,具有一定规模的宗族均具有坚实的经济基础,置有大量的祭田、学田,建有规模恢弘的宗祠,正所谓"族必有祠。其始祖谓之大宗祠,支派所自,谓之小宗祠,或谓之几世宗祠。祭则以其序,祭毕颁胙。族属皆编祠田,谓之蒸尝。或醵金贮之,谓蒸尝银;岁收其息,以供春秋之事,或供修理祠墓之用。"[1]宗族积累祭田的目的本为发展宗族教育,抚恤孤寡,储备饥荒,修理宗祠与坟墓。但清代以来,广东的族产使用明显背离其原有宗旨,往往被用作讼斗经费,有些大家族自恃祭田丰富,欺压他族。更有一些不肖士绅因有祖尝而故意挑衅,争强好胜,欺压乡邻。华侨捐款也是械斗的经费来源之一。华侨积极捐助械斗,归根结底也是宗族观念影响的结果。广东华侨众多,各地皆有洋商。一遇械斗,族众、乡邻就会向本地洋商去信,控诉敌方欺压本族、本乡的"恶行",在族人劝说之下,洋商就会捐助巨款,购买枪械,雇佣斗徒。在洋商源源不断的经费接济之下,械斗得以不断升级。

械斗一旦开始,"出斗者由公家供给口食,退缩有罚,勇敢有赏,能杀对方,取其首级者有重赏。伤者为之治疗,视其轻重而给之赡家费;死者盛殓而优恤其遗族,或有祔祀于家庙"。百姓"贪生前之小利,慕死后之虚荣,故皆乐而忘死。躲避不出者,一被查觉,科罚后,祖尝永远无份。柔弱者出银输公,以为雇替之值。其限制之法,严而且密。是以不能不斗,不许不斗,不惧无人出斗也"。[2] 正如清人所言:"兵者是凶器,人人所知避矣,而不知财者亦是凶器,人人所趋,何也?财之为物,如水如火,多不得,少亦不得,用之得当则为善,用之不得当则为恶。非特为恶也,可以杀其身,杀其子孙,至于瓦解冰消而不自知者,故曰亦凶器也。"[3]族产本为收族敬宗、团结

〔1〕 浪擎霄:《中国南方械斗之原因及其组织》,载《东方杂志》1933 年第 30 卷第 19 期。
〔2〕 浪擎霄:《中国南方械斗之原因及其组织》,载《东方杂志》1933 年第 30 卷第 19 期。
〔3〕 (清)钱泳:《凶器》,载钱泳《履园丛话》七《臆论》。

族人而置,实际上却适得其反,被广泛用于支持械斗,成为诱发犯罪的物质因素。

3. 宗族是械斗的重要组织机构。械斗的种类很多,有同姓而斗,异姓而斗,一乡而斗,还有联合多姓而斗,联合多乡而斗。不同种类的械斗,其组织也存在差异。但比较普遍的现象则是,械斗团体多设在宗祠庙宇以及类似的公共机构内。祠堂本为祭祀祖先的场所,但同时承担着宗族执法的功能,所谓"备大小宗置祭田,祭常以春正月间,有行于仲秋及冬至祭始祖者,祭余颁胙,有悖戾者罚之,凡族中不平事皆质之长者理处。"[1]械斗机关多设立在宗祠内,即使是联乡械斗,也多在组织机关外竖立主要姓氏的大旗。这些均表明宗族观念是维系械斗组织的重要精神力量,宗族势力在械斗中发挥着举足轻重的作用。械斗的领导者,广东俗称"斗魁",多由强族富家族长、有名位、有知识或年长之人担任。他们对内发号施令,对外代表本族、本乡进行交涉,"凡经理官司,购置弹械,动用祖尝,科派丁亩等悉任之"。斗魁之下,设有参谋数人,负责制订械斗计划;设文牍二三人,负责撰写文书;设会计、庶务数人,负责掌管银钱出纳、仪器其他杂务;设书记数人,负责文书收发、缮写、校对事务。还设有指挥数人,专门负责指挥斗徒进退作战。设侦探数人,专门负责调查敌对方的行动,打探重要消息。另设交际员、联络员数人,专门负责向外招人助斗,以及联络山寨土匪等事项。斗徒除本族、本乡成员外,还向外雇人助斗,受雇之人一般被称为"鸟"。受雇之前,雇主与被雇者双方要签订书面协议,协议内容包括:

某某承雇某村鸟□□只,鸟粮每只每日□角。如鸟飞不归,议定恤费,每鸟□□元,听天无悔![2]

"飞"的意思是"死"。械斗时多由受雇者在前面冲锋,虽遭杀

[1] 浪擎霄:《中国南方械斗之原因及其组织》,载《东方杂志》1933年第30卷第19期。
[2] 浪擎霄:《中国南方械斗之原因及其组织》,载《东方杂志》1933年第30卷第19期。

伤亦在所不惜。这些受雇者并非乐于牺牲，一般是为生活所迫，不得已而受雇参斗。

(二)宗族对械斗治理的影响

广东械斗盛行，在清代已经引起政府的密切关注，并通过立法将械斗的性质与一般的斗殴区别开来，不断加强对聚众械斗的惩罚力度。但晚清以降，政府控制力减弱，而且缺少社会条件的支持与配合，治理械斗的效果并不理想。如1928年中央政治会议广州政治分会颁布《惩办广东械斗办法》之后的五年期间，广东械斗案件不下二三百起，官府认真依法办理者不足百分之一二，仅枪决械斗首领2名。[1]

在宗族的组织下，近代广东械斗的组织性和职业化水平得到提高，在一定程度上弱化了政府治理的实际效果。为了制止械斗，广东地方政府相继制定了相关法规，处罚械斗行为。但械斗团体也制定了十分严密的纪律规定，保证械斗的延续性。如广东某乡曾订立械斗规条，具体内容包括：四盟约，即严守秘密，谨守顾虑，患难相共，与乡同休(与乡兴亡)；八赏规，即忠于所事者赏，出斗最多者赏，抗拒援敌者赏，出奇制胜者赏，刺探敌情者赏，领人最夥者赏，奋勇争先者赏，同心协力者赏；六斩条，即泄漏秘密者斩，抗令不遵者斩，临阵逃脱者斩，私通奸细者斩，欺侮同类者斩，调戏妇女者斩。[2]宗族是械斗的重要组织力量。为了鼓励族人积极参加械斗，宗族往往事先居中议定有关医治、供养、抚恤、祭祀伤亡者的善后办法，包括对因斗受伤的族人给予尝租作为医药费，因伤身故者的牌位可供入祠堂，宗族划拨尝田、专门用于供养死者的妻子；如果政府追究，愿意代替顶凶者亦可获得与伤亡者同样的待遇。与传统械斗相比，近代械斗具有更强的组织性和号召力，煽动性更大，既有传统的宗族特征，又有现代组织性、纪律性，基础更牢，发展更快，影响也就更

[1] 浪擎霄：《中国南方械斗之原因及其组织》，载《东方杂志》1933年第30卷第19期。
[2] 浪擎霄：《中国南方械斗之原因及其组织》，载《东方杂志》1933年第30卷第19期。

大。近代宗族组织的械斗具有明显的职业化特征。主要表现为,有些宗族鉴于本族人口不足,利用近代人口流动性不断增强的条件,经常招募外地打手参加械斗。一些游手好闲之辈因贪图钱粮而接受聘请,参与械斗。光绪年间,张之洞在上奏中陈述东莞械斗情形时指出,双方事先约定时间械斗,“主斗之人大率系其族首、族绅、祠长之不肖者。名为两族、两乡互斗,实则临时雇募土匪、盐枭、海盗及一众专习线枪游手亡命之徒。号召者或数百人或千余人,附和者或数村,或数十村”。“近代吾国法律能合时代精神,人民需要者固多,而不依地方情形制定,及无伸缩之可能性者亦在所不免。如社会上某项不良社会事实发生已久,而仍未见制定法规以制裁者。至地方单行法,虽颁布甚累,然亦大多等于具文,未能执行者。”〔1〕

械斗是特殊社会条件下的产物,形成原因十分复杂。治理械斗并非单靠法律就可完成的任务,械斗问题必须依靠法律以及其他社会力量的共同作用,才能得到彻底的解决。民国时期,广东宗族的势力虽较清代有所减弱,但仍然构成社会秩序的重要基础,血缘纽带依然坚韧,械斗的根源并未彻底根除,治理械斗的方式也难以实现根本转变。

作为传统社会组织的宗族,对于社会秩序具有“双刃剑”的作用。一方面,无论是清代还是民国,宗族均是社会秩序建构的重要力量,具有特殊的社会功能。近代中国的社会保障体系尚未正式建立,健全程度有限。为了生存,民众势必要寻找依托者和合作者,具有血缘关系基础的家族群体,无疑具有天然的优势,理所当然地成为人们的首选对象。特别是近代宗族也在根据时代需要而转型,成为兼具社会公益性与宗族性的社会团体,能够更好地满足族人的现实需要。〔2〕 在某种意义上,宗族弥补了国家力量的不足,在基层社

〔1〕《前事略八》,载民国《东莞县志》卷36。
〔2〕钱杭:《宗族重建的意义》,载香港《二十一世纪》1993年10月号。

会秩序维护方面发挥了重要作用。在近代法制转型的过程中，虽然宗族的控制力量逐渐减弱，但其在广大乡村地区仍然不失为最重要的秩序建构者。统治者通过鼓励士绅建构宗族制度，加强对地方的教化，实现对广大乡村社会的间接控制，从而使地方纳入到国家之中。宗族掌握着基层社会的知识和文化权力，集司法、祭祀、教化等一切社会责任与权力为一体，成为乡土社会秩序的实际维持者。通过宗族在基层社会所营造的无处不在的意识形态网络，国家法令和政策得以下传。同时，宗族通过对其成员日常生活的管理，将其思想与行为控制在国家规范之内。另一方面，在国家法令下传的过程中，无疑需要经过宗族的解释与过滤。正因如此，对于广大乡民而言，往往只知宗族而不知国家。当宗族利益与国家或社会整体利益发生冲突时，宗族也会构成对社会秩序的威胁与破坏。宗族以其顽强生命力和历史穿透性，在现代社会中继续坚守自己的生存空间，通过宗族的中介，从中央到州县、从城市到乡村，不断进行互动式的渗透，乡村社会得以整合到国家之中。新中国成立后，宗族遭到致命的打击。从物质层面来看，在政治运动的高潮时期，族谱、祠堂等宗族的物质遗产受到毁灭性的摧毁，但运动过后，宗族的物质遗产又会受到族人的保护；从观念层面来看，虽然历经政治运动的冲击，但宗族传统一直在农村的生活习俗和思想观念上保留着深刻的印记。因此有学者认为，在有些农村村落，宗族传统从来没有真正中断过。[1]

宗族是法制建设必须正视的现实存在。宗族组织建设，是人们家族情感的体现，宗族具有正负双重功能，并非简单的革命对象。以革命的方式，强制摧毁民间传统，表面上看确有排山倒海之势，锐不可当，但实际上只能奏效于一时，而难以维持于久远。家族观念虽然受到了批判，但实际上仍然在民众心目中得到了保留，一旦遇

---

〔1〕 钱杭、谢维扬：《传统与转型：江西泰和农村宗族形态》，上海社会科学院出版社 1995 年版，第 307 页。

有适当时机,家族情感仍然会迸发出来。正确引导宗族,充分发挥宗族在社会秩序建构方面的积极作用,同时消除其消极影响,是实现法制现代化不可逾越的重要一环。近代广东宗族具有明显的双重性。其组织和管理方式呈现出一定的现代性,但宗族的血缘性决定了其传统特征,维护宗族成员之间的伦常关系,仍然是其主要职能。宗族作为基层社会重要控制力量的长期存在与发展,决定了中国近代社会转型历程的曲折与复杂性。

综上所述,法制发展的动力既来自于国家,也来源于社会,相比较而言,社会力量对法制转型的推动更为根本和持久。德国历史法学的代表人物萨维尼曾说:"对于法律来说,一如语言,并无绝对断裂的时刻;如同民族之存在和性格中的其他的一般取向一般,法律亦同样受制于此运动和发展。"[1]法制的现代化,并不是简单地将其他国家和地区创造的法律直接拿来为我所用,而应当是以中国固有的民族性与现实的社会性作为基础,用科学的方法改善我们的法律传统,结合社会现实需要,适度引进西方的法律文化。国家民族的特性、社会的现状是法律生长的土壤与气候,法律之树能否茁壮成长并最终开花结果,不仅取决于法律制度本身,而且也取决于其成长的社会环境。在推进法制现代化的历程中,我们既要关注法律的移植,更要重视对法律成长环境的改良,正确引导与发挥宗族等社会组织的作用就是其中一个重要方面。宗族社会组织是社会力量的存在形式之一,在社会秩序建构方面具有不可低估的价值与意义。它们创制规则,调整人们的行为,从身心到外在,从家庭到行业,从权利到义务,无不以其作为基本调控规范。这些规范构成法制发展的社会基础,有的还转化为法制转型的动力源泉。它们通过规范家族成员关系,维护社会稳定与发展。宗族的争端解决属于自治型纠纷解决模式,这些诉讼外模式的运用,对于构建国家和民间

---

〔1〕[德]卡尔·冯·萨维尼:《论立法与法学的当代使命》,许章润译,中国法制出版社2001年版,第28页。

紧密结合的纠纷解决系统具有重要实践意义。民间争端解决具有熟悉、及时、非严格规则和程序、强调当事人合意等特点，更容易做到案结事了，彻底化解纷争。民间解决与诉讼裁判的有机衔接，有助于解决民间规范与制定法在诉讼体制上的冲突，实现二者对社会治理的良性互动。

第三节　近代广东商会与法制发展

"商会"有狭义与广义之分。狭义的商会是由地域性的工商业者组成的联合机构，此种意义上的商会常与同业公会（行业协会）相对应，前者是综合性社会组织，后者是专业性社会组织；广义的商会则包括狭义的商会和同业公会。我们在此采用广义的商会概念，泛指商人依法组建、以维护会员权利、促进工商业发展为宗旨的工商团体。[1] 清末以来，工商团体组织形式多样，其中主要有跨行业的商会、以行业划分的同业公会以及作为雇工团体的工会。清末民国时期，广东商会发展迅速，积极参与地方自治，维护市场秩序，调解社会纷争，促进法制发展。

一、近代广东商会的发展

广东是近代中国资本主义最为发达的省区之一。19 世纪末 20 世纪初，广东出现新式商人，商业经营范围与经营方式随之发生重大转变。但随着清朝统治的衰败，政府权威资源流失，传统制度日渐崩溃，社会结构处在重组过程中，社会失范现象严重，社会上盗贼横行，经济上无序竞争。为了弥补政府社会整合力量的不足，广东商人组成以商会为主的众多商业组织，加强行业自治。1904—1911

---

〔1〕 中华全国工商联合会：《中国商会发展报告》，社会科学文献出版社 2005 年版，第 67 页。

年,全省共设立商会62个,其中包括广州和汕头两个总商会,参加商会的商户数和会员数超过了商业最为发达的江苏省。[1] 民国时期,商会的设立更加普遍。商会属于半官方性质,其总协理、会长均受官府札委并颁给关防。广东存在时间较长、影响较大的有广州商务总会、粤商自治会、粤商维持会、粤商维持公安会以及广东全省商会联合会等。

广州商务总会成立于1904年,是一个以振兴商务为宗旨的商人团体,首届总理为左宗藩,著名买办郑观应为协理。1915年,按照商会法的要求,改称广东广州总商会。1929年9月,国民政府公布商会法和工商同业工会法,限期改组商会。按照广州市国民党党部的命令,广州总商会、市商会、市商民协会随即合并,设立广州市商人团体组织指导委员会,由总商会选5人、市商会和市协会各选3人为指导委员会委员。1931年,新的广州市商会依法成立。翌年3月,广州总商会为新的市商会接收。广州总商会存在三十多年,以"基础巩固,向获得中外商人之信仰"而著称。总商会建立在各行会的基础上,"凡本市稍具规模之行业,莫不加入,咸认其地位足以领导群商也"。该会也"凡所以为商人谋利益,以期兴利除弊,而达官商合作之旨趣者,靡不黾勉从事",[2] 对广东商人权益保护以及经济发展具有重要作用。

粤商自治会又称广东自治会,是1907年由广东资本家成立的政治性组织。1907年冬,两广展开反对英国攫取西江缉捕权的斗争,陈惠普等人呈文两广总督及外务部,要求拒绝英国干涉,遂"成立自治会,冠以粤商名号,"[3] 粤商自治会由此而生,其主要领导人

---

〔1〕 农商部总务厅统计科编印:《民国元年第一次农工商统计表》,1914年版,第176~199页。

〔2〕 《广东广州总商会沿革及工作概况》,载陈顽石等编:《广东商业年鉴》,广州市商会1931年版。

〔3〕 广东七十二行商报社编印:《广东七十二行商报二十五周年纪念》,1931年版,第50页。

有陈惠普、李戒欺、黄景棠、关伯康、全西岩等著名粤商。粤商自治会主要依托广州七十二行和善堂开展活动。七十二行是19世纪末形成的广东商人联合团体，系由各行推举“值理”组成，负责协调各行商人利益、协商缴交捐税的商人自治组织。善堂则是地方慈善机构，辛亥革命前，广州的代表性善堂主要有爱育善堂、广济医院、广仁善堂、崇正善堂、述善善堂、惠行善院、方便医院、明善善堂、润身善社九大善堂。粤商自治会利用这两大类机构掌控制当地主要报刊，增强对商人和社会公众的号召力。[1]

粤商维持公安会成立成于1912年。其成立的目的主要是联络政商，维持社会秩序，促进商业发展。据《设粤商维持公安会缘起》记载，“吾粤以商务为命脉，日来各属警报纷至，阻碍交通，省会商场大受牵动。推原其故，良由新政府政治一时未能组织完善，于是人心疑虑，大有阻碍进行。方今筹画饷需政费，我行商亦均负担任，当此时机，即使勉任其难恐亦不能以空谈收实效。此拟联合行商，结一团体，以维持公安为宗旨，设立办事所呈请立案。凡应革事项随时得与政府直接面商，并将现行政策明白公布，不使有隔膜之弊，庶人心大定，商务渐兴，经济前途方易为力。”该会章程规定其宗旨在于联结全省商情，维持地方治安，督促同群自治，筹拓公共饷源，通达官民隔阂，扶植商人权利，当务之急则是通过加强自卫能力，增进商人知识水平，促进商业发展，提高国民公共福利。[2]

20世纪20年代，孙中山在广州建立革命政权，不断加强对社会团体的管理，广东商会组织由多家并存走向逐步统一。1921年，孙中山在广州建立护法政府，深感广州总商会的商董们“顽固成性，不通世务，且对于革命进展，多被作梗”，决定改组商会组织，遂派杨西

〔1〕 邱捷：《辛亥革命时期的粤商自治会》，载《近代史研究》1982年第3期。

〔2〕 《设粤商维持公安会缘起》、《粤商维持公安会修正章程》，载黎亮夫：《粤商维持公安会同人录》，广州穗雅书局1912年版。

岩组织广东全省商会联合会，分化商人力量。全省商会联合会成立后，即就与广州总商会展开争权斗争。商会联合会代表梁阆秋曾在《上全国商会代表大会意见书》中主张由省商会联合会召集改组各商会，反对由省会所在地商会负责召集改组。省商会联合会还派梁阆秋等人到上海、南京等地考察商会改组办法，争取外省商会和中央的支持。[1]

成立于1925年的广州市商会更是商人维护自身权益的直接产物。该会以广州市区为范围，以个人为会员单位，由会员选举代表，由代表选举董事，由董事选举主任董事，废除会长制，实行合议制。广州市商会设立广州市商事公断处，裁处市民纠纷；带领商人反对政府征收苛捐杂税，维护自身权益。1929年，工商部颁布商会法，统一商会组织。按照商会法规定，广州市只能成立一家商会。1931年，广州原有商会遵令结束，新的广州市商会宣告成立，成为民国后期广东影响最大的商业组织。[2]

二、商会与市场秩序构建

商会长期注重建构市场秩序，通过反对征收苛捐杂税、保护商人的财产权和经营权，促进法制的不断完善，促进商业稳定与发展。

（一）反对苛捐杂税

为了维护商业自身利益，商会长期围绕税收政策与政府展开斗争，对税收政策变革产生直接影响。广州商务总会成立之初，就将消除苛捐杂税作为奋斗目标。报载："粤垣拟兴商会，连日由各善堂董事会同商议，佥谓兴利必先除弊，而除弊必先去其太甚。方今商务之大害，莫如报销号及关卡留难勒罚。拟由会中承办此事，凡商人应输捐款代为征缴，不特剔除中饱积弊一情，并可余润稍沾，藉补

〔1〕梁阆秋：《上全国商会代表大会意见书》，载梁阆秋等编：《广东商运沿革史》，广州市商会1934年版。

〔2〕《广州市商会沿革及工作概况》，载陈顽石等编：《广东商业年鉴》，广州市商会1931年版。

办公经费。"[1] 1910 年，粤商自治会等提议禁烟禁赌、统一财政，有人乘机提出加抽食盐税，以抵赌饷。粤商自治会为此电告国内外各大商埠，请求联合抵制，先后得到汉口岭南会馆、大小吕宋广东会馆等复电支持。[2] 广东各地的商业分会也为减免杂税不懈努力。1911 年，汕头总商会致电总督、劝业道等部门，反对加抽厘金。电文称："年来潮汕商业凋敝，民情困苦，已达极点……兹闻有人条陈列宪加征厘金，商民闻耗，惶骇莫措"，请求总督"立予批斥，以安人心而维商务"。[3]

民国时期，广东战乱频仍，为了扩大税源，弥补军政政费用不足，政府不断增加捐税征收名目，导致商人对政府的极度不满，终致双方关系破裂，爆发广州商团事件[4]。商会对政府声讨之声不绝于耳，正所谓"我商人筹商业之进展，赋赋税之义务，无日不在持筹握算之中，而外受洋商经济之压逼，内受苛细杂捐之骚扰，由是生计日促，犹复不断高压，纷至沓来，如劳资纠纷也，政府之募集公债也，都向着我们商人进攻。呜呼，我商人之颠连困苦，为何如耶！""吾粤商人不幸处于军政过渡之时代，不特由小贫而变大贫，竟直由大贫而致赤贫，时局如斯，虽欲不贫而不可得也。"[5] 政府要维持庞大的行政与军费开支，不断增加税收品种和额度，而广东各地赋税极其繁重，商民不堪重负，必然进行抵制。1912 年，广东对产制和销售烟酒的店户征收烟酒特许牌照费。1915 年，广东决定正式开征特种营业执照税，遭到广东各地商会反对。广州总商

---

〔1〕《商会肇兴》，载《申报》1903 年 12 月 18 日。

〔2〕《补录粤自治会与各埠电》，载《申报》1910 年 1 月 13 日。

〔3〕《潮商预防加抽厘金之呼吁》，载《申报》1911 年 4 月 13 日。

〔4〕所谓"广州商团事变"，或称广州商团叛乱，是指 1924 年 8 ~ 10 月在广州发生的以陈廉伯为首的广州商团与孙中山在广州组织的广州政府之间的流血冲突事件。关于商团事变的研究，参见邱捷：《广州商团与商团事变——从商人角度的在探讨》，载《历史研究》2002 年第 2 期；敖光旭：《商人政府"之梦——广东商团及"大商团主义"的历史考察》，载《近代史研究》2003 年第 4 期。

〔5〕前人：《广州商运沿革史》，载梁阆秋等编：《广东商运沿革史》，广州市商会 1934 年版。

会认为,广东商业长期经受战乱、纸币亏折以及自然灾害影响,政府竭泽而渔,“印花税甫经推行,注册费又相迫而至,其他募捐借债亦多取诸商民。无论特种营业以及普通各行商力已竭蹶万分,何可再增其担负……且查此项营业税章程不特加重负担,抑亦取缔极严,商店不胜其扰,于营业前途大生障碍,实有不利于行商者”,强烈要求停止征收。[1]

围绕是否应该征收印花税以及开征收标准等问题,广东商会与政府展开了长期博弈。印花税是在商事产权变化等行为发生时,对订立或书写的有关凭证,采用粘贴印花税票的方法所征收的一种行为税。根据1912年参议院颁布的《印花税法》,广东在1913年9月开征印花税,对成交的各类契约簿据凭证实行贴花征税,以面额大洋10元为起征点。1915年,广东颁布印花税征收新条例,规定10元以下也要粘贴印花征税。广州总商会等致电中央及地方官员、北京广东会馆、同乡京官、财政部等,吁请修改有关规定。电文指出:印花税法手续烦琐,容易招致警察借端骚扰,妨碍营业;未成交财物根本没有贴印花之必要,发货收银均要粘贴印花实属重复征收。至于10元以下交易,因直接影响百姓生计,理应一律豁免。[2] 不久,财政部批准药品、香类暂缓征收印花税,其他请求未准。总商会再次向广东省请求修改,要求当局体谅商民谋生艰难,及时修改印花税法。[3] 此后广东商人长期为修改印花税规则而不懈努力,1917年广州商会致函上海总商会,指出财政部有关印花税的规定与参议院颁布的法律相抵触,请求全国商会联合会及各地商会联合行动,吁请修改。[4] 1929年9月,财政部核准实施《广东省印花税暂行条例》,将起征点降至凭证面额大洋1元,贴花凭证扩大到74种。广州市商会为此专门组织取消苛细杂捐促成会,

[1] 《总商会哀诉商情》,载《申报》1915年1月24日。
[2] 《粤商民对于印花税之呼吁》,载《申报》1915年6月8日。
[3] 《粤商会再请修改印花税法法》,载《申报》1915年6月20日。
[4] 《广州商会痛陈印花税之苛细扰累》,载《申报》1917年5月21日。

通过组织请愿等方式展开斗争,仅广州市就有两万多人联赴省署请愿,最终迫使政府取消在广州等地开征的奢侈品印花税,撤销1元以上单据粘贴印花税的规定。[1] 1930年9月,广州总商会与市商会再次提出修改印花税条例。广州总商会组织广东印花税暂行条例讨论委员会,要求撤销原为筹集军饷而颁布的临时性《广东印花税法暂行条例》。市商会则拟订请求改善印花税法提议书,呈送全国工商会议。[2]

1930年,广州各商会建议政府取消消费税,反对征收粪溺捐,撤销华商码头税,禁止各种变相抽捐,总商会关于榄角入市免于抽税的请求得到市政府的批准。[3] 1931年1月,国民政府通令全国裁撤厘金,开征营业税作为弥补。7月,广东省政府颁布《广东省营业税征收章程》,对32种以营利为目的的行业开征营业税。1937年,广东在全省开征营业税,遭到商会激烈反对,各行商联名向当局请愿,要求停征。在上回的强大压力下,政府最终做出让步,同意改善营业税征收办法,由商会组织税制委员会,将各行营业状况和分类课税标准呈报税局,按照各行业具体情况分别处理,并将税率由千分之五减至千分之二。[4]

因为广东各地战乱连绵,军队强迫商界筹集甚至勒索军饷的事情时有发生,一再引起商会抗议。如1924年南雄商会要求广东省长遏制军队勒派军需,电文称:"大军驻境,雄民供给困乏已极,现粮秣断绝,地方万难接济,乞速设法维持。"[5]陈炯明率军屯集潮汕期间,为了供应军队所需,不仅变卖义冢荒地,而且指令汕头绅耆富户各借捐24万元,凡是资本在1万元以上者皆须认捐,遭到汕头商会

---

[1] 《广州市商会沿革及工作概况》,载陈顽石等编:《广东商业年鉴》,广州市商会1931年版。

[2] 《粤商请改印花税条例》,载《申报》1930年9月13日。

[3] 《(民国)19年广东商业大事记》,载陈顽石等编:《广东商业年鉴》,广州市商会1931年版。

[4] 《粤省洋米免税问题》,载《申报》1937年4月1日。

[5] 《南雄商会之呼吁》,载广州《民国日报》1924年1月14日。

的强烈反对。[1] 1924年，坪石商会会长邓锡光因请求豁免苛捐杂税，被驻军扣留，愤而辞职，各商行代表联名上书大元帅府，要求体恤商民疾苦，废止各种重抽税款。[2] 同年，新会商会上书孙中山，控告当地驻军违反政府撤销苛捐关卡的法令，“变本加厉，强征愈烈”，要求大元帅府加以严惩。[3]

商会反对苛捐杂税，实际上也是民间与政府对话的一种方式。通过这种特殊的对话和交流，双方增加了相互了解，促进了政府对于税收政策的变革。商会力图通过这种方式遏制政府对商民的过度盘剥，达致社会利益的公平，对于促进经济管理的规范化、加快法制转型具有积极意义。

（二）保护财产权

民国初年，政府和商人之间长期围绕铺底权问题进行博弈，特别是进入20世纪20年代，随着官商分歧加大，有关铺底权的争议日趋激烈。1922年，政府计划用15年时间无偿消灭铺底，广东商人组织维持铺底集议公所与政府抗争，迫使政府公布《广州市清理铺底顶手办法》，有条件地承认铺底权。广州铺底研究会随后又对办法提出修改意见并呈送省长，要求减收牌照费。铺底集议公所也召开特别大会讨论斗争办法。[4] 1923年广东全省商会联合会呈文省政府，批评高审厅在主客铺底争讼案的审理中限制铺客的铺底权，有违商场习惯和政府清理铺底顶手条例的本旨，要求大理院令各级审判厅务必根据习惯裁决案件，维护铺底权，以保障商业稳定与发展。广州总商会和江门商会呈文广东省长，要求保护铺底权。经广东全省商会联合会、广州总商会等社会团体共同努力，广东省政府下令高等审判厅、官产处：“商场铺底顶手，如果已经领照，并登记确定，当然受法律保障，不论铺业

---

〔1〕《汕头商会反对勒捐详情》，载广州《民国日报》1924年2月20日。
〔2〕《坪石商民之呼吁声》，载广州《民国日报》1924年6月24日。
〔3〕《新会商会为商民请命》，载广州《民国日报》1924年5月28日。
〔4〕《广州铺底之请愿记》，载《申报》1922年1月7日。

如何转移，铺底得以永久存在，如该处庭等投变官市产，倘有前项情形，自应按铺底登记章程办理……官产投变后，铺客免于督拆勒迁。”[1]广州市政府最终只得有条件承认铺客在承领市产方面的优先权。

1924 年，广州市政厅认为铺底顶手导致铺业产权关系复杂，业主对于铺屋建筑改良多持消极态度，有碍市政改良，同时出于增加收入的考虑，于是年 3 月公布《统一马路两旁铺业权办法》，规定市内马路两旁铺户的业权实行统一，已经改良建筑者，定为甲种，铺客在 60 天之内有优先承受铺业权，逾期即由业主承受其铺底权；未经改良建筑的铺业，定为乙种，业主在 60 天内有优先承受铺底权，逾期即由铺客承受其铺业。[2] 商人们组织铺底维持会对此提出强烈抗议，并以铺底维持会为基础，成立了广州市商会。[3] 广州市商会投书政府，请求永远取消统一马路业权，并组织民国时期第一次广州全城大罢市，以示抵制。经商业组织的努力争取，1924 年 4 月，广东省长公署发布第 667 号指令，令广州市政厅议决增修统一马路两旁铺业权办法，进一步明确铺底业权的保护范围，连同议案呈请备案。[4] 但广州总商会坚持要求政府取消统一马路业权办法。在强大的社会压力下，政府被迫采纳了商会建议，最终取消统一马路业权的行动。[5] 在商会等社会团体的督促下，地方政府不断改进有关铺底的立法与司法，为铺底纷争的解决创造条件。

20 世纪 20 年代初，广州国民政府为了筹集经费而投变公产。在奖金的诱惑下，频频出现捏报民产为公产的事件，导致人心大乱。

---

〔1〕《铺底顶手保障之省令》，载广州《民国日报》1923 年 10 月 18 日。

〔2〕《马路铺户注意》，载广州《民国日报》1924 年 4 月 8 日。

〔3〕《广州市市商会沿革及工作概况》，载陈颀石等编：《广东商业年鉴》，广州市商会 1931 年版。

〔4〕《统一马路铺业权之省令》，载广州《民国日报》1924 年 4 月 6 日。

〔5〕《取消统一业权之尾声》，载广州《民国日报》1924 年 5 月 29 日。

正如广东商会联合会所称:“迩来图赏妄报之流,有向官产处举报者,有向市政厅举报者,更有向财政厅举报者”,政府“据报必查,诬告并无处罚”,“以致全市人民,彷徨惊恐,无所适从”,[1]引起了商业团体的一致反对。广州总商会对于陈公辅等人妄报前鉴街为寺产案,提出反对意见,要求有关部门取消原案,严惩举报之人。[2]曾介眉捏报广州同德大街、如意坊、黄沙一带七十余街铺屋为官产事件更加激起民愤,铺户多次到省政府请愿,商会也一再向政府呈文,强烈要求严惩曾介眉,注销投变案,同时严定诬告惩戒办法。[3]经商会一再抗争,广州国民政府不得不在1924年正式宣布停止投变官市产。[4]

(三)参与工商管理

商会通过制定和执行工商规则,弥补国家法律的不足,加强自我管理,推动法制转型。

商会的自我管理主要表现为制定工商规则、惩处违规行为等方式。商会重视工商管理规范的建立与完善。清末广州商务总会协理郑观应认为,由于公司登记注册办法执行不力,奸商借端结业、卷款潜逃之案层出不穷,应该根据法律规定,“无论各行大小生理以及民间遗置产业股本若干,股份若干,与夫股友、股东、业主、铺主悉赴总商会照商律据实报名注册,领结文凭”,通过商会加强对商人财产的监管,即使破产逃脱,亦可继续追索,保护商民利益。[5] 1924年,广州市卫生局规定司药生注册由药材工会提供保证,导致该工会借端敛财,引起不满。广州总商会致函广州市政厅,要求对章程进行修改。市政厅采纳上回意见,立即对原有章程进行修改,“准由司药

---

[1] 《商会呈文》,载广州《民国日报》1923年10月18日。

[2] 《令饬查办妄报公产》,载广州《民国日报》1923年10月13日。

[3] 《商会呈文》,载广州《民国日报》1923年10月18日。

[4] 乔素玲:《广州国民政府产权政策评析》,载曾宪义主编:《法律文化研究》(第一辑),中国人民大学出版社2006年版。

[5] 郑观应:《禀赋覆粤督岑宫保今日商务利弊节略》,载夏东元编:《郑观应集》(下册),上海人民出版社1982年版,第609~610页。

生自行到卫生局报请注册，无论药材工会、熟药工业研究会保证，均听该生自择，东西家不能逼勒”。[1] 1925 年，汕头银号滥发七兑票，操纵金融市场，损害平民生计，受到商界严厉指责，上海潮州会馆、新加坡、暹罗、香港、北京、汉口等地潮商总会致函汕头总商会，抗议这种不负责任的行为。经过商界的努力，全国总商会最终致函潮梅财政局请取缔七兑票，要求潮梅财政局进行干涉，督促汕头总商会保证在夏历四月底之前取缔七兑纸币。[2] 1928 年 7 月，广州总商会、商联会、市商会等要求中央银行及广州市立银行共同整顿币制，建议采取以下具体措施：市面银毫除搀杂有铜铁锡等杂质者外，其余不论何年铸造，一律通用；由三商会致函忠信堂，要求自行检举私运伪币者，呈报政府严惩，由银业行悬赏通辑奸商，以示负责。商会还发布布告劝说市民，无论毫币年份，一体通用。这些建议得到政府采纳，最终取得明显效果，保障了金融市场的相对稳定。[3]

商会还通过制裁违背商业规则的行为，维护商业秩序，减少交易成本，保障交易安全。1910 年，有人举报广州商务总会工作人员收受贿赂，商董们在调查取证的基础上拟订禀折，呈送北京农工商部、广东总督府等政府部门，要求按照《奏定商会暂行简章》有关条款，由官府传讯有关人员，接受法律制裁，保障商业发展。[4] 1911 年，有传言称坐落于广州沙面的某外国银行将发行货币，广东银业研究所召集银行会馆筹议对策。与会者强调“各国币政，凡外国金银纸币有损其本国之金银纸币权利者，其人民概不行用。按照法律，他国人亦断无入人国内地自由发行纸币之理”，决定“联禀督宪，照会沙面各国领事官，查询是否实有是议，据理力争”。考虑到“金融机关为国民生死命脉，现在我国币律尚未改定”，即使

[1] 《修正注册章程》，载广州《民国日报》1924 年 4 月 25 日。
[2] 《通过取消七兑票》，载《申报》1925 年 4 月 28 日。
[3] 《商会讨论维持劣币》，载《申报》1928 年 7 月 4 日。
[4] 《粤省总商会受贿之确据》，载《申报》1910 年 7 月 19 日。

外国银行在广东发行货币之说并非事实，为了保护权利，广东的银行业也应自定条例，共同遵守，经总商会提议，制定广东银业条例。条例具体内容包括：(1)禁止使用外币。广东商务向来用毫子交易，毫子纸币为我国暂行币制，凡非我国银行发行的纸币，我国人民概不使用。如果有人私自使用，就是违背公例，同业应该将其逐出银业，永远与之断绝交易。(2)严惩违例者。凡违反定例被驱逐出行者，将其店员的姓名、籍贯在行内张榜公布，同业一概杜绝与其往来，永远不再雇佣这些人员。(3)严惩包庇违例商行。如果其他商号暗中代被逐商号进行交易，或者雇佣其人员，一旦查出，每次罚银一千元，罚款的八成用于奖赏指证之人，两成作为同业办公经费。(4)严格入行条件。新开张各商号必须签约遵守条例，否则不准入行。[1]

民国初年，广州商界多次发生放火诈取保险金事件，给社会造成极大危害。1913年广州商务总会发布议案，严禁放火图利行为。议案称："常有生意亏空及生意本小而重买保险以期放火图利。此等行为，不独延烧左右，且燎原之势殃及一方，最为商场之害……应由本会函请警察厅出示宣告，责令城厢河南各处已买保险各店投保价格各用木板标钉门首，事后赔偿方能任其照数收领。倘不标明，则是意存险诈，如遇回禄，应收赔款一律充公，以为拨办地方公益之用，并由厅分行各区随时嘱令岗警查察。倘投保不实，即行报厅派员覆查盘诘更正。嗣后如有奸徒放火查出确据，即严办一二，以儆效尤。"[2]

商会凭借其在工商界的权威和信誉，承担起工商行业自我约束和管理的职能，促成社会成员共同遵守规则，有利于改善经济发展的制度环境，提高营商法治化水平。

---

〔1〕《银业对待外人发行毫子银纸之筹维》，载《申报》1911年4月24日。

〔2〕《总商会严防放火图利之议案》，载《申报》1913年10月26日。

三、商会与社会纷争解决

解纷止争是商会的重要职能。商会在解决社会纷争中的作用主要体现在沟通官民与调解社会纷争两方面。

(一)沟通官民

以中间人的角色,向官府反映民意,是商会沟通官民、解决官民纷争的重要方式。鉴于“官商隔阂相沿已久,今欲兴商会之业,必先通上下之情”的现实,广州总商会章程明确规定“凡本会有可以借手者,务使官商联络,融洽贯通,上德下宣,下达隐情……如有重大情事,准予随时面谒杜甫大宪,禀请训示施行,则官商不致隔阂,众情更为鼓舞”。〔1〕

1906年,广东官方主张粤汉铁路实行官办,加抽台炮经费,引起商人不满,官商冲突一触即发,两广总督岑春煊派人逮捕商人代表黎国廉。广州商务总会一面派人到北京和香港等地寻求支持,一面劝令各行不得罢市,以免造成要挟政府的嫌疑。〔2〕通过商会从中斡旋,官商冲突最终得以和平解决,官府接受商人条件,同意铁路商办,释放黎国廉。

民国时期,政府长期拖欠在粤所借债款,引起商人不满。商会多次向政府反映民意,要求政府早日还款。1928年,广东省商会联合会代表梁阆秋在南京参加财政会议上提出《请指定基金拨还粤债俾苏粤困》议案。议案指出,辛亥革命以来,孙中山在广东建立革命根据地,“以一省之财赋御数省之军阀,我粤人悉索敝赋,从事奋斗,其负担之重,远过别省。今幸北伐成功,建设方始,我粤人虽不敢贪天之功,然力尽筋疲,势甚枯竭,未苏之望,待救孔殷。查财政部前在粤省发行金库券、有奖公债等,为数不菲,现

---

〔1〕 郑观应:《禀两广总督岑宫保为遵谕举办商会详粘章程乞准存案开办事》,载夏东元编:《郑观应集》(下册),上海人民出版社1982年版,第598~600页。

〔2〕 《三纪粤东官绅冲突事(广东)》、《纪粤绅被逮之由》、《纪粤省绅商第二次会议情形》,载《申报》1906年1月28日、30日。

停支付，还款无期，且去年与各商所借款项未奉发还。现粤省银根非常奇绌，民生凋敝，为向来所未有，敢请财政部指定某种基金专案整理，俾纾粤人之困，以示与民更始之意。"[1]此后，广州商会等商业团体一再要求中央尽快回兑在广东发行的纸币，偿还财政部在广东发行的有奖公债，但中央政府屡屡以财政困难为由，拒绝兑现。

1924年，广东军政府为了筹集经费，决定暂时加抽糖类捐，引起商界反对，广州糖业、面业商人联合宣布停业。财政部认为总商会"为商场领袖，稔悉政府现状，商民利弊"，希望总商会代为传集，进行劝导。在商会努力下，官商最终达成和解。[2] 同年，因车费提高、军队抢掠以及米业工人罢工等因素影响，广东柴米大幅涨价，直接危及民众生活。广东省政府和广州市政厅要求广州总商会、九善堂等团体共同筹划，平抑柴米价格。总商会建议政府加大干预力度，通过降低运费、约束军队行为等措施稳定市场价格。[3] 1926年，汕头工人与警察发生冲突，双方对峙不下，也是境总商会出面召集各方进行调解，提出解决方案，才得以最终平息冲突。

民国时期，广东银行业商人多次与政府就货币政策发生争议，也主要是通过商会调停得以平息。1931年，广东省政府与广州市商会、银业公会等团体共同制订维持办法，严厉取缔拒用旧毫币的行为，规定所有团体收支均以足色官版毫洋为本位，不分新旧，凡违反规定者，按照财政厅核定的鉴定细则进行处罚；如商店拒用官版毫洋，一经查证属实，由鉴定委员会科处罚金，缴销营业牌照，勒令停业；如政府税收机关人员拒用足色官版旧毫，将被开除公职。[4] 1948年，政府再次实行币制改革，采用金圆券。广州市商会表示拥

---

[1] 梁阆秋：《沪宁游记》，载梁阆秋等编：《广东商运沿革史》，广州市商会1934年版。
[2] 《财政部致总商会函》，载广州《民国日报》1924年6月27日。
[3] 《市政厅函请平卖柴米》、《请愿救济柴荒》，载广州《民国日报》1924年3月15日。
[4] 《粤省取缔拒用旧毫币》，载《申报》1931年9月11日。

护新币制，并提出商业自律三项建议：一是全市商店从8月25日起一律改用金圆券标价；二是各物以8月19日价格为基础，照中汇差额议定公价；三是各行议定公价后，非经政府核准，不再提高，并议定大米的最高和最低价格，由社会局核定公布。[1] 但因形势变化迅速，自律规条未能得到严格执行。

总体而言，针对清末民国时期商业政策与法规的制定等问题，广东商会在官商沟通方面做出了不懈努力。虽然由于受到特殊社会政治环境的制约，特别是官商实力对比变化的影响，商会在沟通双方关系方面取得的成效并不理想，但仍然对减少相互摩擦和消耗、提高政府效能产生了积极影响。

(二)调处纠纷

在纠纷调处方面，商会的作用因纠纷的性质不同而存在差异。在一般社会纠纷处理过程中，商会主要通过担当证明人或调停者，促进纷争的解决。在工商纠纷处理方面，因清末民初的商会法赋予商会裁断会员纷争的权力，商会对工商纠纷的处理发挥了更为突出的功能。

首先，商会常常在社会纠纷解决中担当证明者或调停人的角色。清朝末年，广东番禺人高海东的妾姚氏，系由周荣曜之妾李氏遣嫁。1905年6月，李氏将衣箱等物存放在姚氏家中。后周家被抄，经商会开导，高姚氏将李氏存物开列清单呈缴。总督岑春煊为此谕令，如果有人代周荣曜等寄存财物，务必在五日之内赴广州府报明，其愿由商会报广州府转陈者，听其自便。如实呈报者准予宽免，否则将所有财产一并查封。[2] 1910年，女子许有因在结婚问题上不愿遵家长意愿而被家人投送警局，遭到番禺县令的非法羁押和刑讯拷打，并被交广仁善堂择配。许有不服，致函粤商自治会，要求

[1] 《穗市商会拥护新币，提安定物价建议》，载《申报》1948年8月25日。
[2] 《谕呈周氏寄顿财物》，载《申报》1905年10月23日。

代其伸冤,追究番禺县令滥用刑罚之责。[1] 1930 年潮州发生的“山边案”也是在汕头商会的调停之下才得以解决。“山边案”是因为海外移民继嗣问题而引起的争讼案。该案的基本案情是:潮州澄海县斗门乡人陈元坚之父陈兆兰在暹罗与当地女子结婚,在该女怀孕期间,陈兆兰死亡。遗腹子出生后,取名陈莲南。不久,该暹罗女子再嫁同在暹罗的澄海县山边乡人陈利孝,陈莲南随母亲在陈利孝家生活。后来,陈利孝将陈莲南送回澄海县山边乡。陈元坚认为陈莲南是其父亲生骨肉,不应流落其他人家,遂多次向山边乡陈利孝妻子陈林氏追索,要求陈莲南回斗门乡家中团聚,遭到拒绝。后经山边乡乡长出面调停,双方同意去函征求陈莲南生母的意见。在双方等待回信期间,陈林氏向县政府投告,诉称其子陈振遗和陈莲南被匪徒掠走,并指控是陈元坚纠党所为。陈元坚随即遭到拘押。陈林氏又进一步指控陈莲南被陈元坚唆匪枪杀,弃尸邻乡。斗门乡陈氏族人闻知,群情大愤,双方对簿公堂。争讼持续一年有余,双方各自花费万余元。最终经汕头市商会会长陈焕章调停,陈元坚获释,争讼得以了结。[2]

其次,商会具有调处工商纷争的职能,在解决商界内部纷争方面发挥重要作用。在商会产生之前,广东商界纠纷皆提交九大善堂之一的广济医院解决,因商界人士享有众望,调解建议无不服从。[3] 商会建立后,开始承担起调解工商纠纷的职能。按照清末商部所订《商会章程》的规定,商会负责调处有关会员纠纷,只有在商会作出裁决后,如果有关各方仍不满意,当地官员才能进行复审。根据《广州商务总会章程》规定,遇有纷争发生,必须有一方已经加入商会,才能将纠纷交由商会调处,如双方均未入会,商会则

---

[1] 《自治会代弱女子函请申雪》,载《申报》1910 年 3 月 31 日。

[2] 陈春声:《从家书到公共文献——从陈子昭书札看潮州商人与家乡的联系》,载李志贤主编:《海外潮人的移民经验》,新加坡八方文化企业公司 2003 年版。

[3] 前人:《广州商运沿革提要》,载梁阆秋等编:《广东商运沿革史》,广州市商会 1934 年版。

概不干预。[1] 虽然政府限制商会受理案件的范围，但仍有大量工商争议提交商会裁断。1905年，清政府颁布《破产律》，其中规定每个商会都要建立机构负责执行破产法和解决索赔问题。[2] 此外，一些中外商业争议也往往交给商会解决。如郑观应拟订的《广州商务总会创办章程》第二十四条就曾规定“遇有华洋交涉事件，遵照商部商会简明章程第十六款，参酌西律持平办理”。[3] 为此，广州总商会专门设立商事公断处，裁判工商纠纷。[4]

1924年广州华商银行停业，为了保障商民债权，由主要社会团体推举代表组成监督清查委员会负责清理。广州总商会和广东商会联合会的代表作为其中的主要组成人员，负责审理债权债务，清查银行财产，复核该行账务账册，召集债权人会议，决定债务清偿顺序，保障了清理工作的顺利完成。[5] 1930年工商银行广州分行面临倒闭，银行主动通知商会与公安局共同主持破产事务，各债权人也委托总商会负责具体清算事宜。7月26日，总商会召集债权人会议，商讨清理手续，确认欠款数额，并成立清理工商债务会，负责具体工作。后来，省政府决定将工商银行的清算工作交法院负责，但债权人认为法院清理耗时太久，费用浩大，呈请省政府撤销法院清理的决定，坚持交由商会负责清理。其呈文称：“商场破产，国民政府未有破产条例颁布，习惯上十之八九俱投商会清理，迭有成绩”，更何况债权债务双方已经达成协议，同意提交商会处理；法律以不告不理为原则，双方并未发生诉讼，也未向法院投诉，省政府应该尊重债权人意见，交给商会处理，避免

---

〔1〕 郑观应：《禀两广总督岑宫保为遵谕举办商会详粘章程乞准存案开办事》，载夏东元编：《郑观应集》（下册），上海人民出版社1982年版，第598～600页。

〔2〕 《破产律》，《大清光绪新法令》卷16，商务印书馆编译所1909年版，第12～19页。

〔3〕 郑观应：《代广州商务总会拟禀定创办章程二十四条》，载夏东元编：《郑观应集》（下册），上海人民出版社1982年版，第593～596页。

〔4〕 《广东广州总商会沿革及工作概况》，载陈顽石等编：《广东商业年鉴》，广州市商会1931年版。

〔5〕 《处理华商银行公开办法》，载广州《民国日报》1924年6月25日。

迁延时日,损害债权人利益。[1] 争议凸显出商会在解决商业纠纷中的地位与影响力。

最后,商会在劳资纠纷解决方面具有重要作用。国民党"一大"前后,广东工人运动蓬勃发展,劳资纷争随之加剧,处理劳资纠纷成为商会的重点工作之一。1922 年,因工人要求提高待遇,粤汉铁路公司劳资双方发生争议。广州总商会派代表前往调停,敦促粤汉铁路公司增加工资,平息纷争。[2] 同年,劳工界认为银行业有部分人员操纵市场,导致广东纸币的低落,并组织纠察队缉拿操纵货币的人员,各银号纷纷停业以示抗议,双方僵持不下,严重影响商业秩序。无奈之下,政府只得邀请全省商会联合会出面调停。商会联合会随即召集银行业代表与省总工会代表开会,共同制定调停办法八条,规定劳工及银行业应互相尊重省立银行发行的纸币,银行业可以自由买卖,工团撤回纠察队;如双方再有争执,由广东全省商会联合会、广东总工会或互助社先行调停;一旦调停失败,再请官府审断。同时达成协议,由省商会联合会、互助社和省总工会共同邀请工商界组建工商银行。工商银行成立后,商联会在全省 94 县商会募集资金入股。[3] 1923 年,广州米业工人因工资等纠纷举行罢工,经华侨维持民食团和广州总商会等大力调停,劳资双方达成协议,资方同意有条件提高工人工资,工人随即全部复工。[4] 1926 年年底,广州各商办银行职工罢工,要求加薪,并派人封锁银行,金融大受影响。总商会专门召开会议,派出代表向政府表达意见,要求政府饬令职工撤除封锁,并出面调解工商纠纷。[5]

---

[1] 《粤商会清理工商分行》《工商分行之清理问题 债权代表请愿仍交商会办理》,载《申报》1930 年 8 月 1 日、27 日。

[2] 《海员工潮之新趋势》,载《申报》1922 年 2 月 19 日。

[3] 《国内专电·香港电》,载《申报》1922 年 4 月 8 日、10 日、14 日。

[4] 《社团调解米潮情形》,载广州《民国日报》1924 年 2 月 29 日。

[5] 《粤省纠正工人运动》,载《申报》1926 年 12 月 17 日。

1927年年初，商会领导商人举行全省大请愿，向政府要求拥有年初二解雇工人权，引起工人不满，引发全省工人大罢工。[1] 四商会组织仲裁提案委员会，拟订解决办法。在商会督促下，工商双方达成协议，由省政府颁布《暂行解决工商条例》二十二条，宣布政府承认雇主有自由任用或解雇工人的权利，但此前与工会订有特别条件者除外；年满月满开除工人，不属于无故开除；一般工商纠纷由农工厅负责，若农工厅不能解决，则由省政府组织仲裁会仲裁；仲裁会的组成人员包括：农工厅、实业厅、省工人部、市工人部、省商民部各派代表1人，四商会各派代表1人，主席由机器工会、广州农工厅代表担任；商店在遵守政治分会六项办法的条件下，可以在阴历年初二更换店员。[2]

省港海员大罢工期间，广东商会发挥了重要调解作用。他们不仅主动要求香港华商总会出面共同调解，还多次派人到香港进行调停，及时将劳资双方意见向对方传达。1925年9月，广东省派商会代表杨西岩到香港动员各邑商会调解罢工，香港华商也派代表到达广州，与商会商讨具体解决方法。[3] 针对因受到香港海员大罢工的影响商家原订货物到港后难以卸运、给商业经营造成困难等困境，广东商会积极调动社会力量协调解决。当招商局运载的货物因海员罢工而被扣留时，广州总商会向广东省政府及罢工委员会指出，各商号运货在先，海员罢工在后，应当准予卸货，并释放被扣米店商人，最终保障了被扣货物的安全卸运。[4]

综上所述，广东商会组织凭借其拥有的雄厚经济实力和丰富人力资源，在近代社会秩序建构方面发挥了举足轻重的作用。通过制

---

〔1〕《广州市民大请愿，为维持商场初二去留店伴习惯》《商家年初二用人权问题》，载《申报》1927年2月11日、12日。

〔2〕《广州工商争议渐缓》，载《申报》1927年6月4日。

〔3〕《国内专电·香港电》《国内专电二·广州电》，载《申报》1925年9月14日、1926年1月1日。

〔4〕《粤商会办理被扣食米之函知》，载《申报》1927年1月7日。

定工商规则，处罚违例行为，稳定经济秩序；坚守"在商亦言政"的理念，加强政商沟通，通过提供信息，提高地方政府决策的公正性与合理性，促成政府效能的提高，促进近代法制发展。

四、商会推动下的商标法运行

近年来，学界对中国近现代商标法研究颇为重视，发表了不少学术论著，但也存在明显不足。法学界局限于国家法的视野，重国家制定法的研究，轻法律实际运行机制的探讨，对清末商标制度初步建立的过程着墨较多，对民国商标法的实际运作重视不够；史学界长期关注清末民初的商会研究，其中不乏对商会参与立法和商事裁判的一般性讨论，但未对民国时期商会与商标法运行的关系进行专门探讨。[1]中国法制现代化属于典型的"变法"模式[2]，商标法作为近代法律移植的代表，其实际运行状态主要取决于能否得到以商会为代表的社会力量的支持与配合，因此对商会在商标法运行中所扮演的角色进行研究，无疑有助于深化对中国法制现代化转型动力的认识，拓展商会史研究范畴。鉴于学界对民国商标法运行实践研究的薄弱，我们利用商会档案、司法例规及报刊资料，从商标法的制定、管理机制的完善及纠纷解决等方面入手，分析商会在商标法运行中的作用，运用"社会与国家"理论框架，探讨国家与民间力量在法治秩序构建过程中的互补关系，为当代商标法秩序的建立提供历史借鉴。

---

〔1〕 这些论著主要有左旭初：《中国商标法律史》（近现代部分），知识产权出版社 2005 年版；姚秀兰、张洪林：《近代中国商标立法论》，载《法治论丛》2006 年第 3 期；王黎明：《论近代中外首次商标问题谈判》，载《江海学刊》2005 年第 5 期；徐鼎新、钱小明：《上海总商会史》，上海社会科学院出版社 1991 年版；虞和平：《商会与中国现代化》，上海人民出版社 1993 年版；朱英：《辛亥革命时期新式商人社团研究》，中国人民大学出版社 1991 年版；朱英、马敏：《传统与近代的二重变奏——晚清苏州商会个案研究》，巴蜀书社 1993 年版；宋美云：《近代天津商会》，天津社会科学院出版社 2002 年版；张恒忠：《上海总商会研究（1912—1929）》，台湾知书房出版社 1996 年版。

〔2〕 苏力：《法治及本土资源》，中国政法大学出版社 1996 年版，第 3 页；也有学者称为"政府推进型"，以与"自然演进型"相区别，蒋立山：《中国法制现代化建设的特征分析》，载《中外法学》1995 年第 4 期。

（一）促进商标法规的完善

商会在民国时期拥有的公断权限，使其与国家和商界均有良好的互动，从而为其推动政府出台商标法，并使之逐步规范，创造了有利条件。清末虽然制定了《商标试办暂行章程》，但事实上并未真正实施，在 1923 年北京政府颁行商标法之前，商标管理的依据主要是原有习惯及社会团体制定的管理规则。正如北京政府司法部所言，因屡遭中外多方抗议，清末商标"章程虽曾拟定，并未实行"。[1] 商标法的缺位造成清末民初商标维权的困境，广生行"双妹嘜"商标案即为典型例证。

广生行生产的多种货物均使用"双妹嘜"商标，并曾将纸质花纹式样和容器形状等呈请中国及英、日等国政府批准备案。后因该商标遭到浙江杭县神州药房和湖北汉口华法药房等侵权仿用，1916 年广生行向两地审判厅提出禁止仿用商标、赔偿损失的诉讼请求，得到两地审判厅支持，其中杭县审判厅的判决结果得到执行。但汉口华法药房不服一审判决，提出控诉，二审法院夏口审判厅否决了一审判决，驳回广生行的诉讼请求。广生行面对一、二审法院判决结果的迥异以及法院对法律的"解释纷歧"，其代表人罗德尊就"不正当之竞争应如何解释，前清商标注册试办章程是否继续有效，关于商标之保护此外有无单行规则"等呈请农商部解释，并请求司法部及大理院通令夏口地方审判厅中止诉讼程序。农商部对此答复：广生行因商标被人仿冒损失惨重，应该设法进行保护，只是清末《商标注册试办章》从未生效，难以援用"民国继续有效"之例依据商标法令行使诉权；至于商标保护，除对假冒伪造行为照各地惯例成案禀扣查究外，尚无成文单行规则可作依据。司法部表示认同农商部的解释，强调《商标注册试办章程》"不在民国认为继续有效之例，自不得直接选用。惟商民因商标涉讼，审判衙门在民国商标法未颁

---

〔1〕 司法部：《商标涉讼案件仍应依照习惯及条理处断咨》（1916 年 10 月 18 日），载司法部编印：《改订司法例规》上册（下），1922 年版，第 853～854 页。

行以前，仍可依照习惯及条理处断”。〔1〕 该案表明清末的《商标注册章程》从未得到施行，在民国时期也不具有法律效力，1923 年商标法颁行前，习惯及条例是处理商标纠纷的主要依据。此前农商部的商标备案只对商标法实行后的商标申请起到存记作用，法律效力相当有限，难与以依法正式进行商标登录而取得的商标专用特权相比。

国家商标法的缺位为商会制定商标管理规则留下了相当大的空间。商会通过制定规则对会员使用商标进行登记和监督管理，上海和其他沿海地区商会以及中部的湖南等地商会，均对会员进行过不同形式的商标监管。〔2〕 1923 年北京政府颁行中国历史上第一部《商标法》，后又陆续制定《商标法施行细则》，出台法律解释，商标纠纷按照相关法律规定办理。〔3〕 但商业团体继续通过自治法制定商标规范，以特有方式参与商标管理，惩治违反商标规范的行为。在位居全国现代化前列的上海，商事惯例中有大量商标管理的内容，如《上市草呢帽业同业公会业规》第六条规定，会员应将商标送交公会存查；会员有权临时规定次货价格，但必须在帽圈内加盖明显标记，以便识别，或另用商标，不得以次充正，欺骗客户，损害商标。如将正品伪为假冒次货，另用商标，意图垄断，按照破坏行业规则论处；第十一条规定，各商不得代客制造商品冒用他人商标，如有商家违反规定，经公会查明属实，有权呈请市社会局核准惩处。《上海市帽庄业同业公会业规》第八条规定，会员送商标局核准注册的商标须送公会存查；同业之间发生纠纷可报告公会秉公调处；第十三条规定，如会员违反本行业业规，经调查属实，由本公会讨论决定处罚制裁办法，呈请社会局核断后执行。〔4〕 商会等民间组织制定

〔1〕 司法部：《商标涉讼案件仍应依照习惯及条理处断咨》（1916 年 10 月 18 日），载司法部编印：《改订司法例规》上册（下），1922 年版，第 853～854 页。

〔2〕 左旭初：《中国商标法律史》（近现代部分），知识产权出版社 2005 年版，第 132 页。

〔3〕 《关于商标权之民刑诉讼应依商标法规定办理令》（1923 年 6 月 8 日），载司法例规编纂处：《改订司法例规补编》第一次，1923 年版，第 85 页。

〔4〕 严谔声：《上海商事惯例》，上海新声通讯社 1936 年版，第一册第 407～408、第二册第 537～540 页。

的商标规范，在一定程度上弥补了国家制度的不足，构成商标法的重要基础。

商会通过发挥其了解商情的优势，积极向政府管理机构立言献策，推动商标法修改。1930 年，南京政府在继承 1923 年《商标法》的基础上，根据现实需要颁行新《商标法》。但随着社会经济的发展，新《商标法》的部分内容也逐渐滞后于社会现实。1934 年 7 月，上海市商会向政府提交议案指出，现行《商标法》难以适应工商业发展，部分内容急需修改，并专门邀请工商界领袖和知名律师组成商标法规研究委员会，对商标法进行专题调研，向立法院提出商标法修正意见。[1]

工商业者还在报刊上发表文章，讨论商标法修改问题，如 1935 年 3 月 17 日商标法规委员会主席许冠群在上海《新闻报》发表《修改现行商标法刍议》，提出系统的商标法修改建议。上海机制国货工厂联合会主办的《机联会刊》出版《商标问题讨论号》，对商标法的修改展开专题讨论。[2] 工商界对《商标法》的修改意见集中于第一、二、四条，主要涉及商标文字、读音、善意使用的优先注册条件等问题，特别是第四条规定给予国内善意使用十年以上的商标以优先注册的权利。工商界人士认为，如果不对善意使用的优先注册权进行适当的限制，不仅不利于商标保护，而且还会阻碍国内工商业的发展，只能使经济发达国家的商人从中受惠。[3] 此外，工商界还批评《商标法》注册条件苛刻、手续烦琐，强调《商标法》除了保护商标使用人的商标专用权，更应兼顾我国工商业的初级发展水平，立法者应充分考虑我国工商业者使用商标的实际状况，简化注册条件和手续，为商标申请提供方便。[4]

在工商界督促下，实业部训令商标局加快商标法修改进程，尽

---

〔1〕 国民政府实业部商标局：《商标公报百期纪念特刊》，1935 年版，第 10 页。

〔2〕 国民政府实业部商标局：《商标公报百期纪念特刊》，1935 年版，第 8 页。

〔3〕 国民政府实业部商标局：《商标公报》第 95 期，1935 年版，第 4 页。

〔4〕《汇陈修改〈商标法〉意见》，载《申报》1935 年 5 月 25 日。

快将《商标法修正草案》呈交立法院讨论。同时,商标局简化了呈请商标注册的条件,包括废止呈请注册药品商标须附送药品、化验有关材料的规定,废止呈请商标注册须递交有关产品鉴定证明书的要求,以便商民呈请注册。[1] 1935 年,修订后的《商标法》正式公布实施,工商界的意见得到反映,如据工商业者的建议,在第 1 条中增加了"商标所有之文字,包括读音在内";删除了业界强烈反对的关于善意使用十年以上商标的优先注册权的规定。[2] 商会积极参与商标法规的制定,有助于工商业者将其认同为自己的行为准则和价值判断尺度,加速法律规则内化的进程。

商会通过实践检视《商标法》运作过程中出现的瑕疵,及时向司法和管理部门提出建议,力争有效救济商标权利。1931 年,上海市华商卷烟厂同业公会呈文实业部:既然法律规定"公司非经注册无法人资格并不得使用公司名义",公司注册之后才能开业,就应采取配套措施、取缔借开办公司仿冒商标的行为。该公会议决,从 1931 年 1 月 1 日起,"无论新旧烟公司之商标均须呈准商标局注册,在公司名称未呈准注册以前,不得先将商标呈请注册,借符法规而杜流弊"。并将议案呈送实业部,请求转令商标局执行。实业部批示:"凡为商标专用权之呈请者,除自然人外,如用公司名义必须先行依法取得法人资格,如未登记之公司有先请商标注册者,自应从缓核准",训令商标局遵照办理。[3]

1938 年抗日战争全面爆发,原有商标法规已难以适应战时商标保护的现实需要。1939 年,上海机制国货工厂联合会呈文司法行政部:"查天灾事变及不可抗力之原因,为中断实效之原则,商标法第十八条第一项第二款所称整顿事由,应以此为当然解释",主张

---

〔1〕 左旭初:《中国近代商标简史》,上海学林出版社 2003 年版,第 146 页。

〔2〕 《中华民国商标法》,载蔡鸿源:《民国法规集成》(第 56 册),黄山书社 1999 年版,第 142 ~ 147 页。

〔3〕 司法院参事处:《增订国民政府司法例规补编》(第一次)上册,1933 年版,第 468 ~ 469 页。

“凡厂商因在非常时期不能复业,其停止使用之商标应认为中断,如被侵占妨害,得依法追诉及登报公告”。司法行政部与商标局经调查认为,国货厂商在非常时期停止使用商标的原因主要有四:一是工厂被敌人侵占,不能生产;二是为暴力胁迫而停止营业;三是厂房遭炮火毁损,暂时不能复业;四是受战事影响,无力经营,以致停业。为了审慎证明停止使用的商标,杜绝浮滥,司法院作出规定:“凡厂商有上述原因之一,商标停止使用,须备具切实证件呈由本局查核备案,但经查明或据利害关系人之反证确与呈报不符者,仍得依照《商标法》第十八条之规定办理”,[1]以保护因战争停产厂商的商标权益。

(二)参与商标管理

商会对商标具体管理环节的参与,集中体现在支持从业者申请商标专利和协助政府执行商标法规等方面。商会与商标管理部门的互动与互补,促成了商标法从文本法律向“行动中的法律”的转化,提升了商标法的实施效果。

现存商会档案中有大量商会支持从业者申请商标专利的记录。江苏吴县人杭祖良在杭州开办杭恒富禄记绸缎庄,为防自己所研制的新品种被人仿冒,于1912年将其所制造的文明线织花哔叽样本和“双鹿”商标呈请工商部批准注册,给予商标专利凭证。苏州商会随后呈文工商部并附送该商人的商标及丝织样本,请求授予杭祖良商标专利。[2] 工商部批示:“该商等所呈丝织样本,花色翻新,织工精密,以之推广国货,洵足挽回利权,合先准予立案。一俟商标章程规定颁布后,再行核夺注册可也。”[3]1919年,潮汕等地有商人“将天津原坛高粱老酒拆封搀和火酒,仍贴原装字号,或以坛改瓶,其票

[1] 司法院秘书处:《新订国民政府司法例规》(第4册),1940年版,“补录”第24页。

[2] 《苏商总会致工商部代呈》,载华中师范大学中国近代史研究所、苏州市档案馆合编:《苏州商会档案丛编》(第2辑),华中师范大学出版社2004年版,第122页。

[3] 《工商部批示》,载华中师范大学中国近代史研究所、苏州市档案馆合编:《苏州商会档案丛编》(第2辑),华中师范大学出版社2004年版,第122页。

头票签与天津无疑”,假冒天津原坛高粱老酒牌号售卖。天津酒业公所认为,“天津做酒出洋商号十数余家,牌号不一,商标各异,以致无耻之徒任意仿冒,更得施其伎俩,若不妥筹办法,无以防后患而杜奸邪。”于是召集酒商开会,“拟定公议商标大小两种,凡各商运酒出洋时,除照例粘贴各号牌号外,仍须加贴公议商标,以为形式划一,俾商民易于辨认,而调查亦易于着手”。除在南洋等地报纸上刊登布告之外,还将公议的两种商标转呈天津总商会,由商会转请农商部批准注册,试图通过整合商标及国家注册,加强商标保护力度。[1] 1926 年,天津总商会转请天津县为宝纶织染有限公司的“西施浣纱”商标注册。[2]

按照有关规定,各地商会负责将出口商品的商标样品汇集,呈报海关陈列保护。1923 年,天津总商会将天津宜彰帆布公司、恒源纺织公司、裕元纺织公司等厂家出口货物的商标、货样等呈送农商部,再由农商部转呈海关。[3] 商会是国家商标局了解商标注册情况、劝谕商人注册商标的主要中介。1927 年商标局致函天津总商会,希望其“对于所属商家详加劝导,布告周知,俾于商标实利畅晓无疑,庶保护推行均臻便宜”。同时要求商会调查当地已注册中外商标的使用情况和未注册商标的数量,按照所附表格填写上报。[4]

商会还承担商标预注册及证明等职能。1918 年,天津的五兴烟草公司在开业前拟定“五老”等八种商标牌号,呈送天津总商会

---

[1] 《天津酒业公所报告汕头厦门奸商搀和火酒假冒商标请予查禁函并附公所防范措施》《酒业公所就汕头全潮酒税总局拿获假冒奸商请津商会协助交涉函》,载天津市档案馆、天津社会科学院历史研究所合编:《天津商会档案汇编(1912—1928)》(第 2 册),天津人民出版社 1992 年版,第 2138 ~ 2139、2141 ~ 2142 页。

[2] 《宝纶织染有限公司呈报开业三年恳请注册文》,载天津市档案馆、天津社会科学院历史研究所合编:《天津商会档案汇编(1912—1928)》(第 3 册),天津人民出版社 1992 年版,第 2699 ~ 2701 页。

[3] 《农商部命津商会寄运华洋工厂机制洋式货物样品到沪陈列令并清单》,载天津市档案馆、天津社会科学院历史研究所合编:《天津商会档案汇编(1912—1928)》(第 3 册),天津人民出版社 1992 年版,第 2533 ~ 2535 页。

[4] 《商标局请商会劝谕华商踊跃注册函》,载天津市档案馆、天津社会科学院历史研究所合编:《天津商会档案汇编(1912—1928)》(第 2 册),天津人民出版社 1992 年版,第 1903 页。

"备案存查,以杜假冒而资保护",正式出品后再呈请农商部注册。[1] 清末及民国时期的商会均将"证明"列为商会的重要职能,为"便于商事公断及答复官厅调查",上海等商会专设公证委员会办理商事公证,公证范围包括商事契约、商店资本、商号和商标。凡商店在商会区域内的商家,无论是否入会,均可申请公证。商家就商号、商标事务请求公证,应将商号、商标样本送交商会审查。商会接到材料后,指定1~2名公证委员进行审查,如审查合格即可注册。审查内容主要包括:是否违背法令,事实是否正确,有无纠葛。上海总商会将证明事项登载于其主办的《商业月报》,同时建立公证专册、加盖会章,分类保存。[2]

商会利用自身优势,加强商界自律。商会的职责之一就是督促会员遵守法规,将工商业发展纳入法制轨道,保障会员合法权益。各地商会一再劝告会员不要仿冒他人商标。如1916年10月,农商部针对"各处商人假冒外商牌号,或将货物用相近外货之包皮,并其颜色式样装饰伪造"以图获利的现象,要求各地官府劝导商人"勿得任意假冒,以保名誉而为信用"。直隶省长接文后,训令天津商会遵照办理。天津商会随即布告各地,劝告商人不要假冒外商牌号。[3] 1928年,各地商会根据内务等部命令,劝告业界改良商标图案,维护社会道德。内政部强调:"一切商标图画散布社会,与民众教育有密切关系,用之得当,足以唤起民众,不得其当,足以伤风败俗……近竟有无识卷烟制造业,于烟匣中附送画片,或为赌博用具,或为倡优肖像,甚至为裸体猥亵之类,诱惑人心,妨碍风化,为害匪浅"。该

---

〔1〕《周叔铭韩锡章等集股三万元设立五兴烟草公司请立案旋即歇业清理情形文》,载天津市档案馆、天津社会科学院历史研究所合编:《天津商会档案汇编(1912—1928)》(第3册),天津人民出版社1992年版,第2988~2989页。

〔2〕上海总商会《商事公证规则》(1921年),载上海市商业联合会、复旦大学历史系合编:《上海总商会组织史料汇编》(下册),上海古籍出版社2004年版,第695~696页。

〔3〕《直隶省长朱发布劝谕各商勿伪冒洋货牌号训令》,载天津市档案馆、天津社会科学院历史研究所合编:《天津商会档案汇编(1912—1928)》(第2册),天津人民出版社1992年版,第2136页。

部通过上海、天津、北京、广州、南京、汉口总商会劝令商界改良商标并通令查禁，同时要求各级政府“转饬所属商会及各工商业，速将一切伤风败俗以及其他迷信神权、崇拜帝制之神仙帝王等商标图画一律改作爱国雪耻、劝勤崇俭以及提倡体育、智育、德育等有益社会人心图画文字，他如一切货品之包皮箱匣，亦宜加入此等含意，借以唤起民众，造福国家”。[1]

商会还根据商家的请求调查商标侵权案件，督促政府保护商人正当权益。1923 年，天津酒业公所得知汕头全潮酒税总局缴获一批假冒“天津老坛火酒牌”火酒，立即派代表前往交涉，同时函请天津总商会照会汕头商会，督促汕头公安局及有关官府对侵权者“加重处罚”。[2] 因厦门搀和火酒、假冒商标现象最为严重，酒业公所又派代表到厦门调查，天津总商会致函厦门商务总会，要求“派员协同调查，设法严禁，务期断绝根株，以维商业”。[3] 1923 年，有商人“在沧县购买水菜，仿照天津冬菜瓦罐装样，票头票签翻印同永顺、永丰泰、义源永、义济永等字号，并加印天津字样”，售与各帮转运出口，以假乱真。应天津酒业公所请求，天津总商会照会西营门统税局“遇有外来冬菜票签装签刊印天津名目，并有与天津字号相同者，即行抓获，以凭究办”。[4]

商会通过对商标争讼案件进行前置审查，为司法机关分担压力，保障商标法规的执行。1923 年《商标法》正式颁行后，“商标诉

---

〔1〕《江苏吴县建设局为奉令劝告改良商标图画以挽风化事致苏州总商会函》(1928 年 7 月 3 日)，载华中师范大学中国近代史研究所、苏州市档案馆合编：《苏州商会档案丛编》(1928—1937 年)(第 4 辑上册)，华中师范大学出版社 2009 年版，第 533 页。

〔2〕《天津酒业公所报告汕头厦门奸商搀和火酒假冒商标请予查禁函并附公所防范措施》《酒业公所就汕头全潮酒税总局拿获假冒奸商请津商会协助交涉函》，载天津市档案馆、天津社会科学院历史研究所合编：《天津商会档案汇编(1912—1928)》(第 2 册)，天津人民出版社 1992 年版，第 2138～2139、2141～2142 页。

〔3〕《天津酒业公所报告汕头厦门奸商搀和火酒假冒商标请予查禁函并附公所防范措施》，载天津市档案馆、天津社会科学院历史研究所合编：《天津商会档案汇编(1912—1928)》(第 2 册)，天津人民出版社 1992 年版，第 2138～2139 页。

〔4〕《酒业公所请查禁沧州奸商假冒天津冬菜字号包装及沧州商会复函》，载天津市档案馆、天津社会科学院历史研究所合编：《天津商会档案汇编(1912—1928)》(第 2 册)，天津人民出版社 1992 年版，第 2140～2141 页。

讼层见迭出”,其中尤以商业繁荣的上海最为突出,司法机关颇感棘手。有鉴于此,上海总商会呈请农商部授权设立商标审查委员会,“凡有因商标发生纠葛事,应由当地法庭交该地总商会先行审查,如确有商标假冒情事,再行诉讼”。[1] 在外商捏造事实、诬指华商商标侵权的讼案办理过程中,商会坚持以事实为根据,以法律为准绳,伸张正义,有效地维护华商的正当权益。

(三)调处商标纠纷

清末商会成立之前,除行会性质的公所等可依据行规对违规者进行惩处外,商事裁判权主要掌握在官府手中。商会成立后,在内部设立商事裁判机构,调处商事纠纷。中国近代商事裁断机构从最初的商会裁判所、商事公断处到商事公断委员会,经历由非正规到正规的发展过程。[2]

1904 年清政府制定的《商会简明章程》规定商会有权调解商事纠纷。[3] 为此,商会设立商事裁判所,负责受理商事纠纷。商会受理的讼案均与商务有关,商标侵权纷争占有相当比重,如苏州商会成立后即着手办理商事纠纷,1905—1911 年共审理商标纠纷案 7 件。[4] 商会通过下属的商事公断机构,对会员采取监督、调解、自

---

[1] 《1923 年 4 月 18 日上海总商会第 9 期常会议案》,载上海总商会《总商会月报》第 3 卷第 5 期。

[2] 南京政府时期部分商事公断处改称“商会公断委员会”。学界对商会商事裁判研究颇多,如朱英:《清末苏州商会调解商事纠纷述论》,载《华中师范大学学报》1993 年第 1 期;马敏:《商事裁判与商会——论晚清苏州商事纠纷的调处》,载《历史研究》1996 年第 1 期;付海晏:《民初商会的舆论表达与实践——立足于商事裁判权的历史研究》,载《开放时代》2002 年第 5 期;《清末民初商会裁判组织的演变》,载《华中师范大学学报》2002 年第 2 期;郑成林:《近代中国商事仲裁制度演变的历史轨迹》,载《中州学刊》2002 年第 6 期;虞和平:《清末民初商会的商事仲裁制度建设》,载《学术月刊》2004 年第 4 期;张松:《清末民初商会商事裁判权的确立与发展》,载《求索》2010 年第 6 期。但研究时段局限于清末民初,重点在于商事裁判组织沿革、制度建设与作用。

[3] 《商会简明章程》,载《大清光绪新法令》(第 16 册),商务印书馆编译所 1909 年版,第 38 页。

[4] 《苏州商务总会受理商事纠纷一览表》(1905—1911),载华中师范大学历史研究所、苏州市档案馆合编:《苏州商会档案丛编》(第 1 辑),华中师范大学出版社 1991 年版,第 530 ~ 560 页。

我规范等措施，维护商标法的有效运行。1913 年，北京政府颁行《商事公断处章程》，规定公断处附设于商会，对商人之间的争议进行裁断，以息讼和解为宗旨。随后又颁布《商事公断处办事细则》，对有关事项做出具体规定。但由于章程规定裁断结果须“两造同意，方发生效力”，其强制执行也必须由法院宣告，限制了商会裁断权力，遭到商会反对。商会一再要求修改，政府则以维护司法权统一为由拒绝。直到 20 世纪 20 年代《民事公断暂行条例》颁布，商会公断的法律效力得到初步解决，[1] 标志着商会商事公断权趋于完善和明确，为商会解决商标纷争奠定基础。如天津商会在 1919—1928 年间办结商标案 4 件，均取得理想的社会效果。[2]

南京政府时期，国家在强化对商会等社会团体控制力的同时，进一步明确商会在调处商事纠纷方面的法律地位。[3] 1930 年《民事调解法》规定，为了减少讼累，第一审法院附设民事调解处。凡人事诉讼事件及初级管辖民事事件，除经其他调解机关调解不成立，或调解处主任认为不能调解者，非经民事调解处调解不成立，不得起诉。[4] 1931 年，司法院在训令中明确指出，商会属于法定调解机关，[5] 商会调解由此构成商标诉讼的前置条件。1932 年，山东商河县法院就商会调解成立事件，法院应否强制执行等问题呈请司法部解释，司法院答复：“商会调解成立事件，如双方均无异议，应为强制

---

〔1〕 张松：《清末民初商会商事裁判权的确立与发展》，载《求索》2010 年第 6 期。

〔2〕 天津市档案馆、天津社会科学院历史研究所合编：《天津商会档案汇编》（1912—1928）第 2 册，天津人民出版社 1992 年版，第 2138～2142 页。

〔3〕 现有成果在未进行细致分析和实证研究的情况下，通过推论得出结论，认为南京政府时期国民党实行一党专制，加强对社会团体的控制，商会的裁判功能也趋于弱化。参见朱英：《清末苏州商会调解商事纠纷述论》，载《华中师范大学学报》1993 年第 1 期；付海晏：《民初商会的舆论表达与实践——立足于商事裁判权的历史研究》，载《开放时代》2002 年第 5 期；《清末民初商会裁判组织的演变》，载《华中师范大学学报》2002 年第 2 期；郑成林：《近代中国商事仲裁制度演变的历史轨迹》，载《中州学刊》2002 年第 6 期。

〔4〕 《民事调解法》（1930 年），司法院：《增订国民政府司法例规》中册（上），1930 年版，第 1111 页。

〔5〕 《司法院训令江苏高等审判厅》，载严谔声：《商人团体组织规程》，上海市商会 1936 年版，第 88～89 页。

执行者,自可援照从前办法,由当事人向管辖法院声请宣告",[1]再次从法律上明确了商会调处纷争的效力,商会商事仲裁是政府允肯的法律行为。1935 年浙江省政府公布的《浙江省各市县镇商会公断简则》明确规定:"商会公断后,两造均无异议,应为强制执行者,得呈请地方行政官署为之执行。其涉及司法者,将公断结果声请管辖法院为之宣告并强制执行。"[2]此类规定具有双刃剑的作用,在强化商会公断强制力的同时,无疑也弱化了其自治性。但就短期效果而言,则增强了商会公断机构的吸引力。

商会公断与司法机关断案不同,属于"不完全的司法职能",[3]具有民主、快捷等优势。首先,在理案方式上,商会主要通过倾听原被告双方申辩,深入调查研究,在弄清事实的基础上,反复进行调解,最终做出公断,充分尊重当事人,打破了原被告匍匐公堂的传统审理方式。1913 年《商事公断处章程》规定,公断处有权受理并进行仲裁的案件主要包括两种,一是起诉前由双方商人同意自行声请交商会裁断的案件,二是起诉后由法院委托商会调处的案件,"已经起诉之案无论出自商人声请或法院委托,在两造情愿息讼,对于法院均有撤回陈诉之权"。商会公断过程中,评议员可以询问证人、鉴定人,但不得强制其到场或具结。商事争议由评议员 3 ~ 5 人通过投票、以多数表决的方式作出;负责个案的评议员由处长在评议员中抽签决定,并临时公推 1 人为评议长。[4] 公断结果非经双方同意不发生效力,一旦得到双方同意即为理结,公断发生效力;除非发现公断所据事实有重大错误,或有显然与公断抵触的新证据,不得再有异议。理结案件如涉及赔偿等事宜,由当事人寻求具有殷实信用

---

〔1〕《指示商会调解事件执行疑义令》,载司法院参事编:《增订国民政府司法例规补编》第一次(上),1933 年版,第 471 页。

〔2〕《浙江省各市县镇商会公断简则》,载严谔声:《商人团体组织规程》,上海市商会 1936 年版,第 80 页。

〔3〕朱英:《清末苏州商会调解商事纠纷述论》,载《华中师范大学学报》1993 年第 1 期。

〔4〕《商事公断处章程》,载司法例规编纂处《改订司法例规补编》第二次,1925 年版,第 58 ~ 60 页。

的保人担保,如无适当保人则应函请法院宣告强制执行,如财产涉及行政事务则请官府查核施行。除有秘密事由外,评议均公开进行。如果当事人双方或一方不服,还可赴法院起诉。[1] 商会公断商标纠纷的方式与程序适用上述规定。如天津广茂居酱园在1917年发现有人假冒其牌号营业,对其信誉造成重大影响,遂向天津总商会提出陈诉,请求该会"速为传究,从严取缔"。是年11月1日和3日,天津总商会对此案进行评议。请议方代表王兰亭和被议方代表崔鸣五、张永成到场。经1日评议,裁决"在同一区域不得设立同一商号,该京都广茂居既设立在后,似有混同,应事更改,以示区别"。张永成当场同意与铺东商量更改方案,三日内做出答复。3日,张永成到场供称,经与东家商议,决定将字号改为广隆居,公断处当场议决:"该当事人速行另刻牌匾,将已废之广茂居图章克日呈会存案",体现了双方合意性。[2] 商会断案体现出以理服人、民主断案的特点,相对于近代法院的对抗性诉讼,更有助于双方当事人达成妥协,消除对立情绪,从根本上减少矛盾与冲突。

其次,商会断案快捷公正。新式法院的特点在于坚持形式主义,救济程序繁复,断案首重证据。但商标案件专业性强,法官商业知识有限,特别是中国商人交易多以诚信为凭,不重书证,法院强调证据的裁判方式极易导致案件拖延不结,裁判结果不公。相对于法院的低效率、高代价,商会则将商事习惯作为公断的重要根据,依靠专业人士裁断纷争。1913年通过的《上海总商会公断处办事细则》规定,该处"以处理商事之争议、息讼和解为宗旨","履行公断,依据现行法令及商事习惯办理"。[3] 1914年北京政府颁行的《商事公

[1] 《商事公断处办事细则》,载司法例规编纂处:《改订司法例规补编》第二次,1925年版,第61~66页。

[2] 《广茂居王兰亭申述立店二百余年被人假冒情形函及商会判词》,载天津市档案馆、天津社会科学院历史研究所合编:《天津商会档案汇编》(1912—1928)》(第2册),天津人民出版社1992年版,第2136~2137页。

[3] 《上海总商会商事公断处办事细则》,载上海市工商业联合会、复旦大学历史系合编:《上海总商会组织史资料汇编》(下册),上海古籍出版社2004年版,第690~695页。

断处办事细则》规定:“公断处评议事件得依据各该地方商事习惯及条理行之,但不得与现行法令中之强制规定相抵触。”[1]此外,商会作为商人的组织机构,了解工商业的具体情况,案件审理者是当地享有声望的工商人士,熟悉商业习惯,较易切中纷争症结。公断处的评议员、调查员由商会会员投票选举产生,处长由评议员互选产生,保证公断处由了解本地商情、具有较高信誉的商会会员组成。正如时人所称,公断处“职员皆商界宏达”之人,“评议商事,以诚恳之意见,精确之考量,持之以公道,动之以利害,衡情酌理,务得其平。当事人良心表现,意气自消,无论若何纠葛,当不难迎刃而解”。[2] 前述广茂居酱园维权案,天津商会经过两次评议即作出公断,而且所采取的措施切实可行。简易的程序和谙熟商业规则的专业人员共同保证了商会公断的高效性,有利于降低商业交易成本,易于获得商人青睐。

再者,商会裁断的效力基础是内部形成的互惠机制。商会裁断的效力与政府的认同和支持有关,但强制力并非其成功的关键。商会裁断结果得到商人的遵守,主要源于商人团体内部形成的互惠机制,商人团体能够产生重大的联合抵制作用。1921 年,天津春永堂假冒同仁堂药店牌号出售虎骨酒,“其外皮牌号刷印字样与商号装潢文字无异”。同仁堂一方面向法院具状诉讼,寻求司法救济,同时去函天津总商会,恳请商会“设法维持以保商业”。天津总商会为此发布布告:“嗣后购用此项药酒,务须认明同仁堂确实商标,倘再发现伪造假冒情弊,准由该商随时扭会,呈请依法重惩”,迫使仿冒者停止侵权。[3] 前述沧州商人仿冒天津冬菜商标案发生后,天津总

---

〔1〕《商事公断处办事细则》,载司法例规编纂处:《改订司法例规补编》,1925 年版,第 61 ~66 页。

〔2〕《第四届处长方椒伯就任演说辞》,载《申报》1920 年 9 月 23 日。

〔3〕《同仁堂药店诉陈春永堂假冒该店药酒出售函并津商会严禁假冒布告》,载天津市档案馆、天津社会科学院历史研究所合编:《天津商会档案汇编(1912—1928)》(第 2 册),天津人民出版社 1992 年版,第 2139 ~2140 页。

商会致函沧州商会协助查禁。沧州商会积极配合,"对于运外境及转运出口之商货,向持提倡维持主义,力劝各该商家不得搀和赝质,以假乱真",并召集商号展开调查,对冒牌仿制者进行惩罚。[1] 商户之所以向商会寻求救济,主要是基于联合抵制的效能。联合抵制是一种高度有效的制裁。如果商人拒绝接受商会裁决结果,其声誉将会受到严重影响,甚至受到整个商人团体的集体排斥,其交易能力自然也被同行们所控制。这是一种比物质更为有效的强制。[2]

商会快速、公正的纠纷解决方式迎合了近代商业的发展潮流,取得显著成效,深受官商赞誉。天津商会成立五年,理案"无虑千百起",被报纸赞誉为天津商会的十大特色之一,成为吸引商人入会的重要因素。[3] 时人称赞"公断商事各案,早著成绩","为商人另辟解决争议之捷径。……无种种繁重之手续,无多数之费用……在商人有特别之便利,能代商人节省金钱与光阴之机关也。"[4] 依据法令与商业习惯,通过动之以情,晓之以理,公正快捷断案,商会成为民国时期推动商标法运行的重要力量。

埃利希曾说:"法的发展的重心既不在于立法,也不在于法学,或司法判决,而在于社会本身。"[5] 长期以来,中国学术界对商会研究的聚焦点一直在国家与市场之间转换。事实上,除了国家治理和市场调节之外,还有第三种治理方式即社会治理。从"社会与国家"的视角来看,中国法治的实现既需要保证一定的社会秩序和政府动员能力,同时也需要通过发展社会力量形成对政府的有力制约,保

---

〔1〕《酒业公所请查禁沧州奸商假冒天津冬菜字号包装及沧州商会复函》,载天津市档案馆、天津社会科学院历史研究所合编:《天津商会档案汇编(1912—1928)》(第2册),天津人民出版社1992年版,第2140～2141页。

〔2〕[美]布鲁斯·L.本森:《没有政府的正义:中世纪欧洲商人法庭及其现代版本》,徐昕、徐昀译,载史际春、邓峰主编:《经济法评论》(第三卷),中国法制出版社2002年版,第76～110页。

〔3〕宋美云:《近代天津商会》,天津社会科学院出版社2002年版,第250页。

〔4〕《第四届处长方椒伯就任演说辞》,载《申报》1920年9月23日。

〔5〕《作者序》,载[奥]欧根·埃利希:《法社会学原理》,舒国滢译,中国大百科全书出版社2009年版。

证政府的“现代化导向”。[1] 商会正是这种社会力量的代表。在民国商标法运行过程中,商会通过自治,协助政府维持商标秩序,提高政府的社会动员能力;同时又通过建言献策、为工商业者争取正当权利,制约政府行为,确保商标法的现代性与适应性。商会促成了民国社会治理的多元化,在一定程度上弥补了市场和政府治理的不足。商会依靠成员的信任、合作、自律和社会惩罚等治理机制,减少交易中的机会主义,矫正市场和政府对商标规制的失灵,表明在社会经济生活中除了市场和政府之外,还存在第三种治理机制,即社会团体和中间组织。在当代中国社会转型、法治体系不够发达的社会背景下,建立在合作与协商基础上的社会组织的调处,有助于实现市场、社会与政府三种机制的有机结合,应对诉讼爆炸,缓解法院拥挤,节省国家司法资源,促进有效的商标保护机制的形成,推动社会经济的均衡发展。民国商会在商标法运行中的地位与作用表明,法律规则应当从社会成员在自由状态下形成的制度安排中汲取和认识,制度的产生和运行离不开社会组织的协作,社会组织在法治秩序构建中的基础作用不容忽视,将国家强制作为法治建设的唯一动力,忽视社会资源的积累,结果只能是欲速则不达,甚至将中国引向法治的歧途,陷入有法制而无秩序的困境。

---

〔1〕 邓正来、[英]J. C. 亚历山大编:《国家与市民社会》,中央编译出版社 1999 年版,第 14 页。

结 语

按照传统法律理论，法律必须通过国家权力制定或认可，法律制定是法制建设的中心。中央国家机构处于权力金字塔的顶端，居高临下地以法律的名义发号施令，地方政府和广大民众理应认真贯彻和执行法律，保证最高权力意志的实现。该理论将法律视为一个自我封闭的体系，由立法者赋予法律全部的确切含义，地方政府无权解释法律，民众在法律实施中只能是法律的遵守者。在这一理论的影响下，中央与地方被定位为截然不同的角色，中央是规则的主动供给者，法律的制定与解释权只能配置给中央国家机构，地方则只是规则的被动接受者。但法律发展的实际状况远比上述理论假设复杂得多。任何规则均非完美无缺，任何法律解释均需要更具体的解释。中央制定的法律需要地方填充更为具体、细致的内容，需要在地方法律实践中进行检验。中央法律的有限性与现实生活的复杂性，决定了地方法规存在的必要性与现实合理性。所有法律的具体操作均需由地方官针对具体情形进行解释和适用，而立法技术本身的局限，更决定了地方法规的不可或缺。

我国的法学研究长期立足于中央法层面，局限于法制自上而下的推动与实施，对自下而上的法制发展缺乏应有关注，导致了对法制转型历程认识的独断与单一。法学研究不仅要关注中央法，也要关注地方法，坚持中央法与地方法两方面研究齐头并进，分析二者转型的具体路径及差异，论证其各自在转型过程中的地位与作用，厘清二者之间的相互关系。通过对近代广东法制发展历程的研究，透视法制发展与社会环境的关系，揭示地方法制的地位与作用，不仅具有理论意义，而且可以为现代法治建设提供借鉴。

近代广东法制发展的主题是法制转型。法制转型是一个国家和社会伴随社会转型由传统法制向现代法制转化的历史过程。法制转型是一项立体性工程，不仅以中央法的现代化为基础，而且也需依托地方法制的丰富与发展，需要多层次、全方位的法制变革，既需要中央“自上而下”的推进，又需要地方“自下而上”的行动。法律形式理性的实现是法制转型的目标之一。法律不仅仅是指中央法，还应该包括地方法等不同层次的法律，完全意义上的法律转型应该是各层次法律规则的全面现代化。

法律有多个层次，不仅有中央法，还有地方法，而地方又有省与州(市)县之别。地方直接面对社会基层，是国家政权组织的重要构成部分。地方不仅是法律实践的重要场域，而且享有一定的立法权限。地方政府不仅是执法者、司法者，也是重要的立法者。各级国家机关、社会团体以及广大民众，分别从不同角度参与法制建设，并且各有其不可替代的重要作用。作为国家机关重要构成部分的地方政府，因为介于中央与民众之间，往往更能及时了解并回应民间权利诉求，自下而上地做出制度性反应或创新，甚至引领法制发展潮流，促进国家法制的根本突破。

清代既有以省例为代表的省级立法，也有府州县等基层官府发布的告谕性地方法规范。地方官府通过告示、禁令等方式颁行地方管理条规，保证法令在民间社会的实施，是传统社会实现地方管理的主要方式。地方法与中央法保持一致,是二者关系的主导方面,省级立法一般不会明显偏离中央立法精神。但在实践层面上,地方毕竟拥有一定的立法自主权。以广东省例为代表的地方立法的大量存在表明,中央对地方的控制并非绝对不可动摇。清代广东地方立法已经相当成熟与系统,除直接重申中央法的谕示性立法外,施行细则、解释性立法均在不同程度上构成对中央法的发展与补充,部分内容还在一定程度上构成对中央法的重新塑造。而针对地方特有情形的立法,更具有填补法律空白的作用,这些地方法规不仅大大丰富了国家法,而且增进了法律体系的完整性,对保障制度的正常运作与有效实施具有重要意义。

清末以降,中国启动法制转型的工程,现代法制越来追求法律的形式化与统一性。但由于地方的实际情况有别,地区性的利益驱动有增无减,地方法变通或规避中央法的现象长期存在。近代中国政局动荡,中央控制力下降,广东在相当长的历史时段更是处于相对独立的政治地位,拥有较大的立法自主权,在法制建设方面多有创建。无论是惩治盗匪、禁止械斗、严惩贪污腐败等刑事立法,铺底顶手、土地登记管理、商业贸易等民商经济立法,还是政党关系、行政组织、社会团体、劳资关系等方面立法,均多有创新,形成了相对独立的法律体系,其中屡有地方法规变通或规避中央法的情况,体现了地方立法的相对独立性。从近代广东地方法制的发展历程来看,中央对地方的控制关系,绝非单向的命令与被命令、决定与被决定,而是此消彼长、相互作用的动态发展过程。地方政府并非只是一味地遵从中央的规定,他们往往通过立法的形式,表达自身的利益与要求,甚至会背离中央法的相关规定。正是地方的法律实施机构、政府官员以及社会公众,在不断地丰富和发展法律的内容。这就决定了法律实施者并不只是法律的被动接受者,他们在实施法律的过程中不断参与法律创制,成为法律的阐释者。就此而言,法制转型不仅是中央法的转型,还应包括地方法的转型,而且地方法的转型是国家法制转型的基础与归宿。

法制转型是一项综合性的工程。法制转型涉及法律的形式理性,法律机构的现代化,法律职业群体的形成,法治社会文化的发展,法律观念的现代化,以及法律与政治的相对分离等多个方面。上述诸方面密切相联,共同形成有机共进的结构体系,其中任何一个目标被忽视,都会直接影响其他目标,并进而阻碍法制转型的最终实现。

司法机构以及法律职业群体的现代化是法制转型的核心内容。法院和法官作为法律组织的重要构成部分,在法制转型进程中扮演着重要角色。广东高等法院的机构设置及运行情况表明,南京国民政府时期的法制转型已经取得了显著成就。广东高院地位独特,不仅发展起点较高,而且组织体系基本完善。特别是在西南体制下,广东司法资源比较充足,高等法院及其分院得到较快扩展,体现出因地制宜的特点;司法人员专业化程度较高,绝大多数接受过比较系统的专业训练,具备良好的专业素养;科学管理机制初步形成,通过推行绩效考核与奖惩、地院院长出巡分庭等制度,努力提高司法效率。虽然广东高等法院仍然具有传统的一面,而且存在独立程度受限、基层法院法官水平参差不齐以及司法腐败等制约性因素,在一定程度上减缓了法制现代化的进程,但总体而论,广东高等法院内部机构设置合理,分工细致明确,不同部门之间紧密配合并相互制衡,具有明显的科层制、专业化特征,与传统司法机构具有本质的不同,成为法制转型的重要标杆,标志着法制转型的阶段性成功。

正确处理法律与习惯的关系,是法制转型无法回避的问题。长期以来,国内学者过度强调法与国家的密不可分,认为只有国家才能制定法律,将法律与国家性、强制性、统一性、排他性直接相连,将其他各种社会规范完全排除在法的范畴之外。在这种理论的影响下,法学研究长期专注于成文法典,对实际生活中广泛存在的习惯性规范缺少应有关注,导致对法制转型过程认识的割裂与偏狭,难以清晰而全面地认识法律条文与民众生活之间的沟通途径与方式。奥地利社会法学家埃利希认为,“每一个社会都有一种内在秩序用以结合组成社会的众人,即使它没有变成现行法中的条文,也支配着生活本身。……法律家不仅需要知道法律制度下的实际规则,同时也要了解今天活法规范性的内在秩序”。“活法并不是静止的,而是一个不断变动的进程,因此现行法需要不断地去迁就它,社会中流行的伦理价值将会反映在活法之中,因此负责发展法律制度的人,为了使法律与现行道德步调一致,就必须与社会上这种内在秩序的内容保持密切的联系。”〔1〕习惯性规范是法律秩序的重要构成部分。作为社会规范的形式之一,习惯在法制转型过程中的地位、演变及其与法律的关系,是研究法制转型必须回答的问题。

就近代广东而论,在法制转型的过程中,习惯长期发挥着沟通法律与社会现实生活的作用。由于近代中国法制转型主要是政府自上而下推动的结果,与之伴随的是大规模移植西方法律的过程,虽然政府曾多次组织习惯调查,但这些调查成果并未在立法中得到充分反映,由此造成法律过度西化与超前,严重脱离我国社会生活的实际需要,呈现出明显的“两张皮”现象。在近代社会新旧交替并存的历史背景下,许多社会纷争并非法官仅靠熟读法律条文所能圆满解决。因此,立法者对习惯的认识经历了沉浮消长的过程,由清末民初的排斥与否定,发展为民国中期的重新肯定与采用。特别是在20世纪30年代的法律民族化运动中〔2〕,出于构建中国化民族法律体系的需要,习惯的地位得到提升。

广东作为新旧混合之区,商品经济发展水平较高,商业交换频繁,民间习惯特别是商业习惯发达而且活跃,不仅构成民国时期司法适用的裁判依据,而且部分习惯还通过地方立法上升为成文法

〔1〕 [英]丹尼斯·罗伊德:《法律的概念》,张茂柏译,新星出版社2005年版,第167页。

〔2〕 关于民国时期的法律民族化,江照信曾有专门研究,参见江照信:《中国法律“看不见中国”——居正司法时期(1932—1948)研究》,清华大学出版社2010年版。

规，另有部分习惯通过司法机关的适用而形成判例，对同类案件的处理具有拘束力。就近代广东司法而言，被司法机关采用的习惯，并非如有学者所认为的主要限于“法谚”，而是呈现出形式多样化的特点，涉及钱债往来、房屋租赁、土地买卖、婚丧嫁娶等主要生活领域；这些被采用的习惯与滋贺秀三所说的“情理”虽有共同之处，但也存在明显差别。一般来说，习惯体现情理要求，但其表现形式更为明确具体，与情理的模糊、抽象明显不同。司法机关通过对习惯的适用，实现了现代化的法制与民众现实生活的衔接与沟通，在一定程度上缩小了法律与社会现实之间的裂缝。当然，近代法官对习惯的适用，必须经过解释、论证与选择的过程，实际上也是用现代法律理念阐释习惯、重塑习惯的过程，经过法官的选择与过滤，与现代法制精神不符的习惯遭到了否定与摒弃。因此，习惯在司法中的适用，不仅有助于化解转型过程中法制“不接地气”的困境，而且也促进了习惯的发展与演变，是习惯不断根据社会发展需要向现代转型的过程。

近代广东法制发展的历程表明，法制是一种阐释性实践活动，制度变迁的动力蕴藏在社会之中。本地的文化传统、社会现状是法律生长的土壤与气候，法制转型的实现不仅取决于法律制度本身，而且也取决于其所处的社会环境。法制现代化并非只是将其他国家的法律直接拿来为我所用，而应以本国社会文化为基础，结合社会实际需要，适度引进西方法律，逐渐改善固有法律传统，使其不断适应现代社会的实际需要。国家在推进法制现代化的历程中，既要关注法律的移植，更要重视法律成长环境的改良。其中，正确引导与发挥商会、宗族等社会组织在社会秩序维护方面的作用，自然是题中应有之义。

宗族具有正负双重功能，而非简单的革命对象。在近代中国法制转型的过程中，由于社会管理体系尚不健全，具有血缘关系基础的家族群体，长期承担着为民众提供精神寄托和促进生产、生活合作互助的重任，在确定权利义务关系、定分止争以及实现社会自治等方面发挥了重要。与此同时，在法制转型的过程中，宗族也根据社会实际需要不断进行自我调整，从血缘团体转变为民主管理、追求社会公益与宗族性并重的社会组织，在一定程度上弥补了国家力量的不足。特别是在乡村基层社会，宗族长期是秩序维护的中坚力量。宗族掌握着基层社会的知识和文化权力，集司法、祭祀、教化、经济管理等社会责任与权力为一体，成为乡土社会秩序的实际维持者。宗族在基层社会所营造的意识形态网络，是传播国家法令的过滤器，成为国家法令实施的重要通道。同时，宗族通过对其成员日常生活的规范与管理，保障其思想行为与国家规范的一致。以宗族作为媒介，从中央到州县、从城市到乡村，不断进行互动式的渗透，将乡村社会整合到国家秩序范围之中。

与宗族不同，商会是清末社会转型过程中出现的新生事物，其本身就是近代资本主义发展的产物。商会打破了血缘、地缘和业缘的传统社会团体认同标准，属于近代意义上的社会组织，更具时代使命感。正如商会章程所言："商会者，联商情，开商智，以扩商权也。"[1]根据近代商会法律和商会章程，联络工商、调查商情、兴办商学、维持市场秩序、调处商事纠纷、参与拟定商法是商会的主要功能。其中，与政府沟通配合，维护商业秩序，调处商事纷争，参与拟定商法等均与社会秩序的维持直接相关，特别是在规范经营行为、维持市场秩序等方面，具有政府难以替代的作用。近代广东商业团体众多，影响力强大，参与法制建设的作用也相当突出。广东商会通过参与法规拟定、主动建言献策、监督政府行为等，助推法制转型的进程，促进社会和谐。在商会内部，通过强化共同理念和目标，化解纠纷，平衡利益，加强了团体内部的团结；对于外部，商会通过"下情上达""上情下达"等方式，协调关系，保障权益，实现公民自治，促进社会矛盾的解决，维护社会稳定。特别是通过多种方式，直接或间接参与法律法规的制定，促进法律的完善，反抗政府不法行为，

[1] 《余姚商务分会简章》，载绍兴《商业杂志》第2年第1号，转引自章开沅：《就辛亥革命性质问题答台北学者》，载《近代史研究》1983年第1期。

对保证法制的现代化走向具有重要作用。地方士绅、宗族和商会在近代法制转型过程中所扮演的角色说明，法制转型离不开社会力量的配合与推动，社会组织的现代化，是法制转型的重要基础与必备条件，正确引导宗族转型，充分发挥宗族和商会等社会组织在秩序建构方面的积极作用，是实现法制转型不可或缺的环节。

在法制转型的过程中，必须正确处理政治与法律的关系。中国法制转型所走的是政府推进型道路，这就决定了法律对政治具有高度的依赖性，民国时期的司法党化即属此类例证。南方政府、南京国民政府均坚持以国民党党义为立法、司法指导思想，典型如西南时期的广东高等法院，不仅长期坚持组织法官学习党义，领会党纲精神，而且要求法官的司法活动符合三民主义的要求；每当召开院务会议，首先要诵读孙中山的《总理遗嘱》，广东高院编印的机关刊物《广东高等法院月报》《广东高等法院司法月刊》等均在扉页登载孙中山遗像和《总理遗嘱》。司法党化导致政治与法律高度混同，限制了司法的中立。当然，由于全国各地的社会经济条件存在差异，各种因素对法制变革的影响程度轻重不一，“在某时某地经济因素较为重要，在某时某地政治因素较为重要，在某时某地宗教的因素较为重要”。[1]

从清代到民国，虽然社会性质有别，但均处于法制转型的通道之中，具有明显的历史连续性，如何实现中央法与地方法的协同发展，提高司法效率，防治司法腐败，妥善处理法律与习惯的关系，更好地借助社会力量推进法制发展，以及建构合理的政治与法律关系框架，是百余年来持续不断地探讨的难题。民国中期，法制转型的硬性目标已经初步实现，主要表现在立法成果丰硕，基本实现了法律的形式理性，建立了比较系统、完备的法律体系，司法机构普遍设立而且初步达到了现代化的基本水准。但软性条件却明显滞后，主

〔1〕［美］哈罗德·J. 伯尔曼：《法律与革命：西方法律传统的形成》，贺卫方译，中国大百科全书出版社1993年版，第651页。

要表现为以宗族为代表的社会组织的现代性有待提高，法律与习惯的沟通与衔接渠道不够畅顺，司法适用习惯的机制不够完善，特别是法律对政治的依附关系长期未有明显改观，司法独立并未能真正实现。

法制发展是中央法、地方法及社会力量相互交织与互动的结果。无论是法制现代化的硬性还是软性标准，均需政府与社会的双向推动才能真正实现。不仅中央立法与司法至关重要，地方法制及社会自治的发展也举足轻重。近代广东法制发展的历程表明，地方立法、司法的创新与发展，风俗习惯的合理适用，以及各种社会力量的形成与助推，均直接关乎法制建设事业的进退与成败。法制的彻底转型，既需要中央政府自上而下的强力推动，也需要地方社会自下而上的不断改良。法学研究应该在注重中央法的基础上，进一步拓展学术视野，充分关注地方法制，探讨地方法在法制发展中的地位，重视传统文化与法制转型的辩证关系，以及其他社会因素对法制发展的影响。在一如既往地关注法制统一性的同时，更应将法律的地域性研究视为责无旁贷的责任与使命；通过对地区性法制的研究，发现法制发展的社会动力，更为全面、客观地认识中国法律文化，推动法制史学科的深化，丰富法学研究的内容，为当代法治建设提供历史文化资源。

参考文献

一、档案及资料汇编

宫中档·朱批奏折,中国第一历史档案馆。

广东省司法厅档案,广东省政府档案。

广东省政府档案,广东省档案馆。

广州市档案馆司法档案。

中国第二历史档案馆司法档案。

中国第二历史档案馆编:《国民党政府政治制度档案史料选编》,安徽教育出版社1994年版。

中国第二历史档案馆编:《中华民国史档案资料汇编》,江苏古籍出版社1919~1999年版。

广东省档案馆编印:《民国时期广东省政府档案史料选编》,1987年。

孔庆泰主编:《国民党政府政治制度档案史料选编》,安徽教育出版社1994年版。

赵宁渌主编:《中华民国商业档案资料汇编》,中国商业出版社1991年版。

蔡鸿源主编:《民国法规集成》,黄山书社1999年版。

荣孟源主编:《中国国民党历次代表大会及中

央全会资料》,光明日报出版社 1985 年版。

蒋永敬编:《北伐时期的政治史料》,台湾正中书局 1981 年版。

司法院秘书处编:《新订国民政府司法例规》,1940 年。

司法院编:《增订国民政府司法例规》,1931 年。

《清末奏底汇订》,全国图书馆文献缩印中心 2004 年版。

广州市土地局编:《广州土地局登记及征税法例汇集》,1926 年。

广东省政府秘书处编印:《广东省单行法令汇编》,1930 年。

赵灼编辑:《广东单行法令汇纂》,广州光东书局 1921 年版。

廖廷谔、余庆华编:《西南现行法令汇编》,广州广智书局 1935 年版。

朱有瓛:《中国近代学制史料》,华东师范大学出版社 1983 年版。

曹思彬等:《广州近百年教育史料》,广东人民出版社 1981 年版。

郭卫编:《大理院判决例全书》,会文堂新记书局 1932 年版。

故宫博物院明清档案部编:《清末筹备立宪档案史料》,中华书局 1979 年版。

余绍宋编辑:《司法例规》,京师第一监狱 1922 年版。

刘清景主编:《新编民事法规判例、解释、决议全集》,台湾大伟书局 1992 年版。

汪庆祺编、李启成校:《各省审判厅判牍》,北京大学出版社 2007 年版。

刘小萌主编:《北京商业契书集》,国家图书馆出版社 2011 年版。

中国社会科学院近代史所近代史资料编辑组主编:《陆海军大元帅大本营公报选编》,中国社会科学出版社 1981 年版。

商务印书馆编译所编印:《大清光绪新法令》,1909 年。

广益书局编印:《大清法规大全》正续编,1911 年版。

司法部编印:《改订司法例规》,1922 年。

司法例规编纂处编印:《改订司法例规补编》(第一次),1923 年。

司法例规编纂处编印:《改订司法例规补编》(第二次),1925 年。

司法院编印:《增订国民政府司法例规》,1930 年。

司法院参事处编印:《增订国民政府司法例规补编》(第一次),1933 年。

司法院秘书处编印:《新订国民政府司法例规》,1940 年。

上海市工商业联合会、复旦大学历史系合编:《上海总商会组织史资料汇编》,上海古籍出版社 2004 年版。

天津市档案馆、天津社会科学院历史研究所合编:《天津商会档案汇编(1912—1928 年)》(第 1 ~4 册),天津人民出版社 1992 年版。

华中师范大学历史研究所、苏州市档案馆合编:《苏州商会档案丛编》(第 1 辑),华中师范大学出版社 1991 年版。

华中师范大学中国近代史研究所、苏州市档案馆合编:《苏州商会档案丛编》第 2 辑、第 4 辑,华中师范大学出版社 2004 年版,2009 年版。

谭棣华、曹腾飞、冼剑民编:《广东碑刻集》,广东高等教育出版社 2001 年版。

二、专著

(宋)《名公书判清明集》,中华书局 1987 年版。

(明)海瑞著、陈义钟编校:《海瑞集》,中华书局 1981 年版。

(明)何维柏:《天山草堂存稿》,载《四库存目丛书》第 103 册,齐鲁书社 1996 年版。

(明)王士性:《广志绎》,中华书局 1981 年版。

(明)郭棐撰:《粤大记》,中山大学出版社 1998 年版。

(明)庞尚鹏:《百可亭摘稿》,载《四库全书存目丛书》集部,第 129 册。

(清)黄恩彤、宁立悌等撰:《粤东省例新纂》,道光丙午年(1846 年)刻本。

(清)朱枟辑:《粤东成案初编》,道光八年(1828 年)刻本。

(清)清佚名辑:《粤东例案》,道光抄本。

(清)王夫之:《读通鉴论》,长沙岳麓书社 1996 年版。

(清)杨文骏:《公牍偶钞》,光绪刊本。

(清)蓝鼎元:《鹿洲初集》,文海出版社 1977 年版。

(清)蓝鼎元:《鹿洲公案》,刘鹏云、陈方明译,群众出版社 1985 年版。

(清)那彦成著:《那文毅公(彦成)奏议》,容安辑,道光十四年刻本。

(清)聂亦峰:《冈州公牍》,致用文献丛书本,1993 年。

(清)吴研人:《九命奇冤》,福建人民出版社 1981 年版。

(清)褚瑛:《州县初仕小补》,光绪十年(1884 年)森宝阁排印本。

(清)徐栋编:《牧令书》,道光二十八年(1848 年)刊本。

(清)陆陇其:《莅政摘要》,光绪八年(1882 年)。

(清)刚毅:《牧令须知》,绪十八年(1892 年)京师刊本。

(清)刘锦藻撰:《清朝续文献通考》,浙江古籍出版社 2000 年版。

(清)乾隆朝官修:《清朝通典》,浙江古籍出版社 2000 年版。

(清)文孚等纂:《六部处分则例》,图书集成印书局,清光绪十八年(1892)铅印本。

(清)贺长龄:《清经世文编》,中华书局 1992 年版。

(清)昆冈、李鸿章等纂:《钦定大清会典事例》,光绪二十五年(1899 年)石印本。

(清)屈大均著:《广东新语》,李育中等注,广东人民出版社 1991 年版。

(清)李士桢:《抚粤政略》,沈云龙《近代中国史料丛刊三编》第 39 辑,台湾文海出版社 1967 年版。

(清)王祖辉纂:《佐治药言》,中华书局,1985 年据知不足斋从书本排印。

(清)钱泳:《履园丛话》,中华书局,1997 重印本。

杨一凡、田涛主编:《中国珍稀法律典籍续编》第 10 册,张冠梓点校,黑龙江人民出版社 2002 年版。

高潮主编:《中华律令集成·清卷》,吉林人民出版社 1991 年版。

王树枏编:《张文襄公(之洞)全集》,台湾文海出版社 1970 年影印本。

胡星桥、邓又天主编:《读例存疑点注》,中国人民公安大学出版社 1991 年版。

广西调查局石孟涵编辑:《广西诉讼习惯报告书》,宣统二年(1910 年)铅印本。

潘理性等编著:《广东政区演变》,广东省地图出版社 1991 年版。

梁启超:《饮冰室合集》,中华书局 1986 年版。

陆桐生:《商标法及其判解》,大东书局印行 1948 年版。

《社会劳动局广州区厂矿调查报告》,1947 年手抄本。

司法院秘书处编印:《各省司法概况》,1935 年。

广东省政府秘书处编译室编印:《广东年鉴》,1941 年。

学部总务司:《第一次教育统计图表》(光绪三十三年),台湾文海出版社 1986 年版。

《广东省立法科大学规程一览》,1923 年。

教育部:《教育部行政纪要》(民国元年四月至四年十二月),台湾文海出版社 1986 年版。

广东教育厅:《广东省三年度教育概况》,1935 年。

(国民政府)教育部统计室:《三年全国高等教育统计》,1936 年。

国民党广州市特别市党部民众训练委员会编印:《广州民众团体一览》,1929 年。

广东高等法院编印:《广东高院职员录》,1935 年。

(清)张树声著、何嗣焜编:《张靖达公(树声)奏议》,台湾文海出版社,1970 年影印本。

(国民政府)农商部总务厅统计科编印:《民国元年第一次农工商统计表》,1914 年。

陈颀石等编:《广东商业年鉴》,广州市商会 1931 年版。

广东七十二行商报社编印:《广东七十二行商报二十五周年纪念》,1931 年版。

黎亮夫:《粤商维持公安会同人录》,广州穗雅书局 1912 年版。

梁阆秋等编:《广东商运沿革史》,广州市商会 1934 年版。

申报年鉴社编印:《申报年鉴》,1934 年。

周振鹤:《中国地方行政制度史》,上海人民出版社 2005 年版。

罗一星:《明清佛山经济发展与社会变迁》,广东人民出版社 1994 年版。

王铭铭:《社会人类学与中国研究》,生活·读书·新知三联书店 1997 年版。

冯尔康:《18 世纪以来中国宗族的现代转向》,世纪出版集团、上海人民出版社 2005 年版。

费成康:《中国的家法族规》,上海社会科学院出版社 1998 年版。

常建华:《明代宗族研究》,上海人民出版社 2005 年版。

胡朴安编:《中华全国风俗志》,上海书店,1986 年影印本。

陈翰笙著:《解放前的地主与农民——华南农村危机研究》,冯峰译,中国社会科学出版社 1984 年版。

周大鸣:《凤凰村的变迁——〈华南的乡村生活〉追踪研究》,社会科学文献出版社 2006 年版。

李平:《被遗忘的战争——咸丰同治年间广东土客大械斗研究》,商务印书馆 2003 年版。

王志强:《法律多元视角下的清代国家法》,北京大学出版社 2003 年版。

王立民:《上海法制史》,上海人民出版社 1998 年版。

方慧主编:《云南法制史》,社科文献出版社 2005 年版。

葛洪义主编:《广东法制建设的探索与创新(1978—2008)》,华南理工大学出版社 2009 年版。

张静如:《中国现代社会史》,湖南人民出版社 2004 年版。

广东省社科院等编:《孙中山全集》,中华书局 1985 ~ 1986 年版。

瞿同祖:《瞿同祖法学论著集》,中国政法大学出版社 1998 年版。

瞿同祖:《清代地方政府》,范忠信、晏锋译,何鹏校,法律出版社 2003 年版。

郭建:《中国讼师小史》,学习出版社 2011 年版。

马长山:《国家、市民社会与法治》,商务印书馆 2001 年版。

谢振民:《中华民国立法史》,中国政法大学出版社 2000 年版。

张仁善:《司法腐败与社会失控》,社科文献出版社 2005 年版。

费孝通:《乡土中国 · 生育制度》,北京大学出版社 1998 年版。

张晓辉:《民国时期广东社会经济史》,广东人民出版社 2005 年版。

汪向荣:《日本教习》,中国青年出版社 2000 年版。

汤能松:《探索的轨迹——中国法律教育发展史略》,法律出版社 1995 年版。

广东省政协学习和文史资料委员会:《广东文史资料存稿选编》,广东人民出版社 2005 年版。

王伯琦:《近代法律思潮与中国固有文化》,清华大学出版社 2005 年版。

南京国民政府司法行政部编:《民事习惯调查报告录》,胡旭晟、夏新华、李交发点校,中国政法大学出版社 2000 年版。

梁治平:《清代习惯法:社会与国家》,中国政法大学出版社 1996 年版。

苏力:《法治及其本土资源》,中国政法大学出版社 1996 年版。

戴炎辉:《中国法制史》,三民书局 1971 年版。

施沛生编:《中国民事习惯大全》,世纪出版集团、上海书店出版社 2002 年影印本。

杨幼炯:《近代中国立法史》,上海商务印书馆 1936 年版。

李启成:《晚清各级审判厅研究》,北京大学出版社 2004 年版。

张生:《中国近代民法法典化研究》,中国政法大学出版社 2004 年版。

严谔声编:《上海商事惯例》,北京新声通讯出版部 1933 年版。

严谔声编:《商人团体组织规程》,上海市商会 1936 年版。

周子良:《近代中国所有权制度的形成》,法律出版社 2012 年版。

谭棣华、曹腾飞、冼剑民编:《广东土地契约文书》,暨南大学出版社 2000 年版。

王学辉:《从禁忌习惯到法起源运动》,法律出版社 1998 年版。

胡长清:《中国民法总论》,中国政法大学出版社 1997 年版。

钱杭、谢维扬:《传统与转型:江西泰和农村宗族形态》,上海社会科学院出版社 1995 年版。

中华全国工商联合会编:《中国商会发展报告》,社会科学文献出版社 2005 年版。

夏东元编:《郑观应集》,上海人民出版社 1982 年版。

徐鼎新、钱小明:《上海总商会史》,上海社会科学院出版社 1991 年版。

虞和平:《商会与中国现代化》,上海人民出版社 1993 年版。

朱英:《辛亥革命时期新式商人社团研究》,中国人民大学出版社 1991 年版。

朱英、马敏:《传统与近代的二重变奏——晚清苏州商会个案研究》,巴蜀书社 1993 年版。

宋美云:《近代天津商会》,天津社会科学院出版社 2002 年版。

张恒忠:《上海总商会研究(1912—1929)》,台湾知书房出版社 1996 年版。

国民政府实业部商标局:《商标公报百期纪念特刊》,1935 年。

左旭初:《中国商标法律史》(近现代部分),知识产权出版社 2005 年版。

左旭初:《中国近代商标简史》,学林出版社 2003 年版。

邓正来、[英]J. C. 亚历山大:《国家与市民社会》,中央编译出版社 1999 年版。

《中华民国史社会志(初稿)》(上册),台湾国史馆编印 1987 年版。

眭鸿明:《清末民初民商事习惯调查之研究》,法律出版社 2005 年版。

李文海主编:《民国时期社会调查丛编 · 婚姻家庭卷》,福建教育出版社 2005 年版。

肖文评:《白喉乡的故事:地域史脉络下的乡村社会建构》,生活 · 读书 · 新知三联书店 2011 年版。

江照信:《中国法律“看不见中国”——居正司法时期(1932—1948)研究》,清华大学出版社 2010 年版。

[日]滋贺秀三等:《明清时期的民事审判与民间契约》,王亚新译,法律出版社 1998 年版。

[美]黄宗智:《清代的法律、社会与文化:民法的表达与实践》,上海书店出版社 2007 年版。

[美]黄宗智:《法典、习俗与司法实践:清代与民国的比较》,上海书店出版社 2003 年版。

[美]黄宗智:《过去与现在:中国民事法律实践的探索》,法律出版社2009年版。

[日]寺田浩明:《权利与冤抑》,王亚新译,清华大学出版社2012年版。

[英]弗里德曼著:《中国东南的宗族组织:福建与广东》,刘晓春译,上海人民出版社2000年版。

[法]孟德斯鸠:《论法的精神》,张雁深译,商务印书馆1961年版。

[法]孟德斯鸠:《孟德斯鸠法意》,严复译,商务印书馆1981年版。

[英]S.斯普林科尔:《清代法制导论》,中国政法大学出版社2000年版。

[美]博登海默:《法理学:法律哲学与法律方法》,邓正来译,中国政法大学出版社1999年版。

[德]马克斯·韦伯:《儒教与道教》,王容芬译,商务印书馆1995年版。

[美]诺内特、塞尔兹尼克:《转变中的法律与社会——迈向回应型法》,张志铭译,中国政法大学出版社1994年版。

[德]卡尔·冯·萨维尼:《论立法与法学的当代使命》,许章润译,中国法制出版社2001年版。

[法]莱维·布律尔:《法律社会学》,许钧译,上海人民出版社1987年版。

[法]勒内·达维德:《当代主要法律体系》,漆竹生译,上海译文出版社1984年版。

[英]爱德华·汤普森:《共有的习惯》,沈汉、王加丰译,上海人民出版社2002年版。

[美]劳伦斯·M.弗里德曼:《美国法律史》,苏彦新等译,中国社会科学出版社2007年版。

[美]费正清:《美国与中国》,张理京译,商务印书馆 1987 年版。

[意]D. 奈尔肯、[英]J. 菲斯特编:《法律移植与法律文化》,高鸿钧等译,清华大学出版社 2006 年版。

[美]哈罗德·J. 伯尔曼:《法律与革命:西方法律传统的形成》,贺卫方译,中国大百科全书出版社 1998 年版。

[美]葛学溥:《华南的乡村生活:广东凤凰村的家族主义社会学研究》,周大鸣译,知识产权出版社 2012 年版。

[日]深町英夫:《近代广东的政党·社会·国家:中国国民党及其党国体制的形成过程》,社会科学文献出版社 2003 年版。

[奥]欧根·埃利希:《法社会学原理》,舒国滢译,中国大百科全书出版社 2009 年版。

[德]马克斯·韦伯:《经济与社会》,林远荣译,商务印书馆 1997 年版。

[英]丹尼斯·罗伊德:《法律的概念》,张茂柏译,新星出版社 2005 年版。

Freedman, Maurice: Chinese lineage and Society: Fukien and Kwangtung. London: The Athlone Press, 1966.

The structure of Chinese rural society, lineage and village in the eastern new territories of Hong Kong. Hong Kong: Oxford University Press, 1986.

三、地方志与族谱

(明)戴璟纂:《广东通志初稿》,岭南美术出版社 2006 年版。

康熙《三水县志》,中国地方志集成本,2007 年。

崇祯《南海县志》,中国地方志集成本,2007 年。

乾隆《普宁县志》,中国地方志集成本,2007 年。

雍正《从化县新志》,中国地方志集成本,2007 年。

同治《番禺县志》,中国地方志集成本,2007年。

同治《顺德县志》,中国地方志集成本,2007年。

光绪《吴川县志》,中国地方志集成本,2007年。

光绪《镇平县志》,中国地方志集成本,2007年。

乾隆《新兴县志》,中国地方志集成本,2007年。

光绪《兴宁县志》,中国地方志集成本,2007年。

康熙《花县志》,海南出版社2001年版。

康熙《从化县志》,海南出版社2001年版。

光绪《清远县志》,台北成文出版社1967年版。

康熙《南海县志》,中国书店1992年版。

乾隆《番禺县志》,海南出版社2001年版。

汪宗准等修:《佛山忠义乡志》,1926年。

梁鼎芬修:(民国)《番禺县续志》,1931年刊本。

民国《赤溪县志》,1926年刻本。

陈志喆等纂修:《四会县志》,光绪二十二年(1896年)刻本。

民国《东莞县志》,1927年铅印本。

广东省地方志编纂委员会编:《广东省志·审判志》,广东人民出版社1999年版。

广东省地方志编纂委员会编:《广东省志·司法行政志》,广东人民出版社1995年版。

广州市地方志编纂委员会编:《广州市志》卷14《司法行政志》,广州出版社2000年版。

广州市地方志编纂委员会编:《广州市志》卷12《审判志》,广东人民出版社1998年版。

广东省地方志编纂委员会编:《广东省志·工商行政管理志》,广东人民出版社1997年版。

周锦章等:《茅冈周氏族谱》,光绪丁酉(1897年)。

《榄溪麦氏族谱》,光绪十九年(1893年)。

《东粤宝安南头黄氏族谱》,同治十三年(1874年)。

民国潮州《洪氏族谱》,1922年铅印本。

(广东南海)《朗溪黄氏族谱》影印本。

四、报刊

广东高等法院编印:《广东高等法院月报》,1928～1931年。

广东高等法院编印:《广东高等法院司法月刊》,1932～1936年。

广州《民国日报》,人民出版社1985年版影印本。

上海《民国日报》,人民出版社1981年版影印本。

上海《申报》,上海书店出版社1983年版影印本。

蔡鸿源主编:《南方政府公报》,河北人民出版社1987年版。

军政府总务处印铸科:《中华民国军政府公报》修字、光字。

陆海军大元帅大本营秘书处:《陆海军大元帅大本营公报》,(台北)文海出版社影印本1990年版。

《广州律师公会月刊》,1935～1936年。

广东省政府编印:《广东公报》,1912～1924年。

国民政府文官处印铸局:《中华民国国民政府公报》,1925～1935年。

国民政府农商部商标局编:《商标公报》,1929～1934年、1937～1940年。

五、论文

徐忠明:《试说中国古代法律制度研究范式之转变》,载《北大法律评论》2001年第4卷第1辑。

徐忠明:《地方法制研究的视角与方法》,载《法治论坛》2010年第1期。

俞江:《关于古代中国有无民法问题的在思考》,载《现代法学》

2001 年第 6 期。

王志强:《中国法律史学研究的回顾与前瞻》,载《中西法律传统》(第 2 卷),中国政法大学出版社 2002 年版。

梁治平:《法律史的视界:方法、旨趣与范式》,载《新史学——多学科对话的图景》,中国人民大学出版社 2003 年版。

杨一凡:《中国古代法律文献·序》,载杨一凡、刘笃才编:《中国古代地方法律文献》,世界图书出版公司北京分公司 2006 年版。

刘笃才:《中国古代地方法制的功能结构与发展》,载《北方法学》2012 年第 1 期。

陈春声:《明末东南沿海社会重建与乡绅之角色——以林大春与潮州双忠公信仰的关系为中心》,载《中山大学学报》(社科版)2002 年第 4 期。

陈春声:《从家书到公共文献——从陈子昭书札看潮州商人与家乡的联系》,载李志贤主编:《海外潮人的移民经验》,新加坡八方文化企业公司 2003 年版。

陈春声:《历史的内在脉络与区域社会经济史研究》,载《明清时期中国区域社会变迁笔谈》,《史学月刊》2004 年第 8 期。

刘志伟、陈春声:《历史学本位的传统中国乡村社会研究》,载《中国历史学年鉴》(1997),生活·读书·新知三联书店 1998 年版。

刘志伟:《宗法、户籍与宗族——以大埔茶阳〈饶氏族谱〉为中心的讨论》,载《中山大学学报》2004 年第 6 期。

刘志伟:《从乡豪历史到士人记忆》,载《历史研究》2006 年第 6 期。

邓建鹏:《清代诉讼费用研究》,载《清华大学学报》(哲学社会科学版)2007 年第 3 期。

邓建鹏:《从陋规现象到法定收费——清代讼费转型研究》,载《中国政法大学学报》2010 年第 4 期。

朱苏力:《解释的难题:对几种法律文本解释方法的追问》,载梁治平编:《法律解释问题》,法律出版社 1998 年版。

未名编辑、张松点校:《调查川省诉讼习惯报告书》,张松:《关于清末诉讼习惯资料的初步整理与研究》附录,载《法律文献信息与研究》2012 年第 1 期。

陈红民:《胡汉民 · 西南政权与广东实力派(1932—1936)》,载《浙江大学学报》(人文社会科学版)2007 年第 1 期。

居正:《十年来的中国司法界》,载中国文化建设协会编:《抗战十年前之中国(1927—1936)》,台湾文海出版社,1974 年影印本。

邱平:《"国民政府西南政务委员会"见闻》,载《广州文史资料》(第 15 辑),政协广州文史资料委员会 1965 年版。

胡毓芬:《广州亚细亚火油公司忆述》,载政协广东省委员会文史资料委员会《广东文史资料》(第 33 辑),广东人民出版社 1981 年版。

叶能成:《记广州新药业及安亚制药厂》,载政协广东省委员会文史资料委员会《广东文史资料》(第 30 辑),广东人民出版社 1981 年版。

刘作翔:《法制现代化概念、释义及实现目标》,载《宁夏社会科学》1999 年第 2 期。

贺卫方:《中国的古典司法传统》,载陈金全、汪世荣主编:《中国传统司法与司法传统》(上),山西师范大学出版社 2009 年版。

陈恩成:《广东司法现状》,载《法学杂志》1936 年第 9 期。

阮毅成:《中国法治前途的几个问题》,载《东方杂志》第 30 卷第 13 号,1933 年。

林谦:《粮总催议》,载中国社会科学院近代史研究所近代史资料编辑组编:《近代史资料》1981 年第 1 期,中国社会科学出版社。

浪擎霄:《中国南方械斗之原因及其组织》,载《东方杂志》1933 年第 30 卷第 19 期。

夏书章:《中山大学法政学科百年回顾》,载《中山大学学报》

2004 年第 6 期。

黎思复、邝震球:《广东的政法学校教育概述》,载《广州文史资料》第 3 辑,广东人民出版社 1961 年版。

汪祖泽、莫擎天:《广东公立法政专门学校杂忆》,载《广州文史资料》(第 10 辑),1963 年内部发行。

张庆军、孟国祥:《民国时期的律师》,载《民国春秋》1997 年第 1 期。

《法权会议报告书》,载《东方杂志》第 24 卷第 2 号,1926 年。

阮毅成:《中国法治前途的几个问题》,载《东方杂志》第 30 卷第 13 号,1933 年。

秦孝思:《改进司法之我见》,载《东方杂志》第 40 卷第 23 号。

居正:《司法党化问题》,载李贵连主编:《近代法研究》,北京大学出版社 2007 年版。

周勇:《习惯法在中国法律体系中的历史地位》,载《上海社会科学季刊》1991 年第 4 期。

谢晖:《民间规范与习惯权利》,载《现代法学》2005 年第 2 期。

何勤华:《清代法律渊源考》,载《中国社会科学》2001 年第 2 期。

王志强:《民国时期的司法与民间习惯》,载《比较法研究》2000 年第 4 期。

苏力:《当代中国法律中的习惯——一个制定法的透视》,载《法学评论》2001 年第 3 期。

赵娓妮:《平息纷争、适从习惯》,载《西南民族大学学报》(人文社科版)2004 年第 7 期。

赵娓妮:《国法与习惯的“交错”:晚清广东州县地方对命案的处理》,载《中外法学》2004 年第 4 期。

吴春桐:《法律习惯化与习惯法律化》,载《东方杂志》1935 年第 32 卷第 10 号。

张生:《清末民事习惯调查与〈大清民律草案〉的编纂》,载《法学研究》2007 年第 1 期。

春杨:《民事习惯及其法律意义——以近代民商事习惯调查为中心》,载《南京大学法律评论》2005 年第 1 期。

林启宣:《旧广州的"铺底权"》,载广州市政协学习和文史资料委员会编:《广州文史资料存稿选编》(第 9 辑),中国文史出版社 2008 年版。

如钟伦:《江门商会五十年》,载《江门文史》2009 年第 8 期,内部出版。

卢忠民:《近代北京商铺的铺底与铺底权》,载《中国社会历史评论》2011 年第 12 卷。

徐康平、高立克:《民间规则在司法实践中的甄别、采纳与应用》,载《中国司法》2010 年第 11 期。

李交发、刘军平:《略论中国传统诉讼审判的判决依据》,载《法学家》2008 年第 1 期。

刘昕杰:《实用型司法:近代中国基层民事审判传统》,载《四川大学学报》2011 年第 2 期。

张伟然:《归属、表达、调整:小尺度区域的政治命运——以"南湾事件"为例》,载《历史地理》第 21 辑,上海人民出版社 2006 年版。

陈序经:《广东与中国》,载《东方杂志》第 36 卷第 2 号,1939 年。

龚佩华:《广东台山浮石赵氏宗族家族制度试析》,载《中山大学学报》1997 年第 4 期。

原美林:《明清家族司法探析》,载《法学研究》2012 年第 3 期。

郑德华:《清代广东宗族问题研究》,载《中国社会经济史研究》1991 年第 4 期。

钱杭:《宗族重建的意义》,香港《二十一世纪》1993 年 10 月号。

邱捷:《辛亥革命时期的粤商自治会》,载《近代史研究》1982 年第3期。

蒋立山:《中国法制现代化建设的特征分析》,载《中外法学》1995年第4期。

朱英:《清末苏州商会调解商事纠纷述论》,载《华中师范大学学报》1993年第1期。

朱英:《商事裁判与商会——论晚清苏州商事纠纷的调处》,载《历史研究》1996年第1期。

付海晏:《民初商会的舆论表达与实践——立足于商事裁判权的历史研究》,载《开放时代》2002年第5期。

付海晏:《清末民初商会裁判组织的演变》,载《华中师范大学学报》2002年第2期。

郑成林:《近代中国商事仲裁制度演变的历史轨迹》,载《中州学刊》2002年第6期。

虞和平:《清末民初商会的商事仲裁制度建设》,载《学术月刊》2004年第4期。

张松:《清末民初商会商事裁判权的确立与发展》,载《求索》2010年第6期。

章开沅:《就辛亥革命性质问题答台北学者》,载《近代史研究》1983年第1期。

陈蕴茜、叶青:《论民国时期城市婚姻的变迁》,载《近代史研究》1998年第6期。

[美]布鲁斯·L.本森著:《没有政府的正义:中世纪欧洲商人法庭及其现代版本》,徐昕、徐昀译,载史际春、邓峰主编:《经济法评论》(第3卷),中国法制出版社2002年版。

[日]寺田浩明:《试探传统中国法之总体像》,载台湾《法制史研究》第9期,(台湾)中国法制史学会、中央研究院史语所2006年版。

[美]克利福德·吉尔兹:《地方性知识:事实与法律的比较透

视》,载梁治平编:《法律的文化解释》(增订本),生活·读书·新知·三联书店1998年版。

[英]科大卫:《告别华南研究》,载华南研究会:《学步与超越》,(香港)文化创造出版社2004年。

[日]宫内肇:《清末民初地方精英的动向——以广东顺德县为例》,载[日]森时彦主编、袁广泉译:《二十世纪的中国社会》(下卷),社会科学文献出版社2011年版。

后　记

此书是国家社科基金项目的最终成果。项目于2009年正式立项，至今已六年有余。为完成项目研究，本人曾耗费大量心力，但此时将其呈现出来，仍然难免心怀忐忑，敬请学界同仁不吝指正。

为了收集资料，本人曾多次辗转广州、北京等地，得到暨南大学图书馆、广东省档案馆、广东省中山图书馆、国家图书馆等单位的大力支持，特别是各地朋友的热心帮助，为艰辛的资料查找平添了许多温馨，在此谨表诚挚的谢意！

星转斗移，时移世易，人们总是不断努力，争取超越自我，踏上人生新里程。在这样一个浮躁的时代，我庆幸自己仍能坚守内心的追求，淡泊明志，在前行的道路上认真感悟生活的内涵，体会人生的真谛，从而拥有一份独特的阅历和积淀。

家人的支持，同仁的帮助，是我前进的动力源泉。我本属安于现状之人，但我的先生刘正刚博士的进取精神时常促我反省，令我奋进。暨南大学法学院/知识产权学院同仁的关心与爱护，让我备感温暖。感谢上天的眷顾，父母身体健康，儿子学有所成,更让我感受到人生的幸福与满足。

当然,我不会就此止步。我将心怀感激,不懈前行,尽己所能,回报家人,回馈社会。

乔素玲

2015 年 10 月 10 日于暨南园

图书在版编目(CIP)数据

近代广东社会与地方法制发展 / 乔素玲著. —北京：法律出版社,2016.2
ISBN 978 - 7 - 5118 - 9209 - 6

Ⅰ.①近… Ⅱ.①乔… Ⅲ.①法制史—研究—广东省—近代 Ⅳ.①D927.65

中国版本图书馆 CIP 数据核字(2016)第044250号

广东省地方立法研究丛书	**近代广东社会与地方法制发展**	乔素玲 著	责任编辑 李峰沄 装帧设计 李 瞻

开本 720毫米×960毫米 1/16
印张 26 **字数** 321千
版本 2016年4月第1版
印次 2016年4月第1次印刷
出版 法律出版社
编辑统筹 学术·对外出版分社
总发行 中国法律图书有限公司
经销 新华书店
印刷 北京京华虎彩印刷有限公司
责任印制 陶 松

法律出版社/北京市丰台区莲花池西里7号(100073)
电子邮件/info@lawpress.com.cn
销售热线/010 - 63939792/9779
网址/www.lawpress.com.cn
咨询电话/010 - 63939796

中国法律图书有限公司/北京市丰台区莲花池西里7号(100073)
全国各地中法图分、子公司电话：
第一法律书店/010 - 63939781/9782
西安分公司/029 - 85388843
重庆公司/023 - 65382816/2908
上海公司/021 - 62071010/1636
北京分公司/010 - 62534456
深圳公司/0755 - 83072995

书号:ISBN 978 - 7 - 5118 - 9209 - 6
定价:76.00元
(如有缺页或倒装,中国法律图书有限公司负责退换)